职业教育·道路运输类专业教材

Qiaoliang Shigong Jishu
桥梁施工技术

李彩霞 主编

吴 磊 主审

人民交通出版社股份有限公司
China Communications Press Co.,Ltd.

内 容 提 要

本书为职业教育·道路运输类专业教材。全书依据最新国家标准和行业规范编写，共划分为十一个项目，包括桥涵认知、桥涵施工前的准备工作和施工测量、桥梁基础施工、桥梁墩台施工、装配式梁(板)桥构造与施工、连续梁桥施工、拱桥施工、悬索桥施工、斜拉桥施工、桥面系及附属工程施工、涵洞施工。

本书可作为高等职业院校道路与桥梁工程技术、道路养护与管理、道路工程造价及相关专业教材，也可供相关工程技术人员学习参考。

本教材配丰富的视频资源，读者可通过扫二维码免费观看和学习；本教材配课件，教师可通过加入"职教路桥教学研讨群"(QQ:561416324)获取课件。

图书在版编目(CIP)数据

桥梁施工技术 / 李彩霞主编. — 北京 : 人民交通出版社股份有限公司, 2019. 8 (2025.7 重印)

ISBN 978-7-114-15623-6

Ⅰ. ①桥… Ⅱ. ①李… Ⅲ. ①桥梁施工—高等职业教育—教材 Ⅳ. ①U445

中国版本图书馆 CIP 数据核字(2019)第 168963 号

职业教育·道路运输类专业教材

书　　名： 桥梁施工技术
著 作 者： 李彩霞
责任编辑： 任雪莲
责任校对： 刘　芹
责任印制： 张　凯
出版发行： 人民交通出版社股份有限公司
地　　址： (100011)北京市朝阳区安定门外外馆斜街 3 号
网　　址： http://www.ccpcl.com.cn
销售电话： (010)85285911
总 经 销： 人民交通出版社股份有限公司发行部
经　　销： 各地新华书店
印　　刷： 北京建宏印刷有限公司
开　　本： 787 × 1092　1/16
印　　张： 15.5
字　　数： 358 千
版　　次： 2019 年 8 月　第 1 版
印　　次： 2025 年 7 月　第 7 次印刷
书　　号： ISBN 978-7-114-15623-6
定　　价： 42.00 元

编审委员会

序

PREFACE

建设教育强国是中华民族伟大复兴的基础工程。交通运输是国民经济基础性、先导性、战略性产业。交通高等职业教育鼎力支持交通运输事业，弘扬劳模精神和工匠精神，营造“劳动光荣、技能宝贵、创造伟大”的社会风尚和精益求精的敬业风气，建设知识型、技能型、创新型劳动者大军，培养德智体美全面发展的社会主义建设者和接班人。

习近平总书记明确指出，“十三五”是交通运输基础设施发展、服务水平提高和转型发展的黄金时期，要抓住这一时期，加快发展，不辱使命，为实现中华民族伟大复兴的中国梦发挥更大的作用。当前，在我国经济发展进入新常态后，交通运输作为国民经济重要的基础性、先导性、服务性行业的基础地位没有改变，在经济社会发展中先行官的职责和使命没有改变，在稳增长、促投资、促消费中的重要作用没有改变，由基本适应向适度超前发展的阶段性特征和态势没有改变。我国正由“交通大国”向“交通强国”迈进。交通高等职业教育肩负着交通运输人才培养、科学研究、社会服务、文化传承创新的神圣使命，在实现“两个一百年”奋斗目标的伟大进程中必须有担当、有作为。

陕西交通职业技术学院是国家优质高职院校立项建设单位、陕西省优秀示范性高职院校，被誉为中国西部“交通建设管理人才的摇篮”。学校以全国交通运输示范专业——道路桥梁工程技术专业为核心，构建公路工程专业集群，弘扬“吃苦实干，爱岗敬业，默默奉献，图强创新”的“铺路石”精神，秉持“立足交通，服务交通，引领交通”的发展理念，坚持“校企合作实践育人，提升能力内涵发展”的建设思想，锻造“公在心中，路在脚下，铁肩担当，道存目击”的精神文化，开展“大专业小方向”的专业改革，实施“岗位导向，学训交替，能力递进，分组顶岗”的人才培养模式，紧密对接交通运输行业转型升级，紧紧围绕交通基础设施建设与管理的产业需求，培养热爱交通、扎根基层、吃苦实干的公路交通技术技能人才。

近年来，陕西交通职业技术学院不忘初心、拼搏奋斗，深化教育教学改革，优化专业体系结构，加强师资队伍建设，完善质量保证体系，始终致力于提升内涵建设品质，提高人才培养质量，增强社会服务能力。公路工程专业集群以道路桥梁工程技术专业为引领，先后获得国家级教学团队、全国职业院校交通运输类示范专业、高等职业教育创新发展行动计划骨干专业、陕西高职院校“一流专业”、陕西省重点专业、陕西省示范院校建设重点专业、陕西高职院校综合改革试点专业等重大荣誉和政策支持。“十三五”是交通运输基础设施加速成网的黄金时期，也是我国交通运输基础设施集中建设、扩大规模的重要时期，更是交通运输优化结构、提升服务水平的关键时期。在这样的背景下，陕西交通职业技术学院成立“新时期交通土建类高职高专规划教材”编审委员会，以长期教育教学改革实践为基础，系统总结教学内涵建设经验，编写系列教材，期望以此形式固化、展示、应用、分享改革建设的成果，培养符合新时期交通运输发展需求的高质量技术技能人才。

本教材以提高人才培养质量为根本目标，贯彻高等职业教育教学改革发展新理念，对接交通运输行业最新颁布标准、规范、规程，努力从内容到形式上都有所创新。教材丛书依据专业集群的核心课程而规划，体现产教融合特色。教材突出工匠精神、职业道德、职业技能和就业创业能力教育的完美融合，注重学生全面培养。教材功能基于服务课程教学的基本载体和直观媒介而定位，凸显学生主体地位；教材内容按照职业岗位知识和能力需求而取舍，突出实践能力培养；教学方法遵循高职学生学习特点和认知规律而设计，强调理实一体教学。我们期待这套教材能在新时期交通土建类高职人才培养中起到积极的作用。

向支持交通高职教育教材建设的人民交通出版社表示衷心感谢。向关心、支持、帮助教材编审的合作企业、专家学者、校友致以崇高敬意和诚挚谢意。

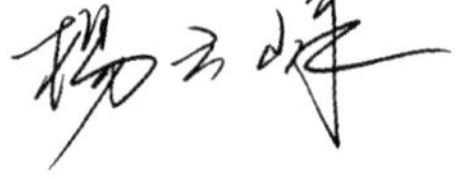

2017 年 12 月

前　言

FOREWORD

“桥梁施工技术”是高等职业教育道路运输类道路与桥梁工程技术及相关专业的一门专业核心课程，本课程在专业人才培养中起着至关重要的作用。根据“高等职业院校道路与桥梁工程技术专业教学标准”对桥梁工程技术课程的要求，本教材以桥梁施工基本方法和关键技术为主体，本着项目导向、任务引领的指导思想，按照桥梁施工方法与施工流程选取并序化有关内容，以满足桥梁施工员职业岗位需求。教材编写过程中将知识项目化，以任务驱动教学，实现教学项目与施工项目一致，教学过程与施工过程统一，项目设置和实践内容注重职业能力培养，以适应道路与桥梁工程技术、道路养护与管理等专业对应的岗位需求。

本教材编写坚持“产教融合、质量一流”的原则，注重团队建设，主编及参编人员均持有道路桥梁检测工程师等行业资格证书，编写人员均具有丰富的教学和工程实践经验。同时，本教材由企业资深专家吴磊高级工程师担任主审，确保了教材内容符合道路桥梁施工企业和工务部门的岗位需求变化，满足职业岗位群对高素质技术技能人才在知识、能力及素质结构等方面的需求。

教材重视信息化技术应用，教材配套了精美的PPT课件、微课等在线资源，为教师教学、学生自主学习和工程技术人员学习提供了便利。此外，为方便“一带一路”国际生的交流学习，还配有由主编精心制作的与教材对应的英汉“双语”课件。

教材编写过程中注重吸收最新职业教育理念和方法，融入行业最新技术和标准，形成如下特色：

1. 针对性强。以“高等职业学校道路与桥梁工程技术专业教学标准”为依据，遵循专业培养目标，以桥梁施工员、技术员为教学对象，以桥梁施工及维护典型作业项目为载体创设学习情境，注重学生实践能力、应用能力的培养，使学生通过学习任务巩固知识，掌握技能，实现与工作岗位的无缝对接，进而具备较强的桥梁施工与维护专业知识和技能。

2. 职业性强。教材以职业能力培养为主线，将行业标准与课程标准融通。紧随交通行业的发展变化，及时修订课程标准，并将教材内容与桥梁施工规范、标准、规程等技术标准进一步融合，确保教材编写的先进性、实效性；将课程教学内容与工作任务融通。依据桥梁施工岗位的特点，重新构建教学内容，系统培养学生职业能力、团队合作能力和可持续发展能力。

3. 教改性强。教材内容适应当前翻转课堂的教学方法，便于开展项目化教学，并增加知识拓展内容,拓展学生的专业视野,为学生提供体验完整工作过程的学习机会,逐步实现从学习者到工作者的角色转换。

4. 资源性强。本课程为省级道路养护与管理专业教学资源库的核心课程,在智慧职教平台建有网络课程,拥有完整配套的教学资源 2000 余个。同时,在中国大学 MOOC 平台建有与教材配套的在线开放课程,方便职业院校及行业、企业课程教学与在线学习。

5. 通用性强。本教材是校企合作的成果,不仅适于高职道路与桥梁工程技术专业,而且辐射道路养护与管理、工程造价等专业的桥梁课程教学,并可作为相关领域工程技术人员培训、阅读与学习的参考资料。

教材共分 11 个学习项目。按照先认知桥涵结构后施工的思路序化教材内容,认知部分包括桥梁认知和涵洞认知,施工部分包括桥梁下部结构施工、桥梁上部结构施工、桥梁附属结构施工。本教材由陕西交通职业技术学院李彩霞、段瑞芳、李凡编写,由企业专家吴磊高级工程师担任主审。编写分工如下:项目三、项目四、项目五、项目六、项目八由李彩霞编写;项目二、项目七、项目九、项目十由段瑞芳编写;项目一、项目十一由李凡编写;全书由李彩霞教授担任主编并统稿。

本书在编写过程中参考了相关标准、规范、手册、教材及有关论著,部分图片引自相关手册及网络资源,特此向有关作者表示衷心的感谢。

由于编者水平有限,书中难免有错误和疏漏之处,敬请读者批评指正,以便今后进一步修改、补充和完善。

编 者

2019 年 5 月

本书配套资源目录

序号	资源编号和名称	资源类型	序号	资源编号和名称	资源类型
1	1-1-1 桥梁的组成	视频	28	6-2-1 移动模板逐孔现浇施工法	视频
2	1-1-2 桥梁的分类	视频	29	6-3-1 顶推法施工	视频
3	1-1-3 桥梁的专业术语.	视频	30	6-4-1 先简支后连续法施工	视频
4	1-2-1 涵洞的组成和分类	视频	31	6-5-1 悬臂浇筑施工法——挂篮类型及构造	视频
5	2-1-1 桥梁施工前的准备工作	视频	32	6-5-2 悬臂浇筑施工方法——0 号块及边跨现浇段施工	视频
6	2-2-1 施工测量	视频	33	6-5-3 悬臂浇筑施工法——悬臂浇筑施工	视频
7	3-1-1 明挖基础施工——基坑开挖	视频	34	6-5-4 悬臂浇筑施工法——梁体合拢及体系转换	视频
8	3-1-2 明挖基础施工 —— 基坑排水	视频	35	6-6-1 悬臂拼装施工法——梁段预制	视频
9	3-1-3 明挖基础施工—— 明挖基础施工工序	视频	36	6-6-2 悬臂拼装施工法——梁段安装	视频
10	3-2-2 钻孔灌注桩——桩孔施工	视频	37	6-6-3 悬臂拼装施工法——预应力工程	视频
11	3-3-2 钻孔灌注桩——钢筋骨架施工	视频	38	6-6-4 悬臂拼装施工法——合拢段施工	视频
12	3-3-3 钻孔灌注桩——灌注混凝土施工	视频	39	7-1-1 拱桥有支架施工	视频
13	4-1-1 钢筋混凝土墩台施工——墩台类型	视频	40	7-2-1 拱桥无支架施工	视频
14	4-1-2 钢筋混凝土墩台施工——钢筋工程	视频	41	8-1-1 悬索桥构造	视频
15	4-1-3 钢筋混凝土墩台施工——施工要点	视频	42	8-2-1 悬索桥施工	视频
16	4-2-1 高墩施工——翻模施工	视频	43	9-2-1 斜拉桥施工——主梁施工	视频
17	4-2-2 高墩施工——滑模施工	视频	44	9-2-3 斜拉桥施工——斜拉桥构造	视频
18	4-2-3 高墩施工——爬模施工	视频	45	9-2-4 斜拉桥施工——斜拉索施工	视频
19	4-3-1 装配式墩台施工	视频	46	10-1-1 梁间接缝施工	视频
20	4-4-3 墩台帽施工-满堂支架	视频	47	10-2-1 伸缩装置施工	视频
21	5-1-1 施工设施与设备的准备	视频	48	10-3-1 支座安装	视频
22	5-1-2 普通钢筋、混凝土及模板施工	视频	49	10-4-1 桥面铺装层施工	视频

续上表

序号	资源编号和名称	资源类型	序号	资源编号和名称	资源类型
23	5-1-3 预应力筋张拉、张拉程序及张拉控制	视频	50	11-1-1 钢筋混凝土圆管涵施工	视频
24	5-1-4 放张与板的出坑存放	视频	51	11-2-1 拱涵施工	视频
25	5-2-1 T梁桥的钢筋构造	视频	52	11-2-2 盖板涵施工	视频
26	5-2-2 预应力混凝土浇筑	视频	53	11-2-3 箱涵施工	视频
27	5-2-3 预应力施工及压浆锚封	视频			

资源使用方法：

1. 扫描封面上的二维码(注意此码只可激活一次)；

2. 关注“交通教育”微信公众号；

3. 公众号弹出“购买成功”通知，点击“查看详情”，进入后即可查看资源；

4. 也可进入“交通教育”微信公众号，点击下方菜单“用户服务-开始学习”，选择已绑定的教材进行观看和学习。

目　录

CONTENTS

项目一　桥涵认知

桥梁是道路跨越江河湖泊、沟谷溪流、公路、铁路、灌渠、城镇、村庄等其他设施的结构物。通常，把跨越江河的桥梁称为跨河大桥；把跨越海峡湖泊的桥梁称为跨海大桥；把跨越原有公路、铁路的桥梁称为跨线桥，也称立交桥；把跨越城镇、村庄等地面设施的桥梁称为高架桥。

通常将在公路或铁路与沟渠相交的地方使水从路下流过且跨径小于5m的通道称为涵洞。涵洞的作用是迅速排除公路沿线的地表水，保证路基安全。作为公路工程中的重要组成部分，桥涵工程在公路工程中占较大比例。

任务一　桥梁认知

学习目标

(1)掌握桥梁的定义；

(2)描述桥梁的组成和分类，清楚桥梁各组成部分的概念；

(3)能陈述国内外桥梁建设成就；

(4)能进行桥梁结构组成分析。

任务描述

教师根据班级分组情况准备各种类型的桥梁图片若干，小组成员对照图片进行讨论并描述，每组推选一名组长负责任务的组织与实施，最终以组为单位上交桥梁结构组成分析说明书。

相关知识

一、桥梁的组成

桥梁一般由上部结构、下部结构、支座和附属设施等几个部分组成。梁式桥（以下简称“梁桥”）和拱式桥（以下简称“拱桥”）是桥梁最常用的结构形式，如图1-1-1和图1-1-2所示。

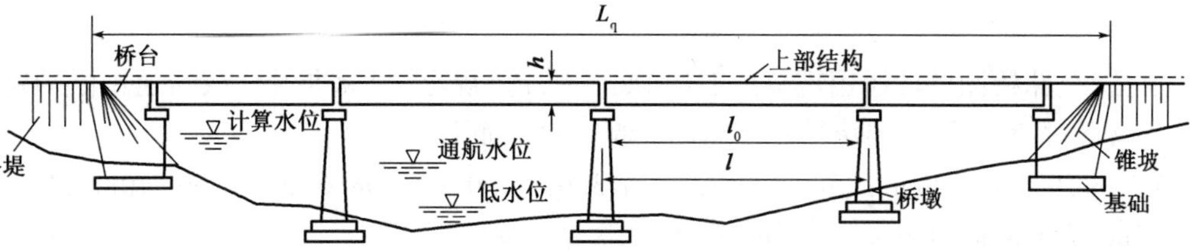

图1-1-1　梁桥的基本组成部分

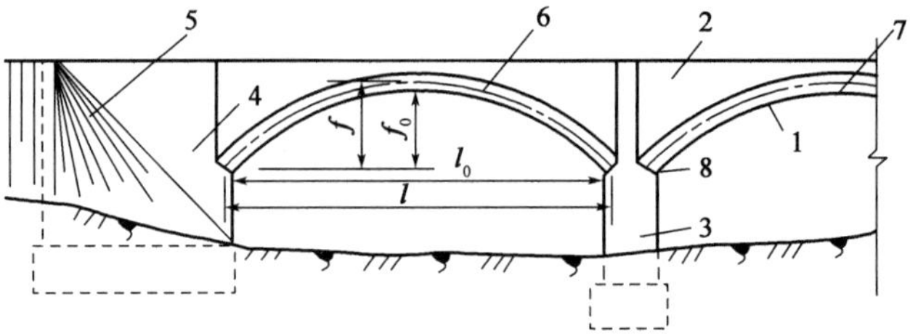

图 1-1-2 拱桥的基本组成部分

1-拱圈;2-拱上建筑;3-桥墩;4-桥台;5-锥形护坡;6-拱轴线;7-拱顶;8-拱脚

上部结构,又称桥跨结构,是路线跨越障碍的主要承重结构。其作用是承受车辆荷载并将荷载传递给墩台。上部结构的常用形式有梁、板、拱、拉索、悬索吊杆组合体系等。

下部结构包括桥墩、桥台和基础,是支撑桥跨结构并将荷载传至地基的建筑物。桥台设置在桥梁两端,是路基和桥梁的连接部分,既承受桥梁上部的荷载,又承受由路基传来的车辆荷载及土压力,防止路堤填土的滑坡和坍落。桥墩布置在两桥台之间,由桥跨的大小、多少决定其结构形式、尺寸和数量,其作用是支撑桥跨结构,承担相邻桥跨的上部结构重力和车辆荷载。桥墩和桥台中使全部荷载传至地基的底部奠基部分称为基础,常用的结构形式为扩大基础和桩基础。它是确保桥梁安全使用的关键,其形式和构造尺寸由桥梁荷载、地质构造、地基承载力、水流、冲刷等多种因素所决定。由于基础往往深埋于土层之中,并且需在水下施工,故基础工程是桥梁施工中比较困难的部分。

支座是梁桥在桥跨结构与桥墩或桥台的支承处所设置的传力装置,它不仅要传递很大的荷载,而且要保证桥跨结构按设计要求能产生一定的变位。目前使用最多的是板式橡胶支座、盆式橡胶支座和球形橡胶支座。

除此以外,在路堤与桥台衔接处,一般还在桥台两侧设置砌筑的锥形护坡,以保证路堤迎水部分路堤边坡的稳定。桥梁根据需要还要修筑护岸、导流结构物、检测平台、测量标志、消防栓、景观灯饰等附属设施。

二、桥梁的主要尺寸和术语名称

(1)净跨径:对于梁桥,是指设计水位上相邻两个桥墩(或桥台)之间的净距离,用 l_0 表示(图 1-1-1);对于拱桥,是指每孔拱跨两个拱脚截面最低点之间的水平距离(图 1-1-2)。

(2)计算跨径:对于具有支座的桥梁,是指桥跨结构相邻两个支座中心之间的距离,用 l 表示;对于图 1-1-2 所示的拱桥,是指相邻拱脚截面形心点之间的水平距离。因为拱圈(或拱肋)各截面形心点之间的连线称为拱轴线,所以拱桥的计算跨径也就是拱轴线两端点之间的水平距离。桥跨结构的力学计算以计算跨径为基准。

(3)标准跨径:用 L_K 表示。对于梁桥,是指两相邻桥墩中心线之间的距离,或桥墩中线与台背前缘之间的距离;对于拱桥则为净跨径。

根据《公路桥涵设计通用规范》(JTG D60—2015)规定,当标准设计或新建桥涵的跨径在 50m 及以下时,宜采用标准跨径。桥涵标准跨径规定如下:

0.75m、1.0m、1.25m、1.5m、2.0m、2.5m、3.0m、4.0m、5.0m、6.0m、8.0m、10m、13m、16m、20m、25m、30m、35m、40m、45m、50m。

(4)总跨径:是指多孔桥梁各孔净跨径的总和,也称桥梁孔径 $\sum l_0$,它反映了桥下宣泄洪水的能力。

(5)桥梁全长:简称桥长,用 L_q 表示,对于有桥台的桥梁,为两端两个桥台的侧墙或八字墙后端点之间的距离。对于无桥台的桥梁,为桥面系行车道的全长。在一条线路中,桥梁和涵洞总长的比重反映它们在整段线路建设中的重要程度。

(6)桥梁高度:简称桥高,用 H_q 表示,指桥面与低水位之间的高差,或为桥面与桥下路线路面之间的距离。桥高在某种程度上反映桥梁施工的难易性。

(7)设计洪水位:河流中的水位是变化的,在枯水季节时的最低水位称为低水位;洪峰季节河流中的最高水位称为高水位。桥梁设计中按规定的设计洪水频率计算或预测所得的高水位称为设计洪水位,设计洪水位加壅水和浪高称为计算水位。

(8)桥下净空高度:是指计算洪水位或设计通航水位至桥跨结构最下缘之间的垂直距离,以 H_0 表示。

(9)建筑高度:用 h 表示,是指桥上行车道路面至桥跨结构最下缘之间的距离。容许建筑高度是指公路定线中所确定的桥面高程与通航净空顶部高程之差。桥梁建筑高度必须小于其容许建筑高度。

(10)矢高和矢跨比:拱桥拱顶截面下缘至相邻两拱脚截面下缘最低点的连线的垂直距离,称为净矢高 f_0;从拱顶截面形心至拱脚截面形心的连线的垂直距离,称为计算矢高 f。计算矢高与计算跨径之比 f/l,称为拱圈的矢跨比(或称拱矢度),是反映拱桥受力特性的一个重要指标。

三、桥梁的分类

1.按受力结构的体系分类

桥梁按受力结构的体系分为梁桥、拱桥、刚构桥、悬索桥与组合体系桥五大体系。

1)梁桥

梁桥是一种在竖向荷载作用下无水平反力的结构,梁作为承重结构,是以它的抗弯能力来承受荷载的。梁桥一直是我国公路桥梁的主流结构形式。在我国已建成的55万多座公路桥梁中,95%以上为梁桥。梁桥种类繁多,按结构体系的不同,可分为简支梁(板)桥、悬臂梁桥、连续梁桥,如图1-1-3所示。

(1)简支梁(板)桥

如图1-1-3a)所示,简支梁(板)桥一般采用一个固定支座和一个活动支座将梁支撑在墩台上,梁身承受正弯矩。每一片梁与桥墩或桥台组成一个桥跨,相邻桥跨之间没有受力关系。简支梁(板)桥属静定结构,相邻桥孔各自单独受力。

简支梁(板)桥的上部结构一般为空心板、箱梁或T形梁,钢筋混凝土空心板和T形梁最大跨径为20m,常用跨径为8m、10m、13m和16m;预应力空心板的适宜跨径为8~25m;预应力箱梁的跨径为25m、30m、35m、40m;预应力混凝土T形梁的跨径为20~50m。

简支梁(板)桥,结构较为简单,施工方便,是目前各等级公路中优先考虑选用的建设方案,最适宜于在河道宽浅、路线设计高程较低的情况下使用。

(2)悬臂梁桥

如图1-1-3b)所示,其主体是长度超出跨径的悬臂结构。仅一端悬出者称为单悬臂梁,两端均悬出者称为双悬臂梁。悬臂梁桥施工较为复杂,桥跨结构整体性不及连续梁桥,目前已较少采用。

(3)连续梁桥

如图1-1-3c)所示,由几跨梁连接成一个整体,即形成一联,每联3～5孔,由一个固定支座和几个活动支座将梁支撑在墩台上。梁身中部受正弯矩,每个支座处受负弯矩。在荷载作用下,支点截面产生的负弯矩显著减小了跨中截面的正弯矩,这不仅可减小跨中的建筑高度,而且能节省钢筋混凝土用量。但连续梁桥属于超静定结构,对地基要求较高。

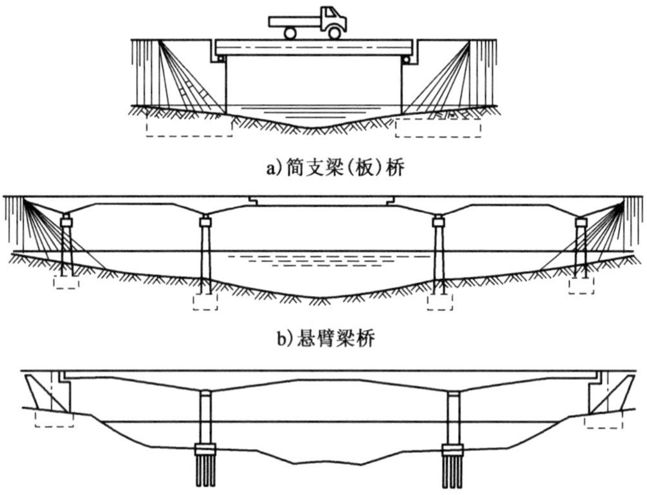

a)简支梁(板)桥

b)悬臂梁桥

c)连续梁桥

图1-1-3　梁式桥

2)拱桥

拱桥作为一种古老的桥型,以其跨越能力大、承载力高、造价经济、养护维修费用少、造型美观等特有的优势而成为建筑历史最悠久、竞争力较强的桥型。它能适用于大、中、小跨越峡谷的公路或铁路桥,又因其造型美观,也常用于城市、风景区的桥梁建筑,如图1-1-4所示。

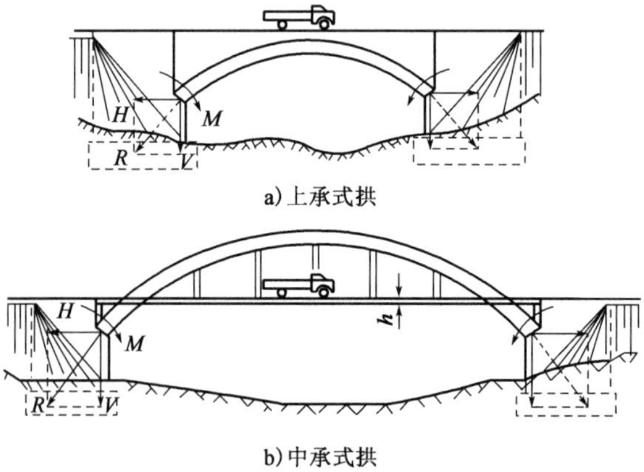

a)上承式拱

b)中承式拱

图1-1-4　拱桥

3)刚构桥

刚构桥是介于梁与拱之间的一种结构体系,它是由受弯的上部(梁或板)结构与承压的下部(桩柱或墩)结构结合在一起的整体结构。由于梁与柱的刚性连接,柱因抗弯刚度大对梁起到一定卸载作用,整个体系是压弯结构,也是推力结构。刚构桥分直腿刚构桥与斜腿刚构桥。刚构桥的桥下净空比拱桥大,在同样净空要求下可修建较小的跨径,如图1-1-5所示。

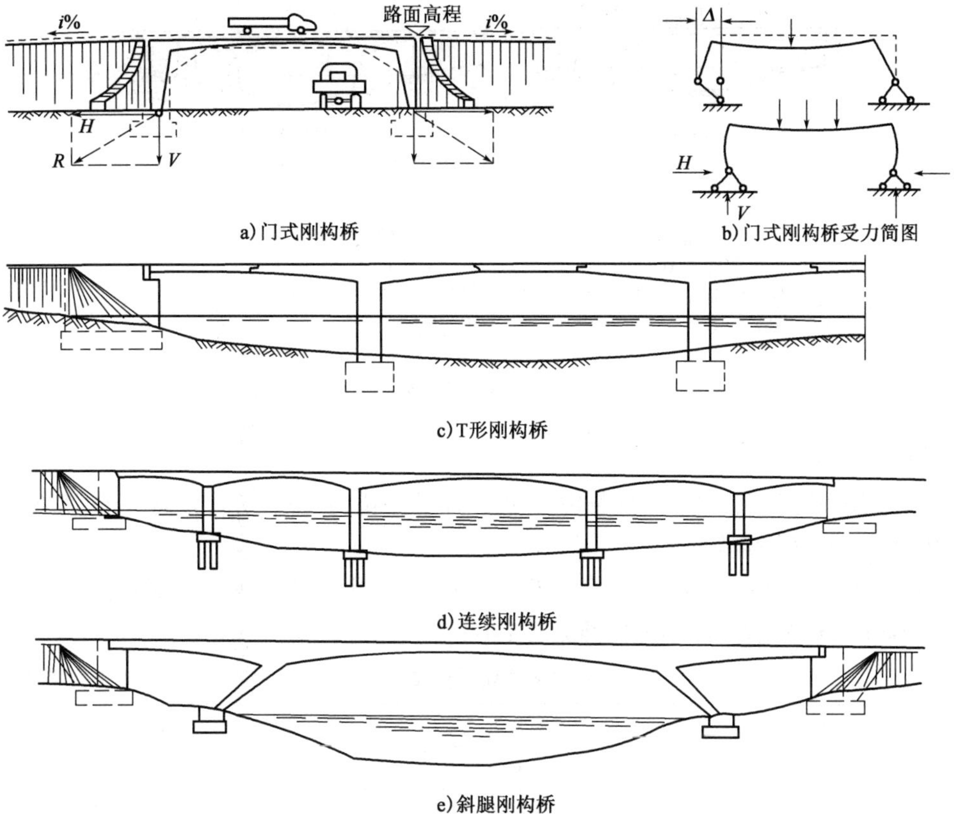

图1-1-5　刚构桥

4)悬索桥

悬索桥是一种很古老的桥型,又称吊桥(Suspension Bridge),是利用主缆和吊索作为加劲梁的悬吊体系,将荷载作用传递到索塔和锚碇的桥梁,其主要由主缆、索塔、锚碇、吊索、加劲梁等组成,如图1-1-6所示。悬索桥具有跨越能力大、受力性能好、轻盈美观等特点,是特大跨径桥梁的主要形式之一。

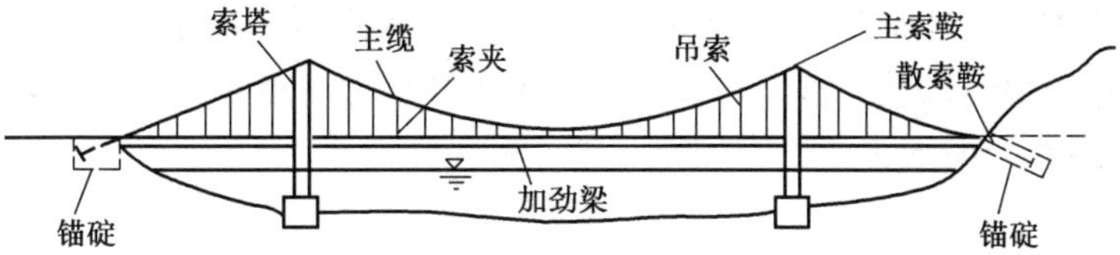

图1-1-6　悬索桥

5)组合体系桥

(1)梁、拱组合体系

这类体系有系杆拱、桁架拱、多跨拱梁结构等,它们利用梁的受弯与拱的承压特点组成联合结构。其中梁和拱都是主要承重物,两者相互配合,共同受力,如图1-1-7所示。

(2)斜拉桥

斜拉桥也是一种主梁与斜缆相结合的组合体系(图1-1-8)。悬挂在塔柱上的被张紧的斜缆将主梁吊住,使主梁像多点弹性支承的连续梁一样工作,这样既发挥了高强材料的作用,又显著减小了主梁截面,使结构自重减轻而能跨越很大的跨径。

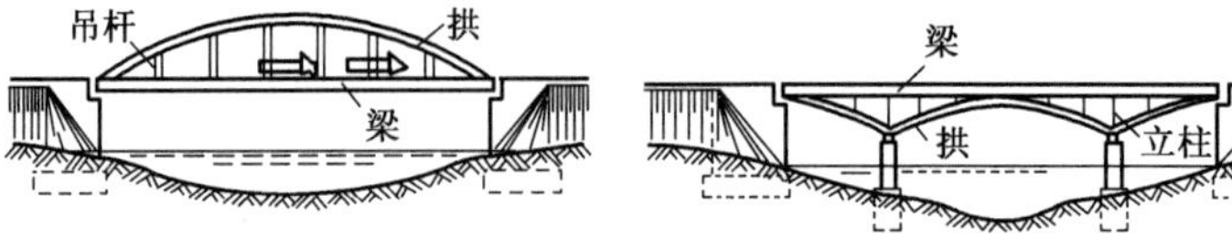

图 1-1-7　梁、拱组合体系

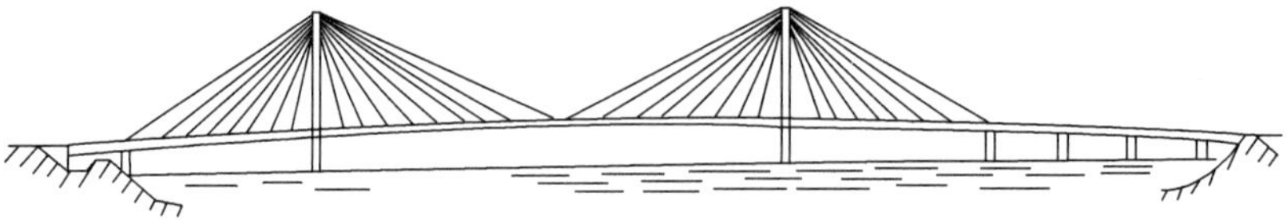

图 1-1-8　斜拉桥

2. 其他分类方法简介

(1)桥梁按用途分为公路桥、铁路桥、公路铁路两用桥、农桥、人行桥、运水桥(渡槽),及其他专用桥梁(如各种管线等)。

(2)按桥梁全长和跨径不同分为特大桥、大桥、中桥、小桥和涵洞。《公路桥涵设计通用规范》(JTG D60—2015)规定的划分标准见表 1-1-1。

桥梁涵洞划分标准(m)　　表 1-1-1

桥 梁 分 类	多孔桥总长 L_q	单孔跨径 L_K
特大桥	$L_q > 1000$	$L_K \geqslant 100$
大桥	$100 \leqslant L_q \leqslant 1000$	$L_K \geqslant 40$
中桥	$30 < L_q < 100$	$20 \leqslant L_K < 40$
小桥	$8 \leqslant L_q \leqslant 30$	$5 \leqslant L_K < 20$
涵洞	—	$L_K < 5$

(3)按上部结构所用的材料可分为钢筋混凝土桥、预应力混凝土桥、圬工桥(包括砖、石、混凝土桥)和钢桥。

(4)按跨越障碍的性质可分为跨河桥、跨线桥(立交桥)、高架桥和栈桥。

(5)按上部结构的行车道位置可分为上承式桥、下承式桥和中承式桥。桥面布置在主要承重结构之上的称为上承式桥,桥面布置在主要承重结构之下的称为下承式桥,桥面布置在主要承重结构中间的称为中承式桥。

任务二　涵 洞 认 知

学习目标

(1)能够从不同角度描述涵洞的类型;

(2)能描述涵洞洞身和洞口的构造。

任务描述

通过本任务的学习,能识读涵洞设计图,准确判断涵洞类型,并描述其洞身与洞口构造。

相关知识

涵洞在公路工程中占较大比例,是公路工程的重要组成部分,主要表现在工程数量和工程造价上。据有关资料介绍,涵洞工程数量占桥涵总数的60% ~70%。平原地区,每千米有1 ~3道涵洞;山岭重丘区,每千米平均有4 ~6 道涵洞。涵洞工程造价占桥涵总造价的40%左右。

一、涵洞的分类

1. 按建筑材料分类

1)石涵

石涵是以石料为主要材料建造的涵洞,包括石盖板涵和石拱涵。石涵造价、养护费用低,节省钢材和水泥,在石料丰富地区应优先考虑采用石涵。石拱涵是目前公路上应用较为广泛的涵洞形式。

2)混凝土涵

混凝土涵是以混凝土为主要材料建造的涵洞,可现场浇筑或预制成拱涵、圆管涵和小跨径盖板涵。混凝土涵可节省钢材,便于预制,但损坏后维修和养护较为困难。

3)钢筋混凝土涵

钢筋混凝土涵是以钢筋、混凝土为主要材料建造的,可用于管涵、盖板涵、拱涵和箱涵。钢筋混凝土涵涵身坚固,经久耐用,养护费用低。钢筋混凝土管涵、盖板涵安装运输便利,但耗费钢材较多,预制工序多,造价较高。

4)钢波纹管涵

钢波纹管涵洞身由薄板压成波纹后,卷制成管节构成。钢波纹管涵适用于地基承载力较低或有较大沉降与变形的路基。

5)其他材料涵洞

其他材料涵洞主要有砖涵、陶瓷管涵、铸铁管涵、石灰三合土拱涵等,这些涵洞适用于便道或乡村道路。

2. 按构造形式分类

1)管涵

管涵受力性能和对地基的适应性能较好,不需墩台,构造简单,圬工数量少,造价低,工期短,施工方便。其适用于有足够填土高度的小跨径暗涵,如图1-2-1所示。

2)盖板涵

盖板涵的优点是建筑高度较小,可预制拼装,施工简便,对基础要求不高,易于修复,如图1-2-2所示。其适用于缺乏石料地区,水流量大、填土高度受限制的高等级公路。这类涵洞通常可预制拼装或现场浇筑。预制拼装可节约模板,缩短工期,不受天气影响,适用于桥涵多而集中并有运输吊装条件的公路;现场浇筑整体性好,适用于小桥涵工程分散、改建旧路中的单个桥涵及高等级公路的跨线通道。

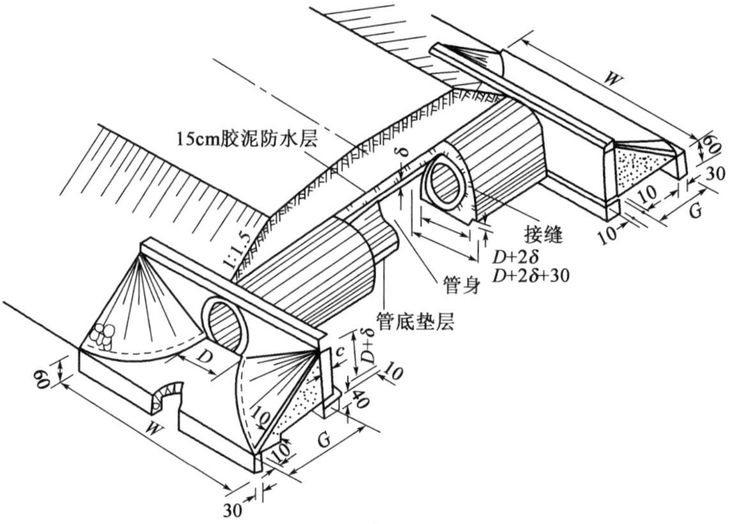

图 1-2-1　圆管涵(尺寸单位:cm)

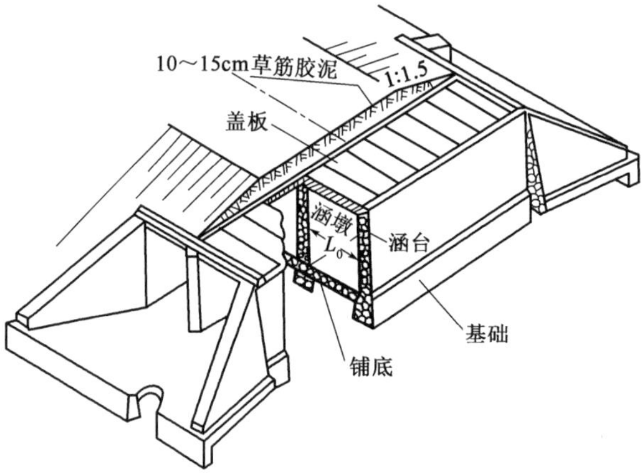

图 1-2-2　盖板涵

3)拱涵

拱涵是山区公路最常用的一种结构形式,适宜于盛产石料的地区,如图 1-2-3 所示。其优点是可就地取材,造价低,易施工,结构坚固,寿命长,自重及超载潜力大,砌筑技术容易掌握。缺点是自重引起的恒载大,对地基承载力要求高,施工工序繁多,进度较慢。

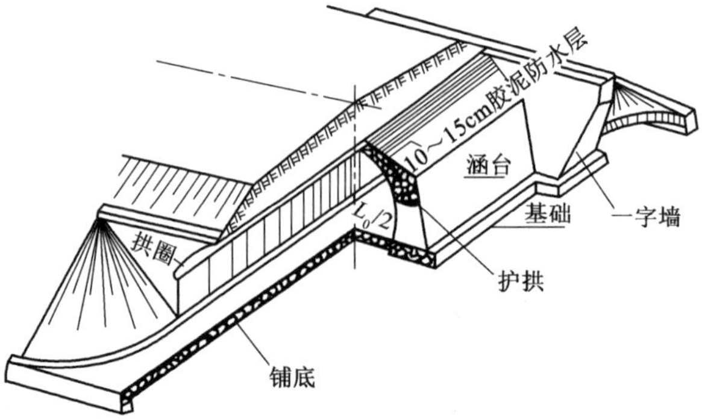

图 1-2-3　石拱涵

4）箱涵

箱涵是一种闭合式的钢筋混凝土薄壁结构的涵洞，其主要特点是整体性能好，对地基适应性强，适用于较软弱的地基。但因用钢量多，造价高，一般多用现场浇筑施工，施工难度较大，如图1-2-4所示。

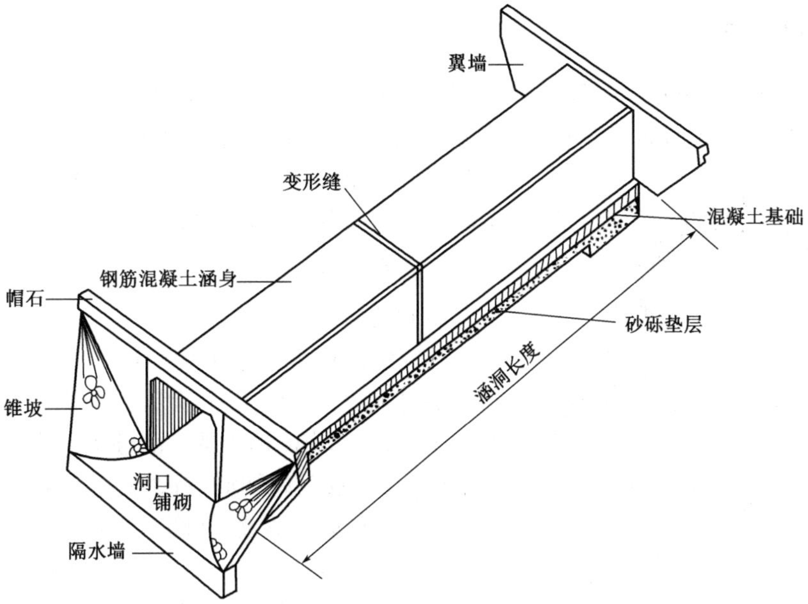

图1-2-4　箱涵

3. 按洞顶填土情况分类

1）明涵

明涵洞顶不填土或填土高度小于50cm，适用于低路堤、浅沟渠。盖板涵一般都采用明涵形式。

2）暗涵

暗涵洞顶填土高度大于50cm，适用于高路堤、深沟渠，一般拱涵、管涵都采用暗涵形式布置。

4. 按水力性能分类

1）无压力式涵洞

进口水流深度小于洞口高度，水流流经全涵保持自由水面，适用于涵前不允许壅水或壅水不高时。新修涵洞一般均设计成无压力式涵洞。

2）半压力式涵洞

进口水流深度大于洞口高度，但水流仅在进口处充满洞口，在涵洞其他部分都是自由水面。

3）有压力式涵洞

涵前壅水较高，全涵充满水流，无自由水面，适用于深沟高路堤。

4）倒虹吸管

路线两侧水深都大于涵洞进出水口高度，进出水口设置竖井，水流充满全涵身。适用于横穿路线的沟渠水面高程基本等于或略高于路基高程的情况。此类涵洞属有压力式，且涵洞中常年有水，易于堵塞和冒水浸泡路基，在选线时应尽可能避免。通常，当灌溉渠横跨公路，比河面高,又达不到设渡槽的净高度时,才不得已采用这类涵洞。

5. 按涵洞与路线的夹角分类

按涵洞与路线的夹角,涵洞可分为正交涵洞与斜交涵洞两种。斜交涵洞又分为斜交斜做和斜交正做两种形式。

二、涵洞的组成

涵洞通常由洞身和洞口建筑两部分组成。洞身的作用是承受荷载压力和土压力,并将其传递给地基,保证水流的通过。洞口建筑连接着洞身和路基边坡,形成良好的泄水条件,确保道路边坡的稳定。位于涵洞上游的洞口称为进水口,位于涵洞下游的洞口称为出水口。

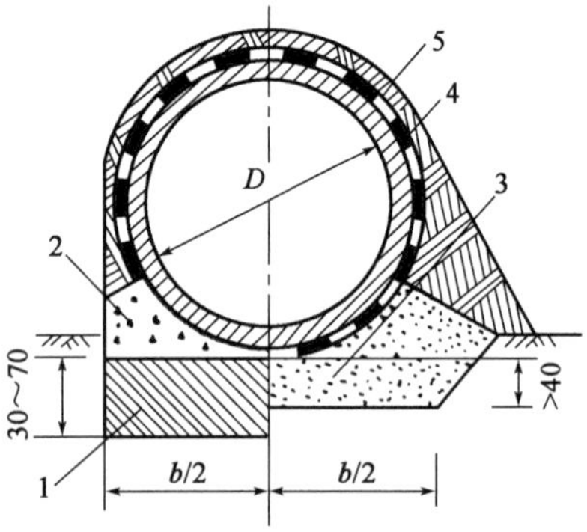

图 1-2-5　圆管涵洞身的结构(尺寸单位:cm)
1-浆砌片石基础;2-混凝土管座;3-砂砾石或砂、碎石与少量黏土混合物;4-防水层;5-黏土

1. 洞身构造

1)圆管涵

圆管涵洞身主要是由各分段管节和支撑管节的基础垫层组成的,如图 1-2-5 所示。当整节钢筋混凝土圆管涵无铰时,称为刚性管涵。刚性管涵在横断面上是一个刚性圆环,管壁内钢筋有内外两层,将钢筋加工成一个个的圆圈或螺旋钢筋,如图 1-2-6 所示。

圆管涵常见孔径 d_0 有:75cm、100cm、125cm、150cm、200cm,对应的管壁厚度 δ 分别为:8cm、10cm、12cm、14cm、15cm。

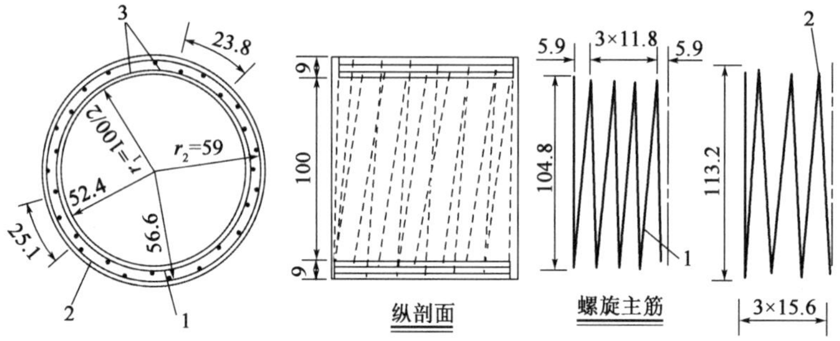

图 1-2-6　钢筋混凝土圆管涵(尺寸单位:cm)
1-内层螺旋主筋;2-外层螺旋主筋;3-纵向分布钢筋

2)盖板涵

盖板涵洞身是由盖板、涵台(墩)和基础组成的,如图 1-2-7 所示。盖板有石盖板、混凝土盖板和钢筋混凝土盖板等。钢筋混凝土盖板涵跨径 L_K 有 150cm、200cm、250cm、300cm、400cm 五种,相应的盖板厚度 d 为 15 ~ 22cm。盖板两端应与涵台顶紧,并设锚栓连接,采用 C20 小石子混凝土填满捣实空隙。

3)拱涵

拱涵洞身主要由拱圈和涵台(墩)组成,如图 1-2-8 所示。拱涵分为石拱涵、混凝土拱涵等。拱圈宜采用等截面圆弧拱,跨径 L_K 有 100cm、150cm、200cm、250cm、300cm、400cm、500cm 七种,相应拱圈厚度 d 为 25 ~ 35cm。拱圈由石料、混凝土等构成。护拱由石灰砂浆或水泥砂浆砌片石构成。拱上侧墙和涵底铺砌可用水泥砂浆砌片石构成。涵台(墩)用于支撑拱圈,临水面为竖直面,背面为斜坡,以适应拱脚较大水平推力的要求。涵台宜为圬工结构,视地基土情况,可采用整体式或分离式基础。拱背及台背宜铺设防水层,通过泄水孔或盲沟等排水设施导出积水。沉降缝的设置同盖板涵,其方向应与涵洞轴线垂直。

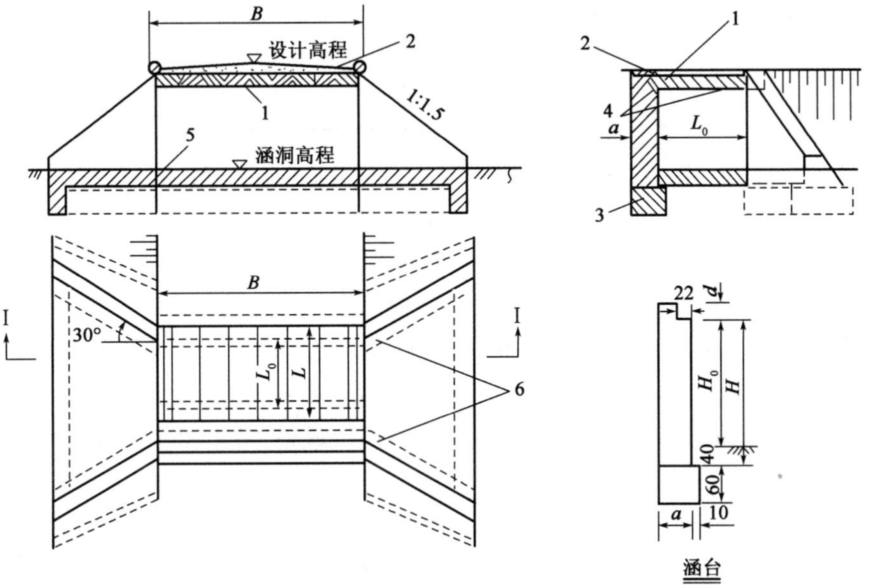

图 1-2-7　盖板涵构造(尺寸单位:cm)

1-盖板;2-路面;3-基础;4-砂浆垫平;5-铺砌;6-八字墙

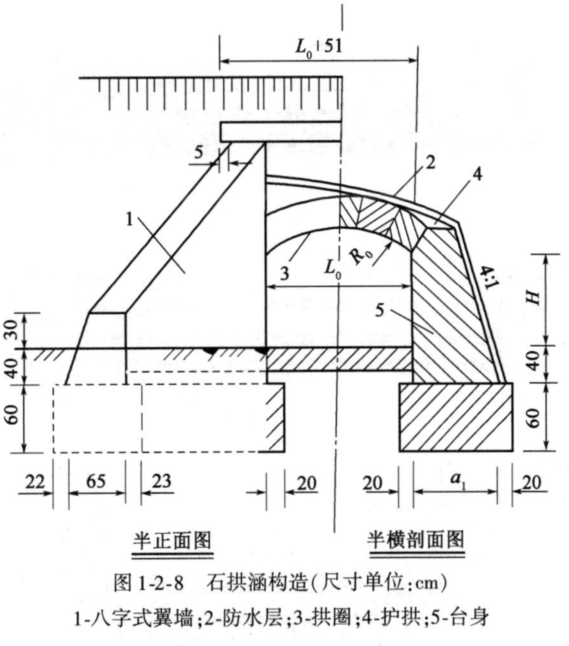

图 1-2-8　石拱涵构造(尺寸单位:cm)

1-八字式翼墙;2-防水层;3-拱圈;4-护拱;5-台身

4)箱涵

箱涵又称为矩形涵,箱涵洞身宜采用钢筋混凝土整体闭合式框架结构,其横截面可分为长方形或正方形。内壁在角隅处宜设倒角并配防劈裂钢筋,如图 1-2-9 所示。箱涵的上下顶板、底板与左右墙身是刚性结构,适于在软土地基上采用。

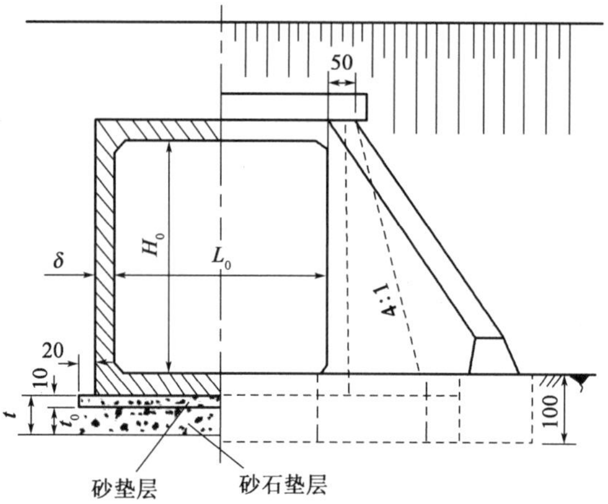

图 1-2-9　箱涵洞身(尺寸单位:cm)

L_0-跨径;H_0-净高;δ-箱涵壁厚;t_0-砂石垫层厚度;t-垫层厚度

箱涵的常用跨径有 200cm、250cm、300cm、400cm 和 500cm 五种,箱涵壁厚 δ 一般为 22 ~ 35cm,垫层厚度 t 为 40 ~ 70cm。箱涵内壁面四个角往往做成 45°的斜面,其尺寸为 5cm × 5cm。翼墙采用一字式钢筋混凝土薄壁结构时,应与洞身连接成整体;采用八字式翼墙时,翼墙与洞身间应设沉降缝。

5)倒虹吸管涵

倒虹吸管涵主要由进口段、水平段和出口段组成。进口段由进水河沟、沉淀池、进水井等组成。水平段是倒虹吸的主体,由基础、管身、接缝等组成。出口段由出水井、出水河沟等组成,如图 1-2-10 所示。

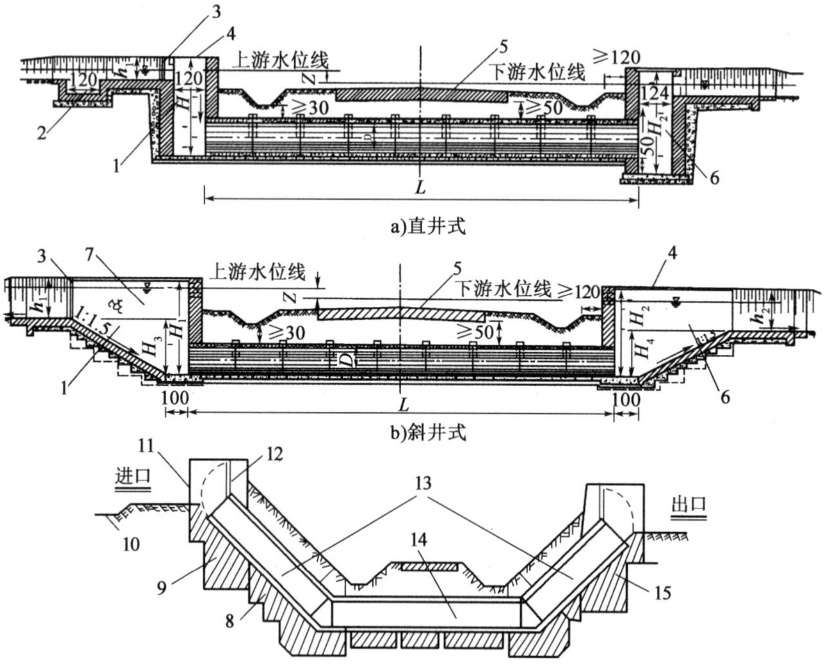

图 1-2-10　倒虹吸管涵结构类型(尺寸单位:cm)

1-进水井;2-沉泥池;3-闸槽;4-井口混凝土盖板;5-路面结构层;6-出水井;7-侧墙;8-斜管台阶基础;9-进口基础;10-沉淀池;11-拦污栅;12-挡沙板;13-斜管节;14-水平管节;15-出口基础

6)钢波纹管涵

钢波纹管涵管身由薄板压成波纹后,卷制成管节构成。钢波纹管涵适用于地基承载力较低或有较大沉降与变形的路基。其类型有小直径整体管、分片拼装式圆管涵,如图 1-2-11 所示。整体式波纹管采用法兰连接;分片拼装式波纹管采用钢板搭接,并用高强螺栓连接。对钢波纹管管节内外面和紧固连接螺栓或铆钉,应进行热镀锌防腐处理。管身楔形部分应采用砾类土、砂类土回填。管顶填土应在管两侧保持对称均匀、分层摊铺、逐层压实。

图 1-2-11　分片拼装式圆管涵

2. 山坡涵洞洞身构造

山坡涵洞的洞底坡度较大,一般为 10% ~20% 或更大。洞底纵坡主要由进水口和出水口处的高程决定。洞身的布置视坡度大小有以下几种形式:

1)跌水式底槽(适用于坡度小于 12.5%)

跌水式底槽的总坡度等于河槽或山坡的纵坡度。洞身由垂直缝分开的管节组成,每节有独立的底面水平的基础,如图 1-2-12 所示。后一节比前一节垂直降低一定高度,使涵洞得到稳定。为了防止因管节错台在拱圈或盖板间产生缝隙,错台厚度不得大于拱圈或盖板厚度的 3/4,如图 1-2-12a)所示。当相邻两节的高度大于涵顶厚度时,需加砌挡墙,如图 1-2-12b)所示,但两节间高差不应大于 0.7m 或 1/3 涵洞净高,以保证泄水断面不受过大的压缩。管节的长度一般不小于台阶高度的 10 倍,若小于 10 倍台阶高度时,应按台阶跌水进行水力验算。做成台阶形的涵洞,其孔径应比设计流量算出的孔径稍大。跌水式底槽易淤积,且养护较困难,应慎重采用。

2)急流坡式底槽(适用于坡度大于 12.5%)

当跌水式底槽每一管节的跌水高度太大,不能适应台阶长度的要求时,可建造急流坡式底槽。急流坡式底槽应等于或接近天然坡度,如图 1-2-13 所示。涵洞的稳定性主要靠加深管节基础来保证,其形式一般为齿形或台阶形。

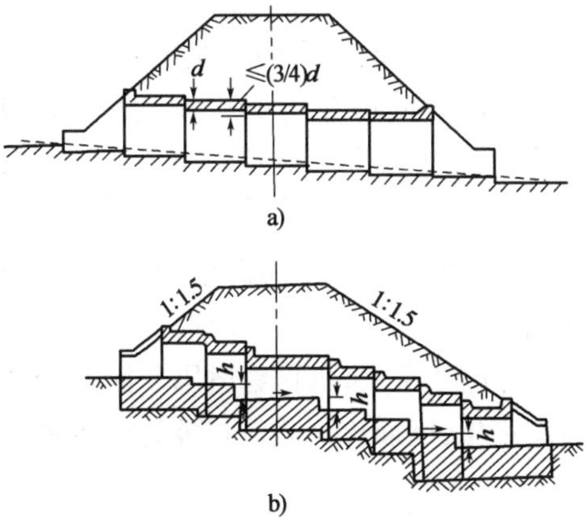

图 1-2-12　带跌水式底槽的涵洞纵断面

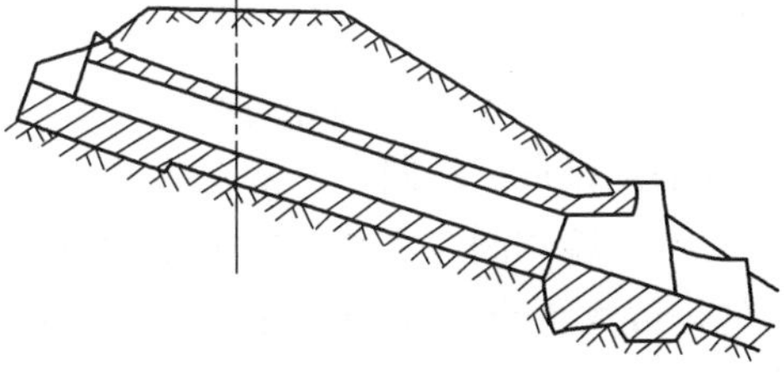

图 1-2-13　带急流坡式底槽的涵洞纵断面

3)小坡度底槽

如果地质情况不好,不允许修建坡度较大的涵洞,应采用小坡度底槽,在进出口设置有消能设备的涵洞,如图 1-2-14 所示。

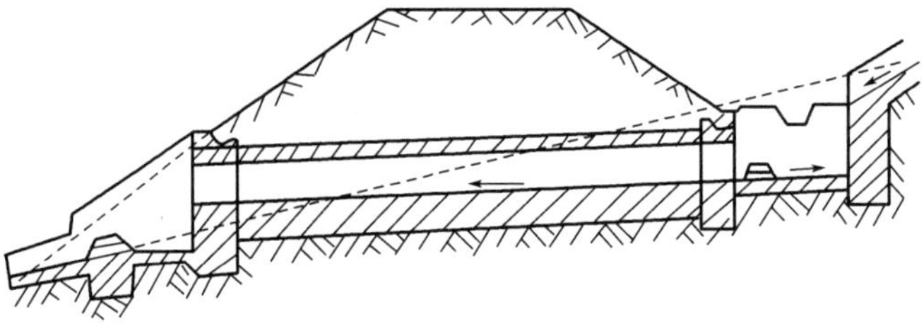

图 1-2-14　小坡度底槽的涵洞纵断面

3. 洞口建筑

洞口建筑的作用是使涵洞进出水口与路基衔接平顺,调节水流状态,保持水流顺畅,使上下游河床、洞口基础和两侧路基免受冲刷。

涵洞进出水口类型有八字墙式、端墙式、锥坡式、直墙式、扭坡式、平头式、走廊式及流线型、跌水井式等,其中常用的有八字墙式、端墙式、锥坡式、平头式和走廊式。无论采用何种形式,洞口进出水口河床必须铺砌。

1)八字墙式洞口

八字墙式洞口为重力式墙式结构,如图 1-2-15 所示。其特点是构造简单,建筑结构较美观,施工简单,造价较低。常用于河沟平坦顺直、无明显沟槽,且沟底高差变化不大的情况。这种洞口工程量小,水力性能好,施工简单,造价低,因而是最常用的洞口形式。当墙身较高时(一般大于 5m),圬工体积增加较大,使用该形式洞口则不够经济。

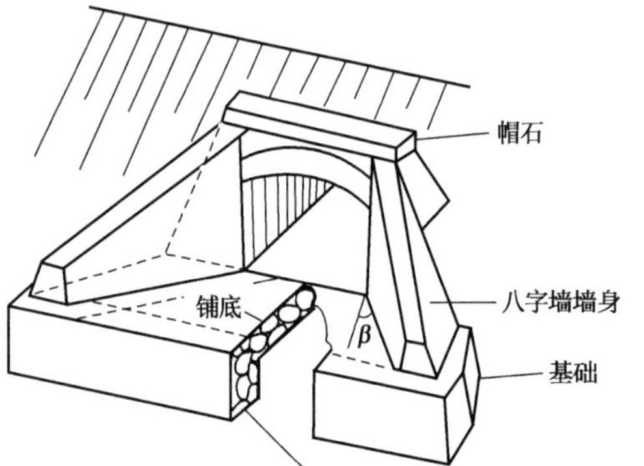

图 1-2-15　八字墙式洞口

2)端墙式洞口

在涵台两端修建的垂直于台身并与台身同高的矮墙叫端墙,又叫一字墙。在端墙外侧,可用砌石椭圆锥坡或砌石护坡或挡土墙与天然沟槽和路基相连接,即构成各种形式的端墙式洞口,如图 1-2-16 所示。图 1-2-16a)、图 1-2-16b)仅在沟床稳定、土质坚实的情况下采用;有时为了改善水利条件,可在图 1-2-16c)所示的沟底设置小锥坡,构成图 1-2-16d);图 1-2-16e)仅在洞口路基边坡设有直立式挡墙时才采用。

端墙配锥形护坡洞口是常用的一种洞口形式。它的使用条件与八字墙式洞口类似。但由于它比八字墙式洞口水利条件稍好,因而多用于宽浅河沟或孔径压缩较大的情况。当墙高较高时(一般大于 5m),由于其稳定性和经济性比八字墙式洞口好,因而它更适用于涵台较高的涵洞。此外,由于锥坡的表面坡度可以随路基边坡坡度变化,因而该形式洞口能适应各种不同路基边坡的情况,灵活性比八字墙式洞口好。

3)扭坡式洞口

扭坡式洞口与渠道之间由一段变化坡度的过渡段构成,如图 1-2-17 所示。其适用于盖板涵、箱涵、拱涵涵身与人工灌溉渠道的连接。进口收缩过渡长度宜为水深的 4 ~6 倍,出水扩散段还应适当增长。

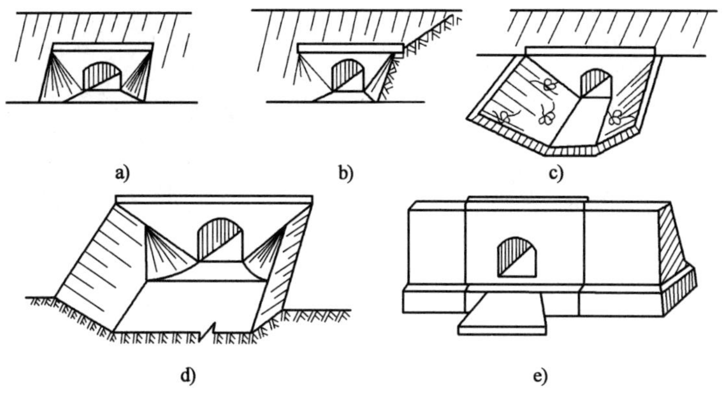

图 1-2-16 端墙式洞口

4)平头式洞口

平头式洞门常用于钢筋混凝土圆管涵和钢波纹管涵,需制作特殊的洞口管节,如图 1-2-18 所示。平头式洞口适用于水流通过涵洞挤束不大和流速较小的涵洞。

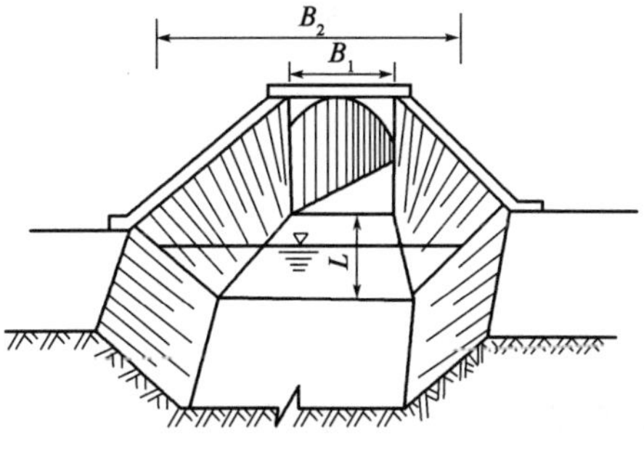

图 1-2-17 扭坡式洞口

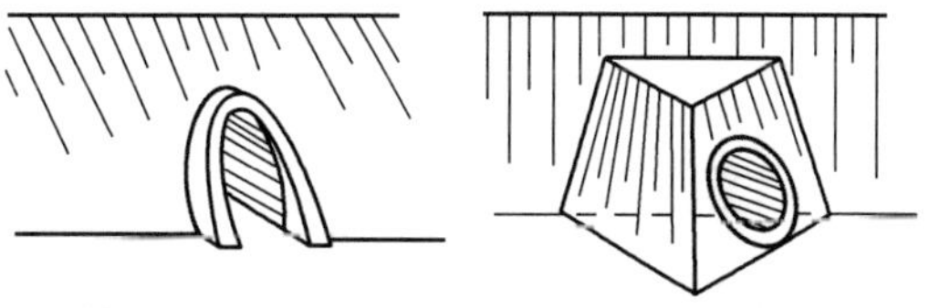

a)平头式正洞口　b)平头式斜洞口

图 1-2-18 平头式洞口

5)走廊式洞口

走廊式洞口由两道平行翼墙在前段展开成八字形或圆曲线形构成,如图 1-2-19 所示。它可使涵前的壅水水位在洞口部分提前收缩跌落,降低无压力式涵洞的计算高度或提高涵内计算水深,增大涵洞的宣泄能力。其适用于高路堤的情况。

6)流线型洞口

流线型洞口由进水口端节在立面上升高形成流线型构成,如图 1-2-20 所示。平面也可做成流线型,使涵长方向涵洞净空符合水流进洞收缩的实际情况。流线型洞口应用于压力式涵洞时,可使洞内满流;应用于无压力式涵洞时,可增加涵前水深,提高涵洞的宣泄能力。其适用于高路堤或路幅较宽、涵身较长的涵洞。

7)跌水井式洞口

跌水井式洞口主要有边沟跌水井洞口与一字墙式跌水井洞口两种,如图 1-2-21 所示。边沟跌水井洞口适用于内侧有挖方边坡的洞口,一字墙式跌水井洞口适用于陡坡沟槽跌水。跌水井式洞口适用于河沟纵坡大于 50% 或路基不能满足涵洞建筑高度要求、涵洞进口开挖大以及天然沟槽与洞口高差大时,以解决路基边沟或天然沟槽与涵洞进口的连接问题。

图 1-2-19　走廊式洞口

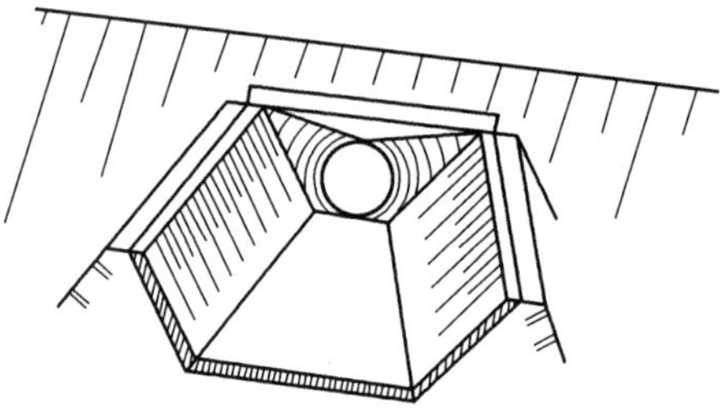

图 1-2-20　流线型洞口

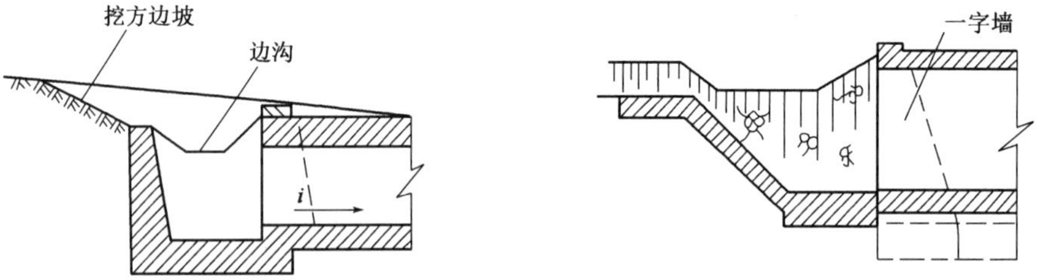

a)边沟跌水井洞口　　b)一字墙式跌水井洞口

图 1-2-21　跌水井式洞口

能力训练

桥梁结构组成分析

某桥位于城区，跨越30m 宽的河沟，规划建2孔16m 钢筋混凝土板桥一座，两岸配套修建防汛河堤，桥宽为净 −9m + 2 × 1.5m 人行道，总体布置图、上部结构横断面图如图1-2-22、图1-2-23所示。请对该桥进行结构组成分析。

1. 桥梁结构描述

本桥上部结构为2孔16m 钢筋混凝土简支板桥。每孔有12块(10块中板、2块边板)预制安装的钢筋混凝土板。行车道宽9m，人行道宽1.5m，桥面设置1.5%的横坡。下部结构为双柱式墩台、钻孔灌注桩基础。

2. 主要尺寸

桥梁起点桩号为K0 +82.206，终点桩号为K0 +118.266。桥梁全长为3606cm；空心板标准跨径为1600cm，实际施工预制板长度为1596cm，两端各留伸缩缝2cm，台顶伸缩缝预留宽度5cm，台背前缘与设计梁端之间尚需留3cm 空隙。墩顶为桥面连续，实际架梁时有4cm 间距，以方便施工。

桥台台帽总宽140cm，耳墙长200cm，背墙厚40cm，背墙前缘到台帽前缘为100cm，所以桩轴线到耳墙尾端的距离为 200 + 100 − 140/2 = 230(cm)。

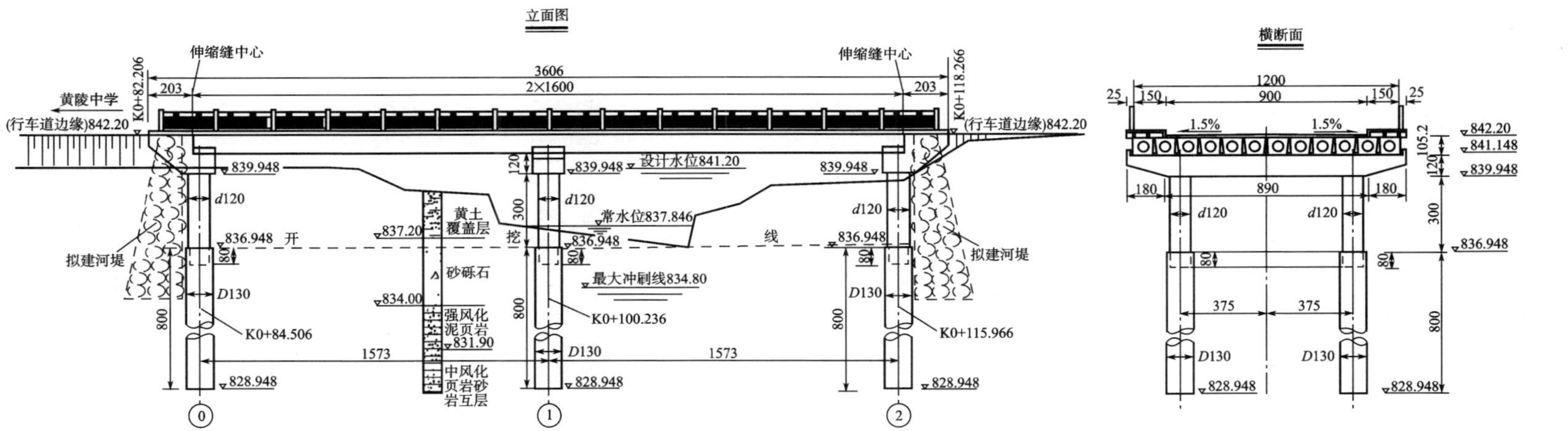

图1-2-22　某梁桥总体布置图(尺寸单位：cm；高程单位：m)

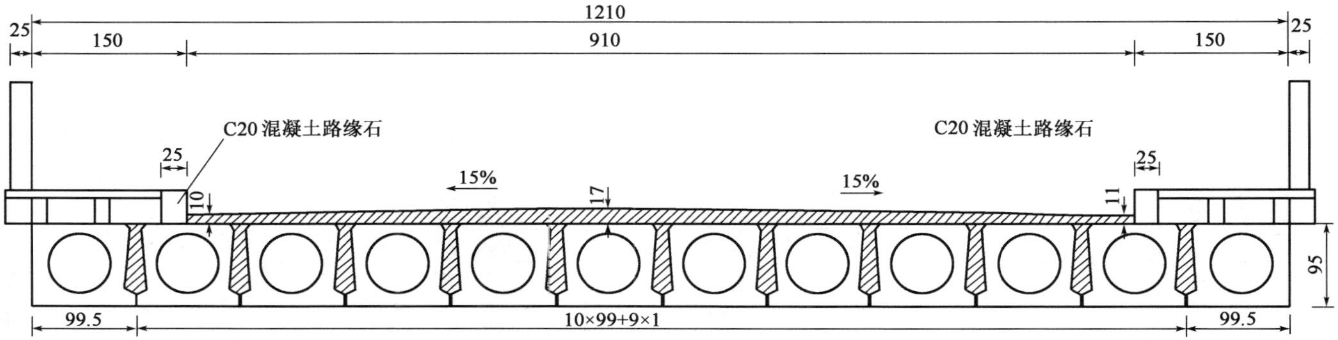

图1-2-23　某梁桥上部结构横断面图(尺寸单位：cm)

由于桥梁较短,又位于城区,桥面纵坡设计为平坡,即坡度为0%,行车道边缘设计高程为842.20m。由横断构造图可知,横坡由桥面铺装层调整形成,铺装层边缘厚10cm,混凝土空心板厚85cm,故上部构造总厚度为95cm。查支座及垫石构造图,支座厚4.2cm,垫石高度6cm。墩、台帽厚度均为120cm。据此计算桥梁各部位高程:

墩台顶高程:842.20 - 0.95 - 0.042 - 0.06 = 841.148(m);

柱顶高程:841.148 - 1.20 = 839.948(m);

桩顶高程:836.948m(依据地面线拟定),柱高:839.948 - 836.948 = 300(cm);

桩底高程:836.948 - 8.00 = 828.948(m)。

思考与练习

一、填空题

1. 桥梁通常由________、________和________三大部分组成。
2. 桥梁全长 L_q,对于有桥台的桥梁是指________;对于无桥台的桥梁是指________。
3. 按主要承重构件的受力情况,桥梁可分为________、________、________、________、________五种。
4. 按照构造形式来分,涵洞可以分为________、________、________、________。
5. 公路桥梁中,对于有支座的桥梁,相邻两支座中心线之间的距离称为________跨径。
6. 涵洞的长度通常是指________。

二、单选题

1. 跨河桥的桥梁高度 H 是指(　　)。
   A. 行车道顶面至河床顶面间的距离　　B. 行车道顶面至低水位间的距离
   C. 行车道顶面至计算水位间的距离　　D. 行车道顶面至设计水位间的距离
2. 单孔跨径 $L_K = 20$m 属于(　　)。
   A. 小桥　　B. 中桥　　C. 大桥　　D. 特大桥
3. 拱桥的承重结构以(　　)为主。
   A. 受压　　B. 受拉　　C. 受弯　　D. 受扭
4. 矢跨比是指(　　)之比。
   A. 净跨径与净矢高　　B. 计算跨径与计算矢高
   C. 计算矢高与计算跨径　　D. 净矢高与净跨径
5. 明涵与暗涵洞顶的分界填土厚度为(　　)。
   A. 0.3m　　B. 0.4m　　C. 0.5m　　D. 1.0m

三、名词解释

刚架桥;标准跨径;总跨径;净矢高;矢跨比;涵洞

四、简答题

1. 梁桥有哪几种类型,各自的受力特点是什么?

2. 描述盖板涵的组成。

3. 举例介绍我国跨径最大的梁桥、拱桥、悬索桥、斜拉桥。

知识拓展

一、我国桥梁建筑概况

我国桥梁建筑无论在规模上还是在技术水平上，均已跻身世界先进行列，各种功能齐全、造型美观的城市立交桥、高架桥及跨越各种障碍物的大跨径公路、铁路桥，如雨后春笋般相继建成。在我国公路2020年远景规划中，跨越渤海湾、杭州湾、琼州海峡及舟山大陆连岛工程等大型工程已列入规划建设阶段。如2008年5月建成通车的浙江杭州湾跨海大桥是国道主干线——同三线跨越杭州湾的便捷通道，大桥北起嘉兴市海盐郑家埭，跨越宽阔的杭州湾海域后止于宁波市慈溪水路湾，全长36km，缩短了宁波至上海间的陆路距离，使两地间距离仅为120余千米。

我国的桥梁建筑历史是辉煌的，古代的桥梁不但数量惊人，类型也丰富多彩，几乎包括了所有近代桥梁中的最主要形式。在3000年前的周文王时代，就有在渭河上架设浮桥和建造石桥的文字记载。隋唐时期，是我国古代桥梁的兴盛年代，在桥梁形式、结构构造方面都有很多创新。宋代之后，建桥数量大增，桥梁的跨越能力、造型和功能也有所提高，充分体现了我国古代工匠的智慧和艺术水平。

举世闻名的河北赵州桥（又称安济桥），就是我国古代石拱桥的杰出代表。该桥在隋大业初年（公元595—605年）为李春父子所建，是一座空腹式的圆弧形石拱桥，全桥长50.82m，净跨37.02m，宽9m，拱矢高度7.23m。赵州桥在拱圈两肩各设有两个跨度不等的腹拱，这样既能减轻桥身自重、节省材料，又便于排洪，增加观赏性。赵州桥采用纵向并列砌筑，将主拱圈分为28圈，每圈由43块拱石组成，每块拱石重1t左右，用石灰浆砌筑。赵州桥至今仍保存完好（图1）。

图1　赵州桥

我国是最早有吊桥的国家，迄今已有3000年左右的历史。据记载，在唐朝中期，我国就从藤索、竹索发展到用铁链建造吊桥，而西方在16世纪才开始建造铁链吊桥，比我国晚了近千年。至今保留下来的古代吊桥有四川泸定县的泸定桥以及都江堰的安澜索桥等。泸定桥桥跨长约100m，宽约2.8m，由13条锚固于两岸的铁链组成，1935年中国工农红军长征途中曾强渡此桥,因此更加闻名。

在秦汉时期我国已广泛修建石梁桥。世界上尚存最长、工程最艰巨的石梁桥,就是我国于1053—1059 年在福建泉州建造的万安桥,也称洛阳桥(图 2)。此桥长达 800 多米,共 47 孔,位于海口江面上。此桥以磐石遍铺桥位江底,是近代筏形基础的开端,并且独具匠心地用养殖海牡蛎的方法胶固桥基,使之成为整体。万安桥的石梁共 300 余根,每根重 20 ~ 30t,这样重的梁在当时采用"激浪以涨舟,悬机以弦牵"的方法架设。据分析,该方法就是利用潮汐的涨落控制船只的高低位置,这也是现代浮运架桥的雏形。

图 2　万安桥

1957 年,第一座长江大桥——武汉长江大桥的建成,结束了我国万里长江无桥的状况,从此"一桥飞架南北,天堑变通途",也标志着我国建造大跨度钢桥的现代化桥梁技术水平被提高到了新的起点。大桥的正桥为 8 墩 9 孔三联 3 × 128m 的连续钢桁梁,下层为双线铁路,上层公路桥面宽 18m,两侧各设 2.25m 人行道,包括引桥全桥总长 1670m。1969 年,我国又建成了举世瞩目的南京长江大桥(图 3),这是我国自行设计、制造、施工,并使用国产高强钢材的现代化大型桥梁。该桥上层为公路,下层为双线铁路,包括引桥在内,铁路桥梁全长 6772m,公路桥梁全长 4589m。桥址处水深流急,河床地质极为复杂,大桥桥墩基础的施工非常困难。南京长江大桥的建成,显示出我国的钢桥建设已接近世界先进水平,也是我国桥梁史上的又一个重要标志。

图 3　南京长江大桥

从拱桥的发展进程来看,其在20世纪50年代左右,进入了全盛时期。1958—1960年,我国因地制宜、就地取材,修建了大量经济美观的石拱桥。目前已建成的世界跨度最大的石拱桥是于2000年建成的跨度为146m的山西晋城丹河大桥(图4)。世界最大跨度的混凝土拱桥当属1997年建成的重庆万县长江大桥(现万州长江大桥),为420m,其主拱圈是采用劲性骨架法进行施工的。2009年建成的重庆朝天门长江大桥位于长江与嘉陵江交汇处,分为主桥、南北引桥、江北桥头立交、弹子石立交和黄桷湾立交以及引道等几大部分,大桥全长1741m,主桥为简洁大气的钢桁架拱,主桥跨径552m。该桥为双层公轨两用桥,上层为双向6车道,下层为双向轻轨轨道(图5),比世界著名拱桥——澳大利亚悉尼大桥的主跨还要长,成为"世界第一拱桥"。

图4　山西晋城丹河大桥

图5　重庆朝天门长江大桥

钢管混凝土拱桥是一种钢、混凝土复合材料的拱桥,近年来该桥型在我国发展很快。自20世纪90年代以来,我国建成跨径大于120m的钢管混凝土拱桥40多座。2000年建成的广州丫髻沙大桥,为主跨360m的中承式钢管混凝土拱桥,是当时世界第一钢管混凝土拱桥。2005年1月8日竣工通车的巫山长江大桥也属中承式钢管混凝土拱桥,在建设中创造了当时桥梁建设的5项世界第一,即组合跨径、每节段绳索吊装质量、吊塔距离、拱圈管道直径和吊装高度世界第一。主跨跨径492m,居同类型桥世界第一。波司登大桥总投资达2.76亿元,桥身为红色,如同亮丽彩虹横跨长江。主桥为单跨跨径达530m、全长861m的中承式钢管混凝土拱桥,2013年建成时被誉为同类型桥梁"世界第一跨"。大桥首创采用"摇臂抱杆"技术,顺利完成150m超高扣塔安装;大桥单吊吊重达197t,突破了当时国内大桥缆索吊装吊重纪录。利用缆索吊装技术建设该大桥,既经济适用又美观,和建斜拉桥相比,节约工程投资约8000万元人民币。而且,对于长江的通航不会有任何影响。

钢筋混凝土与预应力混凝土梁式桥,在我国也有很大的发展。对于中小跨径,一般采用简支梁,50m以下宜用标准化跨径,已广泛采用的是配置低合金钢筋的装配式钢筋混凝土板式或T形梁式设计,它不但经济适用,而且施工方便,建桥速度快。对于高等级公路桥上的多跨简支梁,随着车速和行车舒适性要求的提高,简支梁多采用桥面或结构连续,以减少伸缩缝的数量。我国跨径最大的简支梁桥,是1997年建成的昆明南过境高架桥,跨径63m。1997年建成的主跨为270m的虎门大桥辅航道桥是我国跨度最大的预应力混凝土连续刚构桥,世界排名第三位。

预应力混凝土斜拉桥,由于结构合理、跨越能力大、用材指标低和外形美观而迅速发展。我国斜拉桥起步比较晚,1975年建成的跨径76m的四川云阳斜拉桥(现重庆云阳斜桥)是国内第一座斜拉桥(2006年已拆除)。20世纪90年代以后,因跨越大江大河的需要,斜拉桥得到了快速发展,陆续修建了一系列特大跨度的斜拉桥。据不完全统计,我国建成的斜拉桥已超过100座,其中跨度超过400m的斜拉桥已达20座,居世界首位。目前我国主跨超过600m的钢梁斜拉桥已有6座。

2008年建成通车的苏通长江公路大桥(图6)全长32.4km,其中跨江大桥长8146m,大桥主桥为跨径1088m的斜拉桥,是世界最大跨径的斜拉桥;大桥主墩基础由131根长约120m、直径2.5~2.8m的群桩组成,是世界规模最大、入土最深的群桩基础;大桥桥塔采用高300.4m的钢筋混凝土塔,为世界最高桥塔;大桥最长拉索长达577m,为世界最长拉索。苏通长江公路大桥全桥贯通,标志着世界桥梁建设的最深基础、最高桥塔、最长拉索、最大主跨4项新纪录诞生。

图6 苏通长江公路大桥

悬索桥的跨越能力在各类桥型中是最大的。我国于1999年9月建成通车的江阴长江大桥,主跨1385m,是我国第一座跨度超过千米的钢箱梁悬索桥,世界排名第四。该桥在沉井、地下连续墙、锚碇、挂索等工程施工中总结的经验,推动了我国悬索桥施工技术的进一步发展。我国香港的青马大桥,全长2160m,主跨1377m,为公铁两用双层悬索桥,是香港21世纪标志性建筑。它把传统的造桥技术升华至极高的水平,宏伟的结构令世人赞叹,在世界171项工程大赛中荣获“建筑业奥斯卡奖”。2005年建成通车的江苏润扬长江大桥南汊桥是跨径为1490m的单孔双铰钢箱梁悬索桥,为目前“中国第一、世界第三”大跨径桥梁。舟山大陆连岛工程中的西堠门大桥,是一座两跨连续钢箱梁悬索桥,全长2586m,主跨1650m。大桥设计行车速度为80km/h,桥面全宽35m,设计荷载为公路—Ⅰ级,大桥建成后,其主跨跨径仅次于日本明石海峡大桥,是目前世界上最大跨度的钢箱梁悬索桥,全长在悬索桥中居世界第二、中国第一,但钢箱梁悬索长度为世界第一。

港珠澳大桥是我国境内一座连接香港、珠海和澳门的桥隧工程,位于我国广东省伶仃洋区域内,为珠江三角洲地区环线高速公路南环段(图7)。港珠澳大桥于2009年12月15日动工建设;2017年7月7日,港珠澳大桥主体工程全线贯通;2018年2月6日,港珠澳大桥主体完成验收,于同年9月28日起进行粤港澳三地联合试运。港珠澳大桥东起香港国际机场附近的香港口岸人工岛,向西横跨伶仃洋后连接珠海和澳门人工岛,止于珠海洪湾;桥隧全长55km,其中主桥长29.6km、香港口岸至珠澳口岸长41.6km;桥面为双向六车道高速公路,设计速度100km/h。2018年10月23日,港珠澳大桥开通仪式在广东珠海举行,习近平出席仪式并宣布大桥正式开通；大桥于同年10月24日上午9时正式通车，驾车从香港到珠海、澳门仅需45min。

图7　港珠澳大桥

二、国外桥梁建筑概况

世界桥梁建筑的发展，与社会生产力的发展、工业水平的提高、施工技术的进步、数学力学理论的进展及计算技术的改革等方面都有关系。工业革命促使生产力大幅度增长，从而促进了桥梁建筑技术空前的发展。

1883年建成的纽约布鲁克林悬索桥，跨径达483m，开创了现代悬索桥的先河。1937年建成的旧金山金门大桥（图8），主跨径达1280m，保持了27年的世界纪录，至今金门大桥仍是举世闻名的桥梁经典之作。1998年8月建成通车的日本明石海峡大桥（图9）是日本神户和濑户内海中大岛淡路岛之间的明石海峡上的一座大跨径悬索桥，主跨径为1990m，居当前世界同类桥梁之首，其桥塔高度也为世界之冠。两桥塔矗立于海面以上约300m。桥塔下基岩为花岗岩，但埋置很深，均在海平面150m以下。

图8　旧金山金门大桥

图9　日本明石海峡

世界上第一座现代化斜拉桥是1955年瑞典建成的斯特多姆海峡桥，其主跨跨径达128.6m。加拿大的安纳西斯桥，是当时世界上较大的斜拉桥，1986年建成，主跨465m，桥宽32m。桥塔采用钢筋混凝土结构，塔高154.3m，主梁采用混凝土桥面板与钢梁组合结构。日本多多罗大桥于 1998 年竣工，是目前跨径最大的斜拉桥，其主跨跨径为 890m。

1977 年建成的奥地利的阿尔姆桥，主跨跨径为 76m，是世界上跨度最大的预应力混凝土简支梁桥。加拿大的魁北克桥属于世界著名的跨度最长的悬臂桁架梁桥，主跨跨径为 548.6m，桥全长为 853.6m。

世界上最长的拱、梁组合钢桥首推美国的弗莱蒙特(Fremont)桥，其是三跨连续加劲拱桥，主跨跨径为 382.6m，双层桥面。该桥主跨中央 275.2m 的结构部分重约 6000t，采用一次提升架设。1980 年建成的克罗地亚的克拉克大桥，桥跨 390m，是世界上跨度第二大的钢筋混凝土拱桥，拱肋为单箱三室断面，采用悬臂拼装法施工。

目前世界上大跨度桥梁统计情况见表 1。

世界大跨径桥梁统计情况 表 1

序号	桥名	主跨(m)	结构形式	所在国家	建成年份
悬索桥					
1	明石海峡大桥	1991	简支钢桁	日本	1998
2	浙江舟山西堠门大桥	1650	钢箱梁	中国	2009
3	Great Belt 大桥	1624	连续钢箱	丹麦	1998
4	润扬长江公路大桥	1490	钢箱梁	中国	2005
5	Humber 桥	1410	钢箱	英国	1981
6	江阴长江大桥	1385	简支钢箱	中国	1999
7	香港青马大桥	1377	连续钢箱	中国	1997
8	Verrazano-Narrows 桥	1298	简支钢箱	美国	1964
9	金门大桥	1280	简支钢箱	美国	1937
10	武汉阳逻长江大桥	1280	钢箱梁	中国	2007
斜拉桥					
1	俄罗斯岛大桥	1104	钢箱梁，双塔双索面	俄罗斯	2012
2	沪通长江大桥	1092	公铁两用钢桁梁斜拉桥	中国	2019
3	苏通长江公路大桥	1088	钢箱梁，双塔双索面	中国	2008
4	香港昂船洲大桥	1018	钢箱梁，双塔双索面	中国	2009
5	湖北鄂东长江大桥	926	钢箱梁，双塔双索面	中国	2010
6	多多罗大桥	890	主跨钢箱梁、边跨混凝土混合梁，双塔双索面	日本	1999
7	诺曼底大桥	856	主跨钢箱梁、边跨混凝土混合梁，双塔双索面	法国	1995
8	仁川大桥	800	倒 Y 形主塔，桩基础，钢箱梁	韩国	2009
9	上海长江大桥	730	双索面分离式钢箱梁斜拉桥	中国	2009
10	南京长江三桥	648	钢箱梁，双塔双索面	中国	2005

续上表

序号	桥　　名	主跨(m)	结构形式	所在国家	建成年份
拱桥					
1	重庆朝天门长江大桥	552	钢桁架拱	中国	2009
2	卢浦大桥	550	钢箱拱	中国	2004
3	波司登长江大桥	530	钢管混凝土拱	中国	2012
4	西弗吉尼亚大桥	518	钢桁架拱	美国	1976
5	贝尔桥	504	钢桁架拱	美国	1931
6	悉尼港桥	503	钢桁架拱	澳大利亚	1932
7	巫山长江大桥	460	钢管混凝土拱	中国	2005
8	广州新光大桥	428	钢管混凝土拱	中国	2007
9	万州长江公路大桥	420	钢管混凝土劲性骨架拱	中国	1997
10	重庆菜园坝长江大桥	420	钢管混凝土拱	中国	2007
刚构桥与梁桥					
1	Stolma 桥	302	PC 连续刚构	挪威	1998
2	Raftsunder 桥	298	PC 连续刚构	挪威	1998
3	Asuncion 桥	270	PCT 构	巴拉圭	1979
4	虎门大桥辅航道桥	270	PC 连续刚构	中国	1997
5	Gateway 桥	260	PC 连续刚构	澳大利亚	1985
6	Varodd-2 桥	260	PC 连续梁	挪威	1994
7	Schottwien 桥	260	PC 连续刚构	奥地利	1989
8	Doutor 桥	250	PC 连续刚构	葡萄牙	1991
9	Skye 桥	250	PC 连续刚构	英国	1995
10	重庆黄花园嘉陵江大桥	250	PC 连续刚构	中国	1999

注:PC 为 Prestressed Concrete 简写,即预应力混凝土。

项目二　桥梁施工前的准备工作与施工测量

施工准备工作的基本任务是为桥梁工程的施工建立必要的技术和物资条件，统筹安排施工力量和施工现场，是施工企业做好目标管理，推行技术经济承包的重要依据，也是施工得以顺利进行的基本保证。

施工单位在中标后，要尽快做好各项准备工作，创造有利的施工条件，使施工工作能连续、均衡、有节奏、有计划地进行，从而按质、按量、按期完成施工任务。施工准备通常包括技术准备、劳动组织准备、物资准备和施工现场准备等工作。

任务一　桥梁施工前的准备工作

学习目标

(1)掌握桥梁施工准备工作的基本任务；

(2)掌握施工准备工作的具体内容；

(3)掌握施工现场准备的主要工作内容和施工工作计划的编制方法。

任务描述

A、*B* 两地之间要修建一条一级公路，经设计选线后确定该公路要跨越一条河流，在河流处需修建一座桥梁。某公司通过竞标取得该处桥梁的施工总承包，为了创造有利的施工条件，使得施工工作能连续、均衡、有节奏、有计划地进行，按质、按量、按期完成施工任务，该公司首先需要开展施工前的准备工作。

相关知识

一、技术准备

技术准备是施工准备的核心。由于任何技术上的差错和隐患都可能危及人身安全和造成质量事故，带来生命、财产和经济的巨大损失，因此必须认真做好技术准备工作。

1. 熟悉设计文件、研究施工图纸及现场核对

施工单位在收到拟建工程的设计图纸和有关技术文件后，应尽快组织工程技术人员熟悉、研究所有设计图纸和技术文件，全面领会设计意图；检查图纸与其各组成部分之间有无矛盾和错误；检查各几何尺寸、坐标、高程、说明等是否一致；检查技术要求是否正确，并对现场情况进行认真核对。同时要做详细记录，记录应包括对设计图纸的疑问和有关建议。

2. 施工调查与分析

施工调查主要是对拟建工程进行实地勘察，进一步获得有关原始数据的第一手资料，这对

于正确选择施工方案、采取相应技术措施、合理安排施工顺序和施工进度计划是非常必要的。施工调查一般包括自然条件和技术经济条件两方面的内容，自然条件包含地质、水文、气象和施工现场的地形地物，即河流流量和水质、年水位变化情况、最高洪水位和最低枯水位的时期及持续时间、流速和漂浮物、地下水位的高低变化、含水层的厚度和流向；冰冻地区的河流封冻时间、融冰时间、流冰水位、冰块大小；受潮汐影响河流或水域中潮水的涨落时间、潮水位的变化规律和潮流等情况。技术经济条件通常包含施工现场的动迁、当地可利用的地方材料、地方能源和交通运输、地方劳动力及技术水平、当地生活资料供应、可提供的施工用水用电、设备租赁以及消防治安等状况。

3. 施工前的设计技术交底

设计技术交底一般由建设单位(业主)主持，设计、监理和施工单位(承包人)参加。先由设计单位说明工程的设计依据、意图和功能要求，并对特殊结构、新材料、新工艺和新技术提出设计要求，进行技术交底。然后施工单位根据研究图纸的记录以及对设计意图的理解，提出对设计图纸的疑问、建议和变更。最后在统一认识的基础上，对所探讨的问题逐一做好记录，形成“设计技术交底纪要”，由建设单位正式行文，参加单位共同会签盖章，作为与设计文件同时使用的技术文件和指导施工的依据，以及建设单位与施工单位进行工程结算的依据。当工程为设计施工总承包时，应由总承包人主持进行内部设计技术交底。

4. 制订施工方案，进行施工设计

在全面掌握了设计文件和设计图纸，正确理解了设计意图和技术要求，进行了以施工为目的的各项调查之后，应根据掌握的情况和资料，进一步对投标时初步拟订的施工方案和技术措施等进行重新评价和深入研究，以制订出详尽的、更符合现场实际情况的施工方案。

施工方案一经确定，即可进行各项临时性结构的施工设计，诸如基坑围堰，浮运沉井和钢围堰的制造场地以及下水、浮运、就位、下沉等设施，钻孔桩水上工作平台，连续梁桥顶推施工的台座和预制场地，悬浇桥梁的挂篮，导梁或架桥机，模板支架及脚手架，自制起重吊装设备，施工便桥便道及装卸码头的设计。施工设计应在保证安全的前提下尽量考虑使用现有材料和设备，因地制宜，使设计出的临时结构经济适用，装拆简便，实用性强。

5. 编制实施性施工组织设计

实施性施工组织设计是桥涵工程施工准备工作的重要组成部分，是工程施工全过程中实施各项活动的技术、经济和组织的综合性文件，同时是使施工得以按连续性、均衡性、节奏性、协调性和经济性进行的指导性文件，也是对施工实行科学管理的重要手段。编制实施性施工组织设计的目的在于能对工程全面、合理、有计划地组织施工，从而具体实现设计意图，按质、按量、按期完成施工任务。一般中、小桥大多附属在路基的施工范围内，因此中、小桥的实施性施工组织设计应配合路基施工方案编制，以便路基施工与桥涵施工统一安排。特殊结构桥梁、大桥和特大桥的实施性施工组织设计则应单独编制。

实施性施工组织设计一般包括以下内容：

(1)编制说明；

(2)编制依据；

(3)工程概况(包括对工程施工特点的分析)；

(4)施工准备工作；

(5)施工方案；

(6)施工进度计划;
(7)各项资源(工、料、机)需要量及进场计划;
(8)资金供应计划;
(9)施工平面图设计;
(10)施工管理机构及劳动力组织;
(11)季节性施工的技术组织保证措施;
(12)质量管理与质量控制的组织保证措施;
(13)安全施工的组织保证措施(包括技术安全和安全生产);
(14)环境保护和文明施工措施。

6. 编制施工预算

施工预算是根据施工图纸、施工组织设计或施工方案、施工定额等文件进行编制的。施工预算是施工企业内部控制各项成本支出、考核用工、签发施工任务单、限额领料以及基层进行经济核算的依据,也是制订分包合同时确定分包价格的依据。

二、劳动组织准备和物资准备

1. 建立组织机构

建立组织机构应遵循的原则是:根据工程项目的规模、结构特点和复杂机构中各职能部门的设置,人员的配备应力求精干,以适应任务的需要;坚持合理分工与密切协作相结合,使之便于指挥和管理,分工明确,责权具体。

2. 合理设置施工班组

施工班组的建立应认真考虑专业和工种之间的合理配置,技工和普工的比例要满足合理的劳动组织,并符合流水作业方式的要求,同时制订出该工程的劳动力需要量计划。

3. 集结施工力量,组织劳动力进场

进场后应对工人进行技术、安全操作规程以及消防、文明施工等方面的培训教育。

4. 工程的设计内容、施工组织设计、施工计划和施工技术交底

在单位工程或分部、分项工程开工之前,应将工程的设计内容、施工组织设计、施工计划和施工技术等要求,详尽地向施工班组和工人进行交底,以保证工程能严格按照设计图纸、施工工艺、安全技术措施、降低成本措施和施工验收规范的要求进行施工。施工交底还应包括新技术、新材料、新结构和新工艺的实施方案和保证措施,有关部位的设计变更和技术核定等事项。

5. 建立健全各项管理制度

各项管理制度通常包括:技术质量责任制度,工程技术档案管理制度,施工图纸学习与会审制度,技术交底制度,技术部门及各级人员的岗位责任制,工程材料和构件的检查验收制度,工程质量检查与验收制度,材料出入库制度,安全操作制度,机具使用保养制度等。

6. 物资准备工作

物资准备工作的主要内容有以下几点:
(1)工程材料准备,如钢材、木材、水泥、砂石材料等;
(2)工程施工设备的准备;
(3)其他各种小型生产工具、小型配件等的准备。

三、施工现场准备

施工现场的准备工作,主要是为工程施工创造有利的施工条件和物资保证。

1. 施工控制网测量

按照勘测设计单位提供的桥位总平面图和测图控制网中所设置的基线桩、水准点以及重要桩志的保护桩等资料,进行三角控制网的复测,并根据桥梁结构的精度要求和施工方案补充加密施工所需要的各种标桩,建立满足施工要求的平面和立面施工测量控制网。

2. 补充钻探

桥梁工程在初步设计时所依据的地质钻探资料往往因钻孔较少、孔位过远而不能满足施工的需要,因此必须对地质情况不甚明了的墩位进行补充钻探,以查明墩位所处的地质情况和可能的隐蔽物,为基础工程的施工创造有利条件。

3. 搞好“四通一平”

“四通一平”是指水通、电通、通信通、路通和平整场地。有蒸汽养护需要的工程项目以及在寒冷冰冻地区,还要考虑暖气供热的要求。

4. 建造临时设施

按照施工总平面图的布置,建造所有生产、办公、生活、居住和储存等临时用房,以及临时便道、码头、混凝土拌和站、构件预制场地等。

5. 安装调试施工机具

对所有施工机具都必须在开工前进行检查和试运转。

6. 材料的试验和储存堆放

水泥、砂、石、外加剂等施工原材料的选择应在开工前通过试验确定。混凝土、砂浆的配合比和强度、钢材的机械性能试验,按照材料的需要量计划,应及时提供材料的试验申请计划。各种原材料进场时,应按施工规范的有关规定进行相应的质量检测和试验工作;进场后,应根据不同的品种、规格及用途分别妥善存放,对容易受潮、锈蚀的材料应有防雨、防潮或防锈的措施。

7. 新技术项目的试制和试验

对拟采用新技术、新工艺、新材料、新设备的工程项目,应提前做好试验研究和论证等工作,保证工程施工能顺利进行。

8. 冬雨季施工安排

按照施工组织设计要求,落实冬雨季施工的临时设施和技术措施,做好施工安排。

9. 消防、保安措施

建立消防、保安等组织机构和有关的规章制度,布置安排好消防保安等措施。

10. 建立健全施工现场各项管理制度

根据工程特点,制定施工现场必要的各项规章制度。

四、施工准备工作计划

为较好地落实各项施工准备工作，应根据各项准备工作的内容、时间和人员，编制出施工准备工作计划，责任落实到人，并加强计划的检查和监督，以使准备工作能如期完成。

施工准备工作计划见表 2-1-1。

施工准备工作计划 表 2-1-1

序号	施工准备项目	简要内容	负责单位	负责人	起止期限		备注
					月、日	月、日	

五、提交开工报告

做好上述施工准备工作后，应及时填写开工报告，并上报建设单位批准。

单位工程开工必须具备下列条件：

(1)施工图纸经过会审，图纸中存在的问题和错误已得到纠正。

(2)施工组织设计或施工方案已经得到监理工程师的批准并进行交底。

(3)场内外施工便道已经修通，施工用水、用电、排水和通信能满足施工需要。

(4)材料、成品、半成品等物资能满足连续施工的要求。

(5)附属加工场和职工生活福利设施的建设能满足施工与生活的需要。

(6)施工机械和设备已进场，并经过检验能保证正常运转。

(7)施工力量已经调集，并已经过必要的技术安全和防火教育，安全消防设备已经备齐。

(8)已办理好施工许可证。

任务二　桥梁施工测量

学习目标

(1)掌握桥梁平面控制点和高程控制点的布设要求；

(2)掌握跨河水准测量的基本要求；

(3)掌握高程控制测量的基本要求；

(4)掌握水准测量的注意事项。

任务描述

A、*B* 两地之间要修建一条一级公路，经设计选线后确定该公路要跨越一条河流，在河流处需修建一座桥梁。某公司通过竞标取得该处桥梁的施工总承包，该公司需要开展施工测量工作，施工测量工作贯穿于工程开工前及施工过程中，根据设计图纸在现场进行平面控制测量和高程控制测量，恢复道路中线，定出桥梁构造物位置等。

相关知识

桥梁平面控制测量的主要任务有：测设与校核桥位中心线控制桩；测设桥梁墩、台中心位置，并进行上部结构的平面形状的测量放样；作为施工、纠正施工偏差和检查验收的依据。

一、建立平面控制网

施工前应由勘测设计单位对控制性桩点进行现场交桩，并应在复测原控制网的基础上，根据施工需要适当加密、优化，建立施工测量控制网。

导线点的复测采用附合导线测量法，即在桥梁工程项目前（后）范围内导线点中选用两点作为测量基准点，在桥梁工程项目后（前）范围内导线点中选取两点作为附合导线点，按照导线测量的要求使用全站仪对桥梁工程项目内导线点进行认真测量。平差后若不能符合规范要求，则报建设单位调整后重新进行复测，直到满足要求，并报监理工程师认可。

水准点的复测采用附合水准路线测量法，并按照建设单位提供的水准点等级进行同级复测。其方法是：在桥梁工程项目前（后）范围内选取一或两个设置牢固的点作为基准点（若路线附近有国家级水准点则优先选用），另在桥梁工程项目前（后）范围内选取一水准点作为附合点，对桥梁工程项目内所有提供的水准点进行往返复测，并认真做好记录。平差后若不符合规范要求，则报请建设单位调整后进行复测，直到满足要求，并报监理工程师认可。

对复测合格的导线点、水准点应编号绘于施工总平面图上，采取必要的加固保护措施，设立可靠标志以利寻找，并在施工期间定期进行复测，以保证控制点的精度。当发现控制点的稳定性有问题时，应立即进行局部或全面复测。

测设桥梁总体（各桥墩、桥台纵横轴线）时，应在桥位两侧布置墩台轴线控制点，在设定控制点时要充分考虑施工对场地的需要，把控制点布置在不影响施工的地方，桥位两侧各布置2点，并用混凝土护桩，注意相邻桥墩位置和距离的校核、控制点的斜交角方向，相邻桥墩距离精度确保 ±5mm，并记录下控制点之间的距离及控制点到桥位点的距离。桥墩、桥台纵横轴线测设完毕，经现场监理复核认可后方可使用。

桥涵工程施工的平面控制测量应符合下列规定：

（1）各等级平面控制测量，其最弱点点位中误差为 ±50mm，最弱相邻点间相对点位中误差为 ±30mm，最弱相邻点边长相对中误差不得大于表 2-2-1 的规定。

平面控制测量精度要求 表 2-2-1

测量等级	最弱相邻点边长相对中误差	测量等级	最弱相邻点边长相对中误差
二等	1/100000	四等	1/35000
三等	1/70000	一级	1/20000

（2）桥梁工程平面控制测量的等级不得低于表 2-2-2 的规定，同时桥梁轴线精度尚应符合表 2-2-3 的规定。对特大跨径及特殊结构桥梁，应根据其施工允许误差，确定控制测量的精度和等级。

平面控制测量精度要求(m)　　表 2-2-2

多跨桥梁总长 L	单跨桥梁跨径 L_K	其他构造物	测量等级
$L \geq 3000$	$L_K \geq 500$	—	二等
$2000 \leq L < 3000$	$300 \leq L_K < 500$	—	三等
$1000 \leq L < 2000$	$150 \leq L_K < 300$	高架桥	四等
$L < 1000$	$L_K < 150$	—	一级

桥梁轴线相对中误差　　表 2-2-3

测量等级	桥梁轴线相对中误差	测量等级	桥梁轴线相对中误差
二等	≤1/150000	四等	≤1/60000
三等	≤1/100000	一级	≤1/40000

(3)在布设平面控制点时,四等及以上平面控制网中相邻点之间的距离不得小于 500m;一级平面控制网中相邻点之间的距离在平原、微丘区不得小于 200m,重丘、山岭区不得小于 100m;最大距离不应大于平均边长的 2 倍。特大桥及特殊结构桥梁的每一端应至少埋设 2 个平面控制点。

二、桥梁墩台中心定位的基本方法

桥梁墩台的中心定位,是根据桥梁设计施工详图上所设计的两桥台及各桥墩中心的里程,以桥梁中心线控制桩、桥梁三角网控制点为基准,按规定精度放样出墩台中心的位置。

1. 直接丈量法

桥梁中线的测定,就是要在实地标定桥梁中线和两岸控制桩(定位桩)的位置,并精确地测定两控制桩之间的距离(桥轴线的长度),如图 2-2-1 所示。

图 2-2-1　直接丈量法测定桥梁中线

位于浅水河道、干河或封冻的深水河道上的大中桥,以及河水虽深,但桥台间距在 50m(钢尺长度)以内时,均可采用直接丈量法测定桥轴线长度。图 2-2-1 中,A、B 为桥梁中线的定位桩。精确地测定 AB 长度后,即可分别由 A、B 点标定出桥台和桥墩的位置。

丈量使用的钢尺必须经过检定。丈量前要以经纬仪定线把尺段点标定在地面上。选择尺段点时,应注意尽可能将尺段点设在墩台的设计位置上或附近,以利于今后墩台的定位。沿中线的地面平坦时,尺段点打桩可与地面持平。若地面起伏,应使选出的点位能满足尺段悬空丈量的要求,最大尺段应小于尺长 10cm 以上,在点位桩顶应给出桥轴线方向,桩顶中心应加一小钉。

直接丈量桥轴线长度时,读数要精确到毫米,有时还要估读毫米以下数字,并对尺长、温度、拉力和倾斜进行改正计算。其施测与计算方法同精密丈量。精度一般需符合《公路桥涵施工技术规范》(JTG/T F50—2011)的要求。

2. 光电测距法

光电测距法是借助视距仪或全站仪直接测定距离的方法。运用此法时一定要精心挑选适宜的全站仪，并认真分析仪器本身和外界条件及施测方法带来的误差。一般情况下，如条件许可，应与常规法对比放样，并至少放两次。

放样后的旱桥桥梁墩台中心位置可用大木桩标定，在木桩顶中心处加钉一铁钉。然后在这些点位上设置经纬仪，以桥梁轴线为基准放样出与桥轴线相重合的墩台纵向轴线和与桥轴线相垂直的墩台横向轴线，并在纵横轴线的每端方向上至少定出 2 个方向桩（护桩），各桩应在基坑开挖线以外 1 ~ 2m，如图 2-2-2 所示。桥梁墩台纵横轴线方向桩是施工过程中随时恢复墩台中心位置和细部放样的基础，应妥善进行保护。如有必要，在使用前应进行必要的复测工作。尤其应注意防止桥梁墩台纵横轴线方向桩被偶发的洪水冲毁，必要时在其四周筑岛围堰，并使用深埋钢筋混凝土桩。

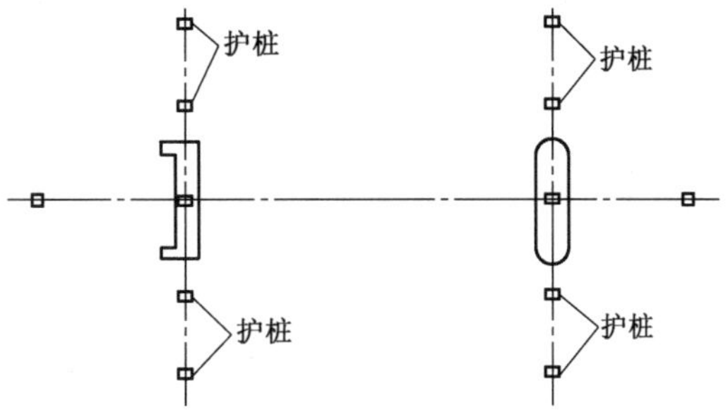

图 2-2-2　桥梁墩台定位

三、桥梁高程控制网的建立

桥梁高程控制网是在桥址附近设立的一系列基本水准点和施工水准点。基本水准点是桥梁高程的基本控制点，是桥梁施工中墩台高程放样的依据，在桥梁建成投入运营之后，高程控制网还要作为沉陷变形观测的依据。

桥涵工程施工的高程控制测量应符合下列规定：

（1）同一工程项目应采用同一高程系统，并应与相邻工程项目的高程系统相衔接。桥位水准点的高程测量应与路线控制高程联测。

（2）用于跨越水域或深谷的大桥、特大桥的高程控制网最弱点高程中误差为 ±10mm。

（3）高程控制网每千米观测高差中误差和附合（环线）水准路线长度应小于表 2-2-4 的规定。

高程控制测量的技术要求　　表 2-2-4

测 量 等 级	每千米高程中误差（mm）		附合或环线水准路线长度（km）
	偶然中误差 M_Δ	全中误差 M_w	
二等	±1	±2	100
三等	±3	±6	10
四等	±5	±10	4

（4）桥梁工程的高程控制测量等级不得低于表 2-2-5 的规定。

高程控制测量等级（m）　　表 2-2-5

多跨桥梁总长 L	单跨桥梁跨径 L_K	其他构造物	测 量 等 级
$L \geqslant 3000$	$L_K \geqslant 500$	—	二等
$1000 \leqslant L < 3000$	$150 \leqslant L_K < 500$	—	三等
$L < 1000$	$L_K < 150$	高架桥	四等

（5）施工水准网中的各水准点，对于大桥和特大桥应构成连续水准环。大桥和特大桥的每端应至少设置 2 个水准点，作为水准网的控制点。

为了获取可靠的高程起算数据，江河两岸的基本水准点应与桥址附近的国家高级水准点进行联测。通过过河水准测量,将两岸高程联系起来,以此可检核两岸国家水准点有无变动,并从中选取一稳固可靠、精度较高的国家水准点作为桥梁高程控制网的高程起算点。由于桥梁各墩、台在施工中一般由两岸较为靠近的水准点引测高程,为了确保两岸水准点高程的相对精度,应进行精密过河水准测量。

由于基本水准点在桥梁施工期间用于墩、台的高程放样,在桥梁建成后作为检测桥梁墩、台沉陷变形的依据,因此需永久保留。

基本水准点的埋设应坚实稳定,根据不同的地质条件可埋设不同类型的标识。如果地面覆盖层较浅,可埋设普通混凝土、钢管标识或将标识直接设置在岩石上。当地面覆盖层较厚且覆盖物较疏松时,则应埋设深层标识,如管柱标识、钻孔桩标识以及基岩标识等。无论采用何种类型的标识,均应在标识上嵌入不锈蚀的铜质或不锈钢凸形标志。

标识埋设后不能立即用于水准测量,应有 10 ~ 15d 以上的稳定期,之后才能进行观测。为了满足桥梁墩、台施工高程放样的要求,在基本水准点的基础上,尚需增设一定数量的施工水准点。施工水准点标识的埋设标准可略低于基本水准点,测量等级也可略低于基本水准点。

对于所有水准点,包括基本水准点和施工水准点,都应定期进行测量,检验其稳定性,以保证桥梁墩、台及其他施工高程放样测量的精度。在水准点标识埋设初期,检测的时间间隔宜短些,随着标识逐渐稳定,时间间隔可适当放长。

桥梁高程控制网所采用的高程基准应与公路路线的高程基准相一致,一般应采用国家高程基准。

宽阔水域和海上桥梁工程的施工测量宜采用 GPS(全球定位系统)测量,宜在水域或海上建立专门的测量平台。

四、桥梁施工高程放样

桥梁结构物的高程放样,主要采用几何水准测量的方法,有时也采用钢尺直接丈量竖直距离的方法;深基坑的高程放样,可采用悬挂钢尺的方法;对于高桥墩(塔)则可采用悬挂钢尺进行高程传递或采用三角高程测量的方法。

高桥墩墩顶的精度要求往往较高,特别是对支座垫石高程的要求更高,因此要正确地将地面的水准高程引测到墩顶。

如图 2-2-3 所示,可在靠近墩边处,用一个稳定支架将钢尺垂挂至距地面 1m 左右,钢尺下端悬挂一个与标定钢尺时拉力相等的重锤,钢尺的零端读数放在下面,然后在地面上合适的某点安置一台水准仪,按水准测量的方法进行观测。在观测水准尺时,宜用三丝读数,取其平均值。应特别注意的是,每次读数前都必须使水准仪气泡居中。

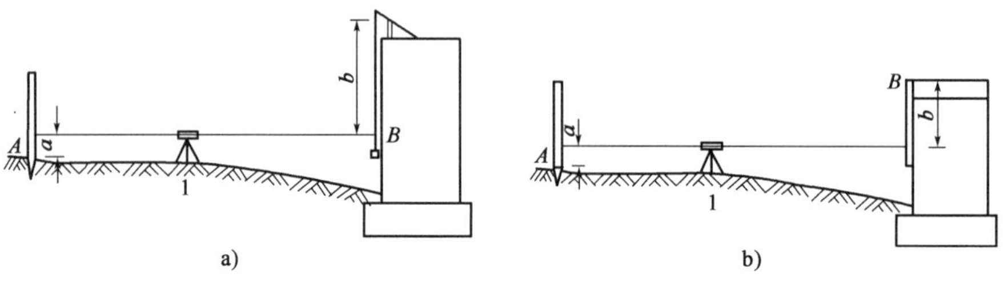

图 2-2-3　桥墩台高程放样示意图

思考与练习

一、填空题

1. 施工准备通常包括________、________、________、________。
2. 设计技术交底一般由________主持，________、________和施工单位(承包人)参加。
3. "四通一平"是指水通、________、________、________和平整场地。
4. 直接丈量法中每一尺段的丈量结果应进行________、________、________改正。

二、简答题

1. 单位工程开工必须具备哪些条件？
2. 简述墩台中心测量的要求及要点。

项目三　桥梁基础施工

桥梁基础的作用是承受上部结构传来的全部荷载,并把它们和下部结构荷载传递给地基。因此,为了全桥的安全和正常使用,要求地基和基础有足够的强度、刚度和整体稳定性,使其不产生过大的水平变位或不均匀沉降。

桥梁基础主要有以下类型:明挖地基、沉井基础、钻孔灌注桩、人工挖孔灌注桩、钻(挖)孔灌注斜桩、打入桩基础、地下连续墙、管柱基础等。

任务一　明 挖 地 基

学习目标

(1)掌握明挖地基的概念及施工要点;
(2)掌握明挖地基的应用场合;
(3)掌握明挖地基施工流程及关键工序注意事项;
(4)掌握明挖地基基础混凝土浇筑要点。

任务描述

某二级公路第五标段内有一座单跨跨径为13m钢筋混凝土空心板桥,此桥采用明挖扩大基础。通过对本任务的学习与资料查阅,要求按照设计图纸及相关规范,分工合作完成明挖扩大基础施工方案的编写。

相关知识

一、明挖地基概述

明挖地基是明挖基础下面承受桥涵建筑物全部荷载的土体或岩体。它对于保证桥涵建筑物的坚固耐久具有非常重要的作用。明挖地基除要有足够的承载力外,还要求基底低于冲刷线和土壤冻结线,以保证桥梁不受冲刷和冻害影响。

在地质良好的无水地段,可采用去表土、整平地基的方法,以便修建基础;在有水地段,可根据水的深浅,分别采用土、草袋或打桩等办法,筑成围堰,然后抽水,以便修建基础;在地质不良地段,应采用更换填土或物理、化学方法加固地基。

明挖地基具有施工简单、快捷、经济、安全的优点,是施工场地和工程地质条件允许时首选的桥梁基础施工技术。其缺点是临时占用场地较大、对周围环境的影响较大,尤其是采用放坡开挖时。

明挖地基施工的关键工序是:基坑开挖及防排水工程、边坡支护与地基处理、基底检验、基础结构施工等。其中基坑开挖支护是确保安全施工的关键技术。明挖地基的一般规定如下:

(1)基坑开挖前,应根据地质条件、地下水位高度、开挖深度选择适当的施工方案,并通过计算确保开挖安全。

(2)基坑顶面应设置防止地面水流进入基坑的设施;开挖完成后,当基坑顶有动荷载时,坑顶边与动荷载间应留有不小于1m宽的护道;如动荷载过大,宜增宽护道。禁止在深基坑附近有大吨位的动荷载;如工程地质和水文地质不良,应采取加固措施。

(3)基坑坑壁坡度不易稳定并有地下水影响,或放坡开挖场地受限且土方量大时,应根据设计要求进行支护。设计无要求时,施工单位应结合实际情况选择适宜的支护方案。

(4)在开挖过程中,应对开挖的基坑进行观测,如发现裂缝或出现大面积的位移时应及时采取措施,分析原因后调整围护设计及开挖工艺再重新开挖。

二、基坑开挖

1. 无支护基坑开挖

无支护基坑开挖是开挖基坑最简单、最经济的方法。当施工现场足够大并满足下列条件时宜采用无支护基坑开挖:

(1)在干涸无水河滩、河沟中或虽有水但经改河或筑堤能排除地表水的河沟中。

(2)地下水位低于基底,或渗透量小,不影响坑壁的稳定。

(3)基础埋置不深,施工期较短,基坑开挖时不影响邻近建筑物或构造物的安全。

(4)地基土质为硬质、可塑性黏土或良好的砂质土,基坑开挖不得影响周边地下结构。

1)基坑形式

基坑大小根据结构施工措施及坑内排水设计进行确定;一般基底应比基础的平面尺寸增宽0.5~1.0m,以便在基础地面外安装基础模板,设置排水沟、集水坑。在不设模板且天气状况、土质情况良好的情况下,可按基础实际尺寸进行基坑开挖,直接利用垂直坑壁作外模浇筑基础。

对于天然湿度接近最佳含水率,构造均匀,不致发生坍滑、移动、松散或不均匀下沉的土,基坑可采用垂直坑壁的形式。不同土类状态垂直基坑容许深度见表3-1-1。

不同土类状态垂直基坑容许深度(m) 表3-1-1

土　类	容许深度
密实、中密的砂子和碎石类土(充填物为砂土)	1.00
硬塑、可塑的粉质黏土及粉土	1.25
硬塑、可塑的黏土和碎石类土(充填物为黏性土)	1.50
坚硬的黏土	2.00

基坑深度在5m以内,土的湿度正常、土层构造均匀,基坑坑壁坡度按照规范要求可采用斜坡和阶梯形坑壁。每阶高度以0.5~1.0m为宜,阶梯可兼作人工运土的台阶。基坑深度大于5m时,坑壁坡度可适当放缓,或加做平台。土的湿度超过坑壁稳定的湿度时,应采用缓于该湿度时的天然坡度或采取加固坑壁的措施。

挖基穿过不同的土层时,基坑坑壁坡度可分层选用,并酌情设平台。当下层土质为密实黏质土或岩石时,下层可采用垂直坑壁。在坑壁坡度变换处,可视需要设至少0.5m宽的平台。

2）施工注意事项

（1）基坑开挖前应做好地面排水，在基坑边缘应向外设排水边坡，并在适当距离设截水沟，且应防止水沟渗水，以免影响坑壁稳定。

（2）坑壁边缘应留有护道，静载（弃土及材料堆放）距坑壁边缘不小于0.5m，动载（机械及机车通道）距坑壁边缘不小于1.0m；在垂直坑壁边缘的护道还应适当增宽，堆置弃土高度不得超过1.5m。

（3）施工时注意观察坑壁边缘顶地面有无裂缝，坑壁有无松散坍落现象发生，确保安全施工。

（4）基坑不允许暴露时间过长，自基坑开挖至基础完成，应抓紧连续施工。

（5）如用机械开挖基坑，挖至坑底时应保留不少于30cm的厚度，待基础浇筑混凝土前，再用人工挖至基底设计高程。

（6）相邻基坑深浅不等时，一般按先深后浅的施工顺序施工。

2. 挡板支护基坑开挖

在以下几种条件下，需采用挡板支护基坑开挖的方式：基坑坑壁土质不易稳定，并有地下水的影响；基坑开挖较深（>5m），放坡开挖工程量过大，不符合多快好省要求；受施工场地或邻近建筑物限制，不能采用放坡开挖的方式。

挡板支护坑壁的形式主要有以下几种：木挡板支护（垂直挡板式和水平挡板式）、钢结构挡板支护、钢筋混凝土挡板支护、锚拉式支护等。

3. 混凝土加固坑壁

混凝土加固坑壁包括现浇混凝土、钢筋混凝土、喷射混凝土、喷锚混凝土支护和土钉墙支护等措施，适用范围广，可用于直径或边长为1.5～10.0m，深度为6～30m的较大基坑，以及地下水渗流不严重的各类土质基坑。

1）现浇混凝土、钢筋混凝土加固坑壁

现浇混凝土加固护壁需机械设备简单，模板以用型钢为宜。基坑采用分节开挖，每节深度视土质稳定情况而定，一般以1.0～1.5m为一节。每挖一节即安装模板、浇筑混凝土，再挖下一节，拆上节模板立下节模板，浇下节混凝土，如此循环作业至设计深度。

安装模板时，在上下节之间应留出高20cm的浇灌口，待该节混凝土灌满后用混凝土堵塞浇灌口。两节之间应预留连接钢筋。护壁厚度视基坑大小及坑壁土质而定，一般厚8～15cm；混凝土强度等级应不低于C15，并掺速凝剂。拆模时间要根据掺速凝剂的效果和气温情况而定，以混凝土达到支撑强度为准，一般需经24h以上方可拆模。

2）喷射混凝土加固坑壁

喷射混凝土加固坑壁是用喷射机将混凝土喷向坑壁表面，先期集料嵌入坑壁并为后续料流所充填包裹，在喷层与坑壁间形成嵌固层。喷层与嵌固层具有加固和保护坑壁使之避免风化、雨水冲刷、浅层坍滑剥落的作用，适用于坑壁自稳时间较短的各类岩土和较浅的基坑，施工简单快捷，费用相对较低。

3）喷锚混凝土加固支护坑壁

喷锚混凝土加固支护坑壁是在喷射混凝土加固的基础上，由喷射混凝土、各类锚杆（包括锚索、锚管、锚栓）和钢筋网联合支护加固坑壁的一种施工方法，是近年来发展并推广的一项新技术。对于喷射混凝土不易与坑壁充分黏结的基坑应以喷锚混凝土加固支护为宜。

喷锚混凝土加固支护坑壁的施工要点如下：初喷混凝土—钻孔—灌浆—安插锚杆—铺设钢筋网—喷射混凝土。

钻孔需在初喷混凝土后尽快进行。灌浆用砂浆，配合比宜为水泥∶砂∶水＝1∶(1～1.5)∶(0.45～0.5)，砂的粒径不宜大于3mm，使用前应过筛。注浆作业开始或中途停止超过30min时，应用水润滑灌浆罐及其管路。如遇孔内出水，应在附近另行钻孔后再安设锚杆，亦可采用早强速凝药包式锚杆或采用锚管锚杆向坑壁压浆止水。紧随灌浆速度，及时将杆体插入灌满砂浆的钻孔，投入孔内长度不应小于设计规定的95%，锚杆杆体露出岩面的长度不应大于喷射混凝土的厚度，杆体宜采用螺纹钢。锚杆安设后不得随意敲击，其端部3d内不得悬挂重物。

4. 旋喷桩支护基坑开挖

旋喷桩是高压喷射注浆法施工的一种，它是利用钻机将旋喷注浆管及喷头钻至桩底设计高程，将预先配制好的浆液通过高压发生装置使液流获得巨大能量后，从喷嘴中高速喷射出来，形成一股能量高度集中的液流，可直接破坏土体。喷射过程中，边旋转边提升钻杆，使浆液与土体充分搅拌混合，在土中形成一定直径的柱状固结体，从而使地基加固。

旋喷桩主要用于加固地基，也可用于止水帷幕。实践证明，此法对处理淤泥、淤泥质土、黏性土、粉土、砂土、人工填土和碎石土等有良好的效果。但由于旋喷桩强度不均匀，抗弯、抗拉能力较弱，且水泥含量高，作为围护桩并不经济，有其局限性，用作挡土结构时要十分谨慎。

工程实践中，旋喷桩支护基坑开挖通常配合型钢(如槽钢、工字钢、H型钢等)一同使用，即旋喷桩施工完毕后立即插型钢，以增强围护结构刚度。这种组合支护方法既能止水又能挡土，同时由于旋喷桩施工机具高度较低，对施工场地净空要求也较小。

三、基坑排水

基坑开挖施工无论是采用支护体系的垂直开挖还是放坡大开挖，如果施工地区的地下水位较高，都涉及地下水对基坑施工影响这一问题。从施工的角度来讲，在地下水位以下进行开挖，坑内滞留水一方面增加了土方开挖施工的难度，另一方面使地下结构的施工难以顺利进行，而且在水的浸泡下，地基土的强度大为降低，亦影响到其承载力。因此，在地下水位较高的地区，当开挖面低于地下水位时，需采取降低地下水位的措施；另外，基坑开挖期间，需采取排水措施以排除坑内滞留水，使基坑处于干燥的状态，以利施工。

基坑排水的方法有集水坑排水法、井点降水法和帷幕法三类。不同的方法有其适用范围，应根据工程的实际情况采取相应合理的排水方法。

1. 集水坑排水法

当基坑开挖深度不是很大、基坑涌水量不大时，集水坑排水法是应用最广泛，亦是最简单、经济的方法。集水坑排水是沿着坑底四周基础范围以外挖集水沟，在基坑四角或每隔30～40m设置集水坑，使基坑渗出的地下水沿四周集水沟汇合于集水坑内，然后用水泵将其排出基坑，如图3-1-1所示。集水沟宜布置在拟建建筑基础边0.4m以外，沟边缘距离边坡坡脚不应小于0.3m。集水沟的底面应比挖土面低0.3～0.4m。集水坑底面应比沟底面低0.5m以上，并随基坑的挖深而加深，以保持水流畅通。集水坑排水，应视水量多少连续或间断抽水，直至基础施工完毕、回填土为止。

当基坑开挖的土层由多种土组成，中部夹有透水性能的砂类土，基坑侧壁出现分层渗水时，可在基坑边坡上按不同高程分层设置集水沟和集水坑构成明排水系统，分层阻截和排除上部土层中的地下水，避免上层地下水冲刷基坑下部边坡造成塌方，如图 3-1-2 所示。

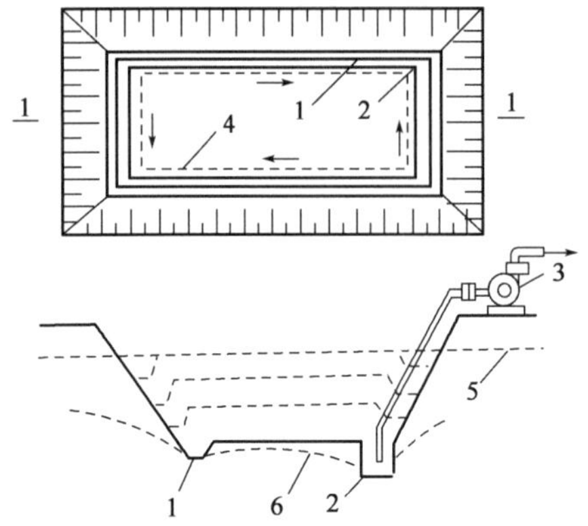

图 3-1-1　坑内明沟排水

1-排水沟；2-集水坑；3-离心式水泵；4-基础边线；5-原地下水位线；6-降低后的地下水位线

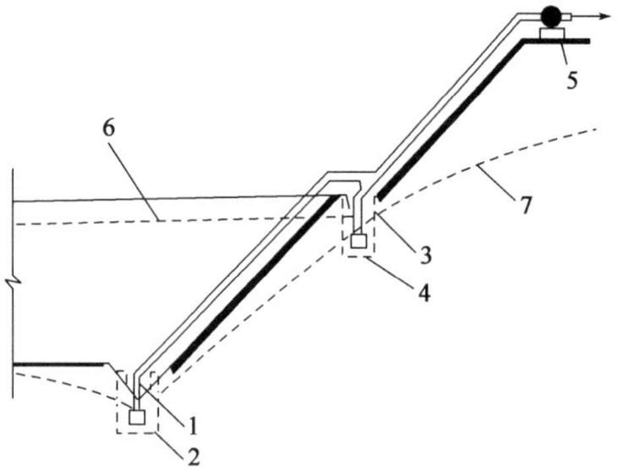

图 3-1-2　分层坑内明沟排水

1-底层集水沟；2-底层集水坑；3-二层集水沟；4-二层集水坑；5-水泵；6-原地下水位线；7-降低后的地下水位线

2. 井点降水法

当基坑土质不好，地下水位较高，用集水坑排水有流沙涌泥现象产生时，可采用井点降排水，用以降低地下水位。该方法需要设备较多，费用较高，在桥涵基础施工中要进行技术经济比较后采用。井点降水法所采用的井点类型有轻型井点、喷射井点、电渗井点、管井井点、深井井点等。

井点降水法的原理就是在基坑开挖前预先在基坑四周埋设一定数量的滤水管（井），在基坑开挖前和开挖过程中，利用真空原理，不断抽出地下水，使地下水位降低到坑底以下，使所挖基坑始终保持干燥状态。

轻型井点是目前工程上应用较多的降水方法。它是沿基坑四周以一定间距埋入直径较小的井点管至地下蓄水层内，井点管的上端通过弯联管与总管相连接，利用抽水设备将地下水从井点管内不断抽出，使原有地下水位降至坑底以下，如图 3-1-3 所示。

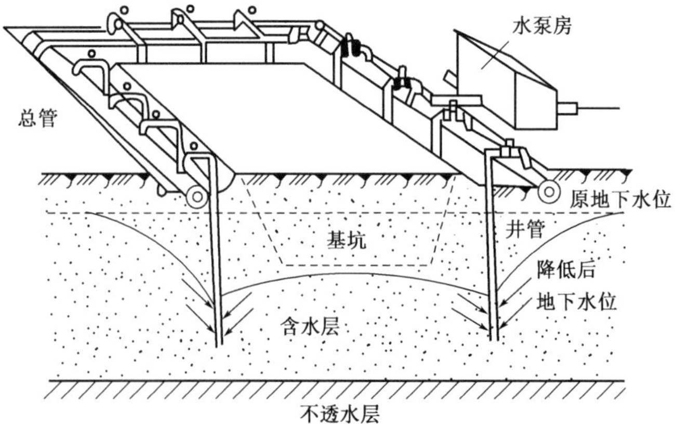

图 3-1-3　轻型井点示意图

3. 帷幕法

帷幕法是在基坑边线外设置一圈隔水幕,用以加长地下水渗流路线,以阻止或限制地下水渗流到基坑中去,防止流沙、突涌、管涌、潜蚀等地下水的作用。止水帷幕的厚度应满足基坑防渗要求。当地下含水层渗透性较强、厚度较大时,可采用止水帷幕与坑内井点降水相结合或采用竖向止水帷幕与水平止水帷幕相结合的方案。常用的止水帷幕有以下类型:钢板桩、水泥搅拌桩、地下连续墙、注浆止水帷幕、冻结法。

钢板桩作为止水帷幕的有效程度取决于板桩之间的止口锁合程度及钢板桩的长度。一般在板缝间易漏水,因此钢板桩止水帷幕只能阻挡较大水流,对于水中小工程的施工,可在四周打设钢板桩,进行水下挖土,然后水下浇筑混凝土以止水。

水泥搅拌桩相互搭接形成止水帷幕是近年来常用的止水措施。水泥搅拌桩桩身渗流系数极小,可以达到较好的挡水效果。

地下连续墙墙身为钢筋混凝土,挡水效果很好,我国首次应用地下连续墙便是作为水库截水防渗之用。地下连续墙造价昂贵,作为止水帷幕一般仅在超大型重要工程中采用,在基坑工程中地下连续墙一般作为支护墙体,同时起到挡水的作用。

注浆止水帷幕多采用高压旋喷法施工。它沿基坑边采用压密注浆形成密闭止水帷幕,用以截阻地下水流或防止洪水对桥涵基础的冲刷。

冻结法是将基坑周围或基底土体一定范围内地下水冻结,一方面起到加固土体同时作为支护的作用,另一方面达到止水以防范流沙的目的。冻结法需要进行专门的施工设计和运转设施,造价昂贵,常用于大型基坑工程中。

四、地基处理

基坑开挖完毕,在基础混凝土浇筑之前,应根据基底各种不同土质,分别采取相应的处理方法,并经检验合格后才能浇筑基础。

1. 细粒土及特殊土地基的处理

细粒土强度低、稳定性差,应清理整平基坑底面,只能铲平,不宜填平,黏土层不允许暴露或浸水时间过长,并需防止搅动,于最短时间内砌筑基础。如基底土已经松散,应予清除或夯填碎石,碎石层厚度应大于10cm,顶面不应高于基底高程。软塑至液塑状的细粒土、盐渍土及特殊土地基,应视基底土的种类、强度和密度,按设计要求,结合现场情况采取地基加固措施。

2. 粗粒土和巨粒土地基的处理

清除松散泥土,将承重面修理平整、夯实,铺设一层稀水泥砂浆,砂浆厚度视基底土层粒径大小、平整程度而定,一般厚2~4cm。如基底有水,应将水引至基础外排水沟排出,然后在其上修筑基础;当不能彻底排干时,可在基础底加铺一层厚25~30cm的片石或碎石,然后在其上进行基础施工。

3. 岩层基底的处理

对于风化岩层,应在挖至设计高程并满足地基承载力要求后尽快进行封闭,防止其继续风化。在未风化的平整岩层上,基础施工前应先将淤泥、苔藓及松动的石块清除干净,并凿出新鲜岩面。对坚硬的倾斜岩层,宜将岩层面凿平;倾斜度较大无法凿平时,则宜凿成多级台阶状,台阶宽度不宜小于0.3m。

4. 多年冻土地基的处理

凡土温等于或低于0℃,且含有冰的土层,称为冻土。冬季结冰、夏季融化,一年冻融交替一次的土层,称为季节性冻土;连续保持冻结状态3年或3年以上者,称为多年冻土(永冻土)。基础不应置于季节性冻融土层上,并不得直接与冻土接触。基础位于多年冻土层上时,基底之上应设置隔温层或保温层材料,其铺筑宽度应在基础外缘加宽1m。

五、地基加固

当天然地基不能满足桥涵等构造物对地基强度与稳定性和变形的要求时,应采取有效的加固措施以满足施工要求。

1. 换填法

换填法是将基础地面以下一定范围内的不良土层挖去,换填土、灰土、砾类土、中粗砂、碎砾、工业废渣等强度较高、压缩性较低、没有侵蚀性的材料,分层压实,从而在基础底面和土基之间形成相当厚度的垫层,故本法亦称垫层法。换填法适用于浅层地基处理,包括淤泥、淤泥质土、松散素填土、杂填土、已完成自重固结的吹填土等地基处理以及暗塘、暗沟等浅层处理和低洼区域的填筑。

2. 桩体挤密法

桩体挤密法包括土及灰土桩、石灰桩、砂石桩、钢筋混凝土短桩、楔形桩和小木桩等,其加固机理是利用桩体对桩基土的挤密作用,使基土与桩组成复合地基,以改善地基力学性能,提高土基承载力和整体稳定性。土及灰土挤密桩是在桩孔中灌注素土或灰土、二灰土。生石灰桩是在桩孔灌填生石灰,利用生石灰在桩孔内吸水、膨胀、发热以及离子交换作用,促使桩周土体孔隙比和含水率减小,从而使软土固结。短密砂石桩是在孔中填筑砂石,对于松散砂土和杂填土地基主要起挤密作用。预制钢筋混凝土短桩可用于加固3~8m多种软弱土类地基。

3. 夯压法

夯压法包括表层压实法、重锤夯实法和强夯法。表层压实法是浅层地基加固中最简易的方法,适用于加固地基表层的软弱土厚度不大或上部荷载较小的情况,一般用于桥头路基和轻型小桥涵基础地基的表层加固和大面积换填层的压实。

4. 预压法

预压法包括天然地基加载预压、砂井(或塑料排水带)加载预压和砂井(或塑料排水带)真空预压。天然地基加载预压是利用建筑物本身自重分级逐次加载,或在建筑物建造以前,在场地上先以土、砂、石材料加载预压。砂井加载预压是先在土层中加设竖向排水体和水平排水垫层,使其与天然地基土层本身的透水性能构成一个排水系统,充分缩短排水距离,使土基在加载受压后孔隙水能迅速地从排水通道排出,从而缩短沉降固结的时间。

5. 粉体喷射搅拌法和浆液喷搅法

粉体喷射搅拌法是利用压缩空气,把水泥、生石灰粉等固化材料,通过专用深层搅拌机空心钻杆的喷灰口喷出,喷射于地基深处的天然地基上,使固化材料与地基土发生一系列物理、化学反应,并在反应过程中吸水、发热、膨胀,使搅拌均匀的灰土硬结,形成具有整体性、水稳性和强度较高的地基。适用于加固厚度饱和黏质土和有机质土地基,加固深度一般大于10m,最大可达 60m。浆液喷搅法是将水泥、石灰等固化材料的浆液,用灰浆泵经输送浆管泵送到特制的深层搅拌机两根搅拌轴之间的中心管输出,搅拌头于地基深处就地将灰浆与基土拌和,经一系列物理化学反应后硬结。

6. 高压喷射注浆法

高压喷射注浆法是利用钻机把带有特殊喷嘴的注浆管钻进土层的预定位置后,用高压泥浆泵等高压发生装置,使浆液或水成为 20MPa 左右的高压喷射流,从注浆管底部侧面的喷嘴喷出。同时,钻杆以一定速度徐徐提升,不断以强力冲击切削土体,除一部分细小土粒随浆液冒出水面外,其余在喷射力有效作用范围内从土体剥落下来的土粒与浆液充分搅拌混合,并按一定的浆土比例有规律地重新排列。

六、基底检验

当基坑挖至基底设计高程或已按照设计要求加固、处理完毕后,必须经过基底检验,方可进行基础混凝土施工。

1. 检验内容

基底检验内容主要有以下几方面:

(1)检查基坑的平面位置、尺寸大小、基底高程是否符合设计要求,偏差值是否在现行有关规定允许范围以内。

(2)检验基坑底面土质均匀性、稳定性,坑壁坡面是否平顺稳定,有无排水措施,容许承载力是否满足设计要求。

(3)检查挖基和地基加固、处理过程中的有关施工记录和试验等资料。

(4)检查基底地基经过加固、处理后的效果是否达到设计要求。

2. 检验方法

按照桥涵大小、地基土质复杂(如溶洞、断层、软弱夹层、易溶岩等)程度及结构对地基有无特殊要求,可采用以下检验方法:

(1)小桥涵的地基检验可采用直观或触探方法,必要时可进行土质试验。

(2)大、中桥和地基土质复杂,结构对地基有特殊要求的地基检验,宜采用触探和钻探(钻深至少 4m)取样做土工试验,或按设计的特殊要求进行荷载试验。

地基触探包括静力触探和动力触探两种。静力触探试验是将一定规格的锥形探头按一定速率匀速压入土中量测其贯入阻力,按其所受阻力大小评价土层力学性质。静力触探适用于流塑状黏质土、一般黏质土和砂类土及类似地层。动力触探试验是用一定质量的击锤,以一定的自由落距将特定规格的探头击入土中,根据探头沉入土层一定深度所需锤击数来判断土层的形状和确定其承载力的一种原位试验。其一般用于确定各类土的容许承载力,还可用于查明土层在水平和垂直方向上的均匀程度。动力触探试验是我国对地基土勘探、测试的主要手段,适用于砂类土、黏质土、黄土和较松散的人工填土与颗粒较小的砾类土。

除静力、动力触探试验和标准贯入试验常用于明挖基底检验的岩土工程原位测试技术外,还有荷载试验、旁压试验、十字板剪切试验和扁铲侧胀试验。

七、基础混凝土施工

1. 无水基坑基础混凝土施工

当基坑无渗漏,坑内无积水,基底为非黏土或干土时,应将基底洒水湿润;如基底为过湿的土基，应铺设一层厚 10 ~ 30cm 的碎石垫层，夯实后再铺一层水泥砂浆；如基底为岩石、表面有风化或破碎层时，应将此层清除干净，适当湿润基面后铺一层厚 2 ~ 3cm 的水泥砂浆，然后再浇筑混凝土基础。在冰冻地区，应浇筑低温早强混凝土，必要时适当提高混凝土强度等级。对大型基础混凝土，一般应在整个截面范围内进行浇筑，当结构截面过大，不能在先浇的混凝土开始初凝前将后浇混凝土浇筑捣实时，则可将截面分块浇筑，分块接缝处应留错缝搭接。

2. 降排水基坑基础混凝土施工

基础混凝土必须在无水状态下浇筑，禁止不采取任何措施在水中浇筑，不允许水泥混凝土在浇筑时被水冲洗淹没。一般在混凝土终凝以后，在冰冻地区更应在达到设计强度以后才允许浸水。

如基坑基本无涌水或渗漏，仅有雨水存积，则可沿基底四周基础范围以外挖排水沟，将坑内积水排除后浇筑混凝土。

如基坑涌水或渗漏，则应沿基坑底四周基础范围以外挖集水沟，将水引至集水坑，然后用水泵排出坑外。

3. 水下混凝土封底基坑基础施工

当坑壁有较好防水措施（如板桩护壁），但基坑底涌水或渗漏严重时，可采取水下灌注混凝土封底的方法；待封底混凝土达到要求强度后排水，清除封底混凝土面浮浆，冲洗干净后再浇筑基础混凝土。

当坑壁、坑底均渗水严重，抽水有困难时，可采用无底套箱。套箱净空大小与基础尺寸相同，既用作基础模板又用作防水。在套箱内水中浇筑封底混凝土时，应待封底混凝土达到要求强度后再抽干套箱内的水，浇筑基础混凝土；或不抽水即用水下灌注封底混凝土的方法浇筑基础。

水中灌注混凝土，一般采用导管法，同一个基坑内各个导管的灌注面积应互相重叠并覆盖整个基坑。各导管应同时灌注，一般不宜采用逐管灌注的方法。

水中混凝土封底应在基础底面以下，封底只能起封闭渗水的作用，封底混凝土只作为地基而不能作为基础本身，因此不得侵占基础厚度。

工程应用

明挖地基的工程应用

2003 年 5 月建成的贵州水黄公路阿志河特大桥，为预应力钢筋混凝土加劲板梁悬索桥，全长 448m，其镇宁岸索塔基础采用明挖扩大基础，基础挖深 20 余米，基底平面尺寸为 21.9m × 7.0m，开挖方量达 7000m^3，采用浅孔爆破、吊斗出渣，手推车运输作业开挖。

2009 年 4 月建成通车的重庆鱼嘴长江大桥，全长 1440m，主跨 616m。其北锚碇采用明挖扩大基础，基底轮廓尺寸为 69m × 55.8m，基坑采用放坡开挖施工，总开挖土石方量约为 86000m^3。基坑开挖时，通过一系列排水措施和喷射混凝土护壁等围护措施保证了基坑开挖的顺利进行和基础混凝土的施工。

任务二　沉 井 基 础

学习目标

(1)能描述沉井基础的概念及适用条件;

(2)能描述沉井的构造;

(3)能叙述沉井基础的施工流程及注意事项。

任务描述

某大桥北锚碇基础采用特大型沉井基础。北锚碇沉井分20个井孔,顶面高程为+4.30m,基底高程为-48.5m,置于密实圆砾石层。沉井顺桥向长69.0m,横桥向宽58.0m。沉井共分11节,除第1节为钢壳混凝土沉井外,其余10节均为钢筋混凝土沉井。通过对本任务的学习与资料查阅,要求按照设计图纸及相关规范,描述该沉井基础的施工流程。

相关知识

一、沉井基础概述

沉井基础因其整体性好、刚度大、下沉深度深等优点,在工程中较常采用,我国的南京长江大桥、江阴长江大桥、泰州长江大桥,日本明石海峡大桥等均采用了沉井基础。我国在沉井施工技术方面成就显著,在陆地上制作大型钢筋混凝土圆形沉井,直径已达68m,最大下沉深度57m。

1. 沉井的分类

1)按施工工艺划分

沉井按施工工艺划分,有原位下沉沉井、浮式沉井、设置沉井等。

2)按平面形状划分

沉井按平面形状划分,有圆形、矩形和圆端形等(图3-2-1);根据井孔的布置方式,又有单孔、双孔及多孔的分别。单孔沉井平面尺寸较大时,可在沉井中设置隔墙,使沉井由单孔变成双孔或者多孔。

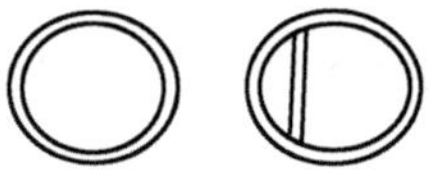

a)圆形沉井

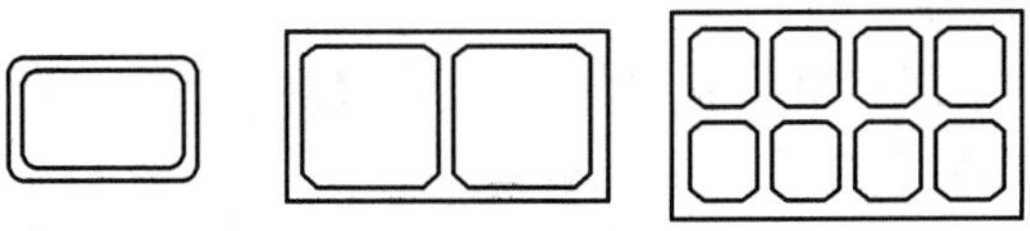

b)矩形沉井

c)圆端形沉井

图3-2-1　沉井平面形式

3)按竖直剖面形状划分

沉井按竖直剖面形状划分,一般有竖直式、倾斜式、阶梯式三种类型。如图3-2-2所示。

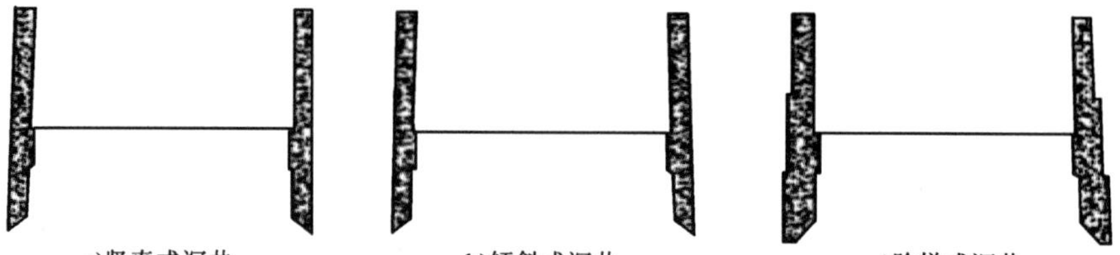

图 3-2-2　沉井剖面形式

竖直式沉井,在下沉过程中不易倾斜,沉井接长较简单,模板可重复利用,沉井周边的土层不易因沉井下沉而移动或下沉,对周边建筑物扰动较小。

倾斜式沉井下沉时作用在外壁上的摩擦力不大,下沉容易,但容易发生倾斜、偏移,因此在桥梁中较少采用。

阶梯式沉井是介于竖直式沉井和倾斜式沉井之间的一种形式,可减少井壁与土体之间的摩阻力,但下沉时对沉井周边土体扰动较竖直式沉井大。

4)按制作条件与制作方式划分

沉井按制作条件与制作方法划分,有就地制作沉井和浮运就位沉井两种类型。

(1)就地制作沉井

这种沉井是在基础设计的位置上制造,主要依靠自重下沉。如基础在水中,需先在水中筑岛后制作下沉的沉井。

(2)浮运就位沉井

浮运就位沉井指在深水区筑岛有困难、限制通航或不经济时,采用岸边制造、浮运就位下沉的沉井。

5)按制作材料划分

沉井按制作材料划分,有混凝土沉井、钢筋混凝土沉井和钢沉井三种类型。

(1)混凝土沉井

混凝土沉井充分利用混凝土抗压强度高、抗拉强度低的特点,将沉井做成圆形,适用于下沉深度不大(4 ~ 7m)的软土层中。

(2)钢筋混凝土沉井

钢筋混凝土沉井抗拉与抗压强度均较高,下沉深度可达数十米以上,在桥梁工程中应用广泛。

(3)钢沉井

钢沉井指用钢材制造的沉井,其强度高、质量较轻,易于拼装,宜做浮运沉井;但用钢量大,造价相对较高,至今国内采用不多。

2. 沉井的一般构造

常规结构沉井主要是由井壁、隔墙、刃脚、井孔、凹槽、封底混凝土、顶板等构成的,如图 3-2-3所示。

井壁是沉井的主要组成部分。在沉井下沉过程中,井壁可发挥挡土、挡水及提供重力克服土与井壁之间的摩阻力的作用。当沉井施工完毕后,井壁就成为基础或基础的一部分,并将上部荷载传递给地基。

井壁下端楔状的部分称为刃脚,其作用是易于切土下沉。刃脚底面宽度一般为 0.1 ~

0.2m。当下沉深度大且土质较硬时，刃脚底面应以型钢（角钢或槽钢）加强，以防刃脚损坏。

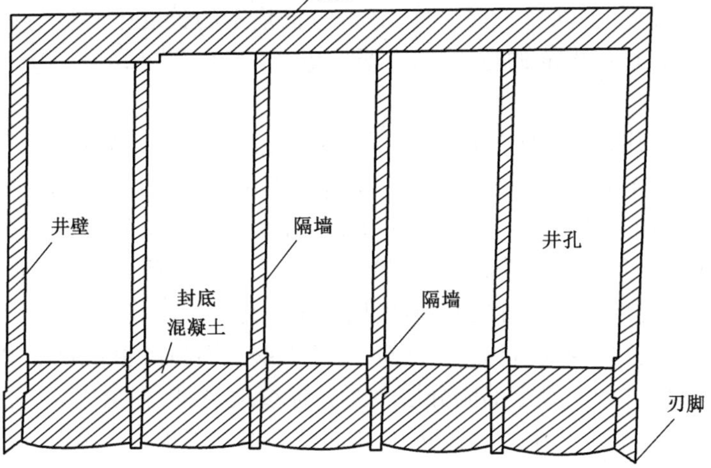

图 3-2-3　沉井的一般构造

沉井平面尺寸较大，需在沉井内设置隔墙。隔墙起着加强沉井刚度，使井壁的挠曲应力减小的作用，其厚度一般小于井壁。

井孔是挖土和排土的工作场所和通道。井孔尺寸应满足施工要求，宽度（直径）不宜小于3m。井孔布置一般对称于沉井中心轴，便于对称挖土，使沉井均匀下沉。

顶板是传递沉井襟边以上荷载的构件，不填芯沉井的顶板厚度为 1.5 ~2.0m。底板位于沉井底部，是提供承载力的主要构件。

二、沉井基础施工

受篇幅限制，本书仅介绍原位下沉沉井的施工。

制造沉井前，要挖除原有场地的松软土，换上好土，并将场地夯实平整，以防在浇筑混凝土过程中或撤除垫木时发生不均匀沉陷。水中原位下沉沉井应根据土质、水流、风浪情况决定采用无围堰的土岛或有围堰的筑岛。

1. 首节沉井的施工

1）沉井分节高度

沉井分节高度应根据开挖方法、下沉进度、土层性质、沉井的平面尺寸确定，使其能保持稳定，顺利下沉。若沉井底节下为松软土，则底节最大高度不得大于 0.8 倍沉井宽度。

2）垫层施工

沉井通常依靠自重下沉，质量较大，刃脚支撑面较小。因此，需要沿井壁周边刃脚下铺设垫木（垫块），以加大支撑面积，如图 3-2-4 所示。为了便于铺设垫木，同时将第一节沉井重力扩散至更大面积，需在垫木下

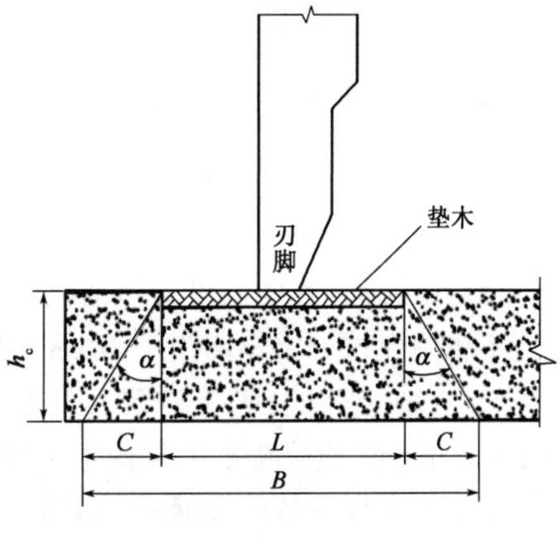

图 3-2-4　井壁及隔墙下垫层设置情况

铺设一层砂垫层，以保证沉井浇筑过程中的稳定性，使其下沉量控制在允许范围内。

3）垫木施工

垫木的数量由第一次下沉前沉井重力及砂垫层的允许承载力确定。铺设垫木时，使刃脚踏面处在同一水平面上，平面布置要对称均匀，每根垫木的长度中心应与刃脚踏面中心线重合，每组之间要留出20～30cm的空隙，以方便抽垫。

4）首节施工

沉井模板一般采用钢组合定型模板或木定型模板组装而成。朝向混凝土的一面应刨光，并涂脱模剂。模板每节高度为1.5～2.0m。沉井下部刃脚的支设可视沉井自重、施工荷载和地基承载力情况，采用垫架法、半垫架法、砖垫座或土模法。刃脚踏面固定后即可进行沉井刃脚钢筋布设，再依次进行内壁钢筋和外壁钢筋的绑扎。沉井钢筋可用吊车垂直吊装就位，人工绑扎，或在沉井旁预先绑扎钢筋骨架或网片，用吊车进行大片安装。

沉井混凝土应沿井壁四周对称进行浇筑，避免混凝土面高低相差悬殊，以防产生不均匀下沉造成裂缝。每节沉井的混凝土都应分层、均匀、连续地浇筑，直至完毕。混凝土浇筑后10h即可遮盖洒水养护，气候炎热干燥时，终凝后即可遮盖洒水养护。底节沉井混凝土养护强度必须达到100%，其余各节允许混凝土强度达到70%时进行下沉。混凝土的强度达到2.5MPa时，顶面可凿毛。

部分原位下沉沉井首节采用钢壳沉井。钢壳沉井的制作主要有专业钢结构加工厂内加工和现场制作两种方法。

2. 沉井的分节

1）一次制作、一次下沉

一般中小型沉井高度不大，地基较好，或者地基虽然不好，但进行地基加固处理后，可得到较大的地基承载力，就可采用一次制作、一次下沉的施工方案。

2）分节制作，多次下沉

大型沉井高度大，平面尺寸大，自重较重，需采用分节制作、多次下沉的施工方案。第一节的高度一般为6～8m，先在基坑内进行井壁钢筋混凝土的浇筑，待混凝土强度达到设计强度的100%后，开始挖除井内的土体，使沉井下沉。当第一节井墙顶面露出基坑底面（或地面）约1m时，停止下沉。准备继续浇筑第二节混凝土（浇筑第二节混凝土时，井内应回填砂或土），混凝土强度达到设计强度，即可挖除井内土体，使其继续下沉。如此循环进行，直到沉井沉到设计高程为止。

3）分节制作、一次下沉

在沉井下沉处，分多节制作井墙，待沉井全高浇筑完毕后，即可连续不断地进行井内挖土，直到沉井下沉到设计高程。

3. 沉井的接高

沉井接高过程中的设备包括混凝土设备和吊装设备。混凝土沉井的接高一般采用分层浇筑，工程中建议分层厚度小于40cm。在横断面上分区对称施工，开始从中间往四周全断面分层浇筑隔墙与井壁，确保对沉井均衡加载。沉井分节浇筑下沉时，当其底节顶面高出地面0.5～1.0m时，应停止下沉和挖土工作。沉井若在水中下沉，沉井的接高面应高出井内水面至少1m。为了保证各节接缝间的混凝土紧密结合，浇筑混凝土前，下层沉井井壁顶面应凿毛。逐节浇筑时，应留好施工缝，以防沉井下沉后井壁渗漏。接高沉井前，先将底节沉井壁顶结合面清理干净，并将混凝土浮浆和松动的混凝土凿除，用清水冲洗干净后，再进行接高施工。

4. 沉井下沉施工工艺

常用的沉井下沉施工工艺包括两种：不排水下沉和降排水下沉。不排水下沉即在沉井下沉过程中不对地下水进行处理，保持井内外水头一致，直接采用抓斗或吸泥机具进行取土下沉；降排水下沉即在沉井附近设置降水井或用其他方式降低地下水水位，使沉井在无水状态下取土下沉。沉井下沉工艺受沉井结构、桥位处水文、地质等多方面因素影响。若沉井高度小于12m，即可一次下沉到位；若沉井高度大于12m，一般采取多次下沉。若有条件，初期下沉宜采用降排水下沉法。

5. 沉井封底、沉井井孔填充和沉井顶盖板

1）沉井封底

沉井封底有排水干封底和不排水封底两种。

（1）排水干封底

沉井封底前，在井壁底部凹槽内和隔墙预留钢筋处，需要进行凿毛并将刃脚处凹槽内的污泥清理干净。封底前，在井底挖3～4道小水沟，沟内填大块碎石，再铺小碎石，将水引至采用管涵或无底铁筒围成的集水井，便于封底后抽除地下水之用。封底前，按照设计规定，一般先铺一层碎石（或砾石砂），整平后，再浇筑素混凝土封底。浇筑素混凝土时均需沿井壁四周向中央进行。素混凝土封底应分批、逐段、对称一次浇筑完成，不得中途停顿，避免产生施工缝而造成渗漏。浇筑封底素混凝土时，应保证井内排水工作能继续进行，以保证混凝土在终凝以前不浸水。当封底混凝土强度达到设计强度时，经过计算，当沉井能满足抗浮要求时，方可停止排水，并封填集水井。

（2）不排水封底

不排水封底有两种形式：水下导管法浇筑封底混凝土及水下压浆混凝土封底。

导管法浇筑封底混凝土时，在井顶搭设灌注支架，用来悬挂减速漏斗及导管储存混凝土的料槽。在灌注过程中，导管应随混凝土面升高而徐徐提升，导管埋深应与导管内混凝土下落深度相适应，一般不宜小于表3-2-1的规定。用多根导管灌注时，导管埋深不宜小于表3-2-2的规定。

不同灌注深度导管的最小埋深（m） 表3-2-1

灌注深度	≤10	10～15	15～20	>20
导管最小埋深	0.6～0.8	1.1	1.3	1.5

不同间距导管的最小埋深（m） 表3-2-2

导管间距	≤5	6	7	8
导管最小埋深	0.6～0.9	0.9～1.2	1.2～1.4	1.3～1.6

灌注首批混凝土前，必须实测导管下口与基底的距离，宜控制在20～30cm。施工准备完成后，集中料斗内混凝土储满料后，打开集中料斗阀门，使混凝土通过溜槽流入漏斗，漏斗储满混凝土后拔出橡胶球，此时溜槽向漏斗内继续补充混凝土，进行首批混凝土的灌注。首批混凝土灌注完毕后，即可进行混凝土的正常灌注。导管法灌注混凝土的步骤如图3-2-5所示。

封底混凝土的浇筑分为两个阶段：隔墙以下范围为第一阶段，隔墙底以上进入井孔内为第

二阶段。首先开管的井孔第一阶段浇筑完成时,可减缓混凝土的浇筑速度,集中进行其他井孔的第一阶段浇筑。第一阶段全部浇筑完成后,均匀浇筑各孔第二阶段混凝土。

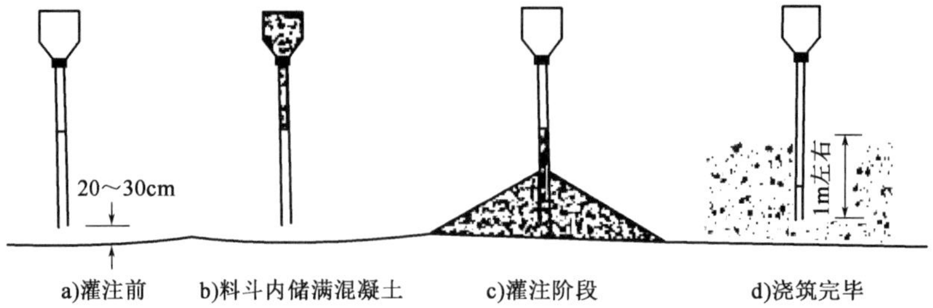

图 3-2-5 导管法灌注混凝土的步骤

水下压浆混凝土封底的做法是将砂浆通过埋置在粗集料一定深度的压浆管,挤压到粗集料中,把粗集料胶结在一起形成混凝土。

2)沉井井孔填充

沉井井孔填充与否,应根据设计文件要求而定。若需进行填充施工,必须待封底混凝土达到设计强度后才允许抽净井孔内的水,刷洗清除混凝土表面的淤泥、浮浆等杂质,按设计要求进行分层填充。

对于井孔填充的沉井,不需设置顶盖板,可直接在填充圬工顶部浇筑 1 ~ 2m 厚、不低于 C15 强度的混凝土,然后在其顶面浇筑墩(台)身;对于井孔不填充的沉井,需设置钢筋混凝土盖板。

3)沉井顶盖板

填充井孔的顶盖板可直接在填充料面上接好钢筋,浇筑混凝土。设计要求不需要充填的井孔,在沉井顶部的内侧需设支撑顶盖板底模板的“牛腿”、底梁,以便在其上铺底模、绑扎钢筋、浇筑混凝土。

工程应用

沉井基础的工程应用

某大桥北锚碇基础采用特大型沉井基础。北锚碇沉井分 20 个井孔,顶面高程为 +4.30m,基底高程为 −48.5m,置于密实圆砾石层。沉井顺桥向长 69.0m,横桥向宽 58.0m。沉井共分 11 节,除第一节为钢壳混凝土沉井外,其余十节均为钢筋混凝土沉井。第一节沉井高 6m,第二节至第十节沉井高 5m,第十一节沉井高 1.8m。

北锚碇沉井首节钢壳为矩形布置,长 69m,宽 58m,高 6m,井壁宽 2.1m;沉井隔墙宽1.6m,分区隔墙高 6m,一般隔墙高 4.0m。井壁与井壁、井壁与隔墙、隔墙与隔墙的连接处设有倒角。第二节为钢筋混凝土沉井,长和宽分别为 69m 和 58m,高 5m。从第二节开始,井壁外侧设置了齿坎,齿坎厚 0.5m。第二节沉井井壁厚 2.0m,隔墙厚 2.4m,隔墙与隔墙间的倒角为 0.566m × 0.566m,隔墙与井壁间的倒角有 1.266m × 1.266m、1.733m × 1.3m 两种。北锚碇沉井基础结构布置如图 3-2-6 所示。

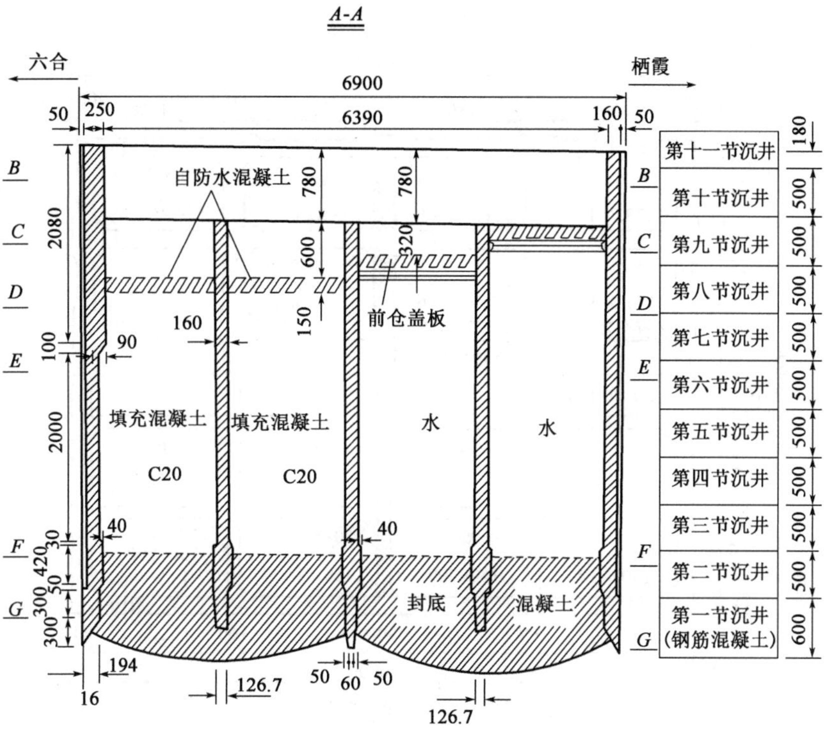

a)

1/2B-B第十、十一节平面图

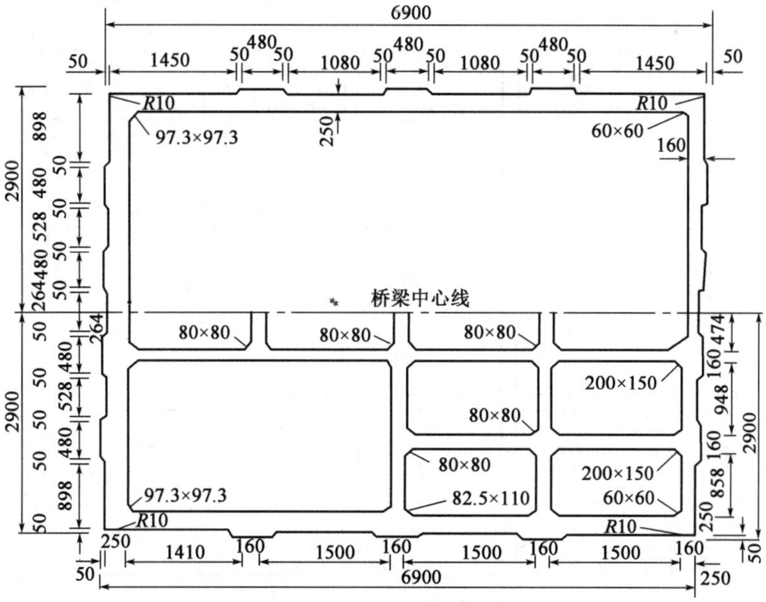

1/2C-C第九节平面图

b)

图 3-2-6

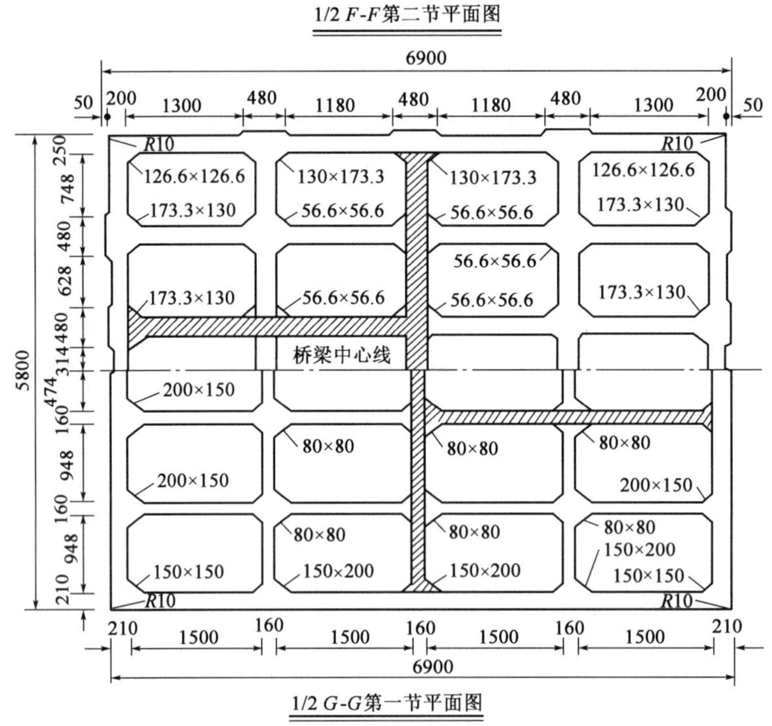

c)

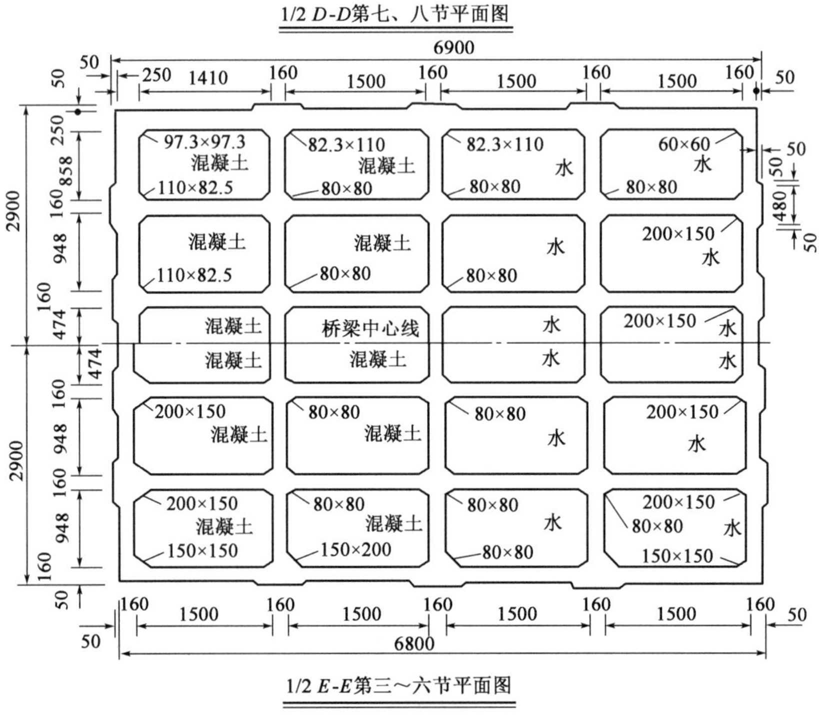

d)

图 3-2-6　某桥北锚碇沉井基础结构布置(尺寸单位:cm)

任务三　钻孔灌注桩

学习目标

(1)掌握钻孔灌注桩的概念及适用条件；
(2)能描述钻孔灌注桩施工工序及质量控制要点；
(3)了解常用钻孔方法及机具设备；
(4)能描述灌注水下混凝土的施工要求。

任务描述

某一级公路第四标段在 K35 +066 处设计有一座 8 ×40m 的预应力混凝土箱形梁桥，此桥采用钻孔灌注桩基础，双柱式结构，设计桩径为 1.4m，桩长 15 ~20m。通过对本任务的学习与资料查阅，要求按照设计图纸及相关规范，分工合作完成钻孔灌注桩施工方案的编写。

相关知识

一、钻孔灌注桩基础概述

钻孔灌注桩是基础形式的一种，是指在工程现场通过机械钻孔的手段在地基中形成桩孔，并在其内放置钢筋笼、灌注混凝土而形成基础的一种施工方法。

根据钻孔设备的不同，按照破碎土层(岩层)的方式、出渣方式将钻孔灌注桩施工分为以下类型：回旋钻机成孔、冲击钻机成孔、旋挖钻机成孔、螺旋钻机成孔、潜水钻机成孔、冲抓钻机成孔、全套管钻机成孔等。各种钻孔方法适用范围见表 3-3-1。

各种钻孔方法适用范围　　表 3-3-1

钻孔方法	适用范围			泥浆作用
	土层	孔径(cm)	孔深(m)	
正循环回旋钻	填土层、淤泥及淤泥质土层；在卵石含量不大于 15%、粒径小于 10mm 的部分卵石层和软质基岩、较硬基岩层中也可使用	80 ~250	30 ~70	浮悬钻渣并护壁
反循环回旋钻	填土、淤泥及淤泥质土、黏性土、粉土、砂土、砂砾，采用圆锥式钻头可进入软岩，采用滚轮式钻头可进入硬岩	80 ~400	真空泵：<40； 空气吸泥机：可达 70； 气举式：可达 130	护壁
冲击钻	黄土、黏土、粉质黏土、粉土、人工填土；有孤石的砂砾土层、漂石层、坚硬土层、岩层；对淤泥及淤泥质土需十分慎重；地下含水率大的土层，不宜采用	实心锥：80 ~250； 空心锥：60 ~150	≤60	浮悬钻渣并护壁

续上表

钻孔方法	适用范围			泥浆作用
	土层	孔径(cm)	孔深(m)	
旋挖钻	填土层、黏性土层、粉土层、淤泥层、砂石层，含有部分卵石、碎石的土层；采取特殊措施，可在强度不超过30MPa的岩层中钻进	80~300	30~90	浮悬钻渣并护壁
螺旋钻	适用于地下水位以上的一般黏性土、粉土、黄土、密实黏性土、砂土、粒径不大的砂砾层	长螺旋:40~80 短螺旋:150~300	长螺旋:12~30 短螺旋:40~80	干作业时无须泥浆
潜水钻	填土、淤泥、黏土、粉土、砂土，也可在强风化地层中使用，不宜用于碎石土层，尤其适用于地下水位较高的土层中成孔，不太适合在基岩中钻进，对非匀质不良地层，适应性较差	非扩孔型:80~300; 扩孔型:80~655	标准型:50~80 超深型:50~150	正循环:悬浮钻渣并护壁; 反循环:护壁
冲抓钻	淤泥质土、腐殖土、密实黏性土、砂类土、砂砾石、卵石等	100~200	一般≤20	护壁
全套管钻	黏性土、填土、黄土、季节性冻土、膨胀土、淤泥和淤泥质土、粉土、砂土、碎石土	60~250	≤60	

二、钻孔灌注桩施工

钻孔灌注桩施工工艺流程如图3-3-1所示。

1. 钻孔平台搭设

搭设钻孔平台的目的是为桩基础以及后期上部结构施工提供施工场所，在功能上必须满足以下要求：

(1)满足钻机成孔工艺与设备布置要求。

(2)满足清孔、水下混凝土灌注等成桩工艺与设备布置要求。

(3)保证作业人员良好的工作环境与活动场地的要求。

(4)保证不受汛情、涨落潮和气象的影响，施工干扰少的要求。

(5)平台为临时结构工程，应满足便于安装、拆卸及可重复利用的要求。

钻孔平台总体上可分为固定式和浮式两大类型。

固定式钻孔平台主要是以围堰或者支架形式搭设而成的平台，稳定性高，能够适应深水、水流速度大、波浪大等恶劣的施工环境。

浮式钻孔平台主要适用于深水钻孔桩施工，采用钢围堰或者水上设备(民用船舶、工程浮箱)等搭设而成，适用于水流平稳、波浪小的施工环境。

各种平台的施工要点及适用范围汇总见表3-3-2。

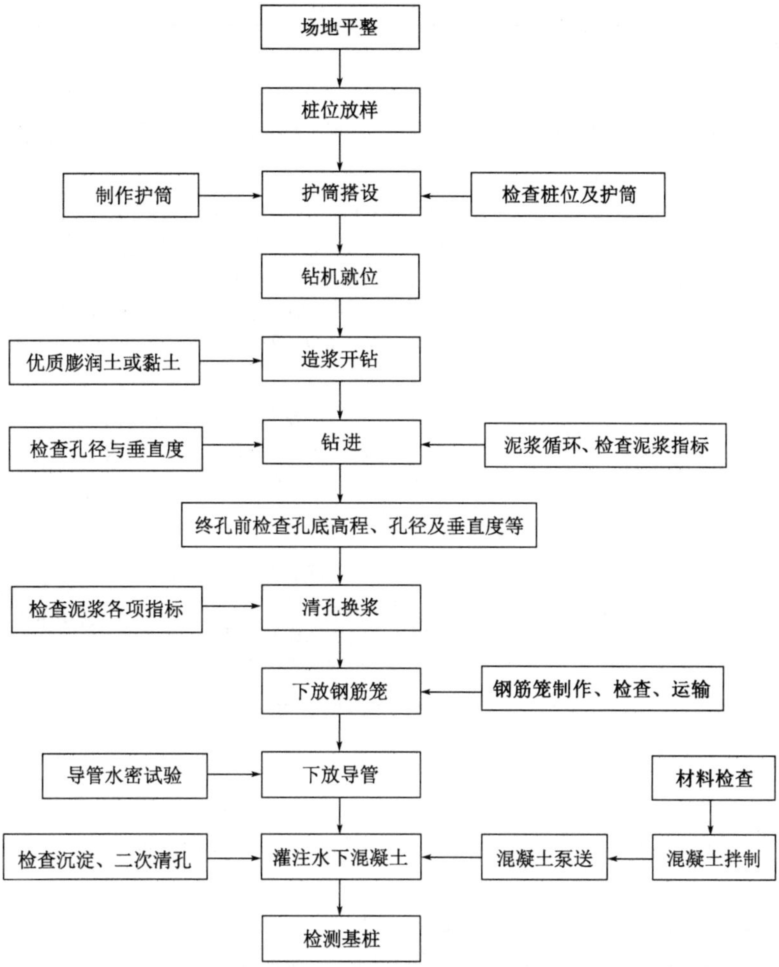

图 3-3-1　钻孔灌注桩施工工艺流程

各种钻孔平台的施工特点与适用范围　　表 3-3-2

钻孔平台类型	施 工 特 点		适 用 范 围
固定式钻孔平台	筑岛围堰	筑岛方法有直接堆筑法、板桩围堰回填法。前者是用陆上填筑土石向前推进的方法建造;后者是利用钢板桩、钢管桩或混凝土板桩围成圆形或方形围堰,拉好拉杆后填土筑岛	适用于淤泥质土层或水深较浅,流速和波浪不大,筑岛后对泄洪、航运等影响小的区域
	钢管桩平台	先按照灌注桩基础的结构布置确定承力钢管桩的位置,搭设钢管桩平台。通常采用梁柱式结构,主要由下部钢管桩,桩间横向联系,桩顶布设的纵横向型钢、贝雷架等承重梁结构及上部铺设的面板组成	适用于水流较缓的深水环境,且有足够的覆盖层厚度
	钢护筒平台	主要依靠桩基钢护筒作为平台的支撑结构。采用梁柱式组合结构。平台范围内不打钢管桩,减少了对墩位处河床的扰动。钢护筒插打定位难度大,精度较难保证,对设备要求高,平台搭设难度大	适用于钢管桩定位难度大,钢管桩承载力无法满足钻孔灌注桩施工要求的情况

续上表

钻孔平台类型	施工特点		适用范围
固定式钻孔平台	钢管桩与钢护筒组合平台	桩基的钢护筒与钢管桩同时作为平台的主要承力结构。此类平台通常采用梁柱组合式结构	适用于地质情况复杂、水流湍急的深水环境
	着床式钢围堰平台	利用整体下沉至河床面的钢围堰作为钻孔平台的承重结构。钢围堰精确定位着床后,采用锚块进行临时固定,然后利用贝雷架或型钢在钢围堰顶搭设钻孔平台兼作围堰封底施工平台	适用于水深较大、河床覆盖层较浅且岩面较为平坦的环境
浮式钻孔平台	钢吊箱浮式平台	先将钢吊箱精确定位,再利用吊箱内支撑桁架进行导向定位,完成钢护筒插打,之后将钢吊箱固定于钢护筒上。钢吊箱兼顾钻孔平台、承台阻水、护筒导向三大功能	适用于深水、波浪小的水域;承台底面距河床面较高或河床以下为较厚的软弱土层的环境
	浮箱式平台	主要采用浮箱或船只拼装而成,浮箱、船只的大小根据水流情况、钻孔平台尺寸等确定。拼装完成的浮箱平台要在前后左右四个方向抛锚定位	适用于河流通航压力小、流速不大、风浪较小、不采用扭矩大的钻机的环境

2. 护筒

随着桥梁工程施工技术水平的不断发展,护筒功能由原来的控制孔位、防止孔口坍塌等逐渐向护筒护壁、参与桩基承力、桩基防腐等多项功能发展。概括起来,护筒的主要作用有以下几个方面:

(1)控制桩位,导正钻具,正确引导钻机施工。

(2)保护孔口,隔离地表水渗漏,防止孔口及孔壁坍塌。

(3)保护和提高孔内水头高度,增加对孔壁的静水压力,增加孔壁的稳定性。

(4)护筒顶面可作为钻孔深度、混凝土面位置及导管埋深的测量基准。

(5)护筒顶面可设置桩位中心标记,依此调整钢筋笼的位置,使其中心与桩中心一致。

(6)在大型水上施工平台,尤其对于钢护筒平台、钢护筒与钢管桩组合平台,护筒作为施工平台的主要承力结构,参与受力。

(7)钢护筒作为桩基的一部分,参与桩基共同受力,提高特殊环境下桩基防腐能力。

护筒埋置可采用打入法、挖埋法,应结合施工场地情况合理选用。沉设施工设备主要包括测量仪器、吊装设备、振桩锤、打桩船等。对于旱地和浅滩区的护筒施工,一般采用人工挖坑埋设,条件允许的情况下可采用机械挖坑埋设,必要时还应在浅滩区搭设筑岛平台进行辅助施工。水中护筒一般采用打桩船或振动锤进行沉设,有时也可采用起重机吊锤下沉。

3. 泥浆

泥浆作为钻孔灌注桩循环的"血液",对桩基成孔起着关键性作用,其性能直接影响桩基的承载力和桩侧摩阻力。钻孔泥浆一般由水、黏土(或膨润土)和添加剂按适当比例配制而成。常见的有普通泥浆、优质泥浆、咸水(海水)泥浆、特种泥浆等。

普通泥浆的主要成分是黏土。黏土是泥浆中的主要固相成分,其颗粒粒径大多数小于

0.005mm。优质泥浆的主要成分是膨润土，膨润土颗粒在水中湿胀之后，可变成一种带负电荷的亲水胶体，使膨润土颗粒保持分散的悬浮状态，改善了泥浆性能。有时为了提高泥浆的密度，会在其中加入重晶石粉、石灰石粉、方铅矿粉、纤维等惰性材料。

1）泥浆的作用

针对不同的钻孔方法，泥浆的作用也不尽相同，概括起来主要有以下几方面：

（1）保护孔壁

泥浆密度比水大，可产生较大的悬浮液压力，且孔内泥浆液面高出孔外水位一定高度，在孔内形成压力差。该压力可以抵抗作用在孔壁上的侧向土压力和水压力，又可使泥浆向孔壁土层渗透，在孔壁表面形成一层有柔韧性的泥皮，这层泥皮既可以防止孔壁剥落和坍塌，又可以防止孔内外的水流通，起到稳定孔内水位、防止坍孔的作用。

（2）排渣与清孔

泥浆具有一定的密度和黏度，具有使钻渣悬浮起来的作用，利用浆液循环将钻渣挟出孔外。泥浆的另一重要作用就是桩底清孔，目的是防止砂粒在孔底沉淀超过设计规定的厚度。

（3）冷却钻头和润滑钻具

钻机在钻进过程中，钻具的连续冲击、回转会使钻具温度迅速升高。采用泥浆护壁时，泥浆可冷却钻头、润滑钻具，减轻钻具的磨损消耗，延长钻具使用寿命。

2）泥浆的性能

护壁泥浆应具有一定的造膜性，良好的物理、化学稳定性，良好的流变性，适当的黏度、密度，较小的含砂率等基本性质。泥浆的性能主要由泥浆的相对密度、黏度、静切力、含砂率、胶体率、失水率、酸碱度及稳定性等指标来确定。

（1）相对密度

泥浆的相对密度是指泥浆的质量与4℃时同体积淡水的质量之比。泥浆浓度是指每100mL水中所含黏土颗粒的质量。泥浆密度随着所配制浓度的增加而增大。

（2）黏度

黏度是指泥浆流动时，各分子或颗粒之间产生的内摩擦力的大小。

（3）静切力

静切力指静止的泥浆在外力作用下开始流动所需的最小力，亦称滑动静应力。它是泥浆结构强度的一种体现，采用破坏1cm^2面积上的泥浆颗粒结构所需的力表示。

（4）含砂率

含砂率是指泥浆中粒径大于74μm的非黏性砂粒所占泥浆体积的百分比，实际测值过程中包括未搅拌开的黏土粗颗粒。

（5）胶体率

胶体率亦称稳定率，是在泥浆静置24h后，表面析水量所占泥浆体积的百分比。胶体率可粗略地表示泥浆中黏土颗粒的分散和水化程度，用于评价泥浆中土粒保持悬浮状态的性能。

（6）失水率

失水率亦称失水量或者渗透量。在泥浆的过滤试验中，一定体积的泥浆在一定压力作用下，通过一定面积过滤材料，在30min内滤失的水量称为失水率，以毫升（mL）为单位。

（7）酸碱度

泥浆的酸碱度以pH值表示，pH值共分14级。pH值等于7时为中性泥浆，大于7时为碱性泥浆，小于7时为酸性泥浆。酸碱度是泥浆性质的综合指标，一般泥浆宜呈碱性（pH值控制在 8 ~ 10 为适当)。

(8)稳定性

稳定性是泥浆中黏土颗粒分散的均匀程度及悬浮能力。

新制的泥浆一般储存在用浆砌块石筑成的泥浆池中。受场地限制时,也可储存在高度较大的钢制泥浆罐中。整个泥浆池需分隔成 3 ~4 个不同用途的泥浆池,其中至少要有 2 个用于倒换存放新制泥浆。

4. 成孔工艺

钻孔灌注桩常用的一种成孔工艺是回旋钻机成孔。回旋钻机成孔包括正循环成孔工艺和反循环成孔工艺,二者都是通过泥浆循环保护钻孔孔壁和排除钻渣,然后浇筑混凝土。正循环钻机成孔的循环能力和排渣能力都比较弱,颗粒较大的钻渣排不出来,钻孔里残留钻渣较多。反循环钻机成孔的泥浆是由泥浆池向钻孔中输送,再用压缩空气或泥浆泵从钻杆中抽吸出来,循环能力和排渣能力都较强,排渣干净,适合于在卵石层等颗粒比较大的地层中钻进成孔。正循环钻机只需要一台泥浆泵,反循环钻机则需要两台泥浆泵或一台泥浆泵和一台空气压缩机。正循环钻机成孔原理如图 3-3-2 所示,反循环钻机成孔原理如图 3-3-3 所示。

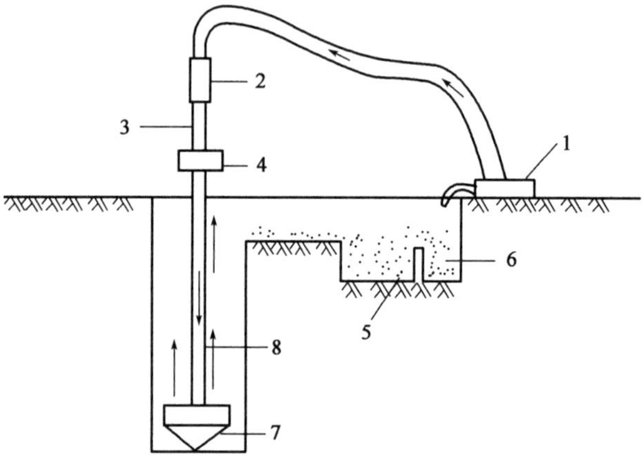

图 3-3-2　正循环钻机成孔原理

1-泥浆泵;2-水龙头;3-空心钻杆;4-钻机回转装置;5-沉淀池及沉渣;6-泥浆池;7-钻头;8-泥浆循环方向

5. 清孔

1)清孔目的

钻孔灌注桩施工通常要进行两次清孔作业。第一次清孔是在桩孔施工达到设计深度后进行,以替换泥浆为主、清除沉渣为辅,以泥浆性能基本达到要求为标准,其主要目的是探明实际的孔底深度,以便第二次清孔时计算沉渣厚度,同时调整泥浆相对密度,以便于检孔。

钻孔灌注桩在成孔后灌注水下混凝土之前,还要进行下放钢筋笼和导管两道工序,在此时间内,孔内泥浆中悬浮的颗粒势必会大量下沉而使孔底沉渣厚度加大。为保证钻孔灌注桩成桩质量,在灌注水下混凝土前必须进行二次清孔。二次清孔主要以清除沉渣为主、替换泥浆为辅,以孔底沉渣厚度达到设计要求为标准。

2)清孔方法

清孔方法主要有以下几种:抽浆法、换浆法、掏渣法、喷射法及砂浆置换法。抽浆法清孔比较彻底,适用于各种钻孔方法的摩擦桩、支承桩,应始终保持孔内原有水头高度,防止坍孔。换浆法清孔是采用泥浆泵，通过钻杆以中速向孔底压入相对密度1.15左右、含砂率小于4%的泥浆，把孔内悬浮钻渣多的泥浆替换出来。掏渣法清孔是用掏渣筒或冲抓锥清掏孔底粗钻渣，适用于冲抓和冲击成孔的初步清孔。喷射法清孔是在灌注混凝土前，对孔底进行高压射水或射风数分钟，使孔底剩余少量沉渣漂浮后，立即灌注水下混凝土。砂浆置换法清孔适于掏渣清孔后使用。

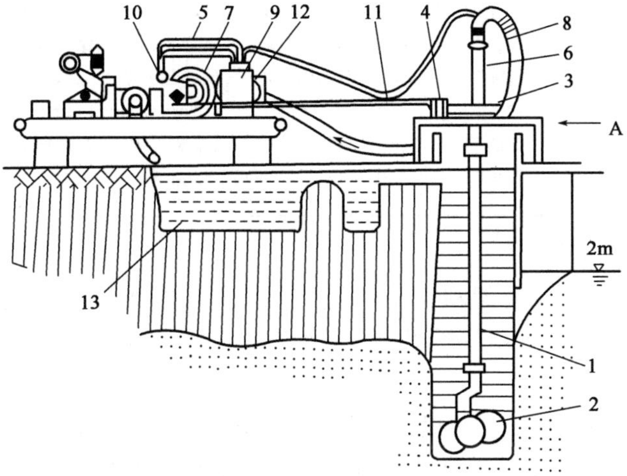

图3-3-3　反循环钻机成孔原理

1-钻杆；2-钻头；3-旋转钻头；4-液压马达；5-液压泵；6-方型传动杆；7-砂石泵；8-吸渣软管；9-真空柜；10-真空泵；11-真空软管；12-冷却水槽；13-泥浆沉淀池

6.钢筋骨架加工、运输与安装

1)钢筋骨架加工

钢筋原材料的选材和加工制作应符合《公路桥涵施工技术规范》(JTG/T F50—2011)中的相关规定。钢筋笼的配料应遵循不截断或少截断的原则，主筋一般按钢筋型号定尺9m或12m下料；螺旋筋根据设计直径进行卷制。钢筋笼通常采用胎具成型法加工，另外还有卡板成型法、支架成型法、箍筋成型法、加劲筋成型法、钢筋笼自动成型机等。各种成型方法汇总见表3-3-3。

钢筋笼成型方法　　表3-3-3

制作方法	工艺概述
胎具成型法	钢筋笼制作胎具一般由型钢和钢板焊接组合而成。骨架制作时，首先对场地进行平整、夯实，垂直于地面安装胎具。按胎具的凹槽摆放主筋，按照设计间距焊接主筋和箍筋
卡板成型法	用钢板按照钢筋笼直径加工成两个半圆卡板，在卡板上按照钢筋骨架纵向主筋的间距设置凹槽辅助定位。首先按照要求设置卡板的间距，然后把主筋放入凹槽，用绳扎好，再安装螺旋筋或箍筋，用铁丝将其与主筋绑扎牢固。完成钢筋骨架所有钢筋安装后拆除卡板，将主筋同螺旋筋按设计要求焊接牢固
支架成型法	先制作一个圆形同心支架，由固定支架和活动支架组成；先按照骨架的长度，每隔2.0~3.0m设置一个支架，各支架圆心应位于同一水平直线上，把主筋逐根放入凹槽，将已经预先弯绕好的箍筋按设计位置套在骨架外围，并与主筋点焊连接；箍筋焊好后，拆除整个支架

续上表

制作方法	工艺概述
箍筋成型法	先按照设计尺寸加工制作箍筋圈,在箍筋上标出主筋相对应的位置;将主筋插入放好的箍筋圈内,对准、扶正后,将主筋与箍筋连接位置一一点焊;将其余主筋按照上述方法依次点焊在箍筋上
加劲筋成型法	首先加工钢筋圈,确定其大小、数量以及位置;在工作平台上的主筋上标注加劲筋的位置,将加劲筋对准主筋上的标记点放置、扶正,确保相互垂直后点焊牢固;转动骨架,依次完成剩余主筋与加劲筋的焊接,最后套入箍筋,点焊牢固
钢筋笼自动成型机	钢筋笼自动成型机亦称钻孔桩钢筋笼滚焊机,主要包括上料、穿筋、固定、起始焊接、正常焊接、终止焊接、切断箍筋等几个步骤

2)钢筋骨架运输与安装

钢筋骨架的运输以“保证骨架刚度,不发生变形”为总体要求,可分为陆地运输和水上运输两种情况。陆地运输一般采用带托架的平板车作为运输工具,水上运输一般采用驳船作为运输工具。

钢筋骨架的安装,可采用的吊装设备主要有龙门吊、动臂吊、浮吊、汽车吊、履带吊、钻机塔架、扒杆等。在首节钢筋笼下放至钻孔中且上部第一个加强圈与孔口平齐时,根据钢筋笼重量,选用型钢等穿过加劲圈下方,将钢筋笼临时支撑于孔口,起吊下一节钢筋笼并与已安装完成的钢筋笼完成接头连接后,拆除型钢,继续下放。待钢筋骨架最后一节下放就位后,根据测定的孔口高程计算定位钢筋的长度,经核对后再焊接定位。整个钢筋笼下放完成后,应采取钢筋笼临时定位措施,保证在桩基混凝土浇筑过程中钢筋笼不产生上浮等事故。

钢筋骨架的节段间连接主要涉及纵向主筋和声测管的连接。纵向主筋的连接一般分为机械连接、焊接、绑扎连接等。声测管的连接一般有焊接对接和采用比声测管大一个型号的钢管套接连接两种工艺。

7. 灌注水下混凝土

在成孔施工、钢筋笼下放等工作完成后,即可开始混凝土灌注工作。水下混凝土灌注是钻孔灌注桩施工的关键工序,国内一般用钢导管灌注。首批混凝土浇筑时,导管内充满了泥浆,需采取一定的隔水措施以避免混凝土与泥浆混合,影响桩底混凝土质量。工程中一般采用木料、混凝土或塑麻袋、料布内包锯屑或麻絮等制成表面光滑的球体作为隔水球栓。使用剪球法时,球栓的直径宜比导管内径小 2 ~ 2.5cm;采用拔球法时,球栓的直径宜比导管内径大 1 ~ 2cm。

采用剪球法时,开始灌注混凝土前,将球栓置于孔内水面以上 0.3m 左右导管内,用粗麻绳或铁丝悬吊固定,待有足够混凝土储存量后,剪断吊绳,球栓和混凝土将导管内的水压走而落入孔底。一般剪球法容易造成卡栓堵管事故,目前工程中采用较多的是软球式隔水栓:用塑料布包新拌混凝土制成的软球作为球栓,效果较好。

拔球法是将球栓置于导管顶口,利用铁丝或麻绳引出,球栓下垫一层塑料布,当漏斗内混凝土达到一定量后,迅速拔出球栓,混凝土将塑料布压入导管形成隔水层,排出导管内的泥浆。

开始灌注混凝土前,应提前计算出首批混凝土储量,配备相应大小的储料斗,保持导管下口至孔底的距离在 40cm 左右。首批混凝土灌入孔底后,立即测探孔内混凝土面高度,计算出导管内埋置深度,判断封底是否成功,如符合要求,即可正常灌注。正常灌注开始后,应保证连续、紧凑地进行,不得中途停工。当导管提升到接头露出孔口以上一定高度后,可拆除 1 ~ 2 节,但必须保证导管底口有 2m 以上的埋深。为确保桩顶质量,应在桩顶设计高程以上超灌一定高度,灌注结束后可将此段混凝土挖除。超灌高度一般不宜小于 0.5m,长桩不宜小于 1m。

整个钻孔灌注桩混凝土灌注过程中,应指定专人做好施工记录,包括每批灌注时间、数量、混凝土面的高度、导管埋深、导管拆除以及发生的异常现象等。

三、大直径、超长桩施工

《公路桥涵施工技术规范》(JTG/T F50—2011)中将直径大于或等于 2.5m 的钻孔灌注桩界定为大直径桩,将桩长大于或等于 90m 的钻孔灌注桩界定为超长桩。

与传统的中小直径桩相比,大直径、超长桩在施工工艺方面主要具有以下特点:

(1)对钻机的性能要求更高。

(2)钢护筒的施工难度增大。在大直径、超长桩施工中,钢护筒不仅起到固定桩位、引导钻头方向、防止地面水流入孔内等作用,更可能参与桩基受力,起到桩基防腐的作用,因此,对钢护筒的长度、壁厚、直径等性能都有更高的要求。

(3)钢筋笼的施工难度增大。随着桩径的增大、桩长的增长,钢筋的接头数量增多,现场的对接工作量更大,对吊装工艺、吊装设备及防变形的要求更高。

(4)对护壁泥浆的性能提出了更高要求。随着孔径的加大,孔壁环拱作用急剧减弱,孔壁稳定性减小,且随着桩径的增大、桩长的增长,护壁泥浆的循环时间增长,清孔的难度增大,增大了孔壁泥皮厚度及桩底沉渣厚度,对桩基的桩侧和桩端承载力影响更大。因此,对护壁的性能提出了更高的要求。

(5)水下混凝土灌注质量控制难度增大。因桩径、桩长的加大,单桩混凝土灌注量增大,灌注时间增长,对混凝土的生产供应设备,导管的水密性及刚度,混凝土的施工性能,即混凝土的和易性、流动性、初凝时间等提出了更高的要求。

大直径、超长桩施工时需采用高性能泥浆,又称 PHP 泥浆,全称为聚丙烯酰胺不分散低固相泥浆,其主要成分包括膨润土、碳酸钠、聚丙烯酰胺的水解物。根据地质不同还可以加入锯木屑、稻草、水泥或有机纤维复合物,以防止漏浆现象的发生。PHP 泥浆的重要指标是泥皮厚度 $K \leqslant 1$mm,这是其他泥浆做不到的。

大直径、超长桩成孔一般采用反循环回旋钻进、泵吸式或气举式排渣,或者采用旋挖钻机钻进成孔,也有一部分采用冲击钻机成孔。施工时,一般采取下列措施:采用分级扩孔方式,改变钻头底部形状,调节钻压和转速。

钻孔灌注桩施工中,由于桩端沉渣难以彻底清除,桩基承载力偏小,孔壁泥皮过厚,使得桩侧摩阻力减小,施工过程的质量控制和检测较难掌握。大直径、超长桩施工中采用后压浆技术来解决上述问题。后压浆技术是指通过桩端压浆和桩侧压浆的措施来改善桩基础承载能力的方法。桩端压浆是指钻孔成桩后,利用预埋在桩身内的压浆管,由压力系统将以水泥为主的浆液经压浆系统均匀地注入桩底地层。桩侧压浆是指从桩侧的预埋管压入水泥浆,通过浆液的挤密方式,消除泥浆护壁灌注桩的桩侧泥皮固有缺陷,改善桩土界面,使桩周一定范围的土体得到加固,增加土体强度,增大桩侧摩阻力,从而大幅度提高单桩承载力。

工程应用

大直径、超长桩的工程应用

苏通长江公路大桥南塔墩位于主航道南侧，河床高程 -14.3 ~20m。地质资料显示：河床1 ~4 层为松散覆盖层，以亚黏土和淤泥质亚黏土为主，5 层为中密密实粉砂和亚砂层。南塔墩采用 131 根 $D2.8 \sim 2.5$m 的钻孔桩基础，桩长为 114m。

南塔墩泥浆循环系统采用在钻孔平台上游设置制浆池集中造浆，通过输浆管输送到各钻孔位处，钻机排出带钻渣的泥浆，通过布置在钻孔平台侧面的泥浆净化器分散进行净化，净化合格后的泥浆通过钢护筒间的连通管流回孔内。输浆管为外径 63cm、厚度 10mm 的螺旋焊管，分节卷制加工后运到现场，在平台顶面拼装接长并固定。排渣管为外径 42.6cm、厚度 8mm 的钢管，布置在平台底板下方，在排渣管上每隔 10m 左右安装一处接头管。泥浆池制备的泥浆通过输浆管输送到各钻孔孔位后通过钻机开始泥浆循环。南塔钻孔灌注桩钢筋笼的长度为117.4m。钢筋笼分 4 节进行加工，分节长度为 36m +36m +24m +21.4m。钢筋的连接采用镦粗直螺纹接头连接。

思考与练习

一、填空题

1. 明挖地基施工中，基坑排水的方法主要有________、________、________。

2. 明挖地基施工时，混凝土加固护壁的方式主要有________、________、________、________、________。

3. 明挖地基施工时，当天然地基不能满足桥涵等构造物对地基强度与稳定性和变形的要求时，应采取有效的加固措施以满足施工要求，主要加固措施有________、________、________、________、________、________。

4. 钻孔灌注桩施工中，清孔的方法主要有________、________、________、________、________。

二、简答题

1. 描述明挖地基施工时井点降水的原理。

2. 明挖地基施工时，基底检验的主要内容有哪些方面？

3. 描述沉井基础的构造，并对各组成部分的作用进行阐述。

4. 沉井基础施工时，首节沉井施工质量控制要点有哪些方面？沉井接高质量控制要点有哪些方面？

5. 描述钻孔灌注桩施工流程。

6. 钻孔灌注桩施工中，钢护筒的作用包括哪些方面？

7. 钻孔灌注桩施工时，水下灌注混凝土的施工质量控制要点有哪些方面？

项目四　桥梁墩台施工

墩台是桥梁的重要结构,主要作用是承受上部结构传来的荷载,并通过基础将此荷载及自重传递到地基上。桥台设置在桥梁的两端,起着支撑上部结构和衔接道路的作用,同时还要承受台背填土及填土上车辆荷载所产生的附加侧压力。

桥梁墩台施工方法通常分为两大类:一类是现场就地浇筑与砌筑,另一类是拼装预制的混凝土砌块、钢筋混凝土或预应力混凝土构件。桥梁墩台按施工方式的不同分为砌筑墩台、装配式墩台、现场浇筑墩台等几种类型。

任务一　钢筋混凝土墩台施工

学习目标

(1)描述钢筋混凝土墩台构造及施工要点;

(2)描述钢筋混凝土墩台施工流程及关键工序注意事项。

任务描述

某高速公路第二合同段内设计有一座4×50m预应力混凝土箱形梁桥。采用桩柱式墩台,桩基础为直径为1.8m双柱式钻孔灌注桩,墩身为直径1.6m双柱式桥墩,墩高18m。地质条件为棕红色全风化、强风化、中风化泥质粉砂岩、砂岩、砾岩互层。通过对本任务的学习与资料查阅,要求按照设计图纸及相关规范,分工合作完成该桥桥墩施工方案的编写。

相关知识

一、模板

混凝土及钢筋混凝土墩台是应用较多的一类墩台,具有形式多样、适应性强、施工快速等优点。其施工顺序为:搭设墩台模板—绑扎、安装钢筋骨架—浇筑混凝土。

1.常用的墩台模板类型

模板可采用钢材、胶合板、塑料或其他符合设计要求的材料制成。浇筑混凝土之前,模板应涂刷脱模剂,外露面混凝土模板的脱模剂应采用同一品种,不得使用废机油等油料,且不得污染钢筋及混凝土的施工缝处。重复使用的模板应经常检查、维修。

常用的模板类型有以下几种。

1)拼装式模板

拼装式模板是将各种尺寸的标准模板利用销钉连接,并与拉杆、加劲构件等组成墩台所需形状的模板。如图4-1-1所示,将墩台表面划分为若干小块,尽量使每部分板扇尺寸相同,以便于周转使用。板扇高度通常与墩台分节浇筑高度相同,一般可为3~6m,宽度可为1~2m,具体视墩台尺寸和起吊条件而定。拼装式模板在厂内加工制造,且板面平整、尺寸准确、体积小、质量小,拆装容易、快速,运输方便,故应用广泛。图4-1-2为圆柱形桥墩的拼装式钢模板。

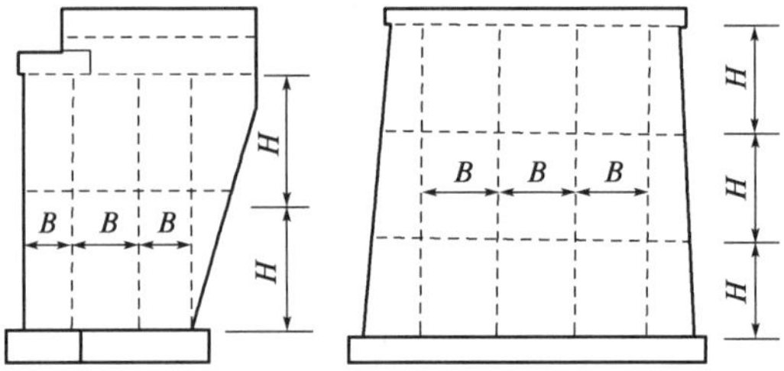

图4-1-1　墩台模板划分示意图

图4-1-2　圆柱形桥墩的拼装式钢模板

2)整体吊装模板

整体吊装模板是指将墩台模板水平分成若干段,每段模板组成一个整体,在地面拼装后吊装就位。分段高度可视起吊能力而定,一般可为2~4m(图4-1-3)。整体吊装模板的优点是:安装时间短,无须设施工接缝,加快了施工进度,提高了施工质量;将拼装模板的高空作业改为平地操作,有利于施工安全;模板刚性较强,可少设拉筋或不设拉筋,节约钢材;可利用模外框架做简易脚手架,不需另搭施工脚手架;结构简单,装拆方便,对建造较高的桥墩较为经济。

3)组合型钢模板

组合型钢模板是指用定型的连接件将各种长度、宽度及转角标准构件拼接而成的钢模板,具有体积小、质量小、运输方便、装拆简单、接缝紧密等优点,适用于在地面拼装、整体吊装的结构上。

4)滑动钢模板

滑动钢模板适用于各种类型的桥墩。这种模板在工程上的应用可根据墩台高度、墩台形式、机具设备、施工期限等条件,因地制宜,合理选用。

模板安装前应对模板尺寸进行检查;安装时要坚实牢固,以免振捣混凝土时引起跑模漏浆;安装位置要符合结构设计要求。

2.墩台模板选择和施工中的要点

(1)墩台模板应具有较好的强度、刚度和稳定性,必须保证浇筑混凝土前后模板表面的平整度,不出现跑模、漏浆等弊病。如果墩台模板较高,必须设置撑木或抗风拉索等稳定设施。

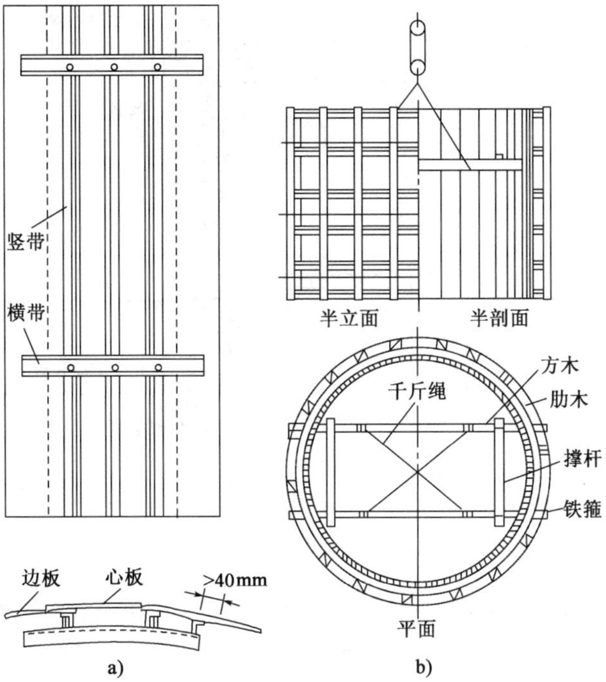

图 4-1-3　整体吊装模板

(2)墩台模板选择应考虑周转使用,宜采用标准规格的组合式模板或适合大量同类型桥墩的拼装式模板。平面模板的尺寸应尽可能选择大面积的,以使墩台表面减少接缝。

(3)在浇筑混凝土前,应在模板内侧涂刷脱模剂,不得使用会使混凝土表面变色或变质的脱模剂。

(4)墩台预埋件或孔洞必须预先考虑,并准确牢固地和模板相固定,以防振捣混凝土或其他外力使之变位。侧模上的拉杆一般均埋于墩台混凝土中。如需在浇筑完混凝土后取出拉杆,必须在拉杆外设套管。拆模后,墩台表面留下的无用孔洞,必须及时用砂浆或细石混凝土抹平。

(5)模板安装完毕后,需在检查其平面位置、顶面高程、节点连接及其他稳定性问题后,方可浇筑混凝土。

(6)墩台模板宜在上部结构施工前拆除。拆除模板时,不允许粗暴地敲打和甩掷模板,应特别注意拆除的顺序,以防发生事故。

二、墩台身的钢筋骨架

墩台钢筋宜采用后场整体制作、现场对接的方法进行施工。根据现场混凝土浇筑高度将主筋拆分为相应的长度,在预制胎架上绑扎完成钢筋骨架,分节段焊接吊装定位钢筋,然后用吊装设备和运输设备送到现场进行安装。墩身钢筋后场绑扎时,先按箍筋定位槽口的位置放置好箍筋,然后逐根穿入主筋,使主筋落入主筋定位槽口进行精确定位,然后将箍筋网片和主筋绑扎固定。图 4-1-4 为常见的双柱式桥墩的配筋示意图。

预制的墩台钢筋骨架,必须具有足够的刚度和稳定性,以利于运输、吊装及浇筑混凝土过

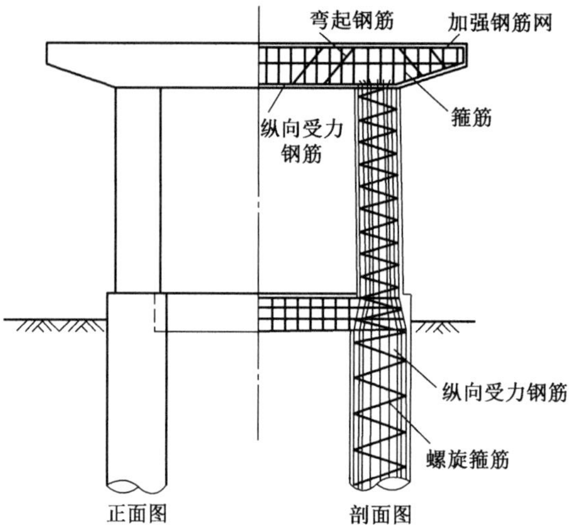

图 4-1-4 常见的双柱式桥墩的配筋示意图

程中不致松散、移位、变形。必要时,可在钢筋骨架的某些连接点处加以焊接或增设加强钢筋。尺寸要准确,符合设计要求。墩台钢筋骨架通常体量较大,制作好后必须安放在平整、干燥的场地上,下部用方木垫平,并挂上标识牌,以防止混淆。钢筋骨架吊装时应注意轻起慢落,防止骨架变形。骨架进入模板前应保持顺直。安装后,保护层厚度要符合设计要求。

三、墩台混凝土工程

混凝土用的材料应符合《公路桥涵施工技术规范》(JTG/T F50—2011)的质量和技术要求。混凝土的配合比应以质量比表示,应通过计算和试配确定。混凝土的最大水泥用量(包括代替部分水泥的混合材料)一般不宜超过 500kg/m^3,大体积混凝土不宜超过 300kg/m^3。

混凝土拌和应以机械拌和为主、人工拌和为辅。拌和常用的机械有自落式和强制式混凝土搅拌机。前者用于拌和塑性混凝土,后者用于拌和硬性混凝土。混凝土应以最少的转运次数和最短的时间从搅拌地点运至浇筑地点。混凝土从搅拌站运到模板中,可能要经过水平运输、垂直运输和混凝土分配三个阶段。在整个过程中,不应出现漏浆、失水、离析等现象,否则需在浇筑前进行二次搅拌。混凝土拌和物运至浇筑地点时的温度,最高不宜超过 35℃,最低不宜低于 5℃。混凝土从搅拌机中卸出后到浇筑完毕的延续时间应符合表 4-1-1 的要求。

混凝土从搅拌机中卸出到浇筑完毕的延续时间 表 4-1-1

气温(℃)	延续时间(min)	
	强度等级在 C30 以上(含 C30)	强度等级在 C30 以下
≤25	210	180
>25	180	150

注:掺有外加剂或采用快硬水泥时延续时间应通过试验确定。

浇筑墩台混凝土前,应对支架、模板、钢筋和预埋件进行检查,并做好记录,符合要求后方可浇筑。浇筑混凝土时,应根据墩台结构形状、钢筋布置,按一定厚度、顺序和方向分层、分块浇筑。为保证浇筑质量,混凝土的配制、输送及浇筑的速度采用式(4-1-1)计算:

$$v \geqslant Sh/t \qquad (4\text{-}1\text{-}1)$$

式中：v——混凝土配料、输送及浇筑的容量最小速度（m^3/h）；

S——浇筑的面积（m^2）；

h——浇筑层的厚度（m），可根据使用捣固方法按规定数值采用；

t——所用水泥的初凝时间（h）。

如混凝土的配料、输送及浇筑耗时较长，则应采用式（4-1-2）计算：

$$v \geqslant Sh/(t - t_0) \qquad (4\text{-}1\text{-}2)$$

式中：t_0——混凝土配制、输送及浇筑所消费的时间（h）。

墩台是大体积圬工，为避免水化热过高至混凝土因内外温差过大引起裂缝，可采用以下措施：

（1）用改善集料级配、降低水灰比、掺加混合材料与外加剂、掺入片石等方法减少水泥用量。

（2）采用 C_3A、C_3S 含量小、水化热低的水泥，如大坝水泥、矿渣水泥、粉煤灰水泥、低强度等级水泥等。

（3）减小浇筑层厚度，加快混凝土散热速度。

（4）混凝土用料应避免日光暴晒，以降低初始温度。

（5）在混凝土内埋设冷却管通水冷却。

墩台混凝土浇筑，混凝土下落高度较大，为防止混凝土离析，混凝土的自由倾落高度一般不应超过 2m；当倾落高度超过 2m 时，应通过串筒、溜管或振动溜管等设施下落，并要求串筒出料口下面的混凝土堆积高度不宜超过 1m；当倾落高度超过 10m 时，应设置减速装置。若采用上述措施后仍有离析现象，应重新拌和均匀后再灌注。

墩台混凝土浇筑，应在整个截面内进行，仅当结构截面面积大于 $100m^2$，并在前层混凝土开始初凝以前不能浇筑振捣时，才允许将墩台截面分块进行浇筑。分块时应注意：各分块面积不得小于 $50m^2$；每块高度不宜超过 2m；块与块间的竖向接缝面应与墩台身或基础平截面短边平行，与平截面长边垂直；上下邻层间的竖向接缝应错开位置做成企口，并应按施工接缝处理。混凝土中填放片石时应符合有关规定。墩台混凝土浇筑完成后，对混凝土裸露面应及时进行抹平并压光。

由于各种原因不能保证混凝土浇筑的连续性或因模板安装及偶然事故等中断混凝土浇筑的情况，其间歇时间应小于前层混凝土的初凝时间或能重塑的时间。当超过允许时间时，应按浇筑中断处理，同时预留施工缝。施工缝的位置应在混凝土浇筑前确定，宜留位置在结构受剪力和弯矩较小且便于施工的部位，并按下列要求进行处理：

（1）先将表面层水泥浆膜、松软层凿除并用水冲洗，且不得存有积水。不同的凿毛方式对混凝土强度有不同的要求：用水冲洗凿毛时，需达到 0.5MPa；人工凿毛时，需达到 2.5MPa；风动机凿毛时，需达到 10MPa。

（2）前一层混凝土凿毛完成后，在浇筑次层混凝土前，对垂直施工缝宜刷一层水泥净浆，对水平缝宜铺一层厚为 10～20mm 的 1∶2 的水泥砂浆或铺一层厚约 300mm 的混凝土，其粗集料宜比新浇筑的混凝土减少 10%。对于重要部位及有防震要求的混凝土结构或钢筋稀疏的钢筋混凝土结构，应在施工缝处补插直径不小于 16mm 的锚固钢筋，钢筋间距不大于直径的 20 倍。

(3)有抗渗要求的施工缝宜做成凹形、凸形或设置止水带。施工缝若为斜面应浇筑或凿成台阶状。

四、钢筋混凝土墩台施工要点

钢筋混凝土墩台施工流程如图4-1-5所示。

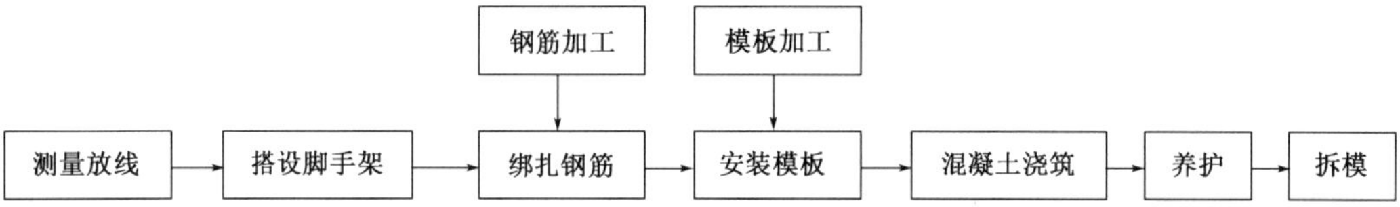

图4-1-5　钢筋混凝土墩台施工流程

墩柱和台身施工前应按图纸测量定线，检查基础平面位置、高程及墩台预埋钢筋位置。放线时依据基准控制桩放出墩台中心点或纵横轴线及高程控制点，并用墨线弹出墩柱、台身结构线、平面位置控制线。测放的各种桩都应标注编号，涂上各色油漆，经复核无误后进行下道工序施工。

脚手架安装前应对地基进行处理，地基应平整坚实，排水顺畅；脚手架应搭设在墩台四周环形闭合，以增加稳定性；脚手架除应满足使用功能外，还应具有足够的强度、刚度及稳定性。

对混凝土的浇筑质量，应从准备工作、拌和材料、操作技术和浇筑后养护这四方面加以控制。浇筑应选用低流动度或半干硬性的混凝土拌和料，分层分段对称浇筑，并应同时浇完一层。各段的浇筑直到模板上缘10～15cm处为止。采用插入式振捣器时，应插入下层混凝土5～10cm。在明挖基础上灌注墩、台第一层混凝土时，要防止水分被基础吸收或基顶水分渗入混凝土而降低强度。浇筑混凝土过程中，随时观察所设置的预埋螺栓、预留孔、预埋支座是否移位，若发现移位应及时校正。

对于仰斜式的高大桥台，施工时应随同填筑四周路堤土方同步砌筑或浇筑台身，防止桥台后倾或向前滑移。未经填土的台身施工高度一般不宜超过4m，以免偏心引起基底不均匀沉陷。

任务二　高桥墩施工

学习目标

(1)掌握高桥墩构造与图纸识读；

(2)描述高桥墩施工过程中使用的各类型模板的构造；

(3)描述高桥墩施工方法及各类方法的适用性。

任务描述

某高速公路第四合同段14标段起止里程为K110+450～K113+500，全长3.05km。桥梁主要工程数量：桥梁8座，其中大桥3270.08m/6座、中桥104.6m/2座；下部结构均采用柱式墩、空心薄壁墩，其中14标段空心薄壁墩主要为2号大桥及4号大桥。2号大桥左右线均为跨越山间沟谷而设，孔跨布置及结构形式为 24m × 40m 预应力 T 形梁。桥墩高墩主要为直径 2.1m 的圆柱墩及 6m × 1.9m 空心薄壁墩两种墩柱类型，其中圆柱采用钢模，薄壁空心墩采用 CB240 型悬臂模板。通过对本任务的学习与资料查阅，要求按照设计图纸及相关规范，分工合作完成该桥桥墩施工方案的编写。

相关知识

公路或铁路桥梁通过深沟宽谷或大型水库时采用高桥墩。高度大于 20m 的桥墩称为高桥墩，其特点是：墩高，圬工数量多而工作面积小，施工条件差，需要采用特殊的施工工艺。高桥墩常用的施工方法有：滑动模板施工法、翻升模板施工法、爬升模板施工法。这些施工方法的共同特点是：模板依附于浇筑完成的墩壁上，随着墩身的逐步加高而向上升高。

一、滑动模板施工

滑动模板（以下简称“滑模”）施工的桥墩高度已达百余米。滑模施工的主要优点有以下几方面：施工进度快，在一般气温条件下，每昼夜平均进度可达 5 ~ 6m；滑动好，采用干硬性混凝土，机械振捣，连续作业，可提高墩台质量；滑模可用于直坡墩身，也可用于斜坡墩身，模板本身附带内外吊篮、平台与拉杆等，以墩身为支架，墩身混凝土的浇筑随模板缓慢滑升连续不断地进行，故而安全可靠。滑模施工适宜浇筑低流动度或半干硬性混凝土，同时由于其工作原理，要求结构物结构形式单一、断面变化少、无局部凸出物及其他预埋件等物体，应用范围较为狭窄。适用于等截面或变截面的实体或薄壁空心墩。

1. 滑模构造

滑模主要是将模板悬挂在工作平台的围圈上，沿着所施工的混凝土结构截面的周界组拼装配，并随着混凝土的浇筑由千斤顶带动向上滑升。由于桥墩类型、提升工具的类型不同，滑模的构造也稍有差异，但其主要部件与功能则大致相同，一般主要由工作平台、内外模板、混凝土平台、工作吊篮和提升设备等组成，如图 4-2-1 所示。

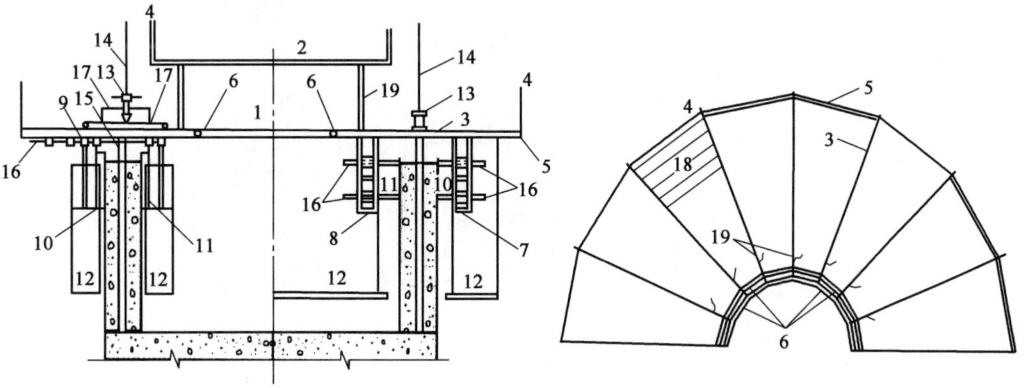

图 4-2-1　滑动模板构造示意图

1-工作平台；2-混凝土平台；3-辐射梁；4-栏杆；5-外钢环；6-内钢环；7-外立柱；8-内立柱；9-滚轴；10-外模板；11-内模板；12-吊篮；13-千斤顶；14-顶杆；15-顶杆导管；16-收坡丝杆；17-顶架横梁；18-步板；19-混凝土平立柱

1）工作平台

工作平台由外钢环、辐射梁、内钢环、栏杆、步板组成，除提供施工操作的场地外，还用它把滑模的其他部分与顶杆相互连接起来,使整个滑模结构支承在顶杆上。可以说,工作平台是整个滑模结构的骨架,因此,应具有足够的强度和刚度。

2)内外模板

内、外模板采用薄钢板制作,用于上下壁厚相同的直坡空心桥墩的滑模。内外模板均通过内、外立柱固定在工作平台的辐射梁上。用于上下壁厚相同的斜坡空心墩的收坡滑模,内、外模板仍固定在立柱上,但立柱架(或顶架横梁)不是固定在辐射梁上,而是通过滚轴悬挂在辐射梁上,并可利用收坡丝杆沿辐射方向移动立柱架及内外模板位置。用于斜坡式不等壁厚空心墩的收坡滑模,则内、外立柱固定在辐射梁上,而在模板与立柱间安装收坡丝杆,以便分别移动内、外模板的位置。

3)混凝土平台

混凝土平台由辐射梁、步板和栏杆组成,利用混凝土平立柱支承在工作平台的辐射梁上,供堆放及浇注混凝土的施工操作之用。

4)工作吊篮

工作吊篮悬挂在工作平台的辐射梁和内、外模板的立柱上,它随着模板的提升而向上移动,供施工人员对刚脱模的混凝土进行表面修饰和养护等施工操作之用。

5)提升设备

提升设备由千斤顶、顶杆、顶杆导管等组成,通过顶升工作平台的辐射梁使整个滑模提升。

2. 滑模提升工艺

滑模提升设备主要有提升千斤顶、支承顶杆及液压控制装置等几部分。以下介绍其提升过程。

1)螺旋千斤顶提升步骤

螺旋千斤顶提升步骤如图4-2-2所示。

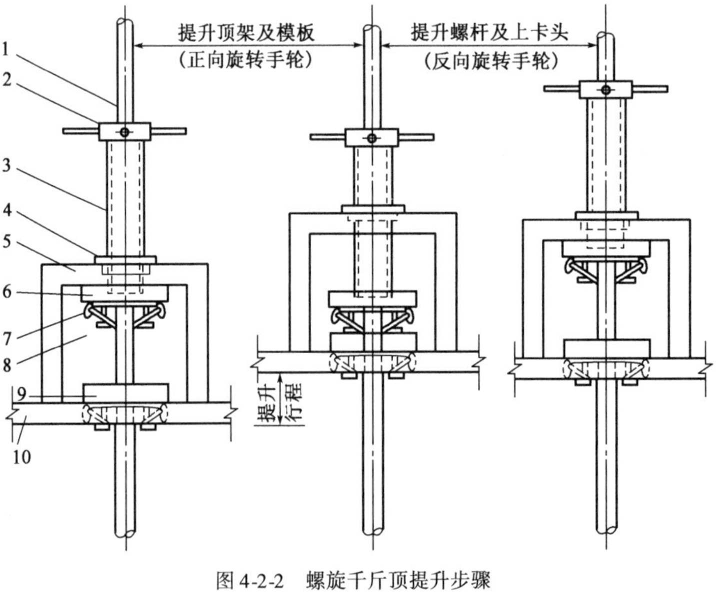

图4-2-2 螺旋千斤顶提升步骤

1-顶杆;2-手轮;3-螺杆;4-顶座;5-顶架上的横梁;6-上卡头;7-卡瓦;8-卡板;9-下卡头;10-顶梁下横梁

首先,转动手轮使螺杆旋转,使千斤顶顶座及顶架上的横梁带动整个滑模徐徐上升。此时,上卡头、卡瓦、卡板卡住顶杆,而下卡头、卡瓦、卡板则沿顶杆向上滑行,当滑至与上下卡瓦接触或螺杆不能再旋转时,即完成一个行程的提升。

其次,向相反方向转动手轮,此时,下卡头、卡瓦、卡板卡住顶杆 1,整个滑模处于静止状态。仅上卡头、卡瓦、卡板连同螺杆、手轮沿顶杆向上滑行,至上卡头与顶架上的横梁接触或螺杆不能再旋转时为止,即完成整个循环。

2)液压千斤顶提升步骤

液压千斤顶提升步骤如图 4-2-3 所示。油泵将油压入缸盖 3 与活塞 5 间,在油压作用时,上卡头 6 立即卡紧顶杆 1,使活塞固定于顶杆上。随着缸盖与活塞间进油量的增加,缸盖连同缸筒 4、底座 9 及整个滑模结构一起上升,直至上、下卡头顶紧时,提升暂停。此时,缸筒内排油弹簧完全处于压缩状态。

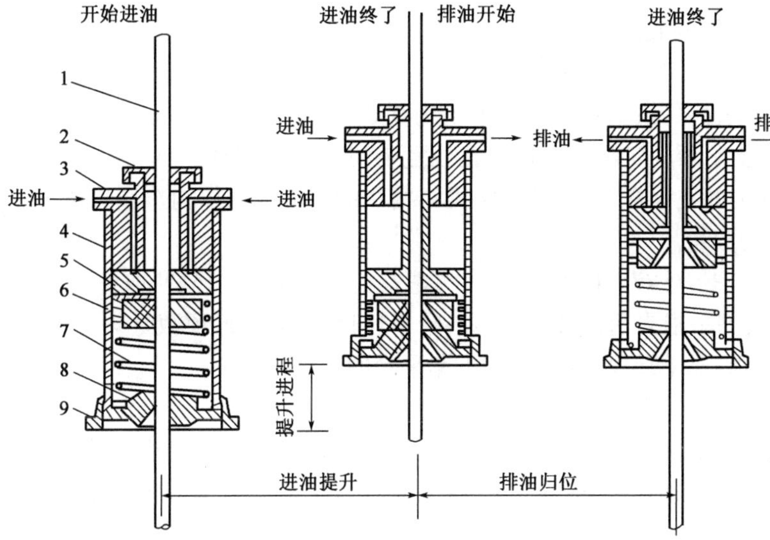

图 4-2-3　液压千斤顶提升步骤

1-顶杆;2-行程调整帽;3-缸盖;4-缸筒;5-活塞;6-上卡头;7-排油弹簧;8-下卡头;9-底座

开通回油管路,解除油压,利用排油弹簧 7 推动下卡头,使其与顶杆卡紧,同时推动上卡头将油排出缸筒,在千斤顶及整个滑模位置不变的情况下,使活塞回到进油前位置。至此,完成一个提升循环。为了使各液压千斤顶能协同一致地工作,应将油泵与各千斤顶用高压油管连通,由操作台统一集中控制。

3. 滑模的设计要点

滑模整体结构是混凝土成型的装置,也是施工操作的主要场地,必须具有足够的整体刚度、稳定性和合理的安全度。为了保证施工质量与安全,滑模各组成部件,必须按强度和刚度进行设计与验算。

1)荷载取值

作用在滑模整个结构上的荷载有静荷载与活荷载。工作平台、内外模板、混凝土平台、工作吊篮、提升设备、液压管线等自重都属于静荷载;操作人员、施工机具、平台上堆放的材料及半成品等的重力以及滑升时混凝土与模板间的摩阻力等属于垂直活荷载;向模板内倾倒混凝土时产生的冲击力,新浇筑混凝土对模板的侧压力,以及风荷载等属于水平活荷载。具体可按有关规范与设计要求分别取值。

2)确定支承顶杆和千斤顶的数量

(1)支承顶杆的数量

其最小值 n 按下式计算:

$$n = KP/N \tag{4-2-1}$$

式中:P——滑动模板提升时全部静荷载和垂直活荷载;

N——单根支承顶杆的容许承载能力,按下式取值:

$$N = \psi A[\sigma] \tag{4-2-2}$$

ψ——纵向弯曲系数,可根据长细比大小查表确定;支承顶杆的计算长度 L_0 应根据不同的施工情况予以确定,如正常提升时,其自由长度 L 取千斤顶上卡头至新浇筑层混凝土底部的距离,并视其上卡头处为固结、下端为铰接,所以 $L_0=0.7L$;

A——支承顶杆的截面面积;

$[\sigma]$——支承顶杆的抗压容许应力;

K——工作条件系数,液压千斤顶取值为0.8。

提升过程中支承顶杆实际受力情况比较复杂,其容许承载能力应根据工程实践的经验选用。上述计算确定的支承杆数量,还应根据结构物的平面和局部构造适当调整。

(2)千斤顶的数量

液压千斤顶起重力约为30kN,施工时考虑其他因素后,按15kN取值,大体上与支承顶杆的承载能力相同,即一根支承顶杆上安装一台千斤顶,所需千斤顶数量与支承杆数量相同。

3)确定支承顶杆、千斤顶、顶升架和工作平台的布置方案

(1)支承顶杆和千斤顶的布置方案

支承顶杆和千斤顶一般有均匀布置、分组集中布置以及分组集中与均匀布置相结合等方案。在筒壁结构中多采用均匀布置方案,在平面较为复杂的结构中则宜采用分组集中与均匀相结合的布置方案。

千斤顶在布置时,应使各千斤顶所承受的荷载大致相同,以利于同步提升。当平台上荷载分布不均匀时,荷载较大的区域和摩阻力较大的区段,千斤顶布置的数量要多些。考虑到平台荷载内重外轻,在数量上内侧应较外侧布置多些,以避免顶升架提升时向内倾斜。

(2)顶升架的布置方案

顶升架应根据结构形式、建筑平面、平台荷载与刚度等进行布置。筒壁结构顶升架可采用均匀布置方案,间距控制在1.2~2.5m。

(3)工作平台的布置方案

工作平台的布置必须保证其结构的整体性与足够的刚度,应根据施工对象的结构特点、荷载大小和分布情况,顶升架和千斤顶的布置要求,以及垂直运输方式等来确定其布置方案。圆形结构中,工作平台的承重结构、承重桁架或梁宜采用辐射形布置。应使平台的刚度好,作用在各顶升架上的荷载比较均匀。方形结构中,工作平台的承重结构可单向或双向布置。单向布置时,承重梁间应设置水平支承,两端的承重梁应设置垂直支承,以加强平台的结构整体性和稳定性。

4)模板的设计

模板的设计包括模板尺寸的确定和模板的刚度。模板必须具有足够的刚度,才能保证浇筑混凝土和提升过程中,在混凝土侧压力作用下不发生超过允许的变形值。一般条件下,模板在水平荷载作用下,其支点间在力作用方向的变形不应超过1/1000。作用在模板上的水平荷

载主要是新浇筑混凝土的侧压力，此时，模板按简支板计算。因为模板施工中，模板有一定倾斜度，出模混凝土具有0.05～0.25MPa的强度，所以模板底部的混凝土对模板已不存在侧压力。在侧压力作用的高度范围内，模板侧压力计算简图如图4-2-4所示。

新浇混凝土的侧压力计算式为：

$$P = \frac{1}{2}\gamma h \tag{4-2-3}$$

式中：P——新浇混凝土侧压力的计算最大值(kPa)；

γ——混凝土的重度(kN/m^3)；

h——侧压力的计算作用高度，$h = 0.65H \sim 0.70H$，H为模板高度。

侧压力的合力为$0.75Ph$，合力作用点距模板上口的距离在$3h/5$处。

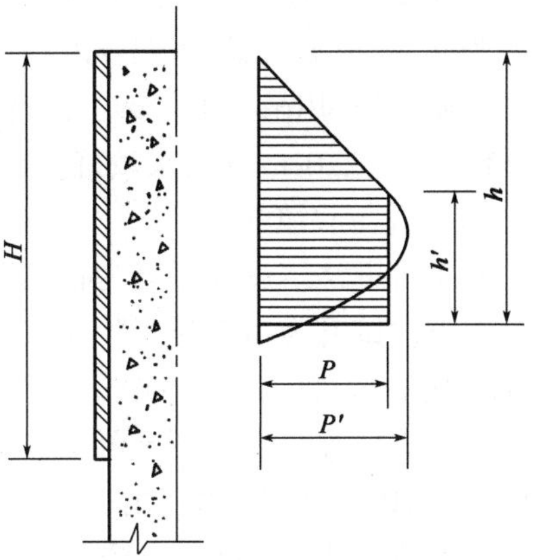

图4-2-4　模板侧压力计算简图

5)顶升架与工作平台的设计

顶升架的构造形式，主要是根据结构水平截面形状、部位和千斤顶的类型决定的。一般常采用一字形的单横梁式或双横梁式。顶升架承受提升时的全部垂直荷载，以及混凝土与模板的侧压力等水平荷载，其计算内容包括顶升架立柱间的净宽W和立柱设计。对于等截面结构的滑模工程，净宽W为：

$$W = A + 2(B + C + D) + E \tag{4-2-4}$$

式中：A——结构的截面宽度(m)；

B——模板的厚度(m)；

C——围圈的宽度(m)；

D——支承围圈的支托宽度(m)；

E——由于模板的倾斜度要求两侧放宽的尺寸(m)。

顶升架的横梁底面与模板顶面间的距离，对于钢筋混凝土结构，取值0.45～0.50m，主要是为了满足绑扎水平钢筋和预埋件的要求。顶升架的立柱按拉弯构件计算。

工作平台的计算可视其具体受力情况，按常用的结构计算方法验算其强度。

4.滑模浇筑混凝土施工要点

1)滑模组装

在墩位上就地进行组装时，安装步骤为：

(1)在基础顶面搭枕木垛，定出桥墩中心线。

(2)在枕木垛上先安装内钢环，并准确定位，再依次安装辐射梁、外钢环、立柱、千斤顶、模板等。

(3)提升整个装置，撤去枕木垛，再将模板落下就位，随后安装其余设施；内外吊架待模板滑升至一定高度，及时安装；模板在安装前，表面需涂润滑剂，以减少滑升时的摩阻力；组装完毕后，必须按设计要求及组装质量标准进行全面检查，并及时纠正偏差。

2)浇筑混凝土

滑模宜浇筑低流动度或半干硬性混凝土，浇筑时应分层、分段对称地进行，分层厚度以20～30cm为宜，浇筑后混凝土表面距模板上缘宜有不小于10～15cm的距离。混凝土入模时，要均匀分布，应采用插入式振捣器捣固，振捣时应避免触及钢筋及模板，振捣器插入下一层混凝土的深度不得超过5cm；脱模时混凝土强度应为0.2～0.5MPa，以防在其自重压力下坍塌变形。为此，可根据气温、水泥强度等级经试验后掺入一定量的早强剂，以加速提升；脱模后8h左右开始养护，用吊在下吊架上的环绕墩身的带小孔的水管来进行。养护水管一般设在距模板下缘1.8～2.0cm处效果较好。

3）提升与收坡

整个桥墩浇筑过程可分为初次滑升、正常滑升和最后滑升三个阶段。从开始浇筑混凝土到模板首次试升为初次滑升阶段。初浇混凝土的高度一般为60～70cm，分三次浇筑，当底层混凝土强度达到0.2～0.5MPa时即可试升。将所有千斤顶同时缓慢起升5cm，以观察底层混凝土的凝固情况。现场鉴定可用手指按刚脱模的混凝土表面，基本按不动，但留有指痕，砂浆不沾手，用指甲划过有痕，滑升时能耳闻"沙沙"的摩擦声，这些表明混凝土已具有0.2～0.5MPa的脱模强度，可以再缓慢提升20cm左右。初升后，经全面检查设备，即可进入正常滑升阶段。即每浇筑一层混凝土，滑模提升一次，使每次浇筑的厚度与每次提升的高度基本一致。在正常气温条件下，提升时间不宜超过1h。最后滑升阶段是混凝土已经浇筑到需要高度，不再继续浇筑，但模板尚需继续滑升的阶段。浇完最后一层混凝土后，每隔1～2h将模板提升5～10cm，滑动2～3次后即可避免混凝土模板胶合。滑模提升时应做到垂直、均衡一致，顶架间高差不大于20mm，顶架横梁水平高差不大于5mm。并要求三班连续作业，不得随意停工。随着模板的提升，应转动收坡丝杆，调整墩壁曲面的半径，使之符合设计要求的收坡坡度。

4）接长顶杆、绑扎钢筋

模板每提升至一定高度后，就需要穿插进行接长顶杆、绑扎钢筋等工作。为了不影响提升时间，钢筋接头均应事先配好，并注意将接头错开。对预埋件及预埋的接头钢筋，滑模抽离后，要及时清理，使之外露。

在整个施工过程中，工序的改变或发生意外事故会使混凝土的浇筑工作停止较长时间，即需要进行停工处理。例如，每隔半小时左右稍微提升模板一次，以免黏结；停工时在混凝土表面要插入短钢筋等，以加强新老混凝土的黏结；复工时还需将混凝土表面凿毛，并用水冲走残渣，湿润混凝土表面，浇筑一层厚度为2～3cm的1:1水泥砂浆，然后再浇筑原配合比的混凝土，继续滑模施工。

5）滑模的拆除

滑模拆除流程：滑模平台清理→滑模脱空→拆除内外平台与吊篮架板拆除中心拉盘→塔吊吊索将提升架绷紧→分段割除滑模装置→吊卸至地面分割区→分割滑模装置→材料整理堆放。

二、翻升模板施工

翻升模板（以下简称"翻模"）由三节大块钢模板与支架、钢管脚手架工作平台组合而成（施工中，随着墩柱高度的增加将支架与已浇墩柱相连接，以增加支架的稳定性）。施工时第一节模板支立于承台上，第二节模板支立于第一节模板上。当第二节混凝土强度达到3MPa以上、第一节混凝土强度达到10MPa以上时，拆除第一节模板并将模板表面清理干净、涂上脱模剂后，用吊车和手动葫芦将其翻升至第二节模板上，第三节模板置于第一节模板上。此时全部施工荷载由已硬化并具有一定强度的墩身混凝土传至承台。以此循环，直至达到设计高度。适用于等截面或变截面的实体或薄壁空心墩等，范围较广。

1. 施工要点

1)准备工作

翻模施工系统(图4-2-5)由提升机构(塔吊)、工作平台、模板系统和安全设施组成。

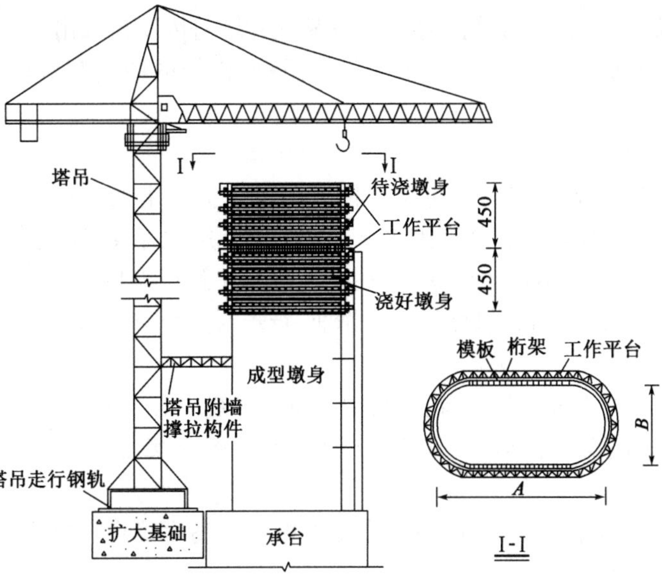

图4-2-5　墩身翻模施工示意图(尺寸单位:cm)

模板系统由内模和外模、拉杆组成。外模为自制大块模板,每节高度为2~3m,每套三节。模板面板采用4~6mm钢板,以减低重量,利于模板翻动。内模采用定型模板进行拼装。内外模板均采用塔吊进行翻升。工作平台由竖向槽钢、底部横向角钢和木板组成,设上下两层,主要提供模板组装、拆模作业空间。

安全设施由上部平台围栏、安全网等组成。人员的上下通过旁边的塔吊与工作平台搭设临时水平通道。

2)模板、支架的设计与加工

(1)模板高度的选定:因墩身较高,综合考虑了节段施工时间、机具长度及钢筋配料和减少混凝土施工缝的数量的目的,共加工3层模板,每层2m,总共6m。施工时,每次浇筑2节模板的高度,即每次翻两层模板,浇筑4m高的混凝土。

(2)模板构造的设计:薄壁空心墩身采用内外两套模板,外模采用整体钢模板,内模采用定型钢模板。由于墩身高,模板倒用次数多,钢外模面板使用6mm厚钢板制作,模板设有[16槽钢竖肋及[12槽钢后架,竖肋和后架皆组焊而成,后架为施工提供较为宽阔的操作平台,同时多层后架通过螺栓连接后组成空间桁架,保证了翻模模板的空间刚度,能有效地减少模板对拉杆的使用,提高墩身混凝土的外观质量。

薄壁墩身的4个拐角设计为直角,但直角的混凝土容易发生掉角、漏浆的质量通病,因此在设计模板时,把墩身的直角改为直径2cm的小圆角,这样既不用变更钢筋的位置,又能保证拐角处混凝土的质量。

(3)模板翻升:翻模施工时,落模后需要将模板向外滑出再起吊,即在每块模板后架底横杆上设有简易滚轮滑轨,滑出后再利用塔吊向上翻升。

翻模时,保留最顶上一层模板,作为翻升下层模板的持力部分,然后,把最下两层模板拆开并滑出，利用塔机将模板吊起，并放置于顶层模板相应平面位置上，将模板与周围模板连接。重复以上操作至墩身浇筑完成。

(4)墩身空心顶部的模板设计：主墩顶部3m范围和过渡墩顶部2.5m范围为实心段。在进行该实心段混凝土施工时，考虑在墩身内部预埋钢板，焊上"牛腿"，铺上工字钢、方木和竹胶板作为支架，然后绑扎钢筋，浇筑混凝土。支架放在墩身内不再取出。

(5)模板的脱模剂：为了保证混凝土的外观质量，模板的脱模剂应采用无色长效专用脱模剂。

3)操作平台设置

操作平台搭设在模板固定架上，每层外模板均设模板固定架，固定架用∟50等边角钢焊接成三角形固定在内外模板的背楞和围带上。施工平台用内外模板固定架搭设。外侧施工平台宽0.8～1.0m，平台顶面沿周边设立防护栏杆，栏杆外侧至模板固定架底部设封闭安全网。施工平台上面铺设5cm厚木板，供操作人员作业、行走，存放小型机具。

4)塔吊、电梯设置

在每个施工墩位处设置塔吊一台，塔吊中心位于路线中心线上，与墩身中心成等腰三角形布置，具体位置根据地形情况确定。其负责双幅桥墩模板、小型机具的提升及浇筑时混凝土的垂直运输等。

同时设置1～2t的载重电梯。塔吊的高度根据墩的高度确定。电梯、塔吊基础要根据设备使用要求和结构设置。

5)上下安全通道的设置

墩身施工时，人员上下的安全通道采用门式爬梯。爬梯设置在两个主墩中间，为了保持爬梯的稳定，每5m高与墩身加固一次，通过墩身的通气孔把爬梯固定在墩身上，以利于施工和检查人员上下行走、安全便捷。

6)钢筋的制作和绑扎

为了便于绑扎薄壁墩身的钢筋，在薄壁墩身的中间空心处搭设钢管支架，作为存放钢筋的平台，同时在墩身四个角的位置及墩身的长边中间位置预埋6根7.5cm×7.5cm的角铁，角铁与中间的钢管支架连成一个整体，作为绑扎钢筋的依托支架。在浇筑混凝土时，把角铁直接浇在墩身中，不再取出。

加工钢筋前，首先将钢筋表面油渍、漆皮、鳞锈等清除干净，对弯曲变形的钢筋进行调直。依据图纸设计进行下料，弯制加工，并按图纸钢筋编号对钢筋分类编号存放。

竖向钢筋采用直螺纹套筒管机械连接方式，利用墩内钢管支架定位、固定钢筋。

在钢筋的绑扎中，钢筋的交叉点应用铁丝绑扎结实，必要时可用点焊焊牢。部分纵横水平钢筋可预放在绑扎位置，留出下人振捣混凝土的空间，边浇筑混凝土边定位绑扎。

为保证保护层厚度，在钢筋与模板间设置PVC垫块。

7)模板安装

钢筋绑扎完毕，经检查合格后可以开始立模。立模前，先清除接茬处杂物，若承台表面不平整，在承台顶面外膜的位置铺一层2cm左右的1:2的找平砂浆，模板与找平砂浆之间安放10cm宽、5cm厚的海绵条防止漏浆。钢模的支立采用塔吊配合，先支立外侧端模两块，然后依次支立外侧前后边模两块。模板使用4mm钢丝临时固定在站立钢筋上，模板之间用连接螺栓(ϕ21mm)连接。最后调整外侧模板的垂直度，拧紧连接螺栓。

第一层模板支立完后，拼装第二层2.5m高的端模和边模。两层模板之间塞入防止漏浆的2cm宽、0.5cm厚的海绵条。如果两块模板不平整，用麻丝填缝纠正，位置校正后安装在第一、第二层模板上的三角支架及安全栏杆，支架顶面铺设脚手板作为之后的工作平台。检查、调整所有模板的垂直度、空间位置及水平高程。

8)混凝土搅拌、运输

混凝土在拌和站集中拌和，施工时采用混凝土搅拌运输车运送混凝土，垂直运输用输送泵。对混凝土倾注高度超过2m的，采用串筒下料，防止混凝土集料分离。混凝土输送泵的管道依托塔吊搭设和固定。

9)墩身混凝土浇筑及养护

(1)浇筑前准备工作

混凝土浇筑前应检查模板的高程、尺寸、位置、强度、刚度、牢固性、平整度、内侧的光洁度等内容是否满足要求，不得有缝隙和孔洞。模板接缝是否严密，隔离剂是否涂抹均匀，模板中的垃圾应清理干净；钢筋及预埋件的数量、型号、规格、摆放位置、保护层厚度等是否满足要求，并做好隐蔽工程验收记录。

(2)混凝土振捣

由于墩身混凝土的倾落高度近10m，所以必须采用串筒下料。混凝土的浇筑过程中，要按一定的顺序和方向分层进行，振捣方式采用插入式振捣器。混凝土每层铺设厚度不可太厚，一般分层厚度为振捣器作用部分长度的1.25倍，每层浇筑厚度不大于30cm。应沿浇筑的顺序方向，采用斜向振捣法，振捣棒与水平面倾角为30°左右。棒头朝前进方向，插棒间距以50cm为宜，防止漏振。应依自动滑动的混凝土坡面循序进行，不得进行跳跃式振捣。有倾斜面时，应从低处开始，逐层扩展升高，并保持水平分层。在折角处，应作为一层处理。用插入式振捣器应快插慢拔，插点应均匀排列，逐点移动，顺序进行，不得遗漏，做到振捣密实。移动间距不大于振捣棒作用半径的1.5倍。振捣上一层时应插入下层5cm，以清除两层间的接缝。插入式振捣器的机头不得贴上模板，靠近模板振动时要保持5～10cm的间距。当振捣折角处不可避免地靠近模板时，可用胶皮包裹机头。

严禁利用钢筋振动进行振捣。施工中注意各种钢筋及铁件的预埋。每次振捣的时间要严格掌握。插入式振捣器，一般只要15～30s。混凝土应振捣到浆体停止下沉、无明显气泡上升、表面平坦泛浆、呈现薄层水泥浆的状态为止，然后慢提振捣器。振捣时间不宜过长，否则会产生离析现象。

(3)混凝土养护

混凝土养护采用无色塑料薄膜包裹、自然蒸养的方法，但必须保证有足够的水分以及塑料膜无破损、不透气。

10)模板的翻转安装

待上节混凝土强度达到15MPa时，即可拆除下节外模。先抽出拉杆，然后卸除模板的连接螺栓，将模板向外拉出，高空作业时，要预先用倒链将模板吊在上层的模板上并拉紧，防止模板突然脱落。待外面完全与混凝土脱离后，用塔吊微微吊起模板，将倒链解下，然后将模板吊到模板修整处进行修整。待钢筋安装完毕，用塔吊将模板吊起进行安装。

2. 施工监测与控制

由于墩高限制，墩都不可能一次浇筑成型，需多次并分段浇筑完成，这样施工测量尤其重要。墩身施工通过设置的基准点用全站仪对墩身各点坐标进行控制，并用全站仪测量墩身高程。首次架立模板前，用全站仪将墩身四角坐标定点在承台顶面，即外模板的架立边线，然后根据外模架立线量测出内模线，支模板严格依线施工。模板安装后，用浪风绳固定模板顶部，然后用全站仪测量模板顶部四角坐标，同时调节浪风绳，使模板顶角坐标与墩身四角坐标一致，保证墩身的垂直度符合设计及规范要求，调整完成经验收后即可进行混凝土施工；以后每次翻模完成后均用全站仪检测并用浪风绳调节顶面四角坐标。当模板安装到墩身顶部时，除检测坐标外，还要精确测出顶面高程，弹线以示混凝土施工顶面位置，保证了墩身位置和高度的准确。

3. 施工安全保证措施

高墩翻模施工的技术安全工作，是该项工艺成败的关键，必须抓紧、抓细、抓好。桥墩模板的拆装工作为高空、双层作业，工作人员必须戴安全帽并系好安全绳。内外模及三角斜撑底部必须安装安全网，安全网吊挂在中层模板上，应布置合理、牢固可靠。钢管支架布置时应充分考虑施工安全的要求，采用多种措施加强支架的安全性和可靠性。模板设计时适当增加钢板厚度，加大尺寸，减少接缝，这样既降低了加固工作量，又增大了加固模板工作的安全系数，设备和人员的安全保证都得到了加强，并提高了生产效率。起重设备与工作架脱离，形成独立的体系，所起重量经过计算在安全范围内；起重机的操作人员均培训上岗，严格按操作规程进行起重作业，保证起重作业安全进行。混凝土集中拌和并采用输送泵施工，既加快了施工速度又减少了因混凝土频繁起吊而造成的安全隐患，同时施工质量也得到了有效的保证。

三、爬升模板施工

爬升模板简称爬模，国外亦称跳模，是一种适用于现浇钢筋混凝土竖直或倾斜结构施工的模板工艺，如墙体、桥墩、塔柱等。爬模是综合大模板与滑模工艺和特点的一种模板工艺，具有大模板和滑模共同的优点。爬模适用于浇筑钢筋混凝土竖直或倾斜结构，适用于墙体、桥梁墩柱、索塔塔柱等，应用范围较广。

爬模与滑模一样，在结构施工阶段依附在建筑竖向结构上，随着结构施工而逐层上升，这样模板可以不占用施工场地，也不用其他垂直运输设备。另外，它装有操作脚手架，施工时有可靠的安全围护，故可不搭设外脚手架，特别适用于在较狭小的场地上施工。

爬模与大模板一样，是逐层分块安装的，故其垂直度和平整度易于调整和控制，可避免施工误差的积累。由于模板能自爬，不需起重运输机械吊运，减少了施工中起重运输机械的吊运工作量，能避免大模板受大风影响而停止工作的问题。由于自爬的模板上悬挂有脚手架，省去了结构施工阶段的外脚手架。爬模分有爬架爬模和无爬架爬模两类。有爬架爬模由爬升模板、爬架和爬升设备三部分组成。

1. 爬模基本构造

爬模的基本构造可以分为提升架(或称门架)和支承架两部分，提升架带着模板、围圈和作业台架吊挂在支承架上；支承架为简单框架，插置在提升架中，下端有紧固装置，可与模板下面已硬化的混凝土墙体相固定，上端伸出提升架的顶部，可以安装各种提升装置，以传递提升架的全部荷载。

爬模所用的提升架可以利用滑模的提升架进行改装，使支承架可以插置其中。在提升架上安装模板、吊脚手架和作业台架的方法，基本上与滑模相同。模板的高度可以设定为150cm，用组合钢模板错缝拼配成所需长度，具有组合刚度，能起到板梁的作用，提升架的间距可以设定为150cm，组合大模板通过竖楞和丝杠固定在提升架的两股上，如此可以简化模板两侧的围圈。每次浇筑，按设定间距预埋穿墙螺栓，作为固定支承架之用，也可作为对拉螺栓以抵抗侧压力。

对于圆形截面的筒壁结构，150cm高的模板用组合钢模板竖向配置，横向设置两道围圈形成弧度，通过丝杠固定在提升架的两股上。形成圆周的内、外模板，由围圈分成若干整体，便于分区脱模。在提升架顶杠和支承架顶杠之间，可用不同的方法，设置不同类型的提升设施。

2. 爬模施工技术要点

1）爬模施工流程

在已完成的桥墩基础上绑扎钢筋，立模，安装爬架预埋件—浇注墩身混凝土，拆模，养护—在墩身上安设爬架轨道，安设爬架—绑扎钢筋，立模，浇注混凝土—拆模，养护—设爬架轨道，爬升—绑扎钢筋，立模—进入下一循环……

2）安设轨道

利用埋于墩身内的预埋螺母，将轨道附在桥墩上，也可利用桥墩对拉螺栓将轨道固定于桥墩上。

3）绑扎钢筋

钢筋在加工厂加工好后运至现场，吊至墩位处进行绑扎，钢筋绑扎或焊接时的搭接长度符合施工规范要求，同一截面的接头数量不超过规定的数量。钢筋安装完后，周边钢筋交错绑扎上圆形混凝土垫块，以避免拆模后混凝土表面有垫块的痕迹。

4）混凝土的灌注

混凝土在搅拌站集中拌和，通过混凝土搅拌运输车水平运输至墩台处，再由塔吊将混凝土送入模板，插入振动棒振捣密实。

5）拆模及混凝土的养护

工人将模板一块一块地拆下，暂时放在中层操作台座上，最上一层模板不需拆除。拆模后需要马上进行混凝土的养护。当气温较高的时候，采用塑料薄膜包裹、膜内浇水的方式养护。

6）爬架的爬升

墩身模板拆除，轨道附设后，进行爬架的爬升。利用可移装的液压千斤顶一端安于轨道上的销孔中，另外一端安于爬架上，一个行程可爬升约450mm，每走完一个行程后，用穿销固定，使缸体恢复原位，然后开始另一个顶升行程。

7）模板的提升

操作工人利用爬架立柱上设置的手动导链将模板提起然后立模。从基础到墩身，再到墩顶的整个施工过程中，每层模型都应严格检查，复核断面和高程尺寸，确保墩位正确。

任务三　装配式墩台施工

学习目标

（1）描述装配式墩台类型与构造；

（2）描述各种类型装配式墩台施工流程；

(3)描述装配式墩台各构件之间的连接方式及施工要点。

任务描述

装配式墩台施工是桥梁下部结构施工中较常见的一种施工方法。通过对本任务的学习，能完成砌块式墩台、装配式柱式墩、后张法预应力混凝土装配式墩施工方案的编写。

相关知识

在跨越山谷、险沟、海洋的大桥建设中，由于施工场地狭窄，机械设备难以到达施工现场，或者是运输成本过高等原因，大桥的墩台常采用装配式施工方法。装配式墩台的优点是结构形式轻便、安装速度快，不需要大型水上拌和船等设备，节省施工造价并能保证预制构件质量。

一、装配式墩台类型

工程中常用的装配式墩台大致分为以下三种类型：砌块式墩台、装配式柱式墩、后张法预应力混凝土装配式墩。

1.砌块式墩台施工

砌块式墩台的施工大体上与石砌墩台相同，只是预制砌块的形式因墩台形状不同而有变化。砌块式墩台的优点是节约木材、混凝土用量，砌缝整齐，外形美观，施工速度快。

2.装配式柱式墩施工

装配式柱式墩是将桥墩分解成若干轻型部件，在工厂或工地集中预制，再运送到现场装配成桥墩。装配式柱式墩形式有双柱式、排架式、板凳式和钢架式。拼接接头是装配式柱式墩施工的关键工序，既要牢固、安全，又要结构简单、便于施工，常用的拼接接头有以下几种类型。

1)承插式接头

将预制构件插入相应的预留孔内，底部铺设2cm砂浆，插入长度一般为1.2～1.5倍的构件宽度，四周以半干硬性混凝土填充，常用于立柱与基础的接头连接。

2)钢筋锚固接头

构件上预留钢筋或型钢，插入另一构件的预留槽内，或将钢筋互相焊接，再灌入半干硬性混凝土，多用于立柱与墩帽处的连接。

3)焊接接头

将预埋在构件中的钢筋与另一构件的预埋钢筋用电焊连接，外部再用混凝土封闭。这种接头易于调整误差，多用于水平连接杆与立柱的连接。

4)扣环式接头

相互连接的构件按预定位置预埋环式钢筋，安装时柱脚先坐落在承台的柱芯上，上下环式钢筋互相错接，扣环间插入U形短钢筋焊牢，四周再绑扎钢筋一圈，立模浇筑外围接头混凝土。

5)法兰盘接头

在相连接构件两端安装法兰盘，连接时用法兰盘连接，要求法兰盘预埋位置必须与构件垂直。接头处可不用混凝土封闭。

3.后张法预应力混凝土装配式墩施工

后张法预应力混凝土装配式墩由基础、实体墩身及装配式墩身三部分组成。装配式墩身由基本构件、隔板、顶板及顶帽四种不同形式的构件组成，用高强钢丝穿入预留的上下贯通的孔道内，张拉锚固而成。实体墩身是装配墩身与基础的连接段。

后张法预应力混凝土装配式墩施工工序为施工准备、构件预制及墩身装配，施工时应注意以下几点：

(1)实体段墩台身灌注时要按拼装构件孔道的相对位置，预留张拉孔道及工作孔。

(2)构件的水平拼装缝采用的水泥砂浆，不宜过干或过稀。砂浆厚度应为15mm左右，以便于调整构件水平高程。

(3)构件起吊时，要先冲洗底部泥土杂物。同时可在构件四角孔道内插入一根钢管，下端露出30cm左右作为导向。

(4)注意测量纵横向中心线位置，检查中心线无误后方可松开吊钩。

二、装配式墩台施工要点

1.装配式桥墩预制

装配式桥墩预制的模板一般选取无拉杆模板，模板设计为三部分：底模支架、内模和外模。装配式桥墩预制施工工艺流程如图4-3-1所示。

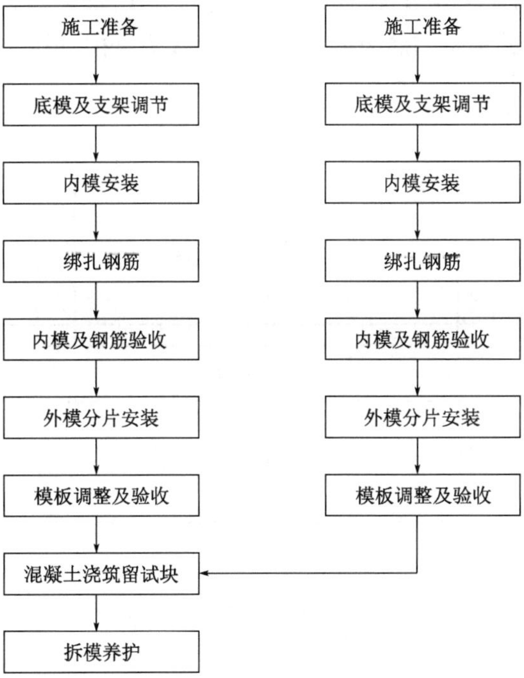

图4-3-1 装配式桥墩预制施工工艺流程

2.运输与安装

1)预制墩运输

预制场至施工现场的纵向移动采用平台车。运输中应采取固定措施，防止墩身在平移过程中失稳，同时在起终点两端动力设备上安装限速装置。构件运至施工现场后，使用起重设备将构件吊放到指定地点。

2)墩身安装要点

(1)承台内墩柱预埋件控制。承台内墩柱预埋件主要有:墩柱、墩座预埋钢筋,预制墩柱混凝土短柱下的预埋钢板。在施工中应仔细复核测量位置,确保预埋件在承台内,特别是承台顶面的位置、高程、角度的准确。

(2)预制墩柱的吊装定位。墩身精确定位是施工的关键,由于受到一些自然条件的影响,如海上施工时,浮吊很难精确地将墩柱安放在设计指定位置,为此,需在承台上预先设置定位导向装置,以确保安装精度。

(3)墩柱与承台的连接。墩柱与承台的连接方式有多种,常采用湿接头形式。墩柱主筋与承台内预埋钢筋可采用搭接连接,并用水平钢筋加强。预制墩柱临时固定后,绑扎墩座内钢筋,然后浇筑墩座混凝土。

(4)墩柱顶面设置支座垫块,调节墩柱高程。为使主梁支座与梁体密贴、无脱空现象,应在支座垫块处预留空隙,用钢楔块将支座顶紧梁底,在空隙中心浇筑水泥砂浆。

(5)墩身节段安装过程中,需跟踪测量墩身节段的高程、平面位置和倾斜度,发现偏差时,可在短柱支承面上适当用钢板调整墩身节段平面安装位置和倾斜度。

3. 湿接缝连接

预制墩身与承台连接常采用现浇混凝土湿接头的方式,即在承台与墩身之间设现浇混凝土墩座,预制墩身与承台的预留钢筋通过现浇墩座湿接头连接,锚固于墩座内。墩座湿接头连接示意图如图 4-3-2 所示。

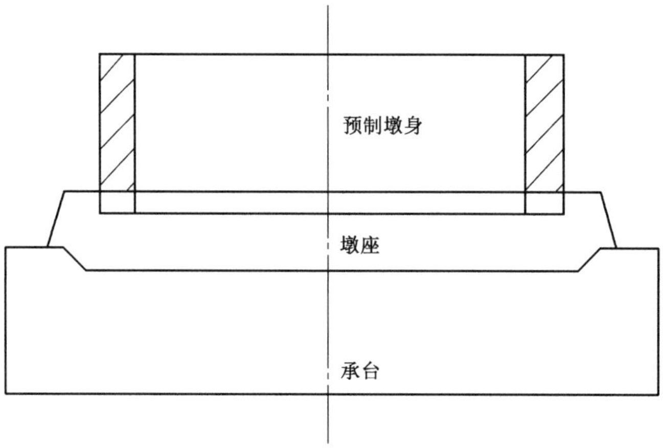

图 4-3-2　墩座湿接头连接示意图

1)湿接头施工工艺

现浇墩座钢筋采用环氧涂层钢筋,施工中容易被锈蚀,需要重新打磨并涂抹环氧涂料。墩座湿接头施工在预制墩身安装之后进行,主要工序包括钢筋绑扎、模板安装、混凝土浇筑及养护等几道工序。在承台混凝土浇筑前,根据设计要求在承台顶面预埋钢板,并在预制墩身内预埋导向架钢板,以形成预制墩身的支承和精确定位。湿接头施工工艺流程如图 4-3-3 所示。

2)墩座湿接头混凝土防裂措施

(1)支墩周围设钢筋架

墩身安装所使用的支墩附近的混凝土是最容易出现裂缝的地方,为避免支墩对墩座混凝土的约束应力,在每个支墩的四周需要设置几层井字钢筋架。

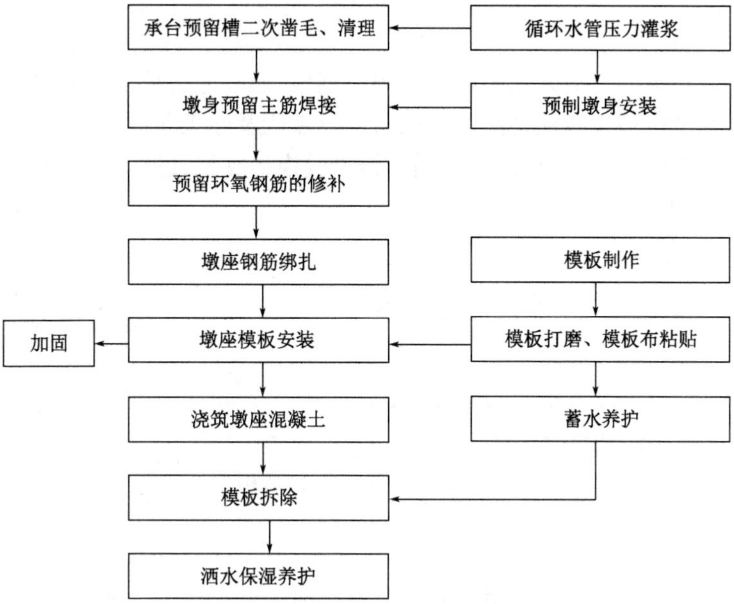

图 4-3-3　湿接头施工工艺流程

(2)环氧钢筋外侧埋设不锈钢网片

通过在环氧钢筋外侧布设不锈钢网片,可以减少表面收缩裂缝。网片采用环氧铅丝和钢筋骨架绑扎固定牢靠,避免混凝土浇筑时发生向外偏移的现象。

(3)配合比优化及温控

为了降低水化热,应选用适当的混凝土配合比,并在一天中气温较低时浇筑混凝土。浇注时应对墩座混凝土进行温度控制,使其内外温差控制在 25℃以内。

任务四　墩台帽施工

学习目标

(1)掌握墩台帽的构造及施工要点;

(2)掌握墩台帽施工流程及关键工序注意事项;

(3)掌握墩台帽各种施工方法的适用场合。

任务描述

墩台帽常用的施工方法是就地浇筑。通过对本任务的学习,能完成钢筋混凝土墩柱墩帽常用施工方案的编写。

相关知识

桥梁各种形式的墩台帽基本是由钢筋混凝土材料浇筑而成的。钢筋混凝土墩柱的盖梁(台帽)常用的施工方法有抱箍法、预埋型钢牛腿法、穿钢棒法、满堂支架法四种。

一、抱箍法

抱箍法即在墩柱顶下方某处安装两个半圆形钢板，通过连接板上的螺栓连接在一起，使钢板与墩身密贴。通过抱箍与墩柱之间的摩擦力支撑盖梁及施工荷载。钢板的高度由连接板上的螺栓个数决定。盖梁施工时，在抱箍上用型钢搭设模板支架，进行模板的安装。盖梁抱箍法结构形式如图4-4-1所示。

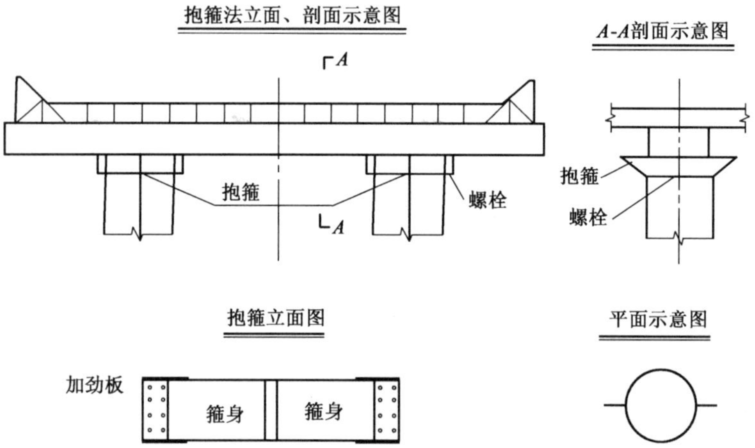

图4-4-1 盖梁抱箍法结构形式

1. 抱箍法施工工艺

抱箍法施工工艺流程如图4-4-2所示。

2. 抱箍法施工质量控制要点

1）抱箍加工

抱箍内径宜比墩柱直径大1～2cm。抱箍与混凝土接触面要平整，保证其安装在墩柱上时与墩柱密贴。箍身应有适当强度和刚度，以传递拉力、摩擦力并支承上部结构质量。抱箍与混凝土接触面处垫有橡胶板，以增大抱箍与混凝土墩柱之间的摩擦力及接触密实程度。

2）抱箍试拼

抱箍试拼可在墩柱底进行。抱箍拼装好后，连接处的螺栓必须分两次进行拧紧。第一次在抱箍拼装好后进行，第二次在给抱箍加压力后进行，压力大小应该与抱箍理论承受的荷载一致。

3）抱箍吊装

墩身混凝土达到强度28d后，可以安装抱箍。将拼装合格的抱箍两部分同时吊装，操作人员站在脚手架上拧紧螺栓。抱箍连接板处放在顺桥向，用来支撑墩帽模板、盖梁混凝土及其他临时荷载。抱箍安装好后应在桥墩上抱箍的下方做好标志，以便施工中进行观测。

4）螺栓的使用与复拧

考虑施工误差，每排螺栓的个数必须比理论计算个数多一个。在施工过程中，必须检查螺栓是否有滑丝、开裂现象,发现有问题的螺栓,必须进行更换。浇筑盖梁混凝土的过程中,抱箍受力后会产生变形,螺栓的拉力值将发生变化。因此,在浇筑盖梁的全过程中应反复对螺栓进行复拧,即每浇筑一层混凝土便对螺栓复拧一次。

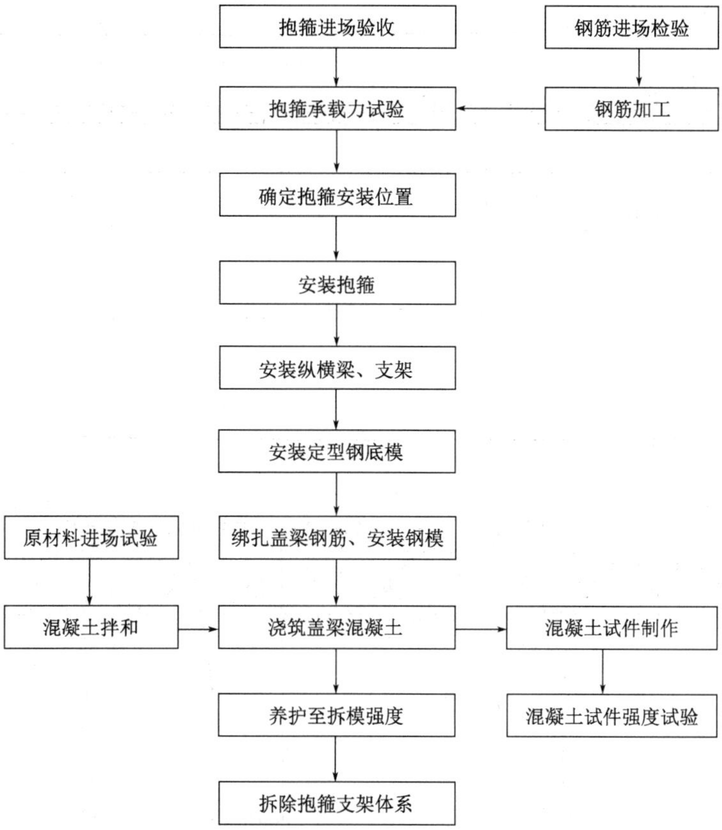

图 4-4-2　抱箍法施工工艺流程

二、预埋型钢牛腿法

预埋型钢牛腿法是在墩柱顶下方预埋钢板,将其与盖梁施工的支撑部分的槽钢、工字钢等焊接形成牛腿系统,在牛腿支撑处放置主梁,主梁上设横梁、模板及施工平台,浇筑盖梁混凝土。预埋型钢牛腿法常用于桥下地基承载力不能满足支架承载力要求的情况。

施工前应对盖梁施工平台型钢、牛腿及预埋螺栓受力进行复核验算。施工时,根据盖梁底设计高程、盖梁底模厚度、槽钢高度、型钢支撑顶高程得出预埋螺栓位置,待墩柱模板拆除后,在墩柱合适位置预埋型钢牛腿,以此为支撑点,在上面安装工字钢托架,在托架上放置方木形成底模平台。预埋型钢牛腿法施工示意图如图 4-4-3 所示。

三、穿心棒法

穿心棒法施工盖梁时,盖梁平台的上部结构与预埋型钢牛腿法类似,支撑体采用在墩身处穿钢棒的形式。钢棒位置根据盖梁平台上部结构和盖梁底高程定出,钢棒材料和型号应根据受力计算得出。墩身浇筑时，在预留钢棒位置预埋穿心 PVC 管。墩身拆模，混凝土达到强度后，穿入钢棒，在钢棒上安装砂筒、贝雷桁架、型钢及面板，形成整个支撑体系。穿心棒法施工盖梁如图 4-4-4 所示。

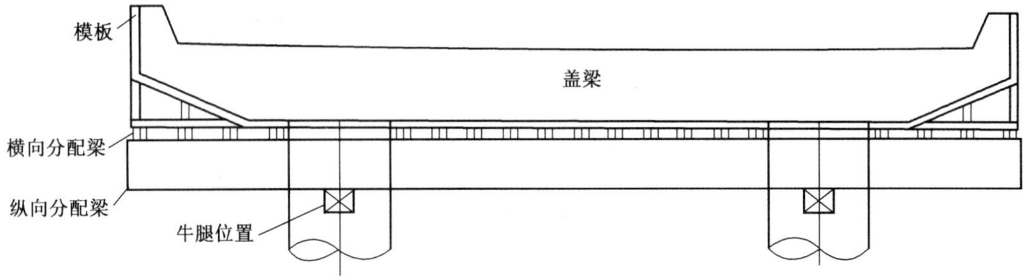

图 4-4-3　预埋型钢牛腿法施工示意图

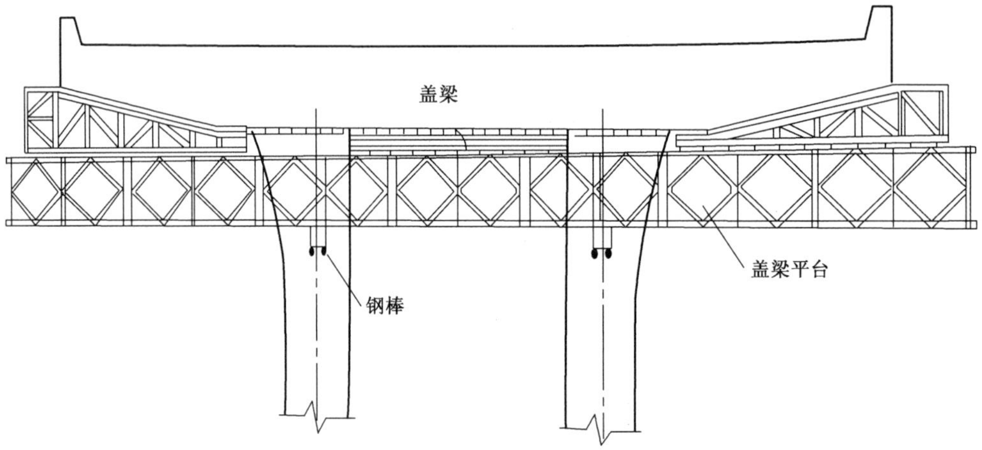

图 4-4-4　穿心棒法施工盖梁

四、满堂支架法

满堂支架法是利用小钢管搭设模板支架，从而实现盖梁的浇筑的施工方法。这种施工方法的关键在于支架基础的处理及搭设完毕后支架的预压。满堂支架法施工工艺流程如图 4-4-5所示。

当桥梁采用橡胶支座时，在墩台帽顶面必须设置支座垫石，以方便支座的安装、调整与更换。支座垫石内应布设钢筋网，竖向钢筋与墩台内钢筋相连接，浇筑垫石用的混凝土强度应不低于 C40，尽可能同墩台帽一次性浇筑成型。垫石长度和宽度应比橡胶支座大 10cm 左右，垫石高度应大于 6cm，保证从梁底到墩台顶面有足够的空间高度来安放千斤顶，供支座调换时使用。

支座垫石顶面高程应符合设计要求，尤其是一片梁一端安置两个支座时，此两个支承垫石顶面高程的水平误差要严格控制。同一片梁的两个或四个支座垫石顶面应处于同一平面内，以免发生偏压、初始剪切及不均匀受力现象。支座垫石布置示意图如图 4-4-6 所示。

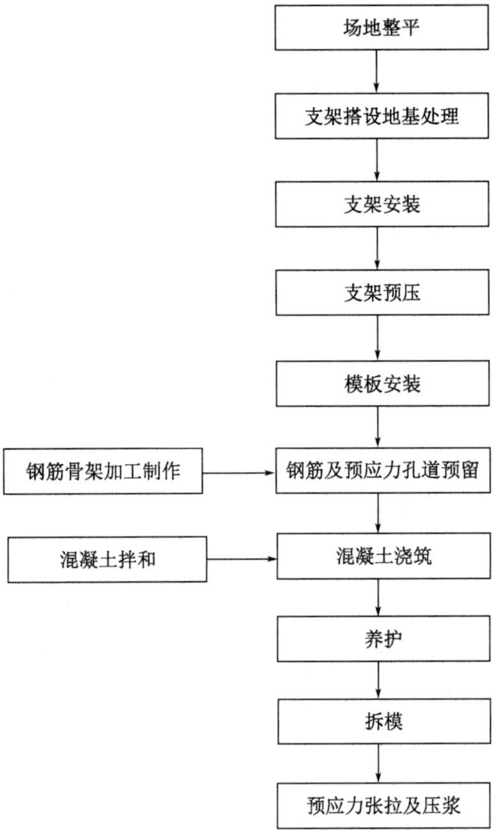

图 4-4-5　满堂支架法施工工艺流程

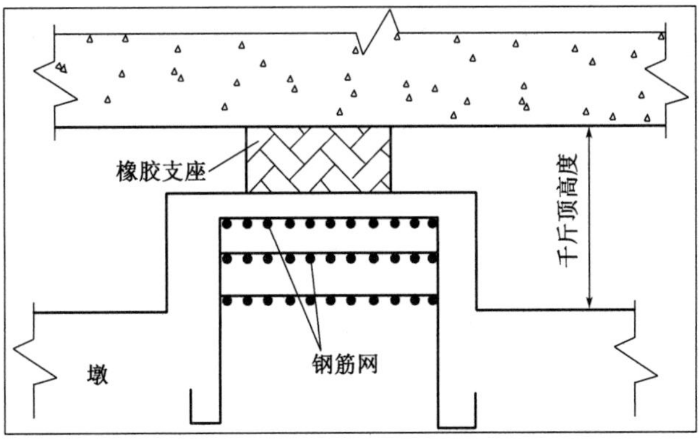

图 4-4-6　支座垫石布置示意图

思考与练习

一、填空题

1. 桥梁墩台施工常用的模板有________、________、________、________。

2. 滑模一般主要由________、________、________、________和________等组成。

3. 滑模施工中,整个桥墩浇筑过程分为________、________和________滑升三个阶段。

4. 初灌混凝土的高度一般为________ cm,分三次浇筑,在底层混凝土强度达到________ MPa时即可试升。

5. 翻模施工系统由________、________、________和________等组成。

6. 有爬架爬模是由________、________和________等组成的。

7. 工程中常用的装配式墩台大致分为以下三种类型:________、________、________。

8. 墩台帽常用的施工方法有________、________、________和________。

二、简答题

1. 简述滑模施工要点。

2. 简述翻模施工要点。

3. 简述翻模施工安全保证措施。

4. 装配式柱式墩常用拼接接头形式有哪几种？简要描述施工要点。

5. 墩台帽施工的方法有哪些？画出各种施工方法的施工流程图。

项目五　装配式梁(板)桥构造与施工

梁桥一直是我国公路桥梁的主流结构形式。梁桥种类繁多,按结构体系不同,可分为简支梁、悬臂梁、连续梁、T 形刚构、连续刚构等;按截面形式不同,可分为 T 形梁、箱形梁、桁架梁等。随着预应力技术的广泛应用,混凝土梁桥的跨径已经由原来的不足 20m 发展到当前的 300m 左右。

装配式施工是应用较为广泛的梁桥施工方法,又称预制安装法。预制安装法可分为预制梁安装和预制节段式块件拼装两种类型。前者主要指装配式的简支梁桥,如空心板梁、T 形梁及小跨径的箱梁等的安装,是先将梁(板)吊装就位,而后进行横向连接或施工桥面板而使之成为桥梁整体。后者是指梁体(一般为箱梁)沿桥轴向分段预制成节段或节式块件,运到现场进行拼装(悬臂拼装),连续梁、T 形刚构、连续刚构和斜拉桥多运用这种方法进行施工。

任务一　梁(板)安装基本要求

学习目标

(1)掌握钢筋混凝土梁(板)安装基本要求;

(2)掌握钢筋混凝土梁(板)安装注意事项。

任务描述

通过对本任务的学习,要求描述装配式梁(板)安装的基本要求。

相关知识

装配式钢筋混凝土或预应力混凝土梁(板)安装总体要求概括为以下内容。

(1)装配式混凝土梁(板)的架设安装,可根据不同施工现场条件和机械设备,采用不同的方法进行,但应在施工前经过专门研究,制定出经济合理的架设安装方案,并应符合以下要求:

①在全部架设安装阶段中,应采取可靠的固定措施使已安装好的梁、板稳定牢固。

②当安装条件与设计所规定的条件不同时,应对构件在安装时所产生的内应力应进行复核。在符合施工规范安全度要求的情况下,合理选择吊装设备,做到架设方案经济合理。

③在正式架设安装前应对所有施工设施进行试运行和荷载试验,在架设安装过程中应由专门人员进行定期或不定期检查,以确保架设施工安全。

(2)梁(板)构件在移运、存放和架设安装时,混凝土强度不应低于设计对架设安装所要求的强度。若设计无规定时,应不低于设计强度的 80%;对于预应力混凝土梁(板)构件孔道压浆体的强度,亦应不低于设计强度的 80%。

(3)架设安装梁(板)时,墩台基础的强度应符合安装构件时所要求的强度。支撑结构的尺寸、高程及平面位置应符合设计要求。

(4)构件安装前必须对构件的外形尺寸、相互接触面进行检查校核,若其误差超过规范要求,则应采取相应的措施进行修整,然后准确画出构件轴线,以便构件能顺利安装就位。

(5)安装在同一孔跨的梁(板),其预制施工的龄期差不宜超过10d。梁(板)上有预留孔道的,其中心应在同一轴线上,偏差不应大于4mm。梁(板)之间的横向湿接缝,应在同一孔梁(板)全部安装完成后方可进行施工;简支变连续施工的梁(板),应在一联梁(板)全部安装完成后方可进行湿接头混凝土的浇筑。

(6)梁(板)安装固定前,应仔细地进行测量校正。确认安装位置正确后,才可焊接湿接缝钢筋、灌注湿接缝混凝土。

(7)对湿接头处的梁段,应按施工缝的要求进行凿毛处理。简支变连续梁(板)的永久支座应在设置湿接头底模之前安装。湿接头处的模板应具有足够的强度和刚度,与梁体的接触面应密贴并具有一定的搭接长度,各接缝应严密不漏浆。负弯矩区的预应力管道应连接平顺,与梁体预留管道的接合处应密封;预应力锚固区预留的张拉齿板应保证其外形尺寸准确且不被破坏。

(8)湿接头的混凝土宜在一天中气温相对较低的时段浇筑,且一联中的湿接头应一次浇筑完成。湿接头混凝土的养护时间应不少于14d。

任务二　装配式板桥构造与施工

学习目标

(1)掌握钢筋混凝土板基本构造;

(2)掌握钢筋混凝土板安装要点及横向连接方法;

(3)识读装配式空心板构造图与配筋图。

任务描述

板桥是中小跨径梁桥常用的一种形式。通过对本任务的学习,要求完成能力训练:绘制空心板构造图与配筋图。

相关知识

一、板桥的特点

板桥是中小跨径钢筋混凝土桥中最常用的形式之一,因建成后上部构造的外形像一块薄板而得名。在所有的桥梁形式中,板桥以其建筑高度最小、外形最简单而久用不衰。对于高等级公路和城市立交工程,板桥又以极易满足斜、弯、坡及S形、喇叭形等特殊要求的特点常被采用。

板桥由于其外形简单,制作方便,不但外部几何形状简单,而且内部一般无须配置抗剪钢筋,仅按构造要求弯起钢筋,因而具有施工简单、模板及钢筋工作都较省等优点,同时也利于工厂化成批生产。

板桥的建筑高度小,适宜于桥下净空受到限制的桥梁,与其他桥型相比较,既可降低桥面高度，又可缩短引道长度。整体式连续板桥，跨中厚度已做到跨径的1/50，外形轻盈美观。

装配式板桥的预制构件，便于工厂化生产，构件质量较轻，便于安装。但板桥跨径超过一定限度时，截面的增高使自重增大，因此，钢筋混凝土简支板经济合理的跨径一般在13m以下，预应力混凝土简支板桥也多在20m以内，而钢筋混凝土连续板桥跨径已达到25m，预应力混凝土连续板桥跨径已达到35m。

二、板桥的分类

板桥按施工方法分为装配式、整体式及组合式；按横截面形式分为实体矩形、空心矩形、Π形板、单波式、双波式等；按配筋方式又分为钢筋混凝土板、预应力混凝土板、部分预应力混凝土板；按力学图式又可以分为以下三种形式。

1. 简支板桥

简支板桥可以采用整体式结构，也可以采用装配式结构。前者跨径一般为5～8m，后者跨径一般为6～13m。跨径较大时常采用钢筋混凝土空心板；跨径更大时则采用预应力混凝土空心板，其跨径可达16～20m。

对于正交板桥，在缺乏起重设备时，可以考虑采用现浇的整体式钢筋混凝土板桥，这种结构的整体性能好、刚度大，建筑高度可以做得最小，施工也简便。但是，支架、模板需用量较大，施工工期较长。而对于斜、弯、既斜又弯或其他异形板桥，采用现浇的整体式钢筋混凝土结构最方便。当然，在有条件时，采用装配式结构则可以缩短工期。

2. 悬臂板桥

悬臂板桥一般做成双悬臂式结构，中间跨径为8～10m，两端外伸的悬臂长度约为中间跨径的0.3倍。板在跨中的厚度为跨径的1/14～1/18，在支点处的板厚一般比跨中加大30%～40%。悬臂端可以直接伸到路堤，不设桥台。为了行车平稳顺畅，悬臂端应设置搭板与路堤相衔接。但是，在车速较高、荷载较重且交通量很大时，搭板也容易破坏，从而导致车辆经过时对悬臂产生冲击，故目前较少采用搭板。

3. 连续板桥

连续板桥一般做成不等跨，边跨跨径为中跨的0.7～0.8倍，这样可以使各跨的跨中弯矩接近相等。由于支点处负弯矩的存在，跨中正弯矩较同跨径的简支板要小得多。连续板桥行车舒适性好。但是，连续板桥对地基要求较简支板高，施工比较复杂。

三、正交板桥的构造与施工

1. 整体式简支板桥

整体浇筑的简支板一般均采用等厚度板，它具有整体性能好、横向刚度大、易于浇筑成各种形状等优点。对于整体式板桥，由于是双向受力结构，因而比一般梁有更高的承载能力和更大的刚度。同时，由于其本身构造简单，极易适应斜、弯、坡及S形、喇叭形或形状更复杂桥梁的要求，整体式板桥需要搭设施工支架，故施工工期较长。整体浇筑简支板一般为实心截面，其材料使用率亦较低。

整体式简支板桥一般使用在跨径8m以下，桥面净宽依路线标准而定，人行道可以向外悬出。在城市修建宽桥时，为了防止由于温度变化和混凝土收缩引起的纵向裂纹，防止由于活载产生过大的横向负弯矩，也可以沿中线分开，以形成上部分离的形式。板的厚度一般取：$h/L=1/16\sim1/23$，随着跨径的增大取用较小值。

整体式板桥的宽度大，一般均为双向受力板。荷载位于桥中线时，板内产生横向弯矩；荷载位于板两边时，板内可能产生负的横向弯矩。所以，针对这些受力特点，除了配置纵向受力钢筋外，还应在板内设置垂直于主钢筋的横向分布钢筋，在板的顶部配置适当的横向钢筋。

钢筋混凝土行车道板内主筋直径应不小于12mm，间距不大于20cm，主筋间距一般也不宜小于7cm。板内主筋可以不弯起，也可以弯起，当弯起时，通过支点的不弯起钢筋，每米板宽内不少于3根，截面积不少于主筋截面的1/4。弯起的角度为30°或45°，弯起的位置为沿板高中线计算的1/4～1/6跨径处。对于分布钢筋，应采用直径不小于6mm，间距不大于25cm，同时在单位长度板宽内的截面积应不少于主筋截面积的15%，分布钢筋也可与主钢筋焊接成分块的钢筋网。相邻钢筋网应互相搭接，其搭接长度应符合钢筋搭接长度的规定。板的主钢筋与板边缘间的净距应不小于2cm，分布钢筋与板边缘间的净距应不小于1.5cm。图5-2-1为6m整体式板钢筋构造图。

2. 装配式简支板桥

1）装配式正交实心板桥

这种板桥是目前最常用的，它由于具有形状简单、施工方便、建筑高度小、施工质量易于保证等优点，得到普遍的应用。

图5-2-1所示为装配式简支实心板桥横剖面构造。行车道宽7m，两边设0.75m的人行道，汽车荷载等级公路—Ⅱ级。

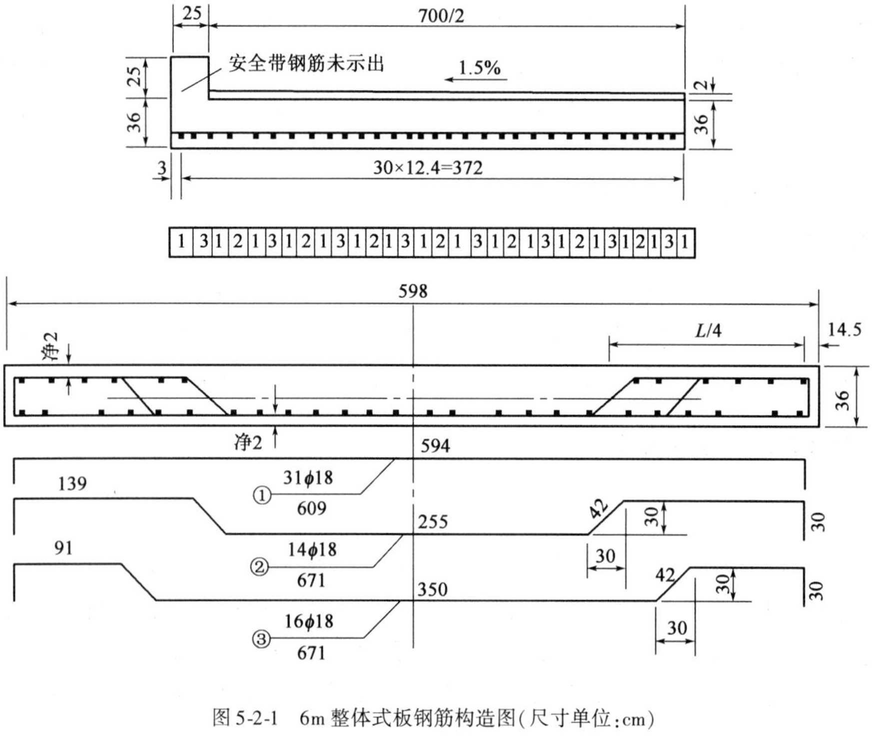

图5-2-1 6m整体式板钢筋构造图(尺寸单位:cm)

图5-2-2为标准跨径6m的装配式行车道板块件构造。块件安装后在企口缝内填筑C30小石子混凝土，并浇筑厚6cm的C30防水混凝土铺装层，使之连成整体。为了加强预制板与

铺装层的结合以及相邻预制板的连接,将板中的③号箍筋伸出预制板顶面,待板安装就位后将这段钢筋放平,并与相邻预制板中的箍筋相互搭接,以铁丝绑扎,然后浇筑于混凝土铺装层中。预制板的混凝土强度等级为 C30。

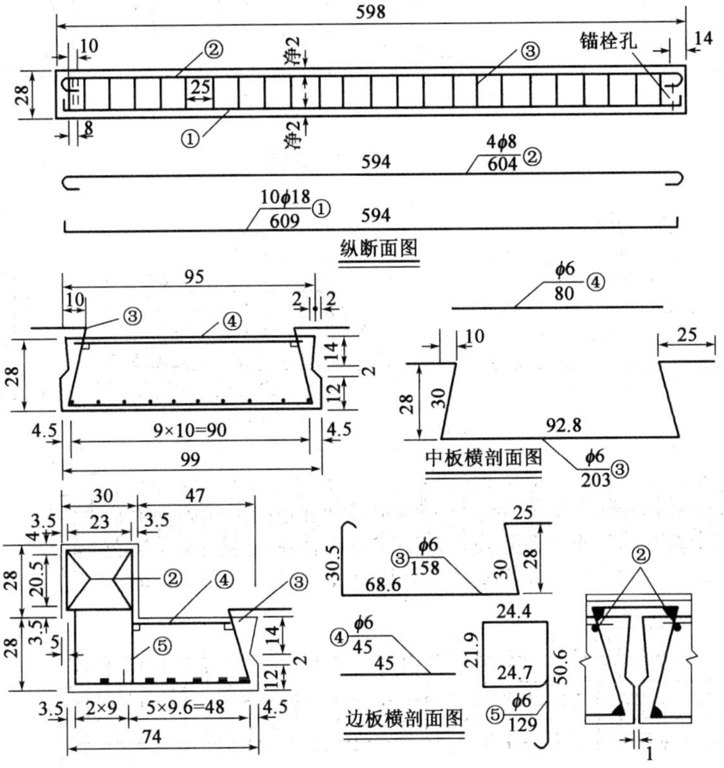

图 5-2-2 装配式实心板钢筋构造图(尺寸单位:cm)

2)装配式正交空心板桥

当跨径增大时,实体矩形截面就显得不甚合理,因而将截面中部部分挖空,做成空心板,这样不仅能减轻自重,而且能充分合理地利用材料。

钢筋混凝土空心板桥目前使用跨径范围为 6 ~ 13m,板厚为 0.4 ~ 0.8m;预应力混凝土空心板桥常用跨径为 8 ~ 16m,其板厚为 0.4 ~ 0.7m。空心板较同跨径的实体板质量轻,运输安装方便,而建筑高度又较同跨径的 T 形梁小,因而目前使用较多。

装配式板桥的块件划分,一般沿横向取 100cm 宽一块。为了安装上的方便,预制宽度为 99cm,而每块板横截面内又适当开孔,以减轻自重。图 5-2-3 所示为常用的几种开孔形式。图 5-2-3a)、图 5-2-3b)开成单个较宽的孔,挖空率最大,重力最小,但顶板需要配置横向受力钢筋,以承担车轮荷载。图 5-2-3a)呈微弯形,可以节省一些钢筋,但模板较图 5-2-3b)复杂。图 5-2-3c)是用无缝钢管做芯模,能较方便地挖成两个圆孔,但挖空率小,自重较大。图 5-2-3d)的芯模是由两个半圆和两块侧模组成的。当板厚改变时,只需更换两块侧模板,故较图 5-2-3c)为好。空洞与周边或空洞与空洞间最薄处不得小于 8cm,以保证施工质量和局部承载的需要。为了保证抗剪要求,应在截面内按计算需要配置弯起钢筋和箍筋。

图 5-2-4 为标准跨径 8m 的装配式钢筋混凝土空心板中板截面和钢筋布置图,板全长 7.96m,计算跨径 7.70m,板厚 400mm;横截面采用双圆孔,半径 180mm,采用 C30 混凝土预制。每块板底层配置 8 根直径为 25mm 的 HRB335 钢筋,板顶面配置 3 根直径为 8mm 的 HPB235

钢筋，用以承担剪力的箍筋 N5 和 N6 做成开口式，待立好芯模后，再与其上的横向钢筋 N4 相绑扎，组成封闭式的箍筋。

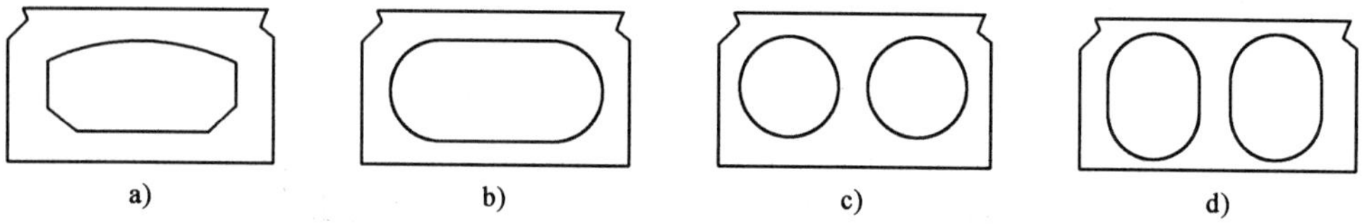

图 5-2-3 空心板截面形式

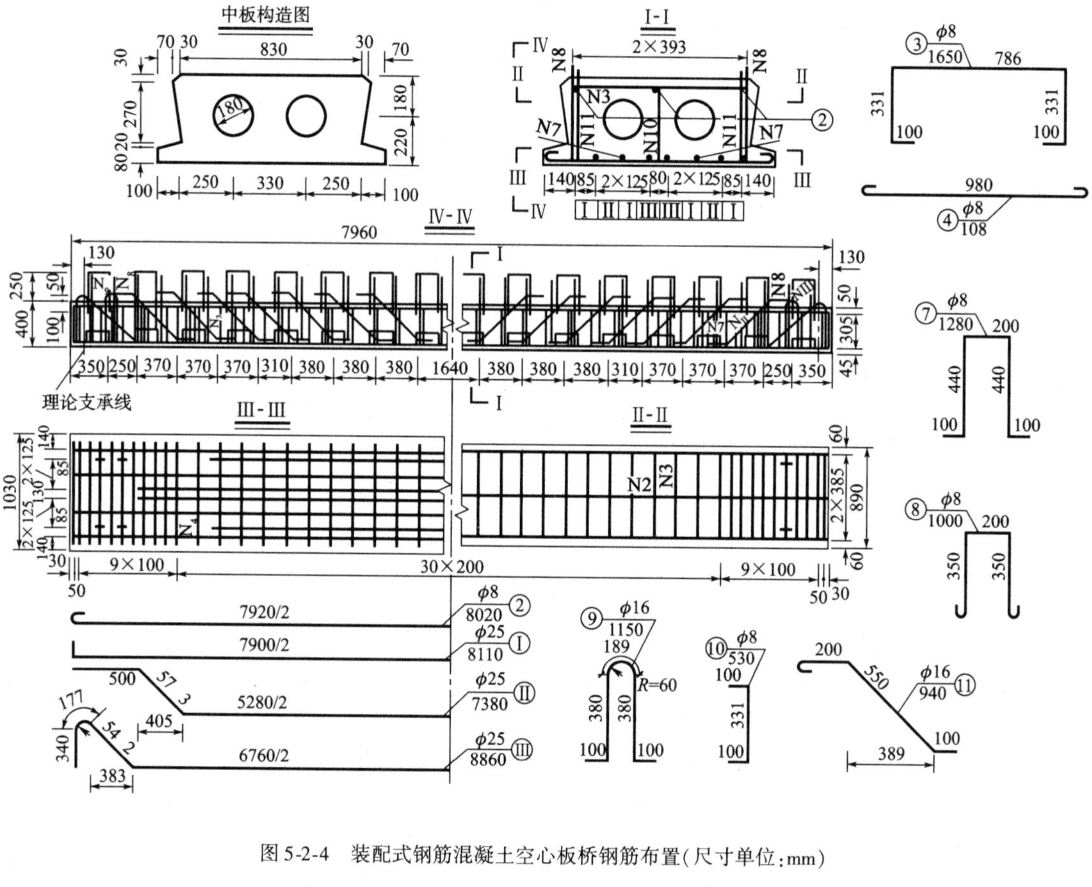

图 5-2-4 装配式钢筋混凝土空心板桥钢筋布置(尺寸单位:mm)

图 5-2-5 为标准跨径 16m 的先张法装配式预应力混凝土空心板桥的构造图。桥面净空为净(−7 +2 ×0.25)m 的安全带，总宽 8m，由 8 块全长 15.96m、净宽 99cm、高度 70cm 的预制板组成，计算跨径 15.6m，挖空形式采用图圆孔型。圆弧直径 50cm。采用 C40 混凝土预制和填缝。每块板底板配置 15 根 $\phi^{s}12.7$mm 的钢绞线钢筋作为预应力筋，为了防止预应力筋在支点处板顶面产生的过大拉应力，在靠近支点处一定范围内对部分预应力筋加套 PVC 塑料管，使预应力筋不与混凝土黏结，从而达到预应力失效的目的。

图 5-2-6 为标准跨径为 16m 的后张预应力混凝土空心简支板的截面和预应力筋布置图。板高为 0.75m，采用 C40 混凝土预制，两肋下部各布置 2 束钢绞线组成，每束由 6 根 $\phi^{s}15.2$mm 钢绞线组成。采用强度等级为 1570MPa 的钢绞线。在顶板和底板布置有 HPB235ϕ8mm 的纵向钢筋以增强板的抗裂性。箍筋在板端加密，以承受剪力。

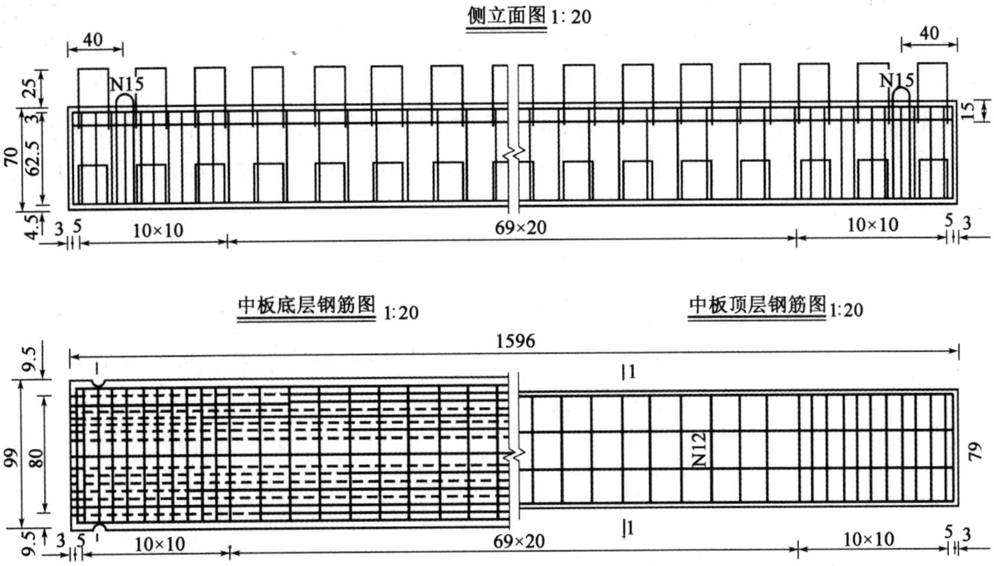

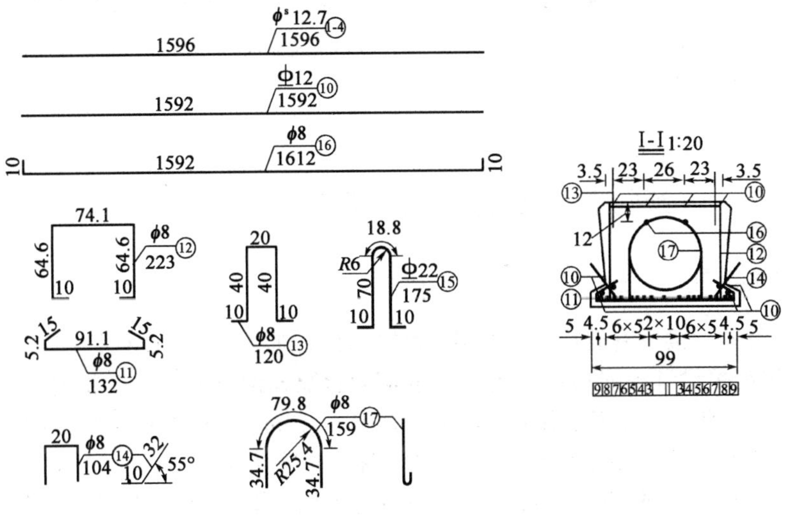

预应力筋有效长度

钢束编号	有效长度
1	1596
2	
3	860
4	1200
5	620
6	1420
7	1020
8	1596
9	1300

图 5-2-5　装配式混凝土预应力空心板桥的构造(尺寸单位:cm)

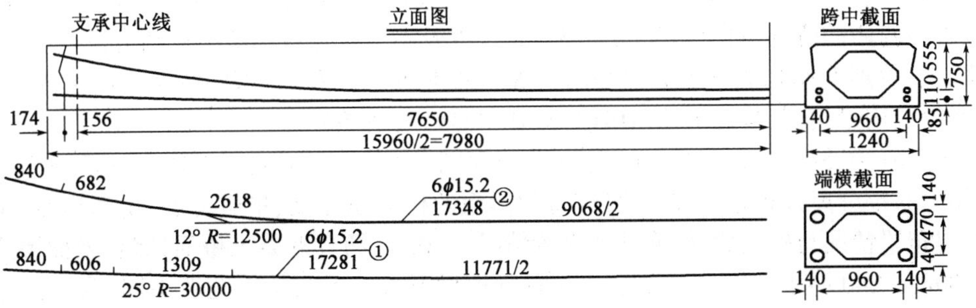

图 5-2-6　标准跨径 16m 的后张预应力混凝土空心简支板桥构造(尺寸单位:mm)

3. 装配式板的连接

装配式板桥在安装完成以后，为了使板块共同受力，接缝能传递剪力，则需要将块件间很好地加以连接。常用的连接方法是企口式混凝土铰缝连接，如图 5-2-7 所示。即用与预制板同一强度等级或高一等级的细集料混凝土将预留的圆形、菱形或漏斗形企口加以填实。如考虑铺装层参与受力，则还需要将伸出板面的钢筋加以绑扎。工程中为了加快施工进度，有时用钢板连接，如图 5-2-8 所示。在接缝两侧的板面每隔 80 ~ 150cm 预埋钢板，安装后再用一块钢板搭焊连接。根据受力特点，钢板间距从跨中向支点由密变疏。

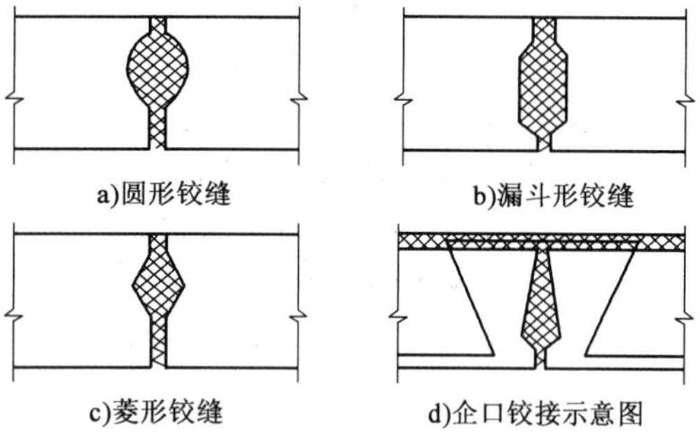

图 5-2-7 铰缝连接

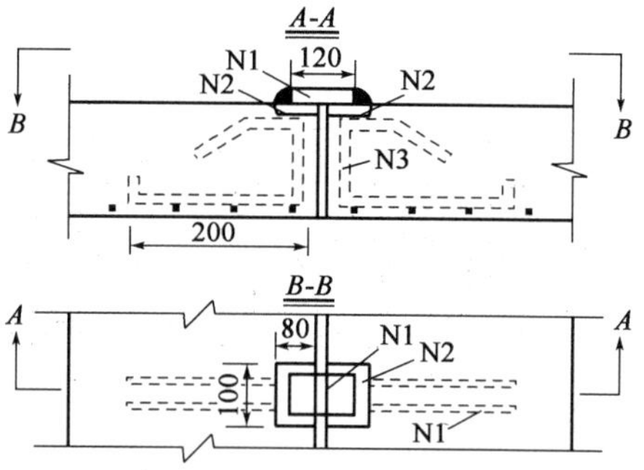

图 5-2-8 钢板连接(尺寸单位:cm)

能力训练

绘制空心板的构造图与配筋图

(一)图纸识读:20m 预应力空心板构造图和配筋图

板桥在我国中小跨径桥梁中有着广泛的应用，为提高设计质量、统一设计标准、缩短设计周期，交通运输部组织相关设计科研单位编制颁布了新的装配式预应力空心板通用图，在先张法空心板基础上增加了后张法空心板，相应标准跨径有 10m、13m、16m、20m 四种，斜交角分为 0°、15°、30°，汽车荷载等级为公路—Ⅰ级和公路—Ⅱ级，标准板宽为 1.00m 和 1.25m。

以下图纸为板宽 125cm，标准跨径 20m 的预应力空心板构造图，汽车荷载等级为公路—Ⅰ级，板高 950mm，板内矩形挖空，挖空率较大，截面利用效率高，矩形四角设置倒角，减少应力集中，并方便施工脱模。

图 5-2-9 为一孔预制空心板材料数量总表。该表列出了通用图中板宽 125cm 的 20m 空心板可以直接套用的桥宽、斜交角度(0°、15°、30°)以及不同桥宽所用的中板和边板块数、钢筋用量(钢绞线、普通钢筋)、混凝土标号和用量等。从本表可以看出，相同桥宽情况下，斜交角度不同，钢绞线用量相同，普通钢筋(HRB335、HPB235)有所差异。

图 5-2-10、图 5-2-11 为跨径 20m 标准横断面图，此图示出了通用图中六种横断面布置形式，本图为双幅分离式布置，从图中可知每种断面的桥梁总宽度、单幅宽度，桥面横坡、中板和边板横向布置情况与板块数，桥面铺装设置情况(100mm 沥青混凝土桥面铺装、界面渗透型防水层、100mm C40 防水混凝土现浇层)、左右侧护栏形式。因为桥面宽度不同，为了满足桥面宽度的不同要求，边板的悬臂长度有所不同，悬臂板(耳板)分别有 255mm、380mm、505mm、630mm 四种形式。虽然边板悬臂部分长度因桥宽不同而有所变化，但是除边板悬臂长度不同外，不论桥面宽度如何，单块中、边板的高度和其他构造尺寸都是一致的。

一孔预制空心板材料数量总表

桥宽 (m)	斜交角 (°)	中板块数	边板块数	钢筋(kg)			混凝土(m³)		硬塑料套管 (m)	铰缝侧面凿毛 (m²)
				ϕ^s15.2 钢绞线	HPB235	HRB335	C50	C40		
2×11.25	0	12	4	7183	3589	24405	181.8	8.8	1152	494.4
	15				3635	24728				
	30				3682	25825				
2×12.0	0	14	4	7844	4001	25991	199.2	9.9	1266	565.0
	15				4051	26364				
	30				4104	27590				
2×12.75	0	16	4	8600	4420	28527	216.5	11.0	1.384	635.6
	15				4474	29028				
	30				4532	30318				
2×13.5	0	16	4	8884	4460	29897	222.1	11.0	1428	635.6
	15				4516	30310				
	30				4574	31674				
2×16.5	0	22	4	11152	5726	37138	279.6	14.3	1798	847.4
	15				5795	37771				
	30				5871	39469				
2×16.75	0	22	4	11247	5743	37333	281.3	14.3	1818	847.4
	15				5814	38024				
	30				5890	39649				

注：
1.本表未计入绑扎铁丝用量,绑扎铁丝用量可按HRB335、HPB235钢筋重量的0.5%计算。

装配式先张法预应力混凝土简支空心板桥上部构造跨径：20m　斜交角：0°、15°、30°	荷载标准：公路—Ⅰ级
	桥面宽度：
一孔预制空心板材料数量总表	图号：1

图5-2-9　一孔预制空心板材料数量总表

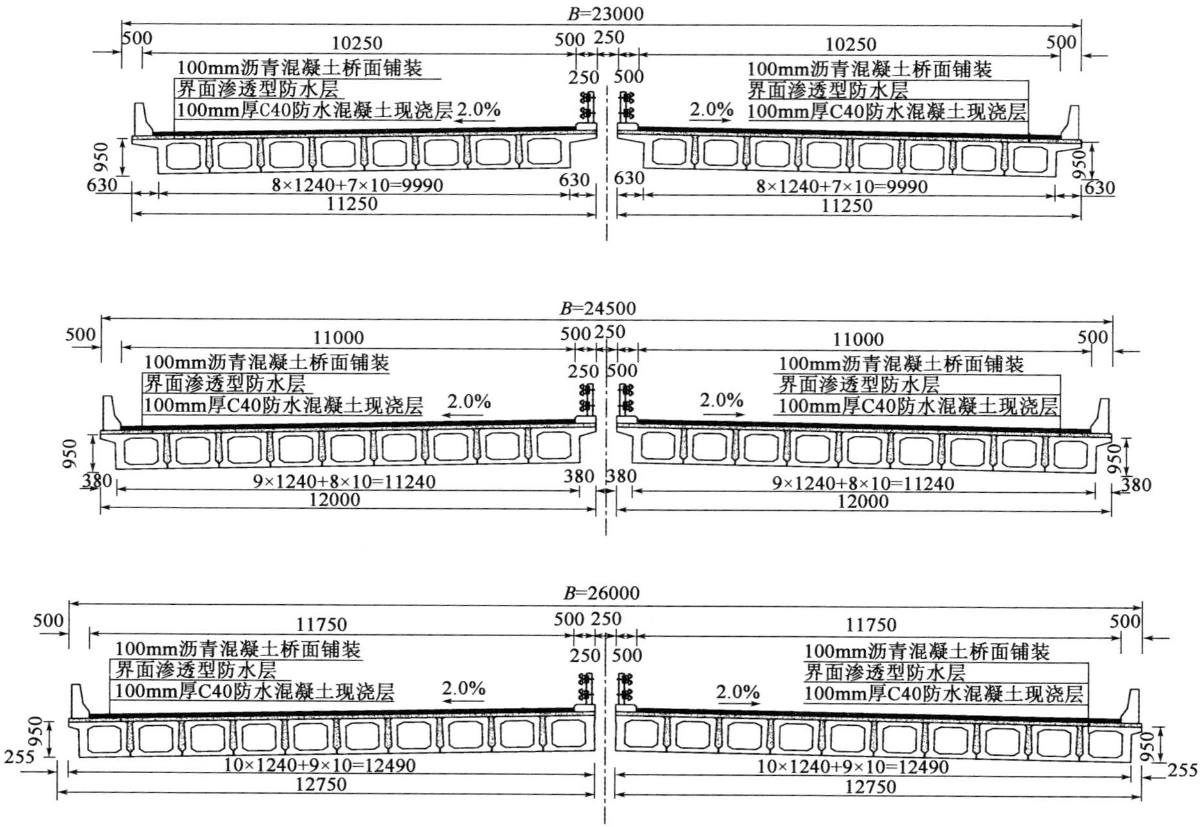

注：
1.本图尺寸均以毫米计。

装配式先张法预应力混凝土简支空心板桥上部构造跨径：20m　斜交角：0°、15°、30°	荷载标准：公路—Ⅰ级
	桥面宽度：
标准横断面	图号：3

图5-2-10　跨径20m标准横断面图(一)

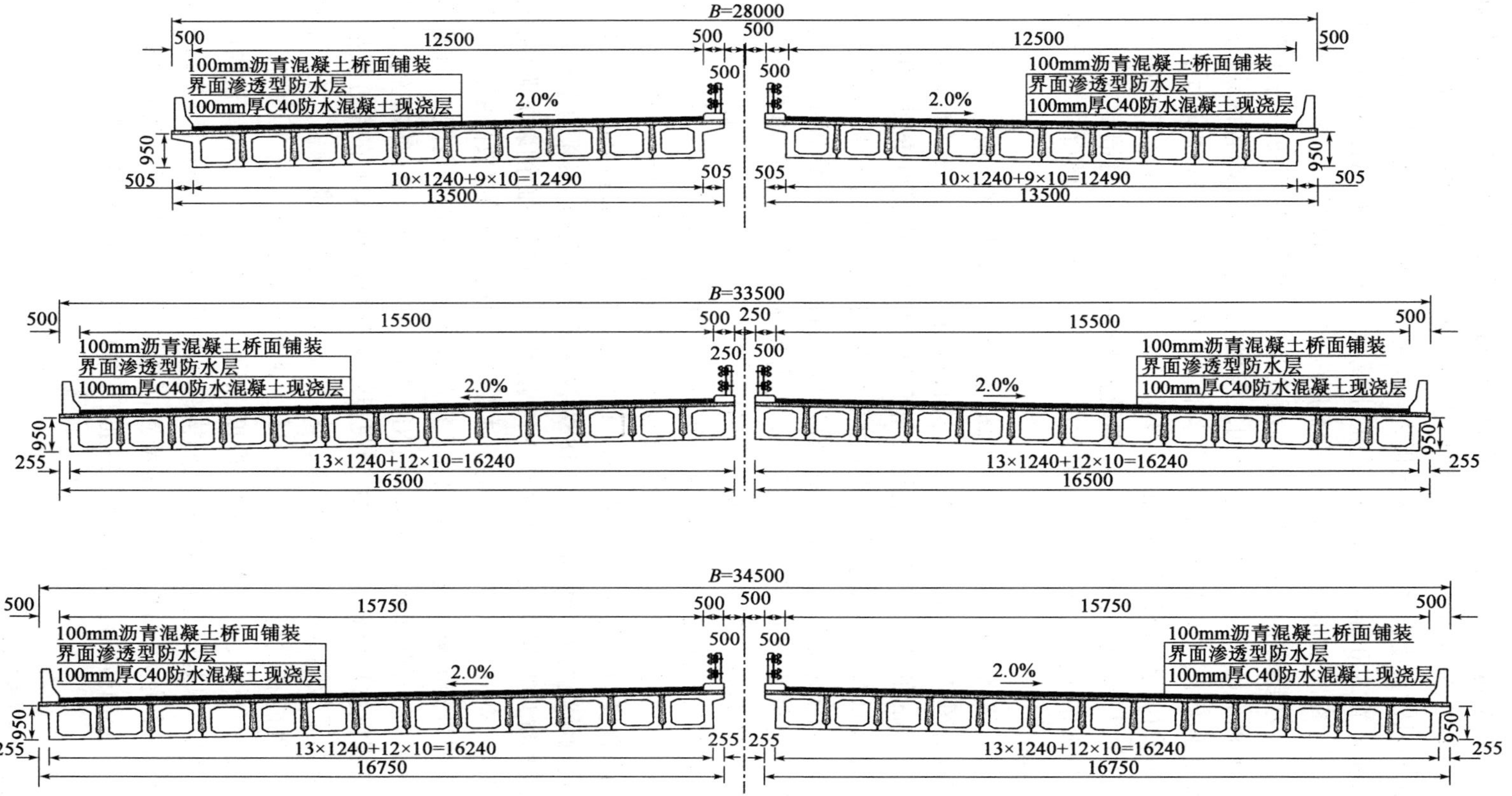

注：
1.本图尺寸均以毫米计。

装配式先张法预应力混凝土简支空心板桥上部构造跨径：20m　斜交角：0°、15°、30°	荷载标准：公路—Ⅰ级
	桥面宽度：
标准横断面	图号：3

图5-2-11　跨径20m标准横断面图(二)

图 5-2-12、图 5-2-13 为空心板一般构造图，一般构造图由立面图、平面图、断面图三部分构成。从一般构造图断面图中可知单块空心板的截面几何构造尺寸和单块板的相关混凝土数量。板高 950mm，板底宽 1240mm，中板板顶宽度 1040mm，板顶两边有 50mm × 50mm 的倒角，边板顶宽（B-100）mm，与悬臂长度有关，相邻两块板之间中距为 1250mm，铰缝宽度 10mm。板内矩形挖空，空腔高 710mm、宽 800mm，四角设置倒角，上倒角 150mm × 80mm，下倒角 120mm × 80mm。顶板厚 120mm，底板厚 120mm，边板悬臂端部厚度 120mm，根部厚度 h_1 与悬臂长度有关，见图 5-2-13 参数表。为形成桥面横坡在板端底面设置三角楔块，通用图中桥面横坡 2%，楔块高 1240 × 2% = 24.8（mm）。每块板下设置四块橡胶支座，两边板端各两块，支座间距 940mm。为防止雨水流到板下，在悬臂下缘设置滴水槽。立面图示出 20m 预应力空心板的制造长度为 19960mm，支撑中心距离板端 330mm，计算跨径为 19960 − 2 × 330 = 19630（mm）。为防止杂物、水进入板腔内以及增强板端刚度，在板端设置 500mm 的 C40 封端混凝土。为尽量避免吊装过程中吊装钢绳挤压造成板体混凝土局部破损，设置吊装预留槽口。三角楔块沿板跨径方向长度为 550mm。

图 5-2-14、图 5-2-15、图 5-2-16、图 5-2-17 为 20m 预应力空心板钢筋构造图，图 5-2-14、图 5-2-15为中板钢筋构造图，图 5-2-16、图 5-2-17 为边板钢筋构造图。此四幅图适用于斜交角度为 0°、悬臂长度为 255mm 的桥宽情况，其他斜交角度和悬臂长度情况可查阅通用图。从图中预应力钢筋构造情况可以看出板为先张法预应力空心板。图中示出了中板、边板的钢筋布置情况、钢筋大样、单块板的钢筋工程数量。以中板为例，钢筋编号从 N1 到 N22 号，其中N1 ~ N6 为预应力主筋，预应力筋直线布置，板的制作工艺为先张法，预应力筋单根长 21460mm［19960 + 2 × 750 = 21460（mm）］，两端 750mm 为预留张拉工作长度，预应力筋两端一定范围内包裹塑料套管使预应力筋和混凝土不黏结，从而实现预应力失效，防止预应力筋在放松过程中导致板端上缘产生横向裂缝；N22 为局部螺旋加强钢筋，防止预应力筋放张时，混凝土局部预应力过大导致产生沿预应力方向的裂缝；N7、N12 钢筋为底板纵向构造钢筋，与 N11 钢筋连接，同时可以提供一定的承载力安全储备；N9、N18 为铰接缝连接钢筋，相邻两个板块之间相互连接，N18 需在侧模拆除后及时从板体内凿出；N10 预埋于板顶的桥面铺装加强钢筋，保证板和板顶混凝土现浇层的充分黏结，提高结构的整体性和增加板截面的有效高度；N14 为腹板双肢闭合箍筋，增加钢架骨架的整体性，连接顶底板钢筋，增强空心板的抗剪能力，在靠近板端 3m 范围内，间距 100mm，其余部分间距为 150mm；N12、N16、N17 为顶板纵向构造钢筋，处于受压区，可以在极限状态提供抗压储备；N20、N21 为腹板纵向分布钢筋，N21 在靠近板端范围内加密，加强在强大预应力下板端混凝土的整体性；N8、N13、N11 为顶底板的横向分布刚钢筋，保证板体混凝土的工作性能和钢筋骨架的刚度；N15 为倒角构造钢筋；N19 为钩筋，加强钢筋骨架稳定性。以上钢筋的具体尺寸大样、保护层厚度、钢筋工程数量详见中板钢筋构造图。边板的钢筋构造与中板相似，只是因为悬臂顶板钢筋构造和中板有所差异，同时因荷载横向分布系数的原因，边板较中板受力大，边板比中板多配置两根预应力筋，边板钢筋布置情况详见图 5-2-16、图 5-2-17。钢筋构造图是施工过程中钢筋工程的依据，科学合理的图纸设计是结构安全的基本保证。

（二）绘制空心板构造图和配筋图

根据前面所学知识，结合图 5-2-9 ~ 图 5-2-17，绘制出以上图纸相应斜交角度为 15°时空心板的一般构造图和钢筋构造图。

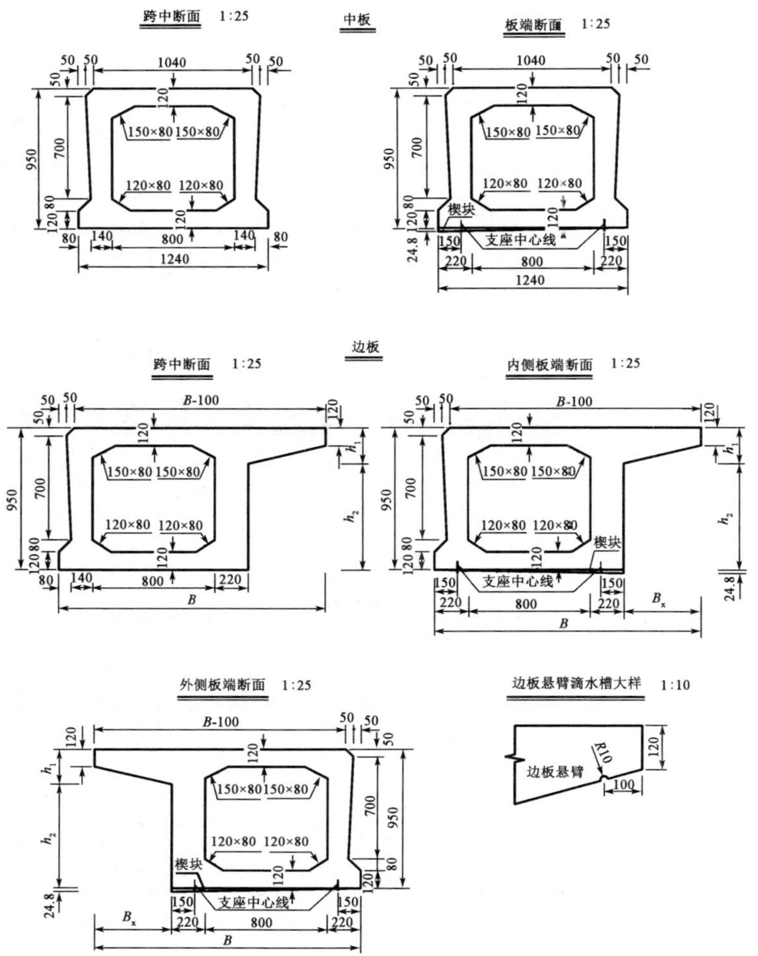

工程数量表

跨径 (m)	斜交角 α (°)	一道铰缝 现浇C50 混凝土 (m³)	一道铰缝 封底缝 M15砂浆 (m³)	一块中板 预制C50 混凝土 (m³)	一块中板 封端C40 混凝土 (m³)	一块中板 铰缝侧面 凿毛 (m³)	一块边板 桥板 宽度 (m)	一块边板 预制C50 混凝土 (m³)	一块边板 封端C40 混凝土 (m³)	一块边板 铰缝侧面 凿毛 (m³)
	0						2×11.25	13.85	0.55	17.7
							2×12.0	12.95	0.55	17.7
20	15	2.26	0.024	10.53	0.55	35.3	2×12.75	12.40 (11.59)	0.55	17.7
							2×13.5	13.40	0.55	17.7
	30						2×16.5	12.40 (11.59)	0.55	17.7
							2×16.75	12.40	0.55	17.7

注：

1. 本图尺寸均以毫米计。
2. 预制空心板时注意楔块的设置，楔块高度适合桥面横坡2.0%，桥面纵坡小于1.0%的情况，其他情况自行调整。
3. 预制空心板铰缝面凿毛成凹凸不小于6mm的粗糙面，以利于新旧混凝土良好结合。
4. 浇筑铰缝混凝土前先用M15砂浆填底缝，待砂浆强度达50%后方可浇筑铰缝混凝土。
5. 斜交板预制时于板端锐角处设30mm×30mm的倒角。
6. 边板悬臂外端下缘设置滴水槽。
7. 图中数值有括号并列者，括号内数值用于内侧边板，括号外数值用于外侧边板，其余共用。
8. 吊装预留槽口位置可根据施工具体情况调整。

装配式先张法预应力混凝土简支空心板桥上部构造跨径：20m　斜交角：0°、15°、30°	荷载标准：公路—Ⅰ级
	桥面宽度：
空心板一般构造图	图号：4

图5-2-12　空心板一般构造图(一)

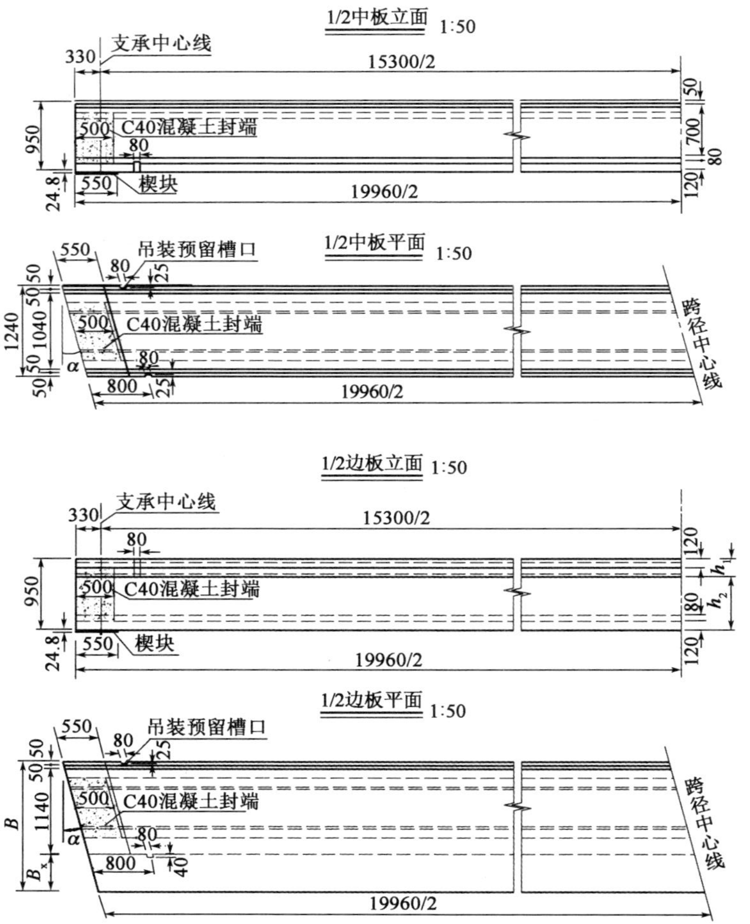

参数表

桥板宽度 (m)	板顶宽B (mm)	悬臂长B_x (mm)	h_1 (mm)	h_2 (mm)
2×11.25	1870	630	240	710
2×12.0	1620	380	240	710
2×12.75	1495(1240)	255(0)	200	750
2×13.5	1745	505	240	710
2×16.5	1495(1240)	255(0)	200	750
2×16.75	1495	255	200	750

注：
1.本图尺寸均以毫米计。
2.图中数值有括号并列者，括号内数值用于内侧边板，括号外数值用于外侧边板，其余共用。

装配式先张法预应力混凝土简支空心板桥上部构造跨径：20m　斜交角：0°、15°、30°	荷载标准：公路—Ⅰ级
	桥面宽度：
空心板一般构造图	图号：4

图5-2-13　空心板一般构造图(二)

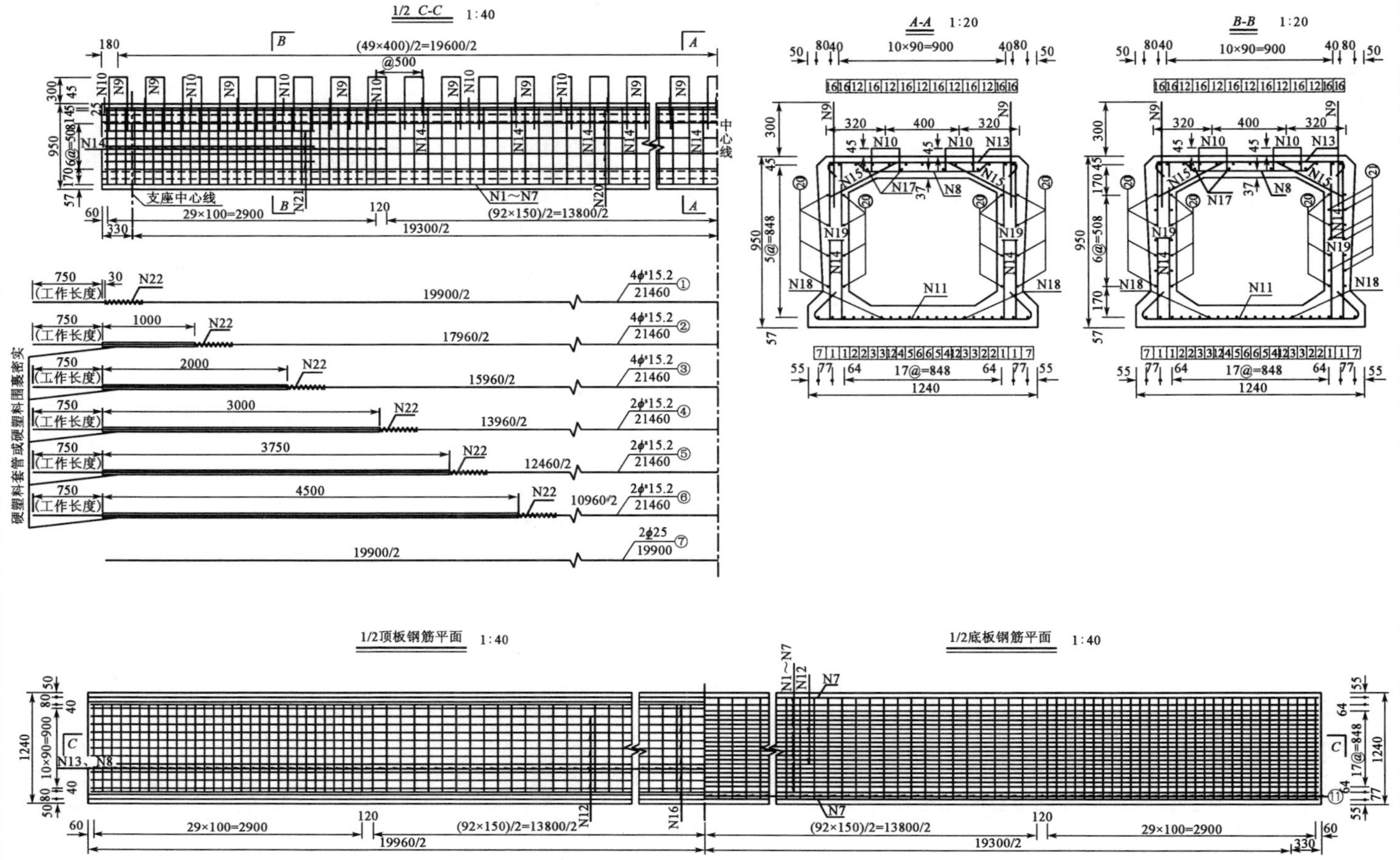

注：

1.本图尺寸均以毫米计。

装配式先张法预应力混凝土简支空心板桥上部构造 跨径：20m　斜交角：0°	荷载标准：公路—Ⅰ级
	桥面宽度：
中板钢筋构造图	图号：8

图5-2-14　中板钢筋构造图(一)

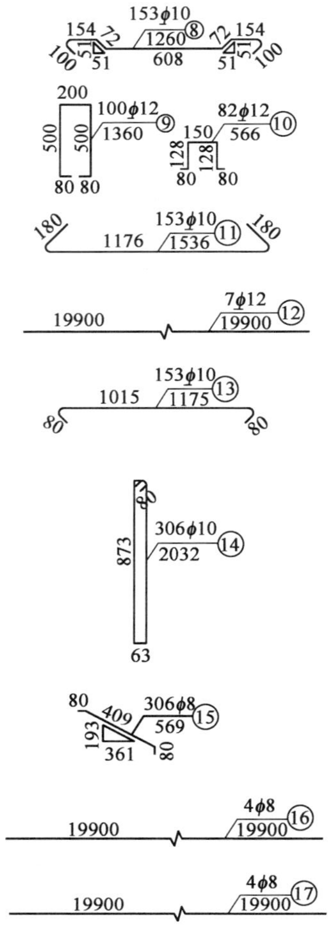

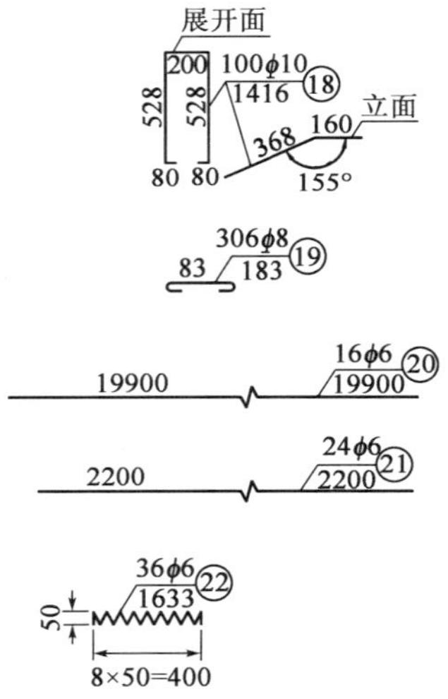

一块中板钢筋明细表

钢筋编号	直径(mm)	单根长(mm)	一块板根数	共长(m)	共重(kg)
1～6	ϕ^s15.2	21460	18	386.28	ϕ^s15.2: 425.3 ϕ25: 153.2 ϕ12: 456.9 ϕ10: 3825.1 ϕ10: 122.3 ϕ6: 95.5
7	ϕ25	19900	2	39.80	
8	ϕ12	1260	153	192.78	
9	ϕ12	1360	100	136.00	
10	ϕ12	566	82	46.41	
11	ϕ10	1536	153	235.01	
12	ϕ12	19900	—	139.30	
13	ϕ10	1175	153	179.78	
14	ϕ10	2032	306	621.79	
15	ϕ8	569	306	174.11	
16	ϕ10	19900	8	159.20	
17	ϕ8	19900	4	79.60	
18	ϕ10	1416	100	141.60	
19	ϕ8	183	306	56.00	
20	ϕ6	19900	16	5318.40	
21	ϕ6	2200	24	52.80	
22	ϕ6	1633	36	58.79	

注：

1.本图尺寸均以毫米计。
2.钢筋N9、N18间距40cm,N10间距50cm。
3.钢筋N15、N19与N14对应设置。
4.空心板采用钢丝绳捆绑吊装,捆绑位置详见“空心板一般构造图”。
5.数量表中预应力钢绞线N1～N6每端计入75cm工作长度。
6.预应力钢筋采用ϕ^s15.2(1×7)高强低松弛钢绞线，其标准强度f_{pk}=1860MPa, 抗拉设计强度f_{pd}=1260MPa。
7.预制空心板混凝土强度达到设计强度的85%以上(且龄期不小于7d)方可逐步放松预应力钢绞线。
8.设计钢筋长度未考虑折减，实际施工下料时应按照施工规范要求进行控制。

装配式先张法预应力混凝土简支空心板桥上部构造 跨径：20m　斜交角：0°	荷载标准：公路—Ⅰ级
	桥面宽度：
中板钢筋构造图	图号：8

图5-2-15　中板钢筋构造图(二)

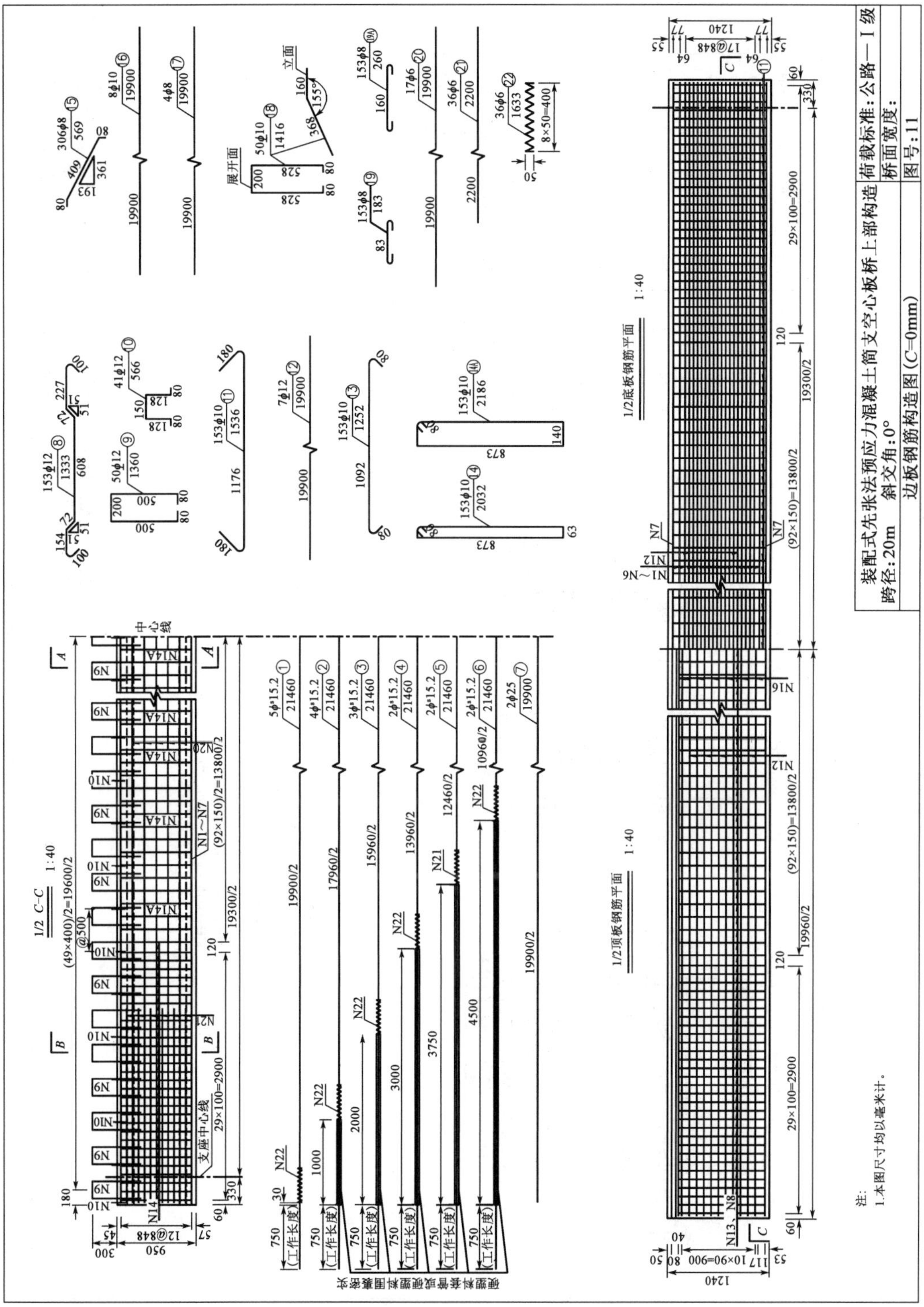

图5-2-16 边板钢筋构造图(一)

A-A 1:20

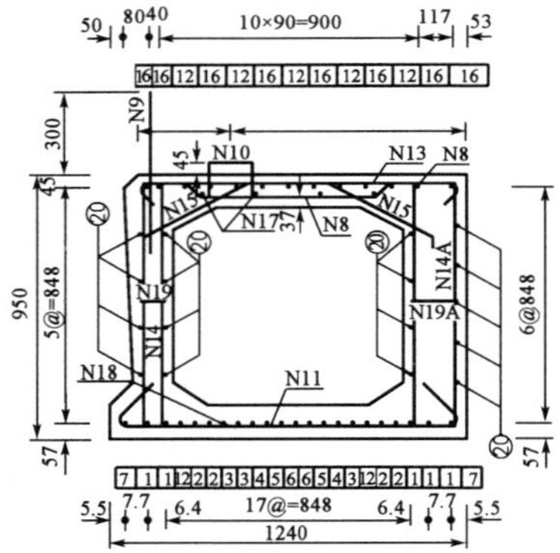

B-B 1:20

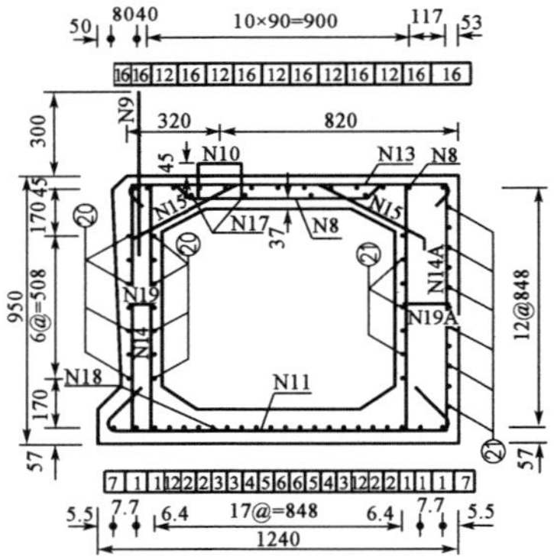

一块边板钢筋明细表

钢筋编号	直径(mm)	单根长(mm)	一块板根数	共长(m)	共重(kg)
1～6	ϕ^s15.2	21460	18	386.28	ϕ^s15.2：425.3 ϕ25：153.2 ϕ12：385.8 ϕ10：803.3 ϕ8：115.2 ϕ6：114.3
7	ϕ25	19900	2	39.80	
8	ϕ12	1330	153	203.95	
9	ϕ12	1360	50	68.00	
10	ϕ12	566	41	23.21	
11	ϕ10	1536	153	235.01	
12	ϕ12	19900	7	139.30	
13	ϕ10	1252	153	191.56	
14	ϕ10	2032	153	310.90	
14A	ϕ10	2186	153	334.46	
15	ϕ8	569	306	174.11	
16	ϕ10	19900	8	159.20	
17	ϕ8	19900	4	79.60	
18	ϕ10	1416	50	70.80	
19	ϕ8	183	153	28.00	
19A	ϕ8	260	153	39.78	
20	ϕ6	19900	17	338.30	
21	ϕ6	2200	30	66.00	
22	ϕ6	1633	36	58.79	

注:

1.本图尺寸均以毫米计。
2.钢筋N9、N18间距40cm,N10间距50cm。
3.钢筋N15、N19与N14对应设置。
4.空心板采用钢丝绳捆绑吊装,捆绑位置详见“空心板一般构造图”。
5.数量表中预应力钢绞线N1～N6每端计入75cm工作长度。
6.预应力钢筋采用ϕ^s15.2(1×7)高强低松弛钢绞线，其标准强度f=1860MPa, 抗拉设计强度f=1260MPa。
7.预制空心板混凝土强度达到设计强度的85%以上(且龄期不小于7d)方可逐步放松预应力钢绞线。
8.设计钢筋长度未考虑折减，实际施工下料时应按照施工规范要求进行控制。

装配式先张法预应力混凝土简支空心板桥上部构造	荷载标准：公路—Ⅰ级
跨径：20m　斜交角：0°	桥面宽度：
边板钢筋构造图(C=0mm)	图号：11

图5-2-17　边板钢筋构造图(二)

由图可知，同一桥宽，三种斜交角度0°、15°、30°，预应力筋配置根数是一样的，所以斜交角度为15°时，预应力筋N1～N7配置数量不变，只是在平面上相互错开。因为斜交角度的变化，板体平面呈平行四边形，板体的底板和顶板的横向分布钢筋(N8、N13、N11)配置方向和长度会发生变化，而顶底板的纵向构造钢筋(N7、N12、N16、N17)数量和长度不发生变化。腹板上的纵向分布钢筋的长度和数量也不发生变化。请详细识读以下图纸的尺寸构造、钢筋布置情况，参考《公路钢筋混凝土及预应力混凝土桥涵设计规范》(JTG 3362—2018)及相关书籍完成本次能力训练。

任务三　装配式梁桥构造与施工

学习目标

(1)掌握钢筋混凝土T形梁、箱形梁的基本构造；

(2)掌握钢筋混凝土T形梁、箱形梁安装要点；

(3)掌握装配式梁桥横向连接方法。

任务描述

预应力混凝土T形梁、箱形梁是装配式梁桥上部结构中使用频率很高的两种类型。通过本任务的学习，要求完成预应力混凝土箱形梁构造图与配筋图的识读。

相关知识

一、梁桥的特点

梁桥是指结构在垂直荷载作用下，支座只产生垂直反力而无水平推力的梁式体系桥的总称。

1.钢筋混凝土梁桥的一般特点

钢筋混凝土是一种具有很多优点的建筑材料，用此种材料建造的桥梁也具有能就地取材、工业化施工、耐久性好、可模性好、适应性强、整体性好以及美观等各种优点。目前，使用钢筋混凝土建造的桥梁，种类多、数量大，在桥梁工程中占有重要地位。

钢筋混凝土梁桥也有一些明显的不足之处。钢筋混凝土梁桥在梁的受拉区布置受力钢筋，用于承担外荷载产生的拉应力，钢筋和混凝土黏结在一起共同变形，为发挥钢筋的强度，钢筋混凝土桥梁一般都是带裂缝工作，由于受到裂缝宽度的限制，钢筋的最大拉应力变受到限制，因此高强度钢筋和高强度混凝土无法应用于钢筋混凝土梁桥。强度和重度是桥梁建材的两个重要指标，它们直接影响到桥梁的极限跨越能力。钢筋混凝土梁桥由于材料强度不高而重度较大，桥梁跨径增大时，跨内自重弯矩与跨径平方成正比，承载能力大部分消耗于结构自重，占全部设计荷载的30%～60%，从而大大限制了钢筋混凝土梁桥的跨越能力，抗裂性能较差。此外，就地浇筑的钢筋混凝土桥施工工期长。在寒冷地区以及在雨季建造整体式钢筋混凝土桥梁时，施工比较困难，采用蒸汽养护以及防雨措施等，则会显著增加造价。

在桥梁建设中，权衡钢筋混凝土梁桥的优缺点，特别是大量跨越中小河流等的情况，需要建造中小跨径的梁桥，因此钢筋混凝土梁桥仍有一定地位。对于装配式钢筋混凝土简支梁桥而言，在技术经济上合理的最大跨径为 20m 左右，悬臂梁桥与连续梁桥适宜的最大跨径为 60～70m。

2. 预应力混凝土梁桥的一般特点

预应力混凝土可看作一种预先储存了足够压应力的钢筋混凝土材料。预应力混凝土梁桥除了同样具有前述钢筋混凝土梁桥的所有优点外，还有下述重要特点：

(1)能最有效地利用现代化的高强材料(高强度混凝土、高强钢材)，减小构件截面尺寸，显著降低自重所占全部作用效应设计值的比重，增大跨越能力，并扩大混凝土结构的适用范围。

(2)与钢筋混凝土梁相比，一般可以节省钢材 30%～40%，跨径愈大，节省愈多。

(3)全预应力混凝土梁在使用荷载下不出现裂缝，即使是部分预应力混凝土梁 A 类构件在常遇荷载下也无裂缝，鉴于截面能全面参与工作，梁的刚度就比通常开裂的钢筋混凝土梁要大。因此，预应力混凝土梁可显著减小建筑高度，能把大跨径桥梁做得轻柔美观。由于其能消除裂缝，这就扩大了对多种桥型的适应性，并更加提高了结构的耐久性。

(4)预应力技术的采用，为现代装配式结构提供了最有效的接头和拼装技术手段。根据需要，可在纵向和横向等施加预应力，使装配式构件结合成整体，这就扩大了装配式梁桥的使用范围，提高了运营质量。

显然，要建造好一座预应力混凝土梁桥，首先要有优质高强钢材和高强混凝土作为可靠保证的制备质量，同时需要有一整套专门的预应力张拉设备和材质好、制作精度要求高的锚具，并且要掌握较复杂的施工工艺。预应力混凝土简支梁的跨径目前已达到 50～60m。

二、梁桥的构造

1. 装配式钢筋混凝土简支梁桥

国内外所建造的钢筋混凝土简支梁桥，以 T 形梁桥最为普遍。我国已拟定了标准跨径为 10m、13m、16m 和 20m 的四种公路梁桥标准设计图，图 5-3-1 所示就是典型的装配式 T 形梁桥上部构造概貌。它是由几根 T 形截面的主梁、横隔梁及通过设在横隔梁下方和横隔梁翼缘板处的焊接钢板连接成的整体。

1)构造布置

(1)主梁布置

对于设计给定的桥面宽度，选定主梁的间距(或片数)是构造布局中首先要解决的问题。当吊装允许时，主梁间距采用 1.8～2.2m 为宜。主梁的合理高度与梁的间距、活载的大小等有关。对于跨径 10m、13m、16m、20m 的标准设计采用的梁高相应为 0.9m、1.1m、1.3m、1.5m，高跨比为 1/11～1/16。主梁梁肋的宽度，在满足抗剪需要的前提下，一般都做得较薄，以减轻构件的质量。目前常用的梁肋宽度为 180mm。

(2)横隔梁布置

横隔梁在装配式 T 形梁桥中起着保证各根主梁相互连接成整体的作用，它的刚度愈大，桥梁的整体性愈好，在荷载作用下各根主梁就能更好地共同工作。T 形梁桥的端横隔梁是必须设置的，它不但有利于制造、运输和安装阶段构件的稳定性，而且能加强全桥的整体性；有中横隔梁的梁桥，荷载横向分布比较均匀，且可以减轻翼板接缝处的纵向开裂现象。故当梁跨径稍大时，应根据跨度、荷载、行车道板构造等情况，在跨径内增设 1 ~ 3 道横隔梁，间距为 5 ~ 6m。跨中横隔梁的高度应保证具有足够的抗弯刚度，通常可做成主梁高度的 3/4 左右。梁肋下部呈马蹄形加宽时，横隔梁延伸至马蹄形加宽处。装配式 T 形梁构造如图 5-3-2 所示。横隔梁的肋宽通常采用 150 ~ 180mm，宜做成上宽下窄和内宽外窄的楔形，以便于脱模。

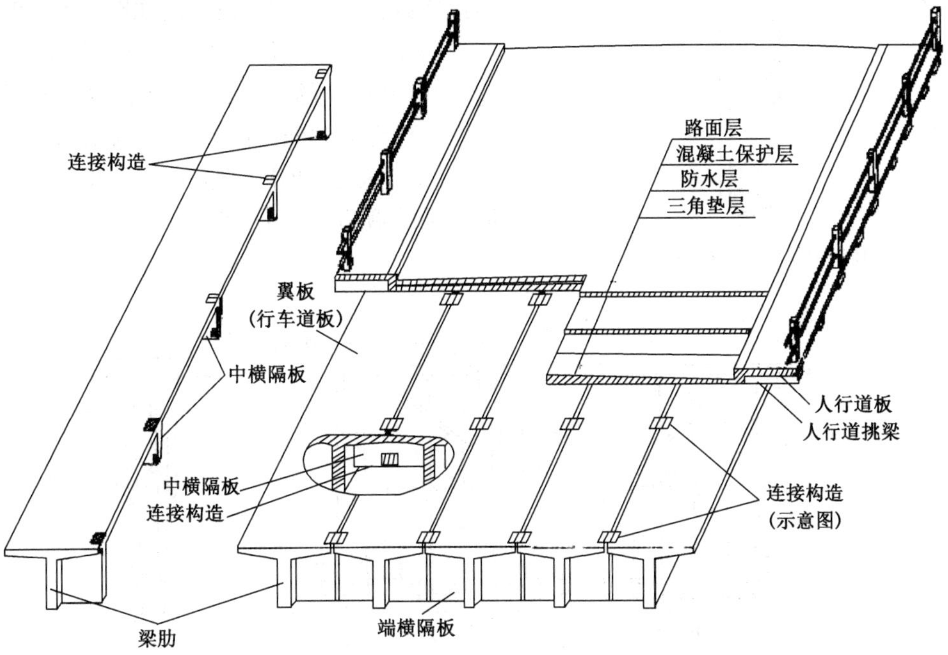

图 5-3-1　典型的装配式 T 形梁桥上部构造概貌

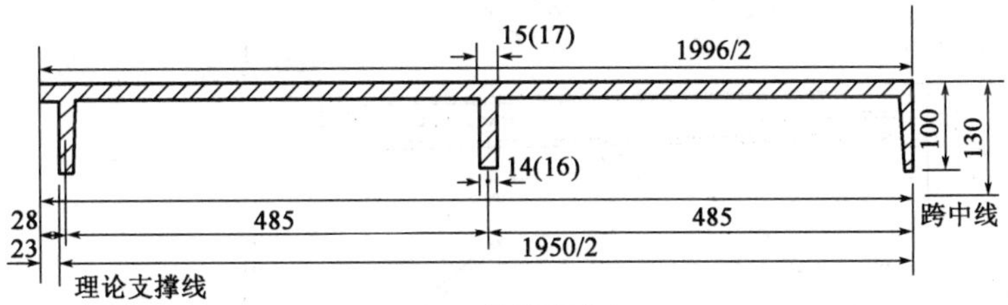

a)T梁总断面图

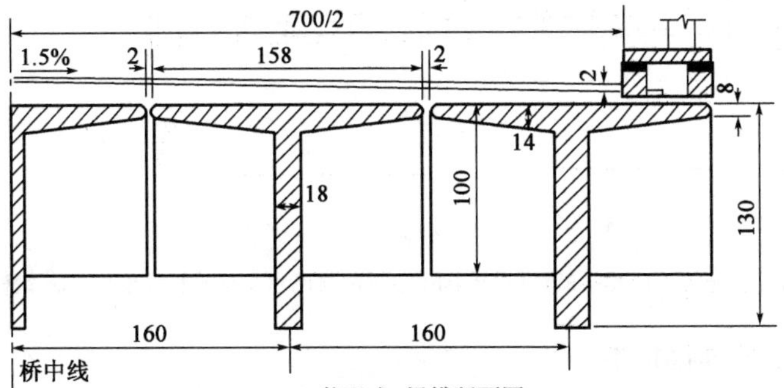

b)装配式T梁横断面图

图 5-3-2　装配式 T 形梁构造(尺寸单位:cm)

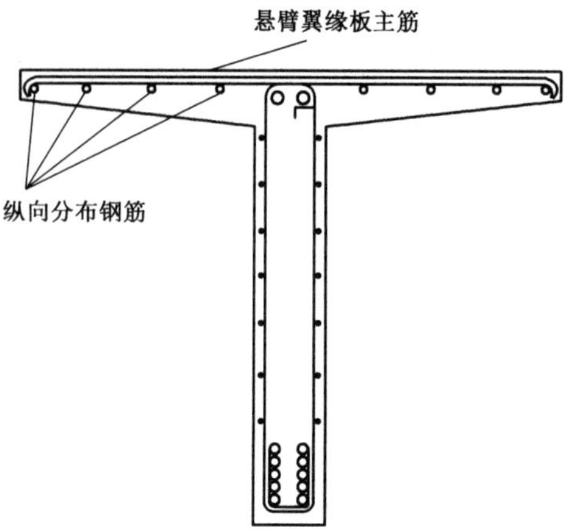

图 5-3-3　T 形梁钢筋布置

2）钢筋构造

装配式 T 形梁桥的钢筋可分为纵向受力钢筋（主筋）、架立钢筋、斜钢筋、箍筋和分布钢筋等几种。T 形梁翼缘板内的受力钢筋沿横向布置在板的上缘，以承受悬臂的负弯矩，在顺主梁跨径方向还应设置少量的分布钢筋，如图 5-3-3 所示。

图 5-3-4 为装配式 T 形梁桥横隔板的钢筋构造。在每根横隔梁上缘配置 2 根受力钢筋，下缘配置 4 根受力钢筋，各用钢板连接成骨架。同时，在上、下钢筋骨架中均加焊锚固钢板的短钢筋。横隔梁的箍筋作用是抵抗剪力。

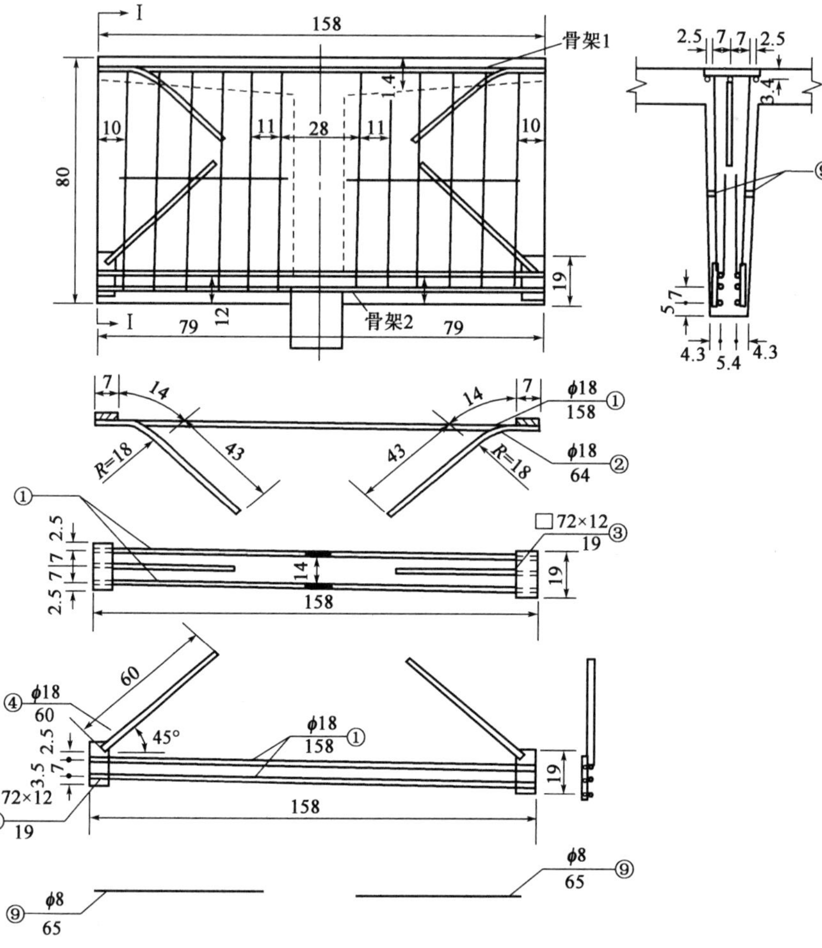

图 5-3-4　装配式 T 形梁桥横隔板的钢筋构造（构件尺寸及钢筋长度单位：cm；钢板单位：mm）

3）装配式主梁的连接构造

通常在设有端横隔板和中横隔板的装配式 T 形梁桥中，均借助横隔梁的接头使所有主梁连接成整体。其连接的方式有以下几种。

(1)钢板连接

如图5-3-5所示,在横隔梁靠近下部边缘的两侧和顶部的翼板内均埋有焊接钢板,焊接钢板预先与横隔梁的受力钢筋焊在一起做成钢筋骨架。当T形梁安装就位后即在横隔梁的预埋钢板上再加焊盖接钢板使连成整体。相邻横隔梁之间的缝隙最好用水泥砂浆填满,所有外露钢板也应用水泥砂浆封盖。这种接头强度可靠,焊接后立即就能承受荷载,但现场要有焊接设备,而且有时需要在桥下进行仰焊,施工较困难。

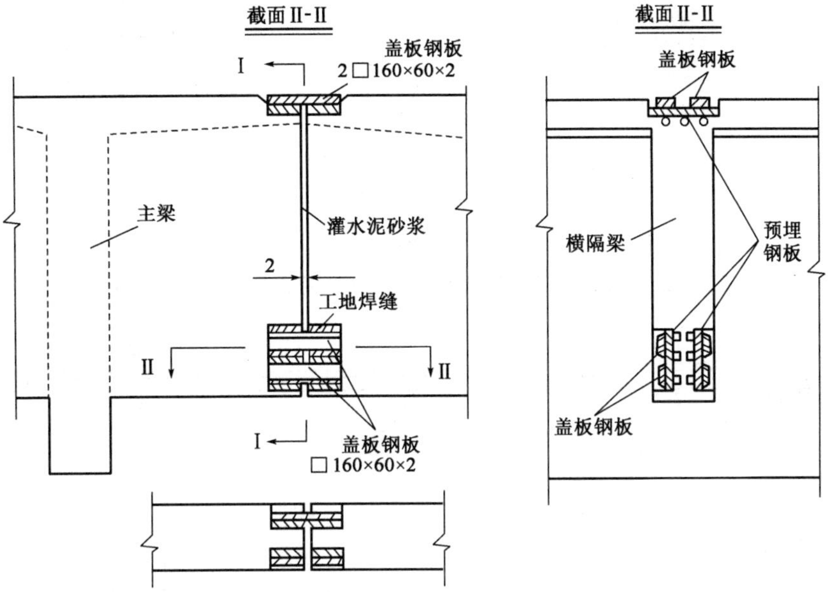

图5-3-5　横隔板的钢板连接构造(尺寸单位:mm)

(2)螺栓连接

如图5-3-6a)所示,此种方法基本上与焊接钢板接头相同,不同之处是使用螺栓与预埋钢板连接,为此钢板上要留螺栓孔。这种简化接头的施工工序,由于不用特殊机具而有拼装迅速的优点,但在运营过程中螺栓易于松动。

(3)扣环连接

如图5-3-6b)所示,这种接头的做法是:横隔梁在预制时在接缝处伸出钢筋扣环A,安装时在相邻构件的扣环两侧再安上腰环B,在形成的网环内插入布钢筋后现浇混凝土封闭接缝,接缝宽度为0.20~0.50m。此接头强度可靠、整体性好,在工地不需要特殊机具,但现浇混凝土数量多,接头施工后不能立即承受荷载。这种连接构造往往也用于主梁间距较大而需要缩减预制构件尺寸和重量的场合。

2.装配式预应力混凝土简支梁桥

预应力混凝土结构以其良好的实用性能而被广泛应用。目前公路上预应力混凝土简支梁的跨径已做到50~60m,我国编制了后张法装配式预应力混凝土简支梁桥的标准设计图,标准跨径为25m、30m、35m、40m。

预应力混凝土简支梁桥的横截面类型基本上与钢筋混凝土梁桥相似,装配式预应力混凝土T形梁和箱形梁最为常见。

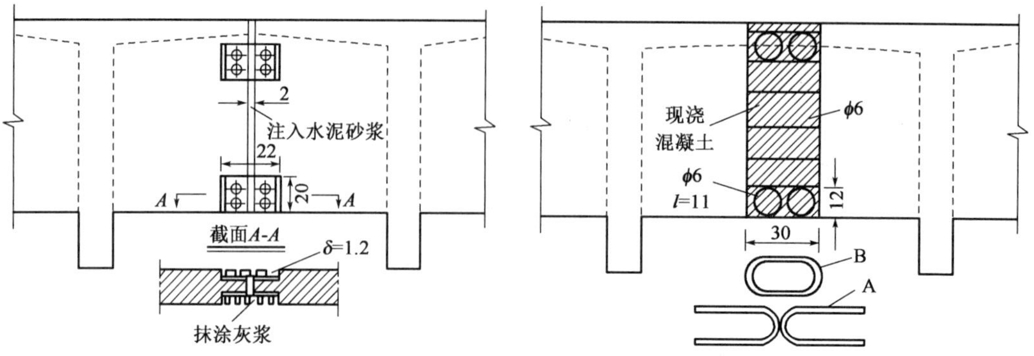

a)螺栓连接　　　　b)扣环连接

图 5-3-6　横隔板连接构造(尺寸单位:mm)

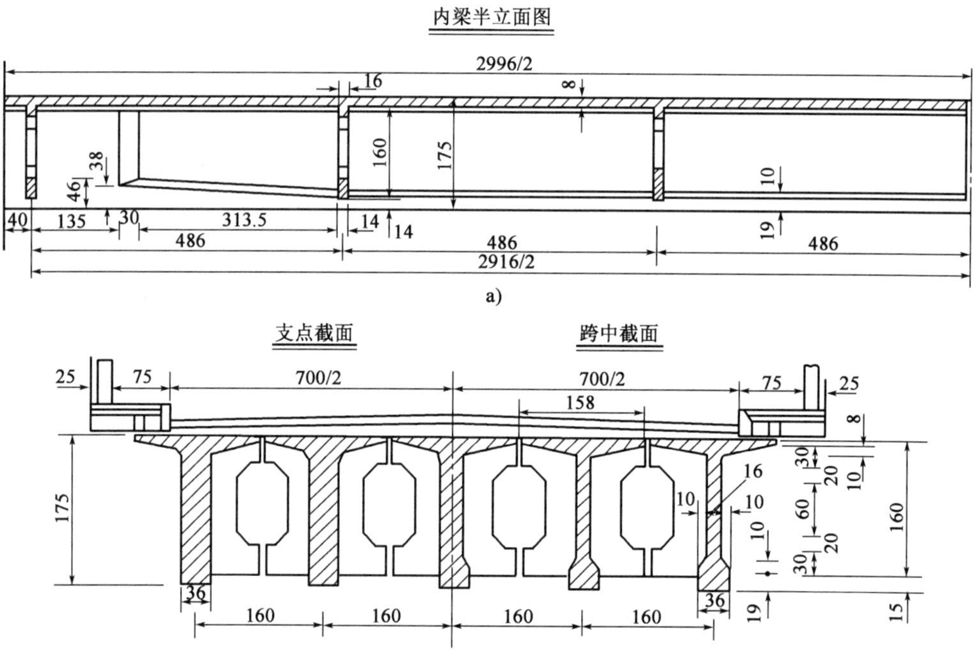

b)

图 5-3-7　跨径 30m 的预应力混凝土 T 形梁的构造布置(尺寸单位:mm)

1)构造布置

我国编制的公路桥涵标准图中,主梁间距采用 1.6m 和 2.2m,并根据桥梁横断面不同的净宽而相应采用 5、6、7 片主梁。图 5-3-7 是跨径 30m、桥面净空为净 −7m +2 ×0.75m 人行道的标准设计构造布置图。

预应力混凝土简支 T 形梁的梁肋下部通常加宽做成马蹄形,以便钢丝束或钢绞线束的布置和满足承受很大预压力的需要。为了配合钢丝束的起弯,在梁端能布置钢丝束锚头和安放张拉千斤顶,在靠近支点处腹板也要加宽至与马蹄同宽,加宽范围最好达一倍梁高(离锚固端)左右,这样就形成了沿纵向腹板厚度发生变化、马蹄部分也逐渐加高的变截面 T 形梁。

2)配筋特点

装配式预应力混凝土简支梁桥内的配筋,除主要的纵向预应力筋外,尚有架立钢筋、箍筋、水平分布钢筋、承受局部应力的钢筋和其他构造钢筋等。

预应力筋总的布置原则是:在保证梁底保护层厚度及使预应力钢筋位于索界内的前提下,

尽量使预应力筋的重心靠下，在满足构造要求的同时，预应力筋尽量相互紧密靠拢，使构件尺寸紧凑。简支梁纵向预应力筋布置方式如图 5-3-8 所示。目前预应力混凝土简支梁桥上采用最多的布置方式是图 5-3-8c）和图 5-3-8d）两种。

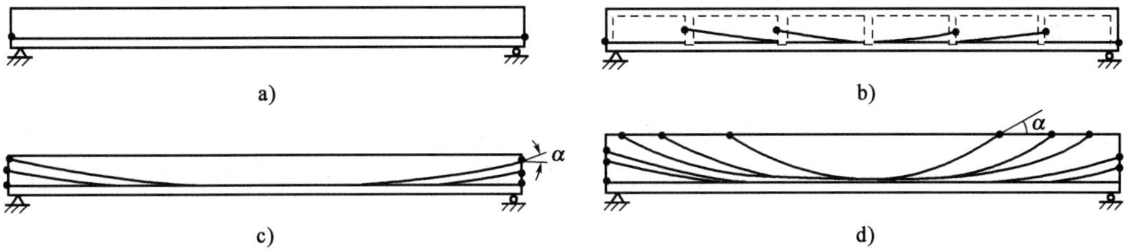

图 5-3-8　简支梁纵向预应力筋布置方式

图 5-3-9 为梁端锚垫板和锚下加强钢筋网构造图。加强钢筋网的网格约为 10cm × 10cm。锚具下设置厚度不小于 16mm 的钢垫板与 ϕ8 的螺旋筋，其螺距为 3cm，长 21cm，以提高混凝土的抗裂性。

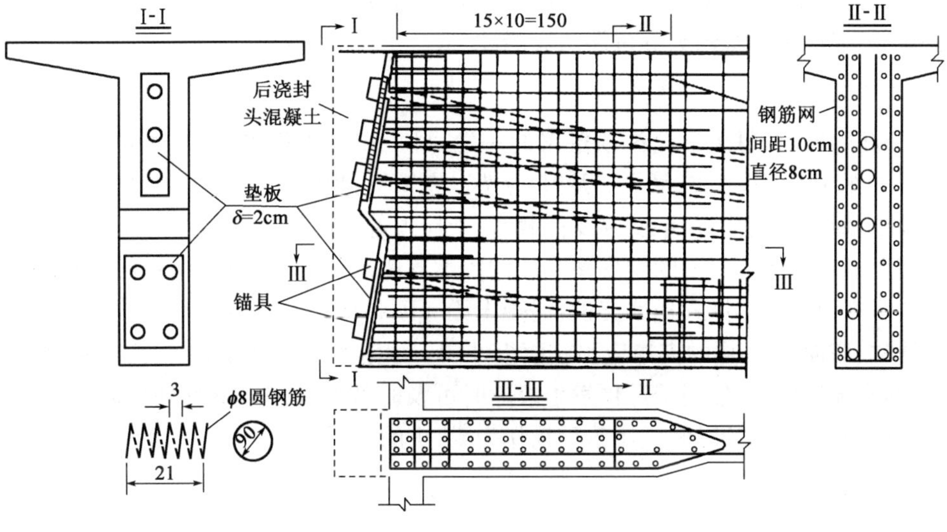

图 5-3-9　梁端锚垫板和锚下加强钢筋网构造图（尺寸单位：cm）

装配式预应力混凝土梁桥的横向连接构造一般与钢筋混凝土梁桥相同，但也可在横隔梁内预留孔道，采用横向预应力筋张拉集整。这样的连接整体性好，但对梁的预制精度要求较高，施工稍复杂。

三、架梁的基本作业

梁、板构件在移运、存放和架设安装时，混凝土的强度不应低于设计对架设安装所要求的强度。设计无规定时，应不低于设计强度的 80%。

1. 梁、板运输

梁、板运输按运输设备不同可分为轨道平车法、轮胎平车法、大型运梁平车法、滑道法等。

1）轨道平车法

轨道平车法主要适用于 T 形梁、小箱形梁、空心板梁的运输，运输距离不宜过长。可在已架梁面或地面铺轨运输至待架位置，主要适用于架桥机架设法、自行式吊机架设法或龙门吊架设法。运输前从预制场铺设纵移轨道至架桥机安装现场。运梁平车在预制场停放后，采用预制场龙门吊将梁、板吊或移运至运梁平车上方。运梁车运梁时，梁、板重心应落在平车纵向中心线上，偏差不得超过20mm。运梁平车运送梁的过程中，应在两台车上分别由专人护送，预防梁体支撑松动。

2）轮胎平车法

轮胎平车法主要适用于预制梁场与架桥工地较远、不适合铺轨或铺轨费用较高的场合。轮胎平车较轨道平车底盘高，使梁板在运输过程中重心较高，运梁时应注意采取措施保证梁、板的稳定性。

3）大型运梁平车法

大型运梁平车法主要用于整孔箱形梁的陆地运输。箱形梁在预制场由专用大型提梁机吊装至运梁平车上方后，由运梁平车经便道运输至已架梁上方，并继续运输至架桥机后方完成喂梁施工；或利用平车运输至箱形梁下水码头装船。

4）滑道法

滑道法主要适用于大型整孔箱形梁的陆地短距离运输，主要用于场内移动，或将箱形梁由预制场短距离移运至下水码头等待浮吊装船。

2. 千斤顶起落梁

千斤顶起落梁时，每次只允许顶落梁的一端，另一端必须稳妥垫实，防止向一端倾斜、走动；千斤顶上面或下面如需扩大承压面积，应垫以厚钢板；为防止滑动，应在千斤顶上面和梁底之间加垫硬木板或麻袋片；在承受主要荷载时，千斤顶着力部位应在中央，不得倾斜，如必须倾斜顶时，其上下应以适合斜度的楔形硬木或球铰类支座承垫，并加垫厚钢板；顶落T形混凝土梁时，两端需有稳妥的斜撑式托架支护；混凝土梁起顶和保险支承的部位，应尽量靠近设计支点处的梁腹板底面，T形梁的支撑应顶在腹板外侧。顶落梁工作量较大时，应有备用的千斤顶和供更换的易损配件，以便当千斤顶发生故障时可及时替换处理。落梁到位后应及时转换支撑，将千斤顶脱空，严禁长时间利用千斤顶作为梁、板的支撑。

3. 支座安装

1）临时支座施工

在先简支后连续的桥梁施工中，梁、板安装前，需要在桥墩或桥台上方设置临时支座，作为梁、板在简支状态的临时支撑，待相邻跨梁、板完成湿接头浇筑并达到设计要求强度后，按顺序拆除临时支座，使梁、板落于永久支座上方，完成体系转换。临时支座顶高程一般较永久支座顶高出5～10mm。

施工中常用的临时支座主要包括：硫黄砂浆临时支座、混凝土垫块临时支座、砂筒式临时支座、自锁式千斤顶临时支座、砂袋式临时支座等。

（1）硫黄砂浆临时支座

硫黄砂浆临时支座是将工业用粉末状或小块状硫黄加热至130～140℃，使其熔化，而后加入纯净干中砂，边加热边搅拌至均匀，于混凝土块件顶端装置模具，然后在硫黄砂浆层安装串联的电阻丝，间距均匀地往复盘曲在模具内，电阻丝两端露出模具，浇筑硫黄砂浆，冷凝后则硫黄砂浆预埋电阻丝加混凝土块件组合临时支座制作完成。使用时，混凝土块件一端向上，硫黄砂浆一端向下，待主梁负弯矩区混凝土强度达到允许落梁强度、拆除临时支座时，将露于临时支座外面的电阻丝端头按并连接于电路上，一般通电 2 ~ 3min 电阻丝便产生热量，硫黄砂浆熔化流淌，混凝土块件下落，至此，桥梁上部结构由简支变连续，完成体系转换。为防止硫黄燃烧温度过高而破坏永久支座，可在永久支座外围设置一圈临时的阻燃板，如图 5-3-10 所示。

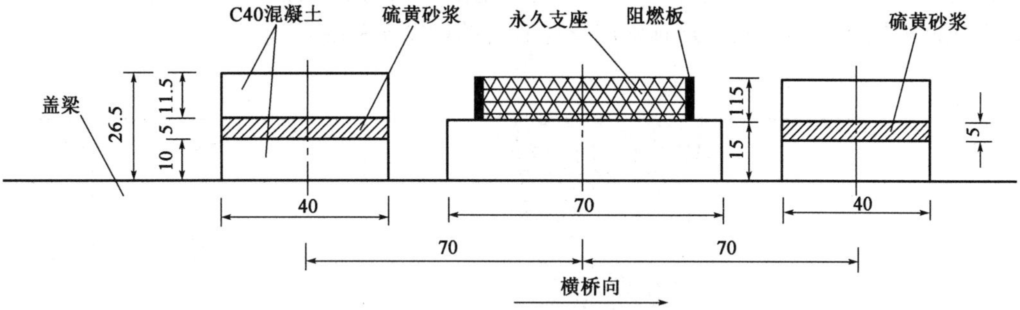

图 5-3-10　某桥硫黄砂浆临时支座布置图（尺寸单位：cm）

（2）混凝土垫块临时支座

混凝土垫块临时支座较多应用于重量较小的梁、板架设。混凝土垫块临时支座主要包括混凝土垫块、底层砂盒，砂盒在使用前需经过预压，并采用处理过的干砂。架设梁时，混凝土垫块置于预压过的砂盒上方，作为梁、板临时支座。落梁施工时，掏出砂盒内部分砂子，以降低混凝土垫块高程，使梁、板落于永久支座上方，如图 5-3-11 所示。

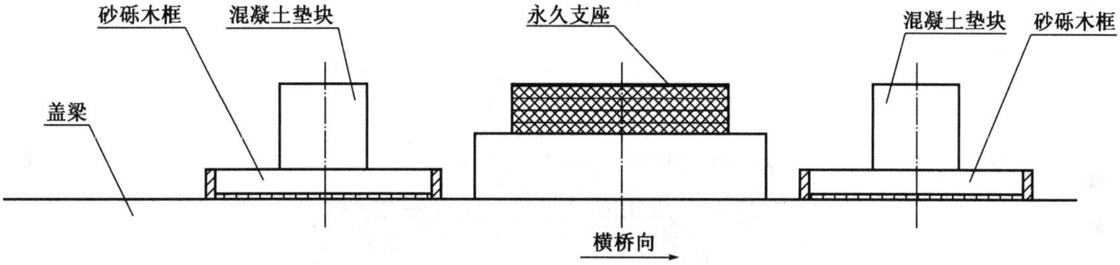

图 5-3-11　混凝土垫块临时支座布置图

（3）砂筒式临时支座

砂筒式临时支座是由两个活塞式钢套筒与填充的砂子组成（顶层套筒内填充混凝土，底层套筒内填充砂子）的，通过增加或减少砂筒内含砂量调整高程和拆除临时支座。工程中，根据梁体安装质量和填砂沉降系数，计算确定活塞套筒直径高度、材质规格和填砂量。活塞式临时支座安装使用前，首先应彻底清除墩台盖梁顶面的杂物；其次，于砂筒下面铺垫一层油毡（面积须大于套筒底面积的 30%）；最后，按计算高度填砂于套筒内并整平，将活塞置于填砂之上、套筒之内，保证活塞顶面水平。

将梁安装于活塞式临时支座上，安装过程中随时检查临时性支座的稳定和活塞顶面水平情况。浇筑铰缝和湿接头混凝土并养护；待铰缝和湿接头混凝土强度满足设计要求后，同时用拨棍撬拨套筒底部，填砂流出，活塞卸荷，整孔梁体平稳落下，永久支座承重，完成体系转换。活塞式临时性支座结构形式简单，制作容易，操作方便，可一次投入多次使用，某桥砂筒临时支座布置图如图 5-3-12 所示。

（4）自锁式千斤顶临时支座

千斤顶具有操作灵活、可控性好等优点，但作为临时支座的千斤顶必须具备自锁功能。自锁式千斤顶临时支座造价较高,通常应用于大型桥梁的架设。施工时在千斤顶活塞顶部安装球铰,用以适应梁体纵坡和横坡;千斤顶底部安装不锈钢板和聚四氟乙烯滑板,用以调整梁体水平位置。为保证体系转换时落梁同步,同一墩顶的各千斤顶通过一台高压油泵集中控制,油泵通过附加安装的分流节流阀将各千斤顶的进油路和回油路分别并联,确保各千斤顶负载下的举升或回程同步。自锁式千斤顶临时支座布置图如图 5-3-13 所示。

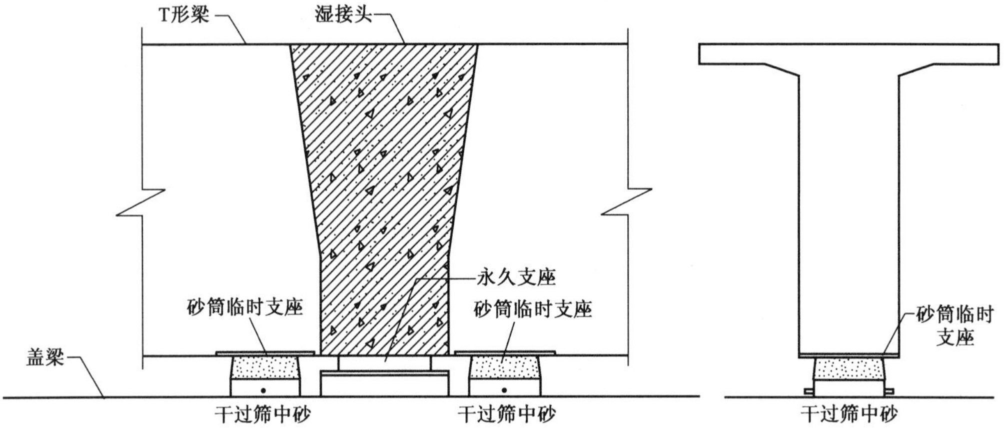

图 5-3-12　某桥砂筒临时支座布置图

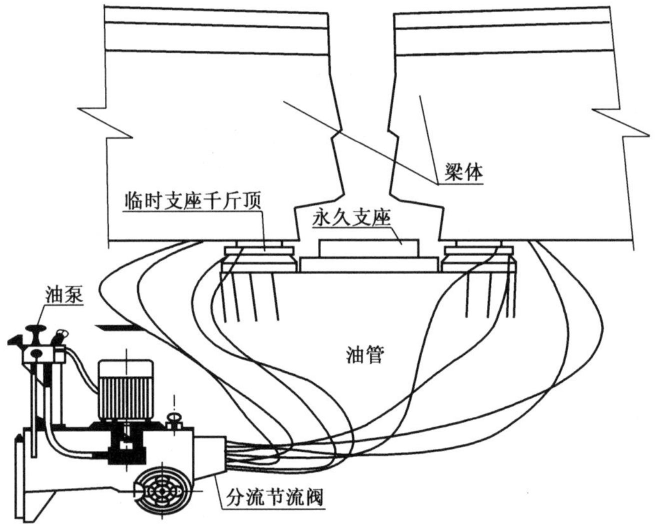

图 5-3-13　自锁式千斤顶临时支座布置图

(5)砂袋式临时支座

砂袋式临时支座采用帆布砂袋内部装满砂子并经预压,在砂袋上方加垫钢板,作为桥梁临时支座。卸载时在砂袋外侧开小孔使内部砂子部分流出。单个砂袋承载能力为 100t 左右,适合于小型的梁、板架设,施工较为方便,经济性好。

2)永久支座施工

(1)板式橡胶支座

先在支承垫石上按设计标出支座位置中心线,同时在橡胶支座上也标上中心线,将支座安放在垫石上,使两中心线重合。注意矩形支座短边应平行于顺桥向,圆形支座无须考虑方向性。

普通板式橡胶支座安装有封闭型与简易型两种。封闭型安装方法即在支座外围采用橡胶围裙把支座密封起来，可有效防止外界环境对支座的影响，如图 5-3-14 所示。

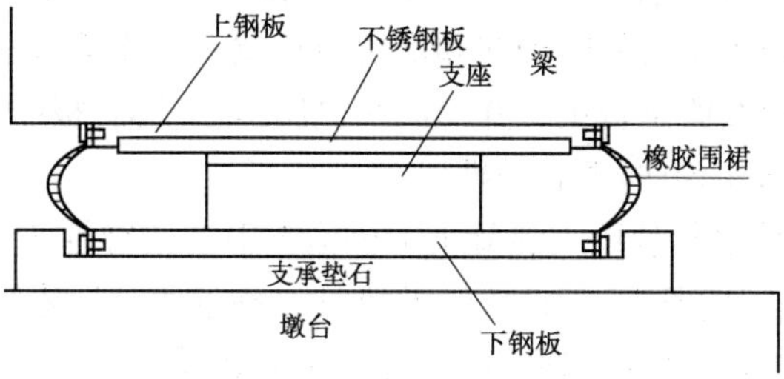

图 5-3-14　封闭型橡胶支座安装示意图

现浇梁橡胶支座的安装：在浇筑混凝土梁体前，在橡胶支座位置上加设一块比支座平面稍大的支承钢板，钢板上焊锚固钢筋与梁体相连接。将支承钢板作为现浇梁底模的一部分，为防止漏浆，可在支承钢板与模板之间四周空隙处用棉纱、油灰或软木板填塞。按以上方法施工，可使支座上、下表面同梁底钢板、支承垫石密贴。

预制梁橡胶支座的安装：为使落梁准确，可把支座中心线分别延伸到桥梁墩台和梁端立面上，落梁时使两者相吻合，就能较好地控制落梁的准确性。梁板安装必须细致稳妥，使梁板就位准确，与支座密贴，并防止支座产生剪切变形。支座就位不准时，应用千斤顶顶起梁板调整，不得用撬杠移动梁板。

(2)盆式橡胶支座安装

盆式橡胶支座安装时与上、下部结构的连接，可采用螺栓锚固连接或钢板焊接连接两种方法。

螺栓锚固连接：盆式橡胶支座下面建议设置支承垫石，同时按支座底板地脚螺栓间距及规格预留地脚螺栓孔，预留孔的直径应大于等于地脚螺栓直径的 3 倍，深度为地脚螺栓长度 +50mm。在预留螺栓孔内注入环氧树脂砂浆，在初凝前，按中心线安放盆式橡胶支座并使支座四角高差不大于 2mm，同时，从支座的地脚螺栓孔中插入拧上螺母的地脚螺栓，待完全锚固后拧紧螺母。

钢板焊接连接：GPZ 系列盆式橡胶支座采用焊接连接时，可在支座顶板和底板相应位处预埋钢板，支座就位后用对称间断方式焊接，以避免焊接时局部温度过高而使支座或预埋钢板变形。焊接时注意防止温度过高对橡胶及聚四氟乙烯板的影响。焊接后要在焊接部位做防锈处理。

安装支座还需注意以下事项：①现浇梁的支座安装时，一般将支座整体吊装，固定在设计位置上。②预制梁的支座安装时，支座的上、下座板分先后进行连接，通常是先将支座上座连接在大梁上，而后根据其位置确定底盆（下座板）在墩台上的位置，最后予以固定。③顶推法连续梁，应先将下座板固定在墩台上，墩台上还应设置临时支座，当主梁顶推完毕，且校正位置后，拆除临时支座，让梁落在支座上。④支座顺桥向的中心线必须与主梁的中心线重合或平行。对于活动支座的安装，要注意支座安装时的滑移方向与设计方向一致。对于只允许在一个方向活动的支座，其上方支座板的导向挡块必须保持平行，其交叉角不得大于 5°，否则将影响其位移性能。

4. 梁、板就位

①根据线路中心和墩台中心里程，在墩台上放出每片梁的纵向中心线、支座纵横中心线、梁板端头及支座底部轮廓线，在梁端横线上定出各片梁底部边缘的点。②若墩台上布置有移

梁滑道或枕木垛，应再将边缘的线放至滑道或枕木垛顶面。③坡桥上顺坡斜置的梁，放线时应考虑坡度对平面跨径尺寸的影响。④在每片梁、板的两端应标出梁的竖向中心线，T形梁标在梁肋上。⑤就位时，在梁（板）侧面的端部挂线锤，根据墩台顶面标出的梁端横线及该线上标出的梁侧边缘点来检查和控制梁的顺桥向和横桥向正位。⑥在梁、板端的顶部中心挂线锤，根据梁端面上的竖向中线检查梁是否正直并不向两侧倾斜。⑦梁、板的顺桥向位置，一般以固定端为准，横桥向位置应以梁的纵向中心为准。

预制梁（板）的安装是预制装配式混凝土梁桥施工中的关键性工序，应结合构件的结构特点、重量、施工环境条件、工期条件、架设安装的机械设备条件等具体情况，以安全可靠、经济简单和加快施工速度等为原则，合理选择架梁的方法和安装设备。

5. 架梁

架梁从架设的工艺来分有陆地架梁、浮吊架梁和利用安装导梁、塔架、缆索的高空架梁法等施工方法。无论采用何种施工方法，施工前均应制订专项施工技术方案、安装工艺及安装安全技术方案。安装前对墩台的施工质量进行检验，并对支座或临时支座平面位置和高程进行复测，合格后方可进行梁（板）等构件的安装。

1）龙门吊架设法

龙门吊架设法是以平板拖车或轨道平车将预制梁运送至桥孔，然后用跨墩龙门吊或墩侧高低腿龙门吊将梁架起，再横移到设计位置落梁安装。

跨墩龙门吊架设法是将龙门架设置在安装跨两墩间的位置处，预制梁由平板拖车或轨道平车送至架设桥孔处，由两台龙门吊将预制梁吊起横移，从一侧向另一侧逐片架设安装，如图5-3-15所示。一跨梁安装完毕后，通过轨道将龙门架拖拉至下一跨进行安装。

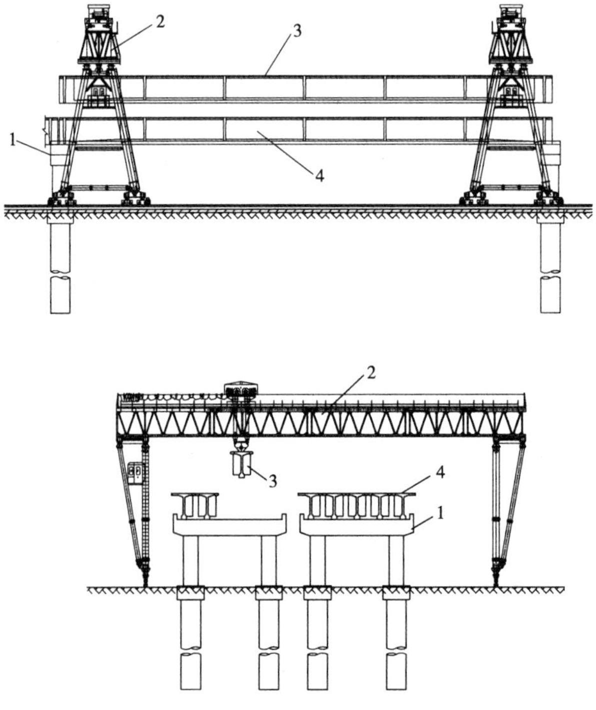

图5-3-15 跨墩龙门吊架梁

1-桥墩；2-龙门吊；3-待架梁段；4-已架梁段

2）架桥机架设法

架桥机架设法是将梁（板）预制完成后，由专用运梁车通过路基或已架桥梁运送至专用架桥机后方，最后利用架桥机逐孔架设的方法施工。该方法适用于桥垮较多、架梁工程量较大的标准跨径桥梁，其特点是不受桥下通航（通车）和高墩影响，不影响桥下交通，架梁安全性高。

目前我国采用的公路架桥机大部分为步履式，架桥机主要由主梁、后端支架、吊车、步行器等组成。整机采用跨步行进，依靠四个支腿作为架桥机的主要支撑结构，通过相互间的有序换步实现步履纵移，因此无须在桥面铺设纵移轨。步履架桥机稳定性好，可携边梁一次横移到位，实现全断面机械化移梁和落梁。

图 5-3-16 为国内某桁架式双导梁步履式架桥机主要构造，主要用来架设小型箱梁或 T 梁。

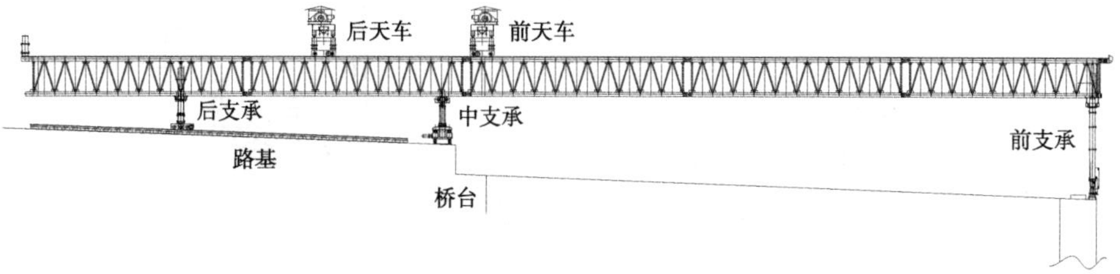

图 5-3-16　桁架式双导梁步履式架桥机主要构造

3）单导梁架设法

单导梁架设法适用于架设安装 30m 以下的多孔桥梁，其优点是完全不设桥下支架，不受水深流急影响，架设过程中不影响桥下通航、通车。预制梁的纵移、起吊、横移、就位都较方便。本方法适用于在一些交通不便的偏远地区架设跨数较少的 T 梁或小箱梁。

单导梁架桥设备主要由龙门架、蝴蝶架、钢导梁（一般为桥梁跨径的两倍或稍长）三部分组成。

单导梁架梁顺序如下：

（1）在桥头拼装钢导梁，梁顶铺设钢轨，并用绞车纵向拖拉导梁就位。

（2）拼装蝴蝶架和门式吊机，用蝴蝶架将两个门式吊机移运至架梁孔的桥墩（台）上。

（3）由平车轨道运送预制梁至架梁孔位，将导梁两侧可以安装的预制梁用两个门式吊机吊起，横移并落梁就位，如图 5-3-17 中 1、2、3、4 号梁。

（4）将导梁所占位置的预制梁临时安放在已架设好的梁上，如图 5-3-17 中的 5、6 号梁。

（5）用绞车纵向拖拉导梁至下一孔后，将临时安放的梁由门式吊机架设就位，完成一孔梁的架设工作，并用焊接横向钢筋将各梁连接起来。

（6）在已架设的梁上铺接钢轨，再用蝴蝶架顺序将两个门式吊机托起并运至前一孔的桥墩上。如此反复，直至将各孔梁全部架设好为止。

4）自行式吊车桥上架梁法

在预制梁跨径不大，质量较轻且梁能运抵桥头引道上时，可直接用自行式伸臂吊车（汽车吊或履带吊）来架梁。但是，对于架桥孔的主梁，当横向尚未联成整体时，必须核算吊车通行和架梁工作时的承载能力。此种架梁方法简单方便，几乎不需要任何辅助设备，如图 5-3-18 所示。

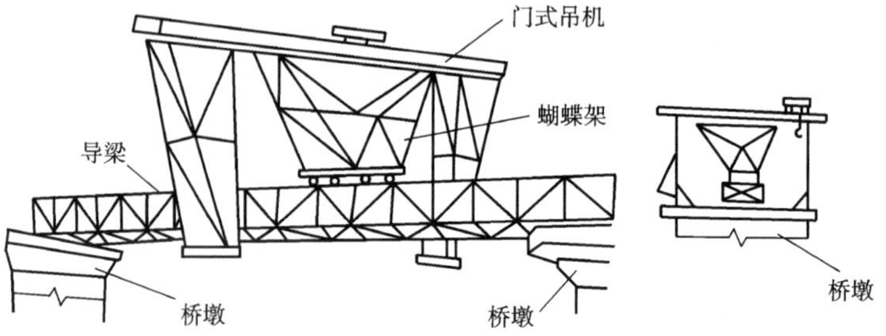

a)主梁纵移图

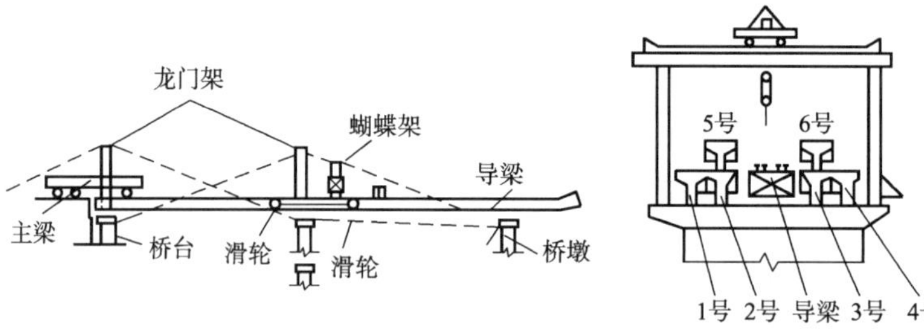

b)主梁横移安装图

图 5-3-17　单导梁架梁法

5)扒杆纵向"钓鱼"架梁法

扒杆纵向"钓鱼"架梁法是用立在安装孔墩台上的两副人字扒杆,配合运梁设备,以绞车互相牵吊,在梁下无支架、导梁支托的情况下,把梁悬空吊过桥孔,再横移落梁、就位安装的架梁法。

本法不受架设孔墩台高度和桥孔下地基、河流水文等条件影响;不需要导梁、龙门吊机等重型吊装设备即可架设 30 ~ 40m 以下跨径的桥梁;扒杆的安装移动简单,梁在吊运状态时横移容易,也比较安全,故总体架设速度较快。但本法需要技术熟练的起重工,且不宜用于不能设置缆索锚碇和梁上方有障碍物处。

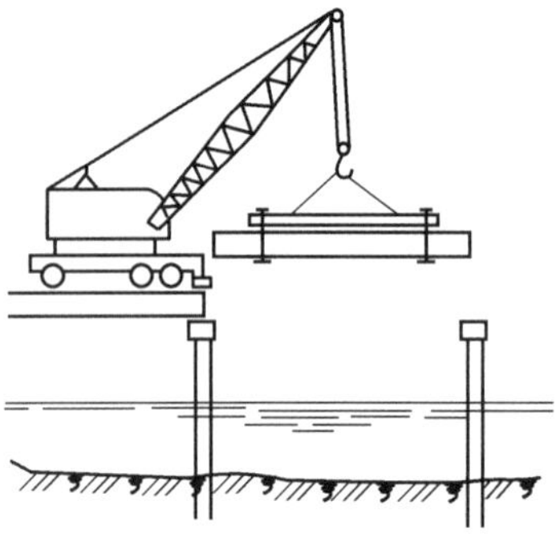

图 5-3-18　自行式吊车桥上架梁法

能力训练

识读预应力箱梁构造图和配筋图

装配式预应力混凝土箱梁桥在我国高等级公路以及城市道路中有着大量的应用,一般适用于先简支后连续的连续梁桥,跨径为 25 ~ 40m,现以 30m 跨径先简支后连续箱梁为例说明其构造。

1. 横断面布置

桥梁的宽度决定桥跨横向梁板数量,装配式箱梁桥由于桥宽各异的原因,横断面布置上主梁的间距有所差异,相应箱梁顶板宽度不同。图 5-3-19 为高速公路 2 × 净—15.25m 桥宽的简支变连续箱梁桥典型横断面图。此横断面为双幅分离布置,相接路基宽度3450cm(1675cm +

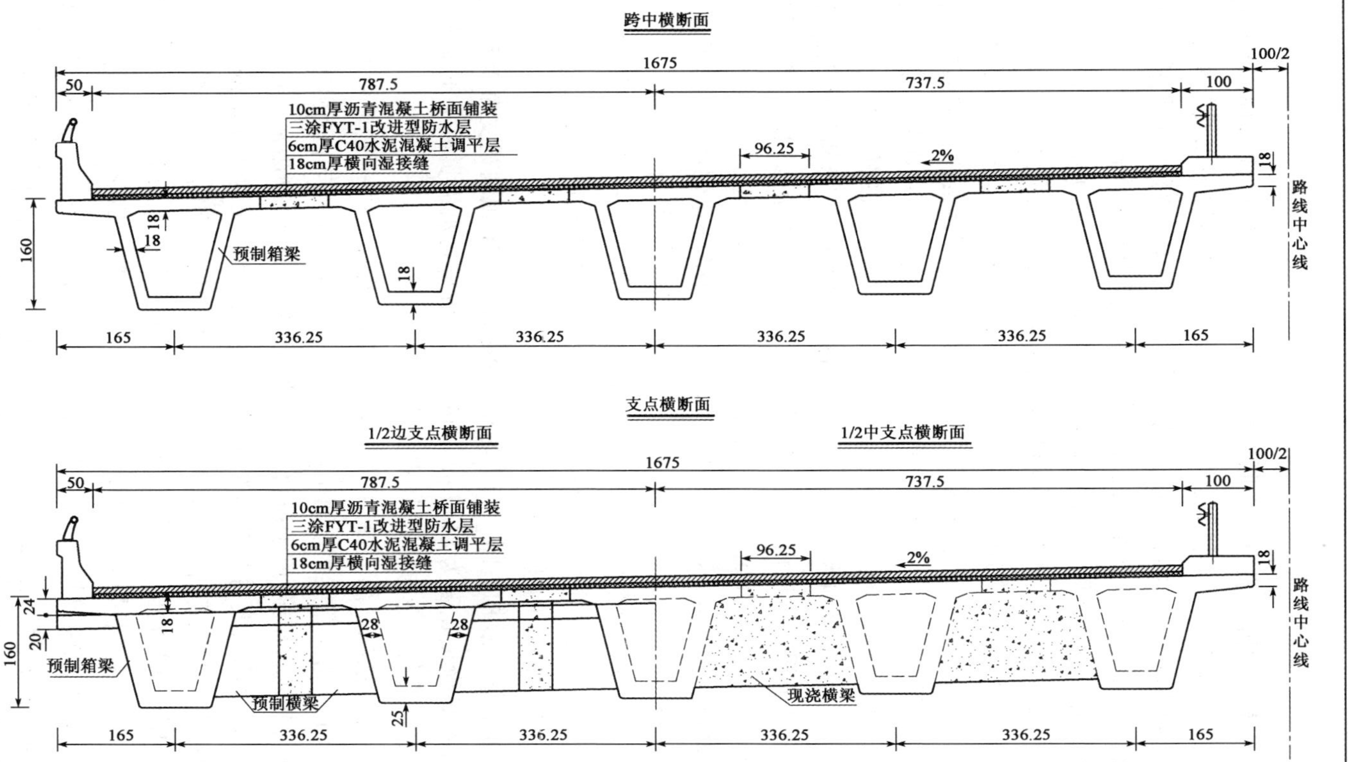

注:本图尺寸均以厘米计。

装配式部分预应力混凝土连续箱梁桥上部构造 跨径:30m 斜度:0°	公路—Ⅰ级 2×净-15.25m
典型横断面	图号:

图 5-3-19 桥梁典型横断面图

100cm + 1675cm)，中央分隔带宽 100cm，单幅总宽 1675cm，单幅宽度由 5 片箱梁组成，3 片中梁，内、外边梁各 1 片，梁间距为 336.25cm，两侧边梁外缘距边梁中心 165cm，相邻梁体间纵向湿接缝宽度 96.25cm。桥梁 2% 的横坡在箱梁顶板上形成。

2. 一般构造

装配式先简支后连续箱梁桥一般由若干联构成，一联由 3 ~ 8 跨组成，每联的两端设伸缩缝，中间各跨纵向均用湿接缝相连。具体联长大小与桥梁所在环境温差以及伸缩装置伸缩梁等有关。一联由两个边跨和若干中间跨组成，边跨的边梁、中梁和中跨的边梁、中梁在构造尺寸上，由于在相邻两联相接处支座布置和伸缩装置布置的原因而有所差异。

图 5-3-20 为中跨中梁一般构造图，单片中跨中梁预制顶宽 240cm，中心高 160cm，由于 2% 横坡在顶板形成，相应左右两侧梁高不同，分别为 162.4cm 和 157.6cm，底宽 100cm。跨中截面底板、腹板、顶板厚度均为 18cm，在距梁端 40cm 处开始设 200cm 长的过渡段，底板厚度由 18cm 变为 25cm，腹板厚度由 18cm 变为 28cm。这样一方面是为了承受剪力的需要，另一方面是为了在梁端提供足够的承压面积，以便布设预应力锚具。为了方便墩顶箱梁顶板内预应力钢束的张拉，于一联内对称于桥墩中心线相邻两跨上，在箱梁顶板上设置工作孔，每片中跨箱梁设置四个工作孔，工作孔尺寸分别为 70cm × 100cm、100cm × 100cm，相邻两跨工作孔对称于墩中心线设置。为了满足顶板负弯矩钢束锚下局部承压和锚具尺寸的要求，在箱梁顶板上设置齿板，齿板在距锚固面 170cm 处开始，在 120cm 范围内由顶板厚度 18cm 逐渐加厚到 28cm，在距锚固面 50cm 范围内保持 28cm 不变。图中阴影线部分为墩顶相邻两跨后浇混凝土连续段。梁体标准跨径 3000cm，实际预制长度 2940cm。为便于锚具布设，并使梁端锚下承压面与预应力索垂直，梁的两端均设计成企口台阶式，从梁的顶面向下 120cm 范围内倾斜 7.5°。为了调节箱梁内外温差，防止温度作用导致梁体开裂，在底板两端距离墩中心线 290cm 处间隔 300cm 分别设置两个直径 100mm 的通气孔。

图 5-3-21 为中跨外边梁一般构造图。与中跨中梁不同，其边梁预制宽度为 285cm，靠桥外侧一边的翼板全部预制，翼缘板宽度为 81.7cm。同时为了防止雨水沿翼缘板下流至梁体，在翼缘板底面设置滴水槽。其余构造与中跨中梁相同。

图 5-3-22 为边跨中梁一般构造图，边跨中梁与中跨中梁的截面尺寸一致，单片边跨中梁预制顶宽 240cm，中心高 160cm。边跨箱梁两端面构造不同。一端为连续端，与中跨相连；一端为非连续端，梁体在墩顶断开与其他联相接，或于桥台终止，梁的预制长度为 2962cm（包括非连续端封锚混凝土），非连续端张拉锚固后要打封锚混凝土，使梁端达到预制长度所要求的直线形截面。连续端与中跨梁构造相同，预制施工时保持企口状不封锚，只将普通钢筋预留出端头，架梁后现场焊接连接钢筋并用混凝土现浇，即实现简支变连续。图中阴影线部分为伸缩装置预留槽口，伸缩装置安装后，浇注槽口部分混凝土。为减弱地震过程中相邻两联之间梁端的积压、碰撞，在非连续端端面腹板上设置减震橡胶块，尺寸为 200mm × 20mm × 200mm。边跨中梁只在连续端一侧设置顶板负弯矩钢束张拉工作孔和锚固齿板，非连续端不设置工作孔和齿板。

图 5-3-23 为边跨外边梁一般构造图，与边跨中梁不同，其边梁预制宽度为 285cm，靠桥外侧一边的翼板全部预制，翼缘板宽度为 81.7cm。同时为了防止雨水沿翼缘板下流至梁体，在翼缘板底面设置滴水槽。其余构造与边跨中梁相同。

图 5-3-24 为边跨、中跨内边梁横断面图，内边梁除翼缘板长度为 80.8mm，与相应中、边跨外边梁不同外，其余构造尺寸均与相应中、边跨梁体相同。

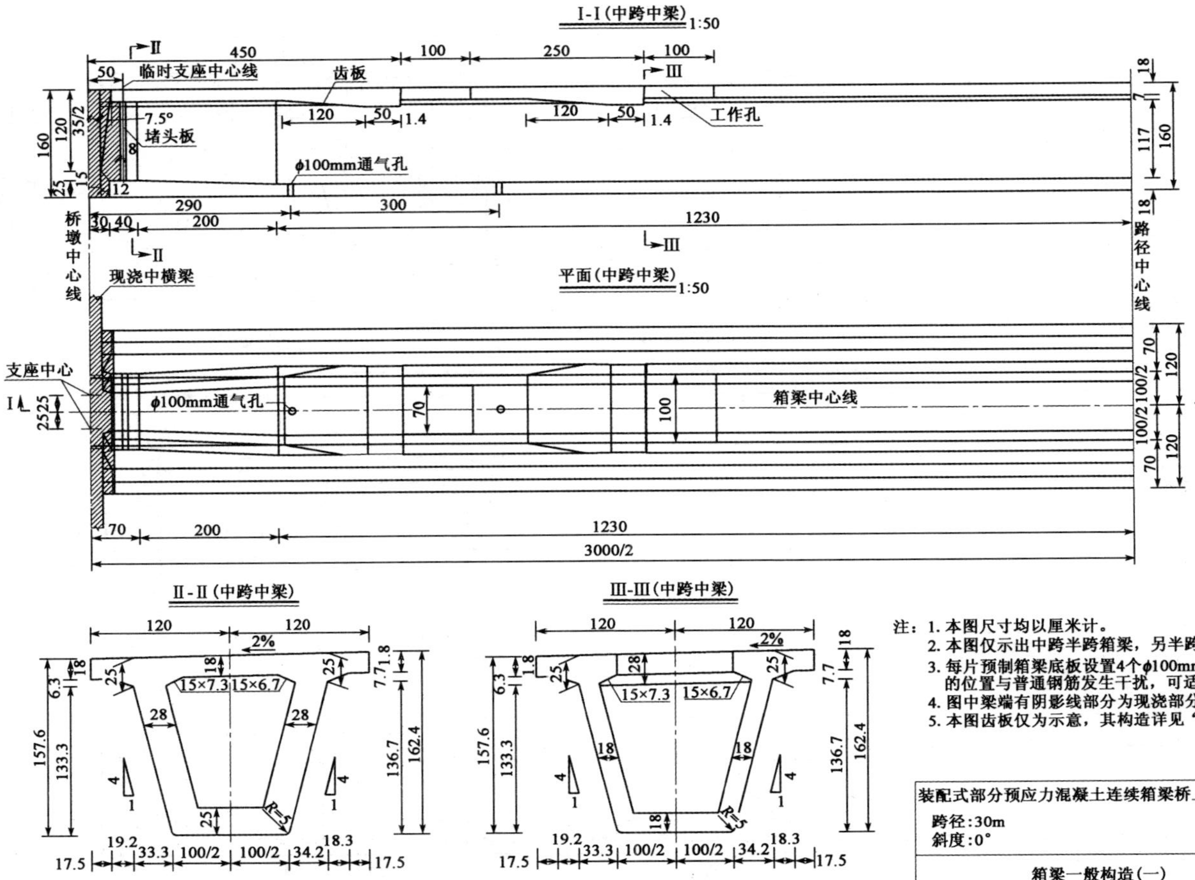

注：1. 本图尺寸均以厘米计。
2. 本图仅示出中跨半跨箱梁，另半跨箱梁与此对称。
3. 每片预制箱梁底板设置4个φ100mm的通气孔，如图中通气孔的位置与普通钢筋发生干扰，可适当挪动普通钢筋的位置。
4. 图中梁端有阴影线部分为现浇部分。
5. 本图齿板仅为示意，其构造详见“齿板一般构造”。

装配式部分预应力混凝土连续箱梁桥上部构造 跨径:30m 斜度:0°	公路—I级 2×净-15.25m
箱梁一般构造(一)	图号:

图 5-3-20　中跨中梁一般构造图

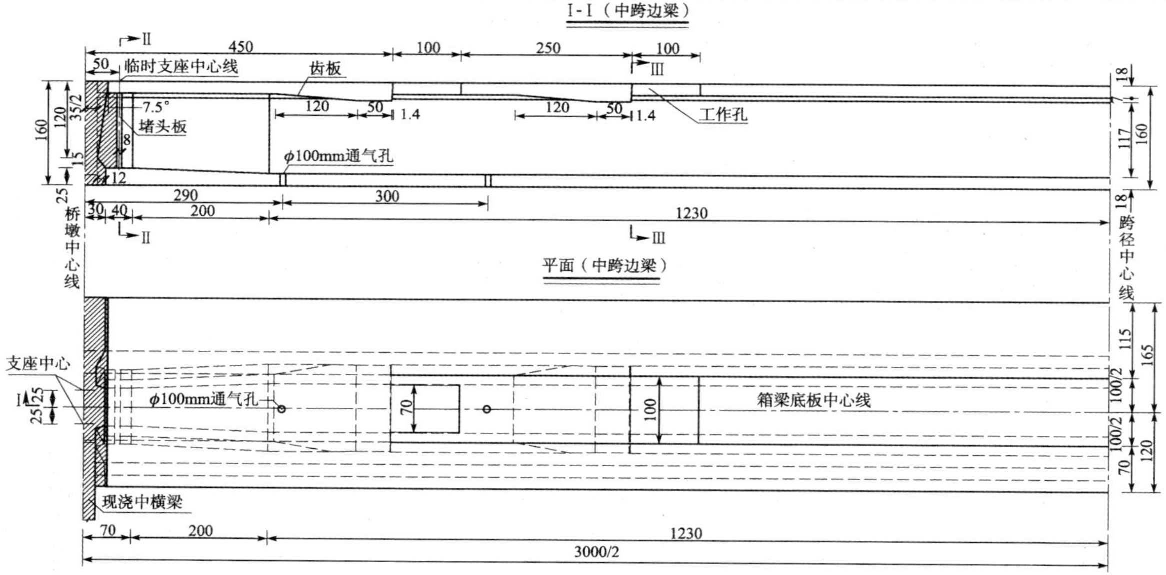

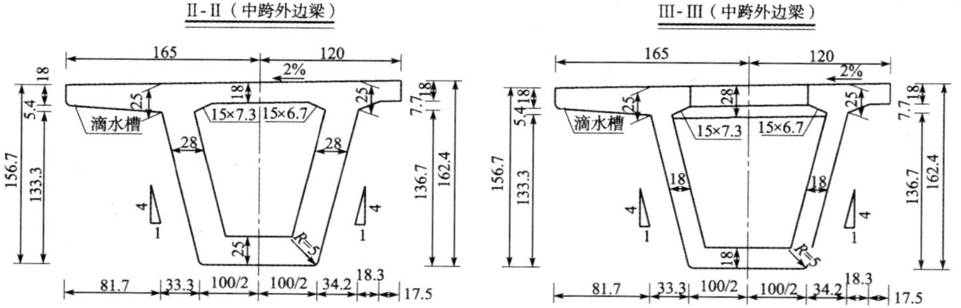

注：1.本图尺寸均以厘米计。

2.本图仅示出中跨半跨箱梁，另半跨箱梁与此对称。

3.每片预制箱梁底板设置4个ϕ100mm的通气孔，如图中通气孔的位置与普通钢筋发生干扰，可适当挪动普通钢筋的位置。

4.图中梁端有阴影线部分为现浇部分。

5.本图齿板仅为示意，其构造详见“齿板一般构造”。

装配式部分预应力混凝土连续箱梁桥上部构造 跨径：30m 斜度：0°		公路—I级
		2×净−15.25m
箱梁一般构造（二）		图号：

图 5-3-21　中跨边梁一般构造图

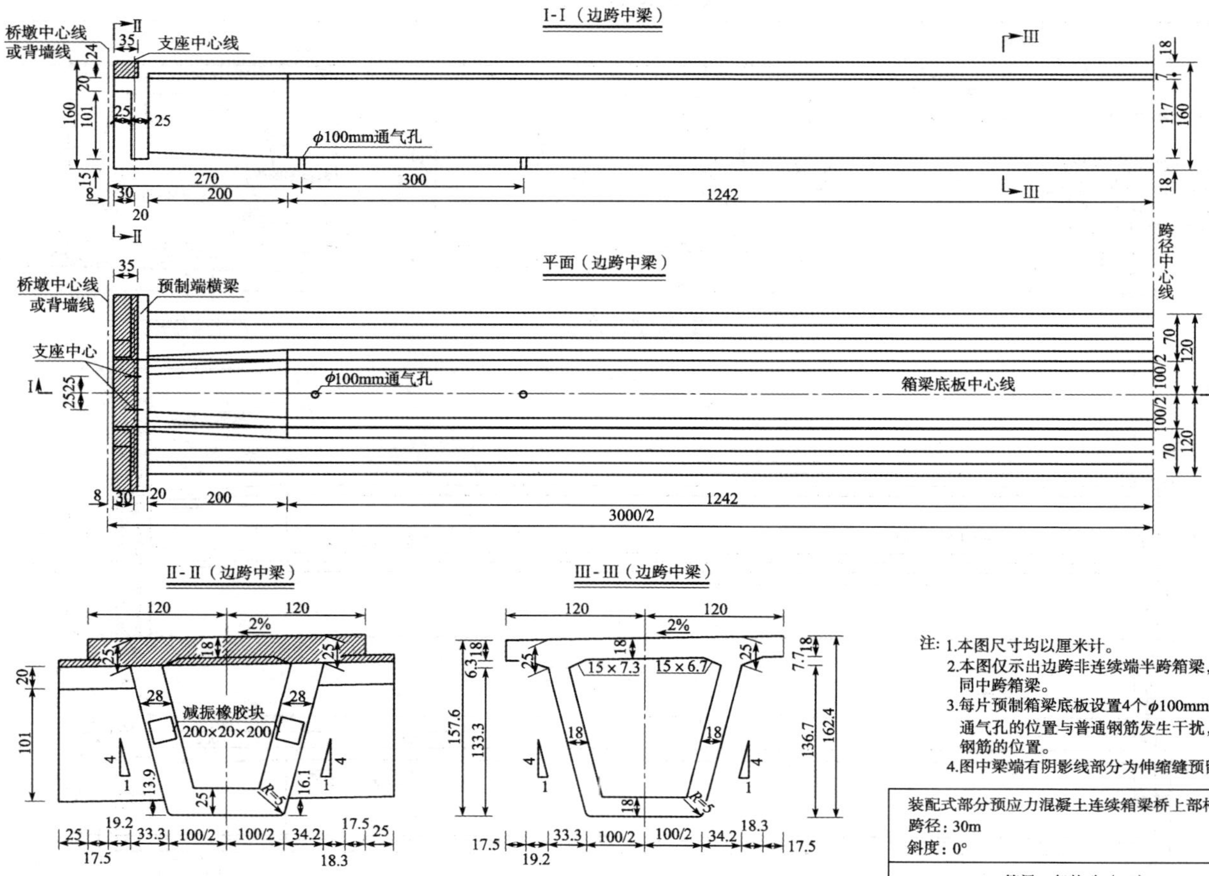

注：1.本图尺寸均以厘米计。
2.本图仅示出边跨非连续端半跨箱梁，连续端半跨箱梁同中跨箱梁。
3.每片预制箱梁底板设置4个φ100mm的通气孔，如图中通气孔的位置与普通钢筋发生干扰，可适当挪动普通钢筋的位置。
4.图中梁端有阴影线部分为伸缩缝预留槽。

装配式部分预应力混凝土连续箱梁桥上部构造 跨径：30m 斜度：0°	公路—Ⅰ级 2×净−15.25m
箱梁一般构造（三）	图号：

图 5-3-22　边跨中梁一般构造图

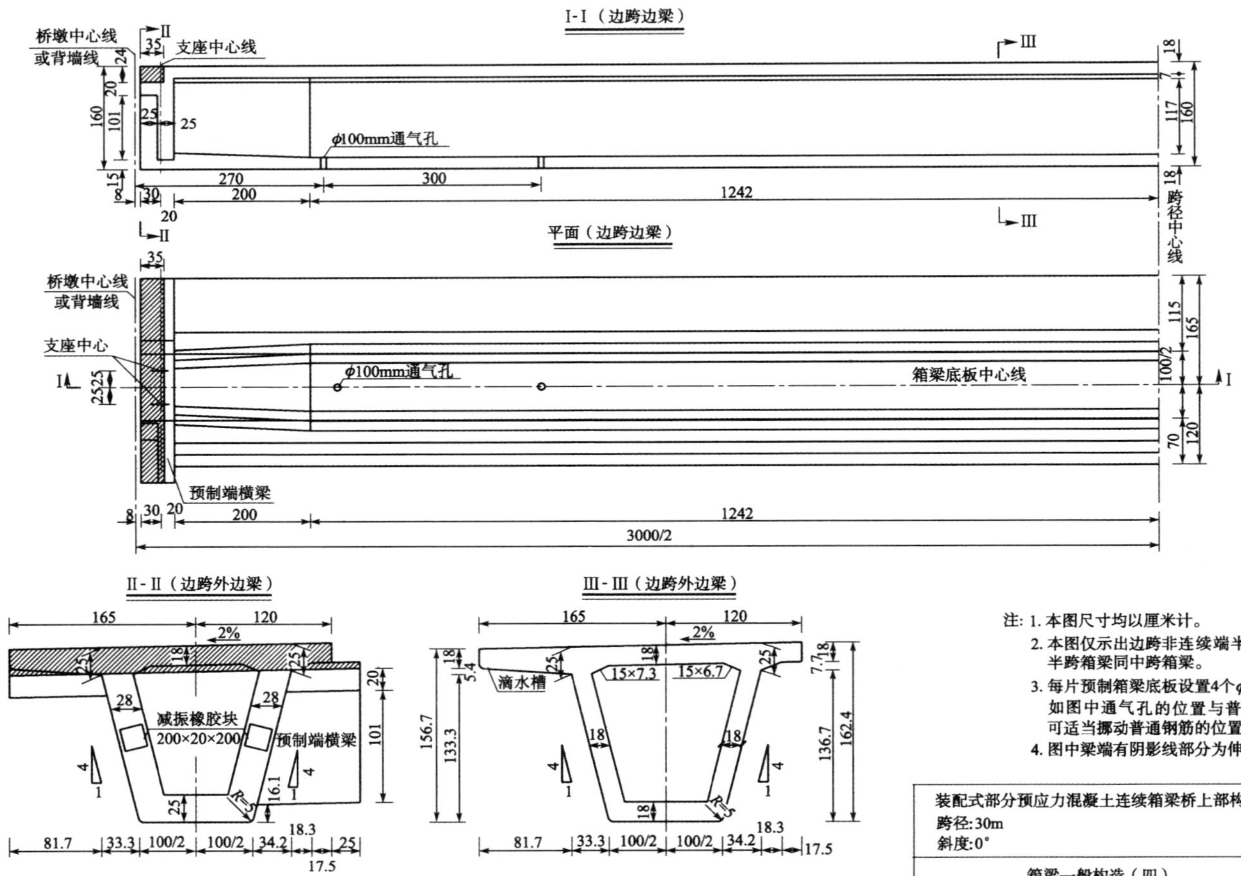

图 5-3-23　边跨边梁一般构造图

注：1. 本图尺寸均以厘米计。
2. 本图仅示出边跨非连续端半跨箱梁，连续端半跨箱梁同中跨箱梁。
3. 每片预制箱梁底板设置4个φ100mm的通气孔，如图中通气孔的位置与普通钢筋发生干扰，可适当挪动普通钢筋的位置。
4. 图中梁端有阴影线部分为伸缩缝预留槽。

装配式部分预应力混凝土连续箱梁桥上部构造 跨径:30m 斜度:0°	公路—Ⅰ级
	2×净−15.25m
箱梁一般构造（四）	图号:

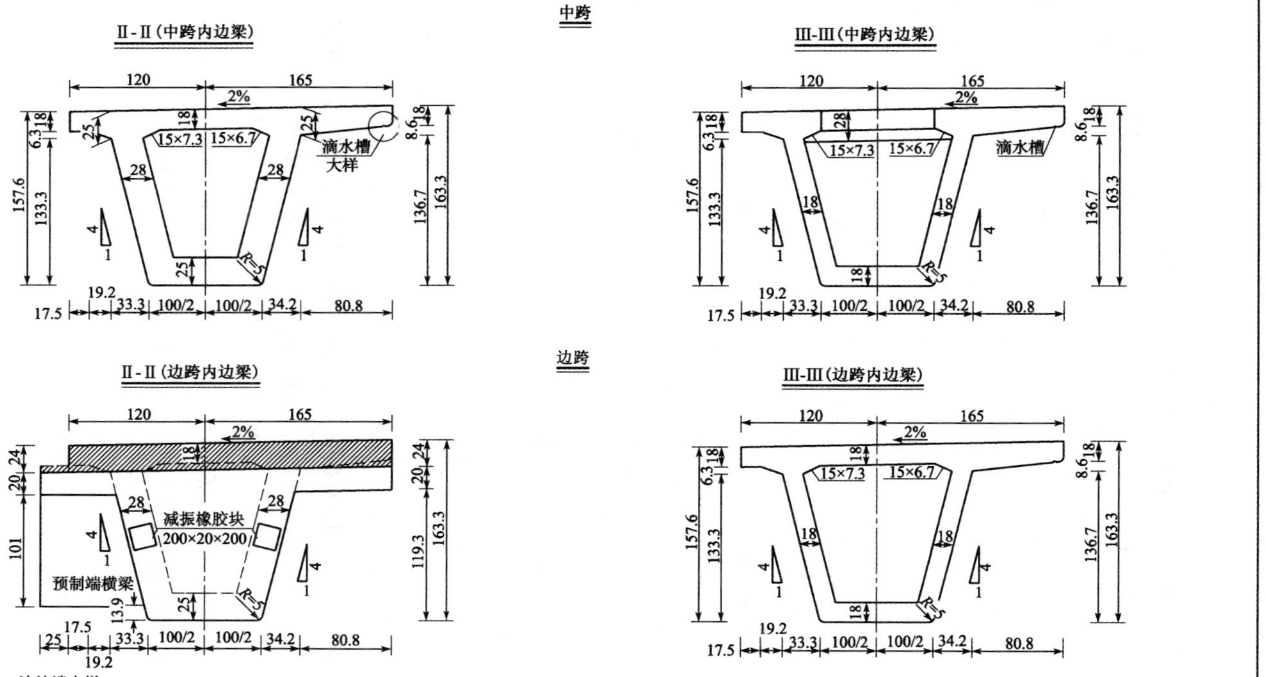

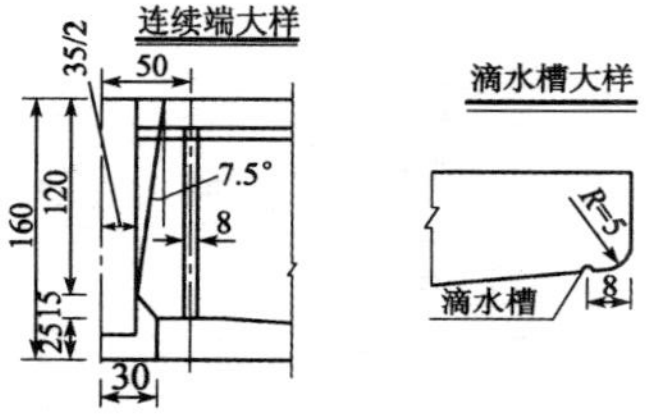

注：1. 本图尺寸均以厘米计。
2. 图中有阴影线部分为伸缩缝预留槽。
3. 断面位置详见其他相关图纸。
4. 滴水槽可采用木条形成，其深度不大于1cm。
5. 待预制箱梁封锚完成后，可用环氧树脂在边跨非连续端梁端每片梁贴2块200mm×20mm×200mm的减振橡胶块。

装配式部分预应力混凝土连续箱梁桥上部构造 跨径：30m 斜度：0°	公路—I级
	2×净−15.25m
箱梁一般构造（五）	图号：

图 5-3-24　内边梁横断面图

3. 预应力钢束布置

图 5-3-25 为中跨预应力钢束构造图，每片箱梁设 6 股腹板束，2 股底边束，左右对称布置，N1、N2、N3 为腹板束，N4 为底板束，每束预应力筋由 4 根钢绞线构成。预应力筋为低松弛高强度钢绞线，单根钢绞线直径 $\phi^{j}15.24$mm，单根面积为 140mm²，标准抗拉强度 $f_{pk}=1860$MPa，弹性模量 $E=1.95\times10^{5}$MPa。底板束 N4，下料长度 3071cm，在跨中按直线布设，在距跨中截面1290.1cm 处开始弯起，曲线半径 2314.3cm；N3、N4 为第一层腹板束，管道长度 2993.1cm，在距跨中截面 1086.8cm 处开始弯起，曲线半径 3000cm，弯起角度 1.4°；腹板束 N3，下料长度 3090cm，在距跨中截面 613.4cm 处开始弯起，曲线半径 4000cm，弯起角度 7.5°；腹板束 N2，下料长度 3085cm，在距跨中截面 382.3cm 处开始弯起，曲线半径 5500cm，弯起角度 7.5°；腹板束 N1，下料长度 3079cm，在距跨中截面 184cm 处开始弯起，曲线半径 6500cm，弯起角度 7.5°；N1、N2、N3、N4 两端均留有 65cm 张拉工作长度。因为腹板在由跨中的 18cm 加厚到端部的 28cm，所以腹板束在竖弯的同时还需要平弯，才能锚于梁端腹板中心上，平弯半径 2500cm，平弯角度 1.5°。为了定位预应力筋管道，保证预应力筋的线形，预应力筋大样图上以跨径中心梁底为原点，跨径方向为 X 轴，梁高方向为 Y 轴，沿 X 轴每间隔 1m 标注预应力束中心距离梁底的距离 Y。中跨边梁和中跨中梁预应力筋布置相同，每片中跨箱梁所用预应力筋为 1086.6kg。

图 5-3-26 为边跨非连续端预应力钢束构造图，边跨预应力筋布置除腹板束每束比中跨腹板束多一根为 5 根外，其余布置情况基本与中跨预应力筋基本一致。边跨跨边梁和边跨中梁预应力筋布置相同，每片边跨箱梁所用预应力筋为 1293.3kg。

图 5-3-27 为顶板负弯矩预应力钢束构造图，顶板负弯矩钢束对称于墩顶中心线布置，实现一联内相邻两跨的有效连接，一道墩顶互相连续的箱梁顶板内设置 5 束预应力钢束，每束由 5 根 $\phi^{j}15.24$mm 钢绞线组成，分别为 2 根短束 T1 和 3 根长束 T2，为便于 T1 和 T2 张拉和锚固，对称于连续端墩顶中心线在箱梁顶板上设置 4 个工作孔和 4 个对应的齿板，齿板在 120cm 范围内由顶板厚度 14cm 增加到 28cm，以满足锚下局部承压和锚具布置的要求。钢束 T1 下料长度 1030cm，两端距离墩中心线 309.9cm 对称下弯，半径 800cm，弯起角 2.86°，对称于墩中心分别锚固于相邻两跨箱梁顶板上预留的工作孔，工作孔尺寸 70cm × 100cm；钢束 T2 下料长度 1730cm，两端距离墩中心线 659.9cm 对称下弯，半径 800cm，弯起角 2.86°，对称于墩中心分别锚固于相邻两跨箱梁顶板上预留的工作孔，工作孔尺寸 100cm × 100cm。在预应力钢束张拉时，将箱梁顶板上工作孔处的钢筋剪断，张拉完毕后再将钢筋连接，将工作孔用箱梁同标号混凝土封补。

4. 普通钢筋布置

箱梁的普通钢筋分为顶板钢筋、底板钢筋、腹板钢筋、齿板钢筋、横隔板钢筋和端部锚下钢筋网片 6 部分。

图 5-3-28 为中跨中梁和中跨边梁的钢筋横断面图，Ⅳ-Ⅳ断面为支点断面（中跨连续端），Ⅴ-Ⅴ断面为跨中断面。中跨钢筋编号从 N1 至 N17。中梁顶板（桥面板）钢筋由 N3、N2、N4、N16 组成，边梁顶板（桥面板）钢筋由 N3、N2、N4、N17 组成；N3 为普通受力钢筋，布置于支点附近顶板顶面，和顶板负弯矩预应力钢束共同抵抗墩顶负弯矩；N2 钢筋为构造钢筋，主要布置于跨中断面两边一定范围内，用于协助顶板混凝土受压；N16（中梁）、N17（边梁）为顶板（桥面板）横向受力钢筋，用于抵抗桥面板横向正负弯矩；N3、N2、N4、N16（N17）形成顶板钢筋骨架，抵抗顶板上的纵、横向正负弯矩。中跨腹板钢筋由 N5、N10、N12 组成，N5 为纵向分布钢筋，主要用于防止混凝土收缩而在腹板上产生枣核形裂缝，以及形成腹板钢筋骨架，按构造

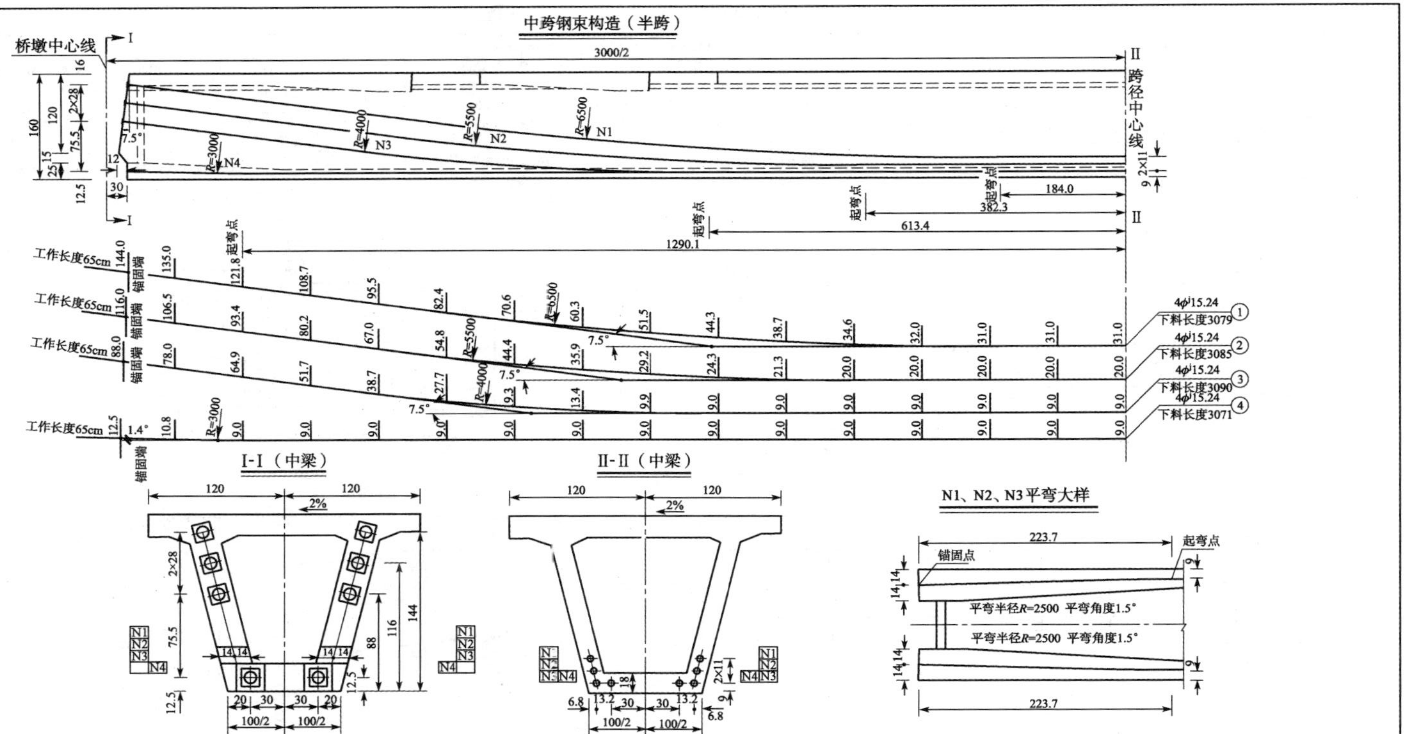

中跨一片预制箱梁钢绞线数量表

钢束编号	钢绞线规格 (mm)	钢绞线下料长度 (cm)	钢绞线数量 (m束×n股)	共长 (m)	共重 (kg)	合计 (kg)
N1	ϕ^j15.24	3079	2×4	246.32	271.44	1086.6
N2	ϕ^j15.24	3085	2×4	246.80	271.97	
N3	ϕ^j15.24	3090	2×4	247.20	272.41	
N4	ϕ^j15.24	3071	2×4	245.68	270.74	

注：1. 图中尺寸均以厘米计。
2. 预制箱梁混凝土达到设计强度的90%时，方可张拉预应力钢束。
3. 钢束采用两端对称张拉，张拉顺序为N1、N3、N2、N4号钢束。
4. 钢束张拉采用双控。锚下控制应力为0.75f_{pk}，钢束引伸量详见“总说明”。
5. 图中钢束X坐标值是以箱梁跨中为原点，竖向Y坐标为梁底至钢束中心的距离，大样图中数值为X坐标每隔1m对应的钢束Y坐标值，直至钢束锚固面为止。
6. 图中仅示出中跨半跨钢束构造，另半跨钢束构造与此相同。
7. 安装锚垫板时，应特别注意使其锚固面与钢束相垂直。
8. 本图断面仅示出中梁，边梁钢束位置与中梁钢束位置相同。

装配式部分预应力混凝土连续箱梁桥上部构造 跨径：30m 斜度：0°	公路—I级 2×净−15.25m
预制箱梁钢束构造（一）	图号：

图 5-3-25　中跨预应力钢束构造图

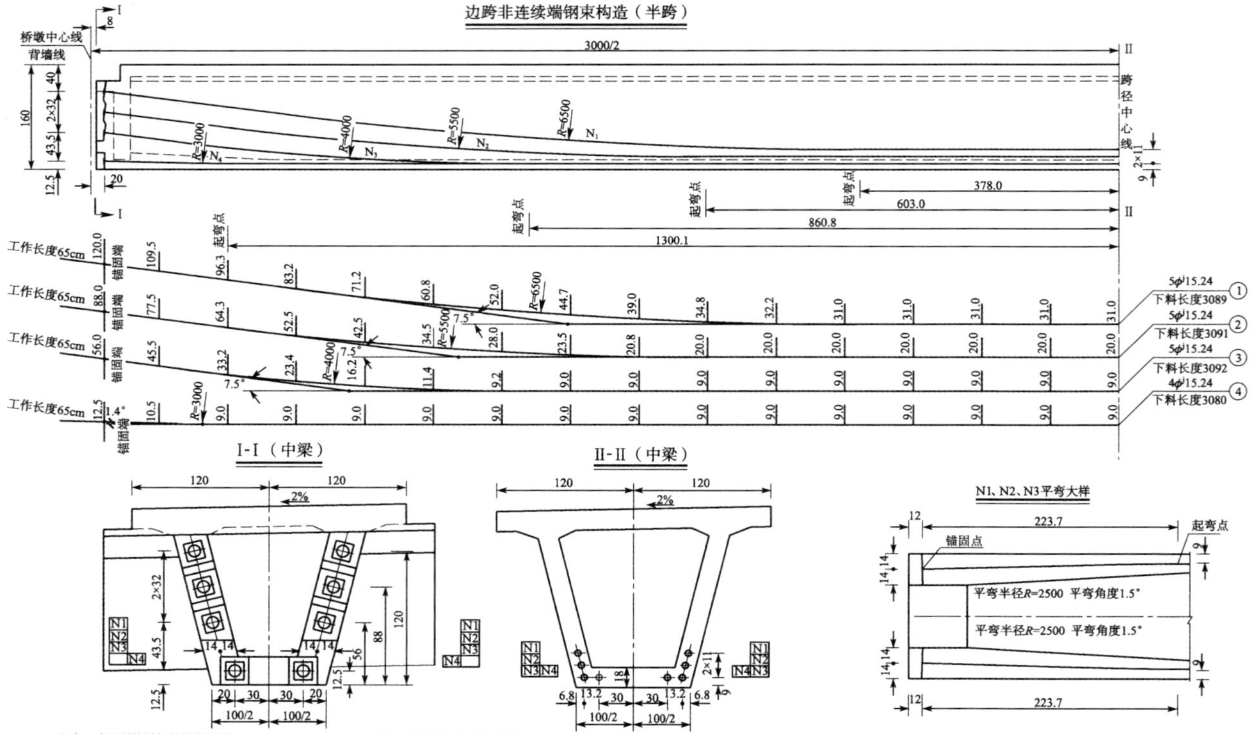

边跨一片预制箱梁钢绞线数量表

钢束编号	钢绞线规格(mm)	钢绞线下料长度(cm)	钢绞线数量(m束×n股)	共长(m)	共重(kg)	合计(kg)
N1	ϕ^j15.24	3089	2×5	308.90	340.41	1293.3
N2	ϕ^j15.24	3091	2×5	309.10	340.63	
N3	ϕ^j15.24	3092	2×5	309.20	340.74	
N4	ϕ^j15.24	3080	2×4	246.40	271.53	

注：1.图中尺寸均以厘米计。
2.预制箱梁混凝土达到设计强度的90%时，方可张拉预应力钢束。
3.钢束采用两端对称张拉，张拉顺序为N1、N3、N2、N4号钢束。
4.钢束张拉采用双控。锚下控制应力为$0.75f_{pk}$,钢束引伸量详见“总说明”。
5.图中钢束X坐标值是以箱梁跨中为原点，竖向Y坐标为梁底至钢束中心的距离，大样图中数值为X坐标每隔1m对应的钢束Y坐标值，直至钢束锚固面为止。
6.图中仅示出边跨设伸缩缝半跨，边跨连续端半跨详见“预制箱梁钢束构造（一）”。
7.安装锚垫板时，应特别注意使其锚固面与钢束相垂直。
8.本图断面仅示出中梁，边梁钢束与中梁钢束相同。

装配式部分预应力混凝土连续箱梁桥上部构造 跨径：30m 斜度：0°	公路—I级 2×净−15.25m
预制箱梁钢束构造（二）	图号：

图 5-3-26　边跨非连续端预应力钢束构造图

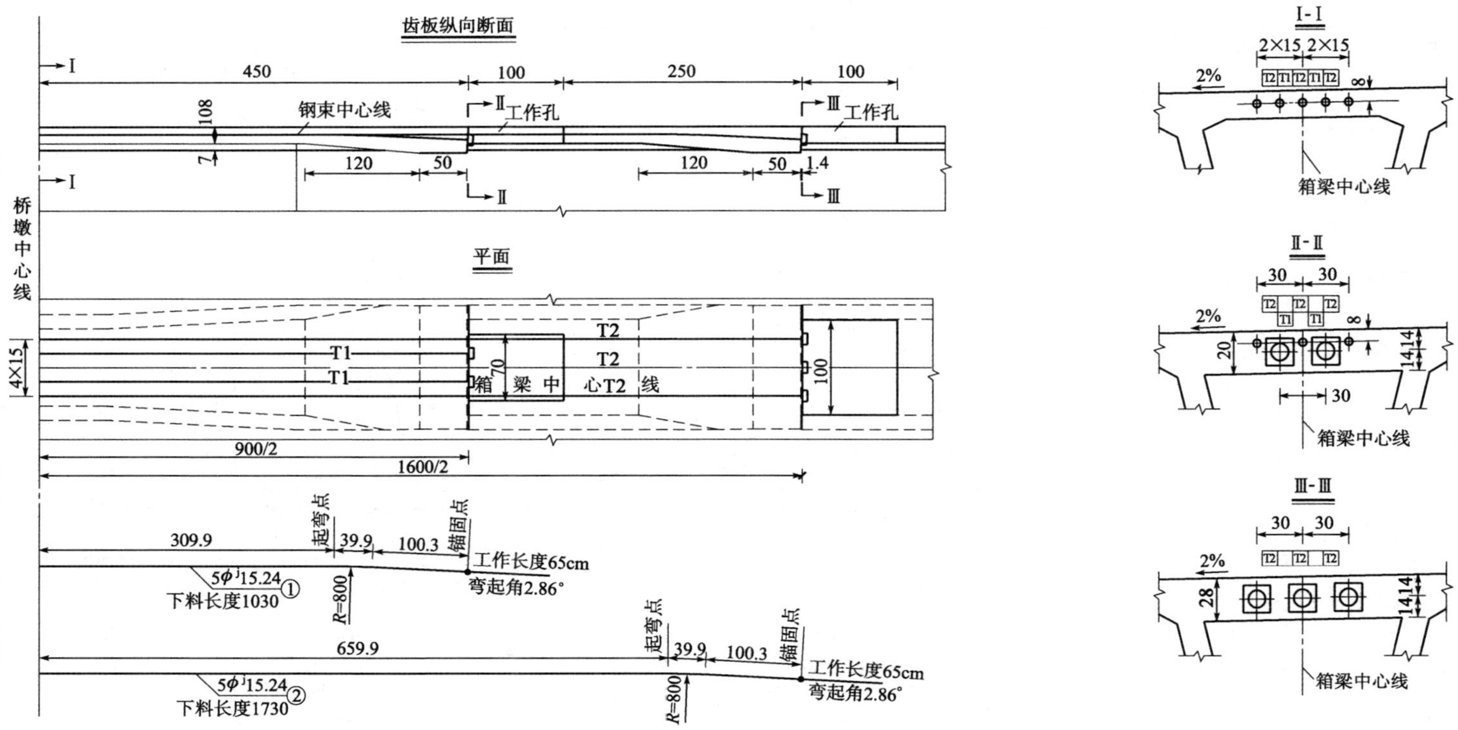

箱梁顶板钢束钢绞线数量表

钢束编号	钢绞线规格 (mm)	钢绞线下料长度 (cm)	钢绞线数量 (m束×n股)	共长 (m)	共重 (kg)	一幅一孔合计 (kg)
T_1	$\phi^j15.24$	1030	2×5	103.00	113.5	中跨1997.5 边跨998.8
T_2	$\phi^j15.24$	1730	3×5	259.50	286.0	

注：1.图中尺寸均以厘米计。
2.接头混凝土达到设计强度的95%时，方可张拉预应力钢束。
3.钢束采用两端张拉，张拉顺序为T1、T2号钢束对称单根张拉。
4.钢束张拉采用双控锚下控制应力为$0.75f_{pk}$,钢束引伸量详见"总说明"。
5.安装锚垫板，应特别注意使其锚固面与钢束相垂直。
6.钢绞线下料长度已考虑每端65cm的工作长度。

装配式部分预应力混凝土连续箱梁桥上部构造 跨径:30m 斜度:0°	公路—Ⅰ级	2×净-15.25m
箱梁顶板负弯矩钢束构造	图号:	

图5-3-27 顶板负弯矩预应力钢束构造图

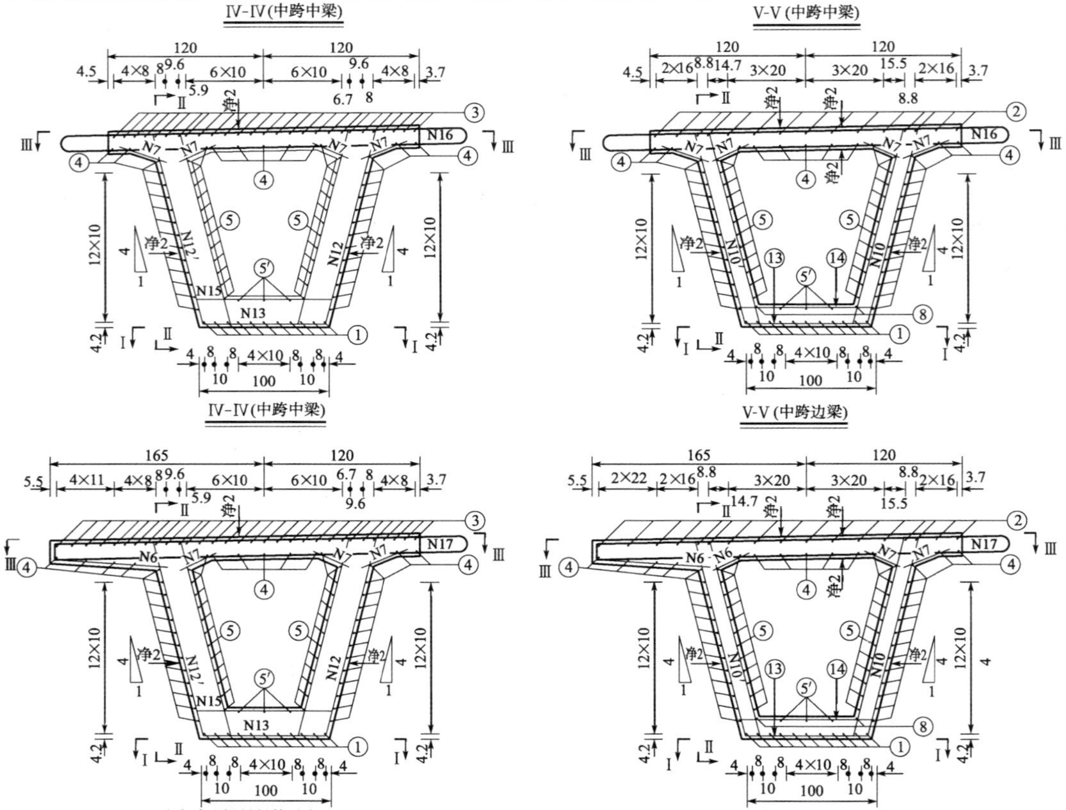

一片中跨边梁材料数量表

直径(mm)	总长(m)	单位重(kg/m)	总重(kg)	C50混凝土(m^3)
ϕ20	260.40	2.470	643.2	35.82
ϕ16	331.76	1.580	524.2	
ϕ12	3740.66	0.888	3321.7	
ϕ10	397.80	0.617	245.4	
ϕ8	2334.02	0.395	921.9	
ϕ8定位钢筋			108.7	

一片中跨中梁材料数量表

直径(mm)	总长(m)	单位重(kg/m)	总重(kg)	C50混凝土(m^3)
ϕ20	226.80	2.470	560.2	32.83
ϕ16	331.76	1.580	524.2	
ϕ12	3761.66	0.888	3340.4	
ϕ10	351.00	0.617	216.6	
ϕ8	2183.22	0.395	862.4	
ϕ8定位钢筋			108.7	

钢筋明细表

编号	直径(mm)	每根长(cm)	根数	共长(m)
1	ϕ16	3016	11	331.76
2	ϕ10	2340	17(15)	397.80 (351.00)
3	ϕ20	420	62(54)	260.40 (226.80)
4	ϕ8	3040	37(35)	1124.80 (1064.00)
5	ϕ8	3040	26	790.40
5′	ϕ8	3040	3	91.20
6	ϕ8	90	150(0)	135.00 (0.00)
7	ϕ8	30	450 (600)	135.00 (180.00)
8	ϕ8	2881	2	57.62
9	ϕ12	210	8	16.80
10	ϕ12	362	127	459.74
10′	ϕ12	356	127	452.12
11	ϕ12	平均372	38	141.36
11′	ϕ12	平均366	38	139.08
12	ϕ12	382	15	57.30
12′	ϕ12	376	15	56.40
13	ϕ12	107	180	192.60
14	ϕ12	114	127	144.78
15	ϕ12	平均116	53	61.48
16	ϕ12	(680)	(300)	(2040.00)
17	ϕ12	673	300(0)	2019.00 (0.00)

注：1. 图中尺寸除钢筋直径以毫米计外，余均以厘米计。
2. 预应力管道定位钢筋本图仅为示意，施工时可按直线段100cm设置一组，曲线段50cm设置一组。
3. 图中数字有括号并列表示者，括号内、外分别适用于中梁和边梁，其余数字共用。
4. N6、N7钢筋每间隔20cm设置一组。
5. N14、N15钢筋与N13钢筋对应布置。

装配式部分预应力混凝土连续箱梁桥上部构造 跨径：30m 斜度：0°	公路—Ⅰ级 2×净−15.25m
箱梁普通钢筋构造	图号：

图 5-3-28 中跨箱梁钢筋断面图

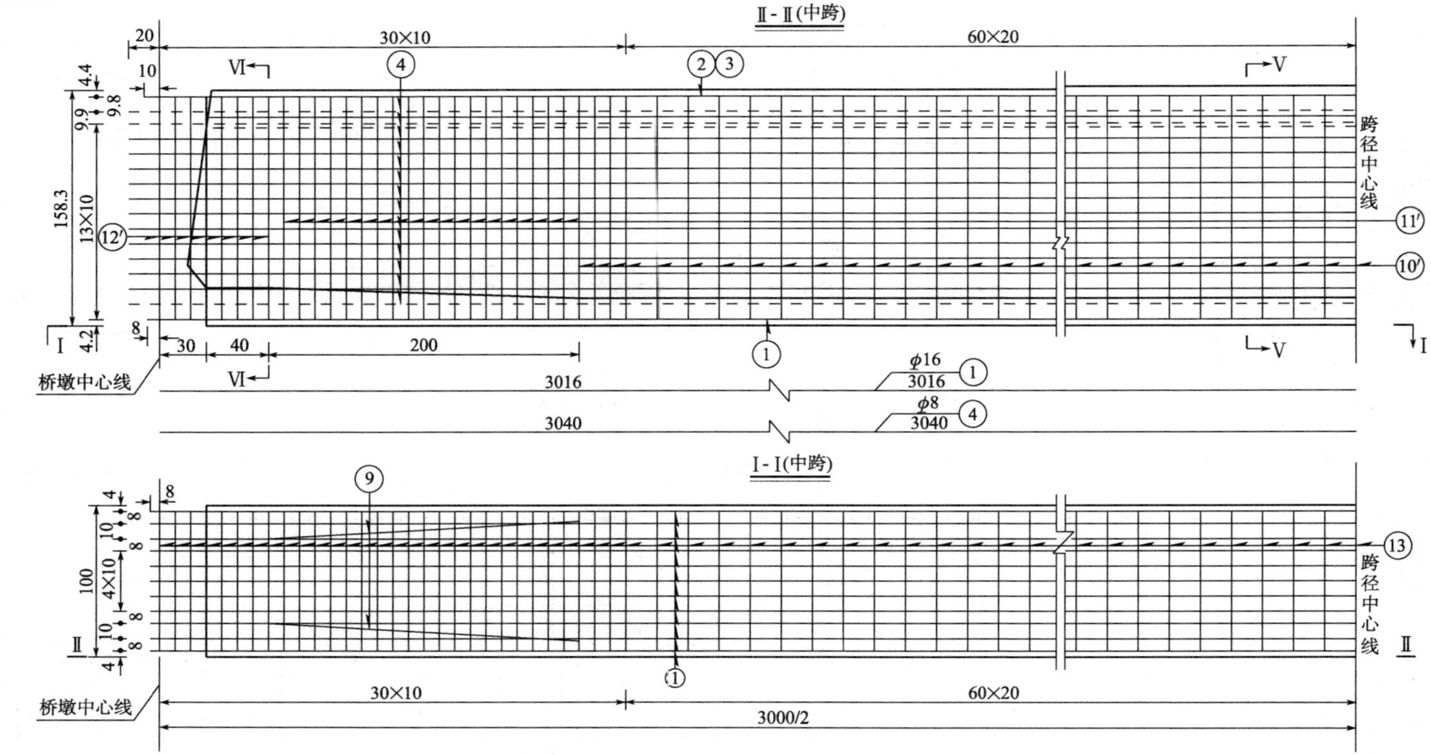

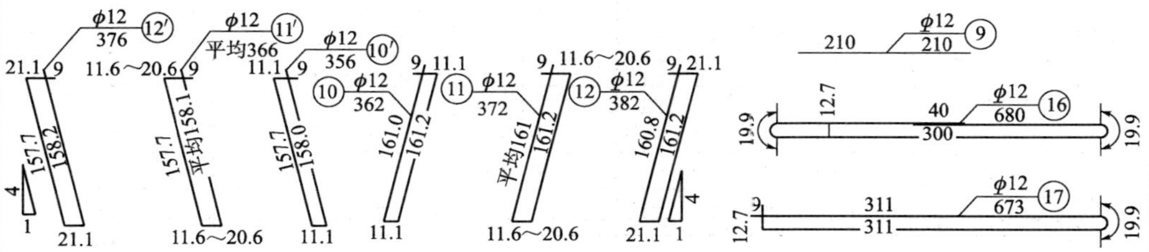

注: 1. 图中尺寸除钢筋直径以毫米计外，余均以厘米计。
2. N9钢筋设置在腹板变化段箍筋角隅处。
3. 图中数字有括号并列表示者,括号内、外数字分别用于中梁和边梁，其余数字共用。

装配式部分预应力混凝土连续箱梁桥上部构造 跨径：30m 斜度：0°	公路—Ⅰ级 2×净−15.25m
箱梁普通钢筋构造（一）	图号：

图 5-3-29　中跨腹板、底板钢筋构造图

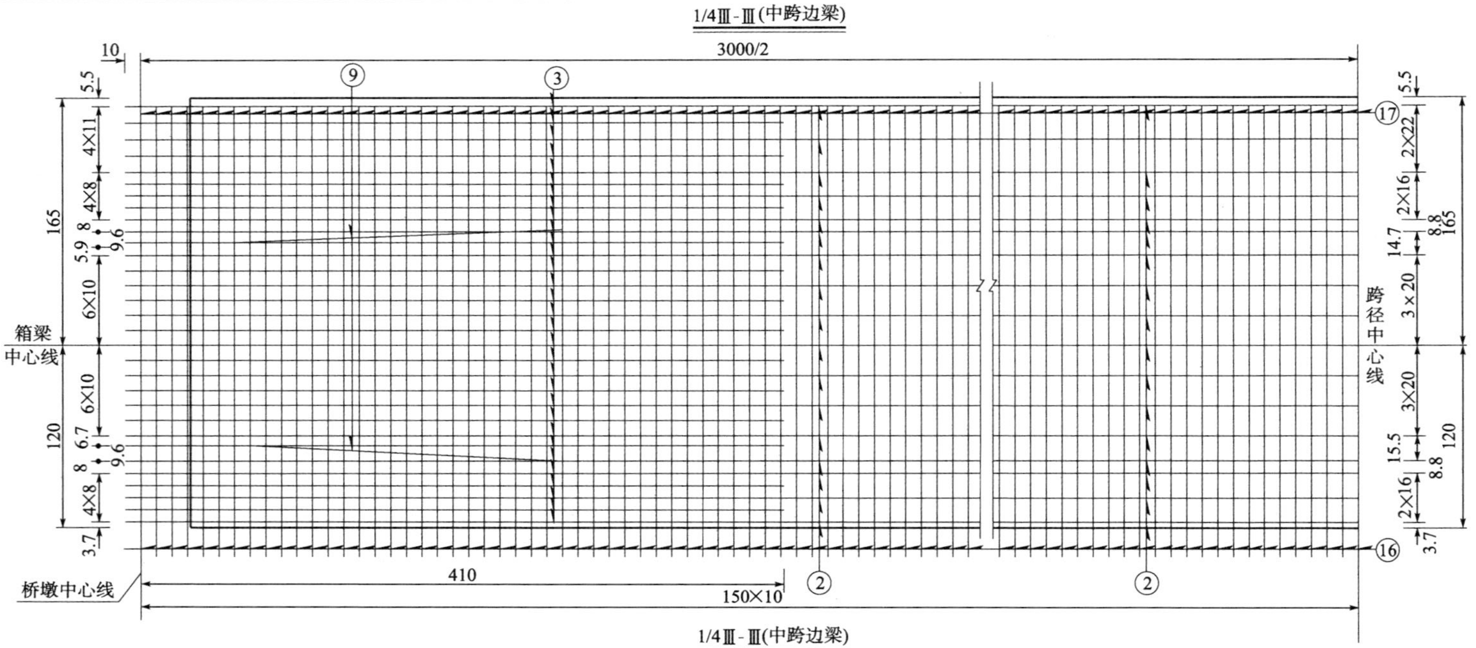

1/4Ⅲ-Ⅲ(中跨边梁)

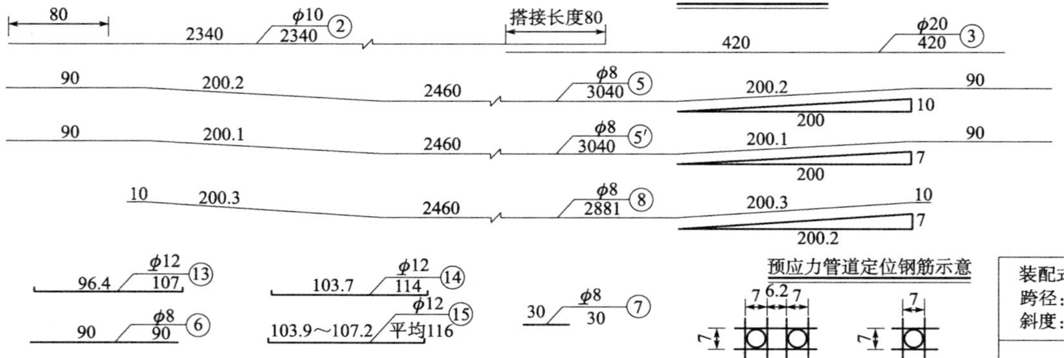

注：1.图中尺寸除钢筋直径以毫米计外，余均以厘米计。
2.图中数字有括号并列表示者，括号内、外数字分别用于中梁和边梁，其余数字共用。
3.Ⅲ-Ⅲ断面未示出槽口位置，预制主梁时，桥面板纵、横向钢筋可在顶板束张拉预留槽处截断，以方便施工，待负弯矩钢束张拉完毕后再用相同直径的短钢筋与顶板束张拉预留槽处截断的桥面板钢筋采用单面焊连接，焊缝长度两侧各12cm。

装配式部分预应力混凝土连续箱梁桥上部构造 跨径：30m 斜度：0°	公路—I级
	2×净−15.25m
箱梁普通钢筋构造（二）	图号：

图 5-3-30　中跨顶板钢筋构造图

要求布置;N10、N12为箍筋,用于腹板抗剪,N10布置于跨中断面两边一定范围内,N12布置于支点断面两边一定范围内。底板钢筋主要由N1、N13、N15、N5′组成,形成上、下两层钢筋网片,N1为底板普通受力钢筋,与底板和腹板上的预应力筋共同承担正弯矩,形成部分预应力混凝土箱梁;N13、N15、N5′均为构造钢筋,形成底板钢筋骨架。具体钢筋布置间距、用量、直径、大样详见图5-3-29中跨腹板、底板钢筋构造图和图5-3-30中跨顶板钢筋构造图。边跨普通钢筋与中跨构造类似,可查阅相关图纸,此处未详尽列出。

思考与练习

一、填空题

1. 装配式钢筋混凝土简支板桥常用的标准跨径有________、________、________、________。

2. 钢筋混凝土简支板经济合理的跨径一般在________m以下,预应力混凝土简支板桥也多在________m以内,而钢筋混凝土连续板桥跨径已做到________m,预应力混凝土连续板桥跨径已达到________m。

3. 装配式板桥横向连接的方式有________和________。

4. 装配式钢筋混凝土T形梁横向连接的方法有________、________和________。

5. 板、梁运输常用的方法有________、________、________和________。

6. 施工中常用的临时支座主要包括________、________、________和________。

7. 工程中常用的架梁方法有________、________、________和________。

二、简答题

1. 简述钢筋混凝土梁桥和预应力混凝土梁桥受力特点及主要区别。

2. 预应力混凝土空心板中通常配置哪些钢筋?简要叙述各类钢筋的作用。

3. 预应力混凝土T形梁中通常配置哪些钢筋?简要叙述各类钢筋的作用。

4. 预应力混凝土箱梁中通常配置哪些钢筋?简要叙述各类钢筋的作用。

5. 叙述硫黄砂浆支座的施工过程。

项目六　连续梁桥施工

不同于简支梁,连续梁是将简支梁梁体在支点上连接形成梁体连续,在支点只设置一排(或一个)支座,属超静定结构。连续梁是由若干跨梁组成一联,桥梁可由一联或多联组成。常见的连续梁桥每联由 3 ~8 个跨梁组成。连续梁因为梁体在墩顶连续,墩顶存在负弯矩,对跨中正弯矩起到卸载作用,跨中正弯矩比同跨径简支梁小得多,弯矩分布较简支梁均匀,梁高、挠度较简支梁小,跨越能力优于简支梁。

任务一　连续梁桥构造

学习目标

(1)掌握连续梁桥的基本构造;

(2)掌握连续梁桥预应力筋配筋要点。

任务描述

通过对连续梁桥构造的学习,画图分析连续梁桥与简支梁桥的受力区别。描述预应力混凝土连续梁桥的构造要点,画图分析预应力混凝土连续梁桥中三向预应力钢筋的布筋要点。

相关知识

一、力学特点

连续梁桥是一种超静定结构,是梁桥的基本形式之一。与同等跨径的简支梁相比,连续梁的最大正弯矩及负弯矩均小于简支梁的跨中正弯矩,如图 6-1-1 所示。由此可见,连续梁的内力分布比简支梁均匀,有利于充分发挥材料作用。

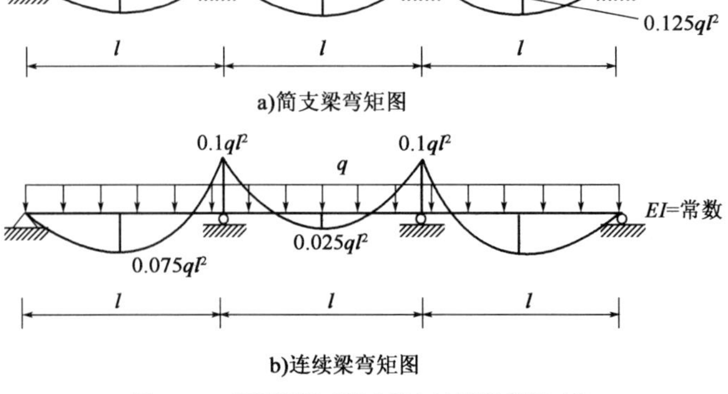

图 6-1-1　跨径相等时简支梁与连续梁弯矩对比

连续梁为超静定结构,截面相同时刚度比相应的简支梁大,即在荷载作用下跨中产生的挠度比简支梁小,行车平顺舒适,如图 6-1-2 所示。

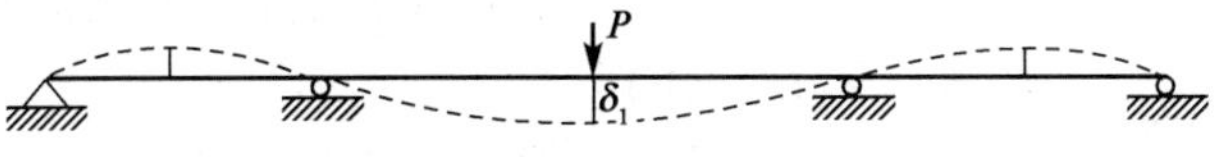

a)连续梁挠度变形示意图

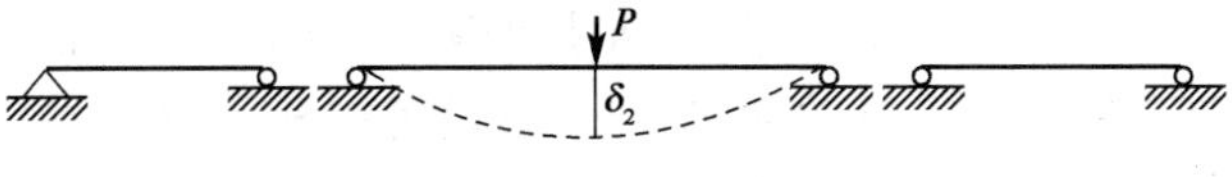

b)简支梁挠度变形示意图

图 6-1-2 截面相同时连续梁与简支梁变形比较($\delta_1 < \delta_2$)

二、构造特点

连续梁根据其截面高度是否发生变化,可分为等截面连续梁和变截面连续梁。中小跨度连续梁常采用等截面形式。当跨度大于 50m 时,常采用变截面连续梁。等截面连续梁桥可选用等跨和不等跨两种布置方式。

变截面形式的大跨径预应力混凝土梁桥,立面一般采用不等跨布置方式。但多于三跨的连续梁桥,除边跨外,其中间各跨一般采用等跨布置,以方便悬臂施工。由于连续梁支座截面负弯矩大于跨中截面正弯矩,故多采用支点梁高大于跨中梁高的变截面形式。变截面连续梁设计有三个特点:①梁高的变化规律与连续梁的弯矩图变化规律相一致,可充分发挥材料性能;②增大支座截面梁高,有利于支座处截面抵抗较大的竖向力;③减小跨中梁高,可减轻自重弯矩。

三、横截面形式和尺寸

预应力混凝土连续梁桥的截面形式的选择应根据桥梁的总体布置、跨径、宽度、梁高、支承形式和施工方法等方面综合确定。预应力连续梁桥横截面形式主要有板式、肋梁式和箱形。其中,板式、肋梁式截面构造简单、施工方便;箱形截面具有良好的抗弯和抗扭性能,是预应力混凝土连续体系梁桥的主要截面形式。

1. 板式截面和 T 形截面

板式截面分实体截面[图 6-1-3a)、图 6-1-3b)]和空心截面[图 6-1-3c)、图 6-1-3d)]。矩形实体截面多用于中小跨径,且多配以有支架现浇施工,此时跨中板厚为跨径的 1/22 ~ 1/28,支点板厚为跨中的 1.2 ~ 1.5 倍;空心截面常用于跨径 15 ~ 30m 的连续梁桥,板厚一般为 0.8 ~ 1.5m,亦用有支架现浇为主。肋式截面预制方便,常用于预制架设施工,并在梁段安装后经体系转换为连续梁桥。常用跨径为 25 ~ 50m,如图 6-1-3e)所示。

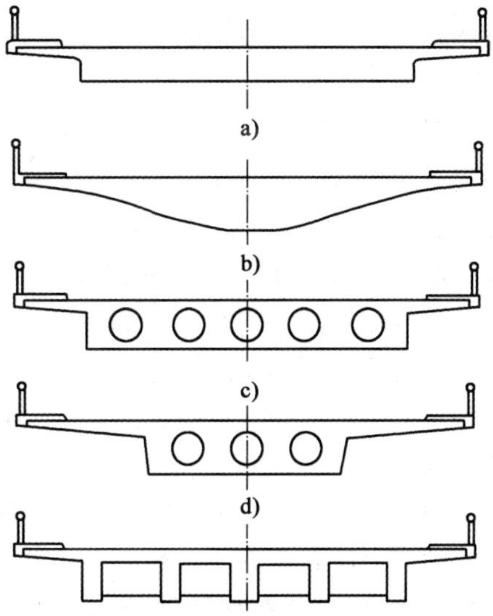

图 6-1-3

2. 箱形截面

当连续梁桥的跨径超过 40 ~ 60m 或更大时,主梁多采用箱形截面。常用的箱形截面有单

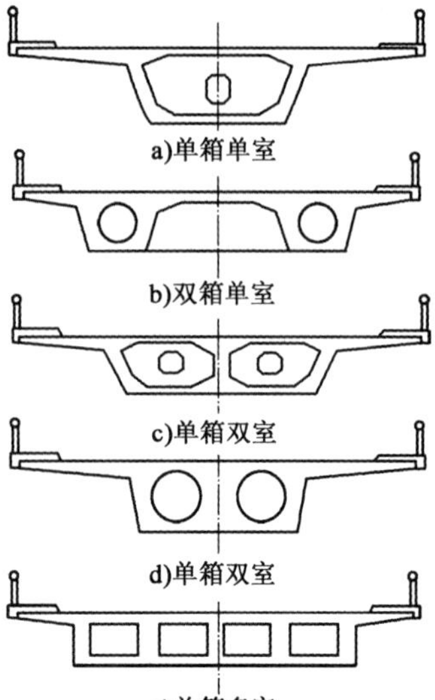

图 6-1-4　箱形截面形式

箱单室、单箱双室和分离式双箱单室等几种。单箱单室截面的顶板宽度一般小于 20m[图 6-1-4a)];单箱双室的为 25m 左右[图 6-1-4c)、图 6-1-4d)];分离式双箱单室的可达 40m 左右[图 6-1-4b)]。

采用 T 形截面和 I 形截面以及组合小箱梁的连续梁桥,因其抗扭刚度较小,为增加桥梁的整体性和使荷载有良好的横向分布,宜设置中横隔梁和端横隔梁。中横隔梁的数目及位置依主梁的构造和桥梁的跨径确定,常用横隔梁肋宽度为 12～20cm。

箱形截面梁的抗弯及抗扭刚度大,除在支点处设置横隔梁以满足支座布置及承受支座反力需要外,可设置少量中横隔梁。对于单箱单室截面,目前的趋势为不设中横梁;对于多箱截面,为加强桥面板和各箱间的连接,可在箱间设置数道横隔梁。

四、预应力筋布置

连续梁主梁的内力主要有三个,即纵向受弯、受剪以及横向受弯。通常所说的三向预应力就是为了抵抗上述三个内力。纵向预应力抵抗纵向受弯和部分受剪,竖向预应力抵抗受剪,横向预应力则抵抗横向受弯。预应力筋数量和布筋位置都需要根据结构在使用阶段的受力状态予以确定,同时,也要满足施工各阶段的受力需要。施工方法不同,施工阶段的受力状态差别很大,因此,结构配筋必须结合施工方法考虑。

1. 纵向预应力筋

沿桥跨方向的纵向预应力筋又称为主筋,是用以保证桥梁在结构重力和活载作用下纵向跨越能力的主要受力钢筋,可布置在顶板、底板和腹板中。

图 6-1-5a)表示采用顶推法施工的直线形预应力筋布置方式。上、下的通束使截面接近轴心受压,以抵抗顶推过程中各截面承受的正负弯矩的交替变化。待顶推完成后,再在跨中的底部和支点的顶部增加局部预应力筋,用来满足运营荷载下相应的内力要求。有时按设计还在跨中的顶部和支点附近的底部设置局部的施工临时束,待顶推完成后即予卸除。

图 6-1-5b)表示采用先简支后连续施工方法的预应力筋布置方式。待墩上接缝混凝土达到强度后,用设置在接缝顶部的局部预应力筋来建立结构的连续性。

图 6-1-5c)、图 6-1-5d)表示采用悬臂施工方法的预应力筋布置方式。梁中除了负弯矩区和正弯矩区各需要布置顶部和底部预应力筋外,

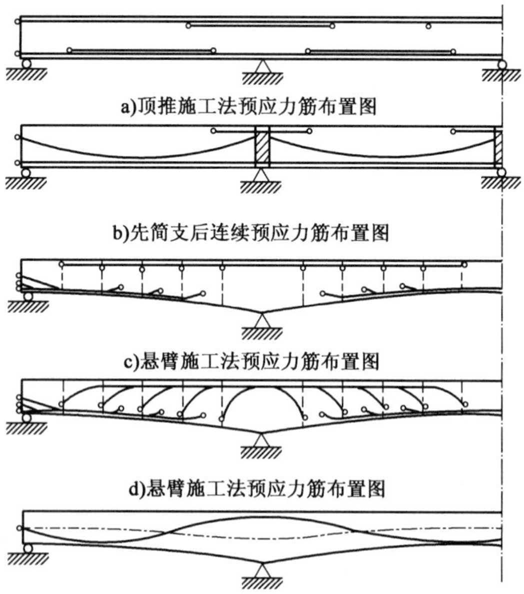

图 6-1-5　预应力混凝土连续梁配筋方式

在有正、负弯矩交替作用的区段内，顶、底板中均需设置预应力筋。

图 6-1-5d) 表示顶板预应力筋在腹板内弯曲并下弯锚固在腹板上，以减小外荷载所产生的剪力。此时腹板应具有足够的厚度以承受集中的锚固力。

图 6-1-5e) 表示整根曲线形通束锚固于梁端的布置方式，一般用于整联现浇的情形。在此情况下，若预应力筋长且弯曲次数多，就会显著加大预应力筋的摩阻损失，因而联长或力筋不宜过长。

2. 横向预应力筋

横向预应力筋是用以保证桥梁的横向整体性、桥面板及横隔板横向抗弯能力的主要受力钢筋，一般布置在顶板和横隔板中。顶板的横向预应力筋根据顶板受力特征采用曲线布置。在悬臂段至腹板支承处，布置在顶板上缘，承受悬臂段负弯矩；在两腹板支承中间部位，布置在顶板下缘，承受顶板中间正弯矩，如图 6-1-6 所示。

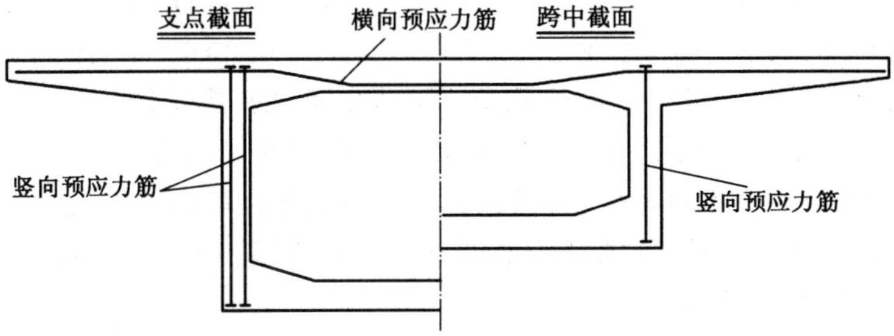

图 6-1-6　箱梁横竖向预应力筋布置示意图

3. 竖向预应力筋

竖向预应力筋的主要作用是提高截面的抗剪能力。竖向预应力筋一般采用精轧螺纹钢筋，间距由计算要求确定。因桥墩支座截面处竖向预应力大，跨中截面剪力小，因此一般支座附近区域竖向预应力筋配置较密，跨中区域间距稍大。

任务二　移动模架逐孔现浇施工法

学习目标

(1) 掌握移动模架的类型与构造；

(2) 掌握移动模架逐孔现浇施工基本流程；

(3) 掌握移动模架逐孔现浇施工质量控制要点。

任务描述

通过学习移动模架浇筑施工法相关配套知识，掌握移动模架法施工的流程和关键技术，能编写移动模架施工作业指导书和技术交底。

相关知识

一、移动模架逐孔现浇施工特点及适用性

移动模架逐孔现浇施工是指采用移动式桁架为主要支承结构的整体模板支架，现场一次

完成一跨梁体全断面混凝土浇筑并施加预应力后，将整孔移动式桁架及模板推移至下一孔，再进行下一孔梁体施工，如此重复，逐跨推进，直至完成桥梁施工。移动模架是梁体混凝土的直接支承体系，既是施工平台，又是箱梁混凝土的模具。移动模架又称滑移支承系统，是英文 Move Support System 的译名，简称 MSS。

本施工方法主要适用于跨径在 20～70m 的桥梁，对铁路桥梁跨径不宜小于 20m，对于公路桥梁跨径不宜小于 25～30m。

移动模架逐孔现浇施工具有以下特点：①工序简单，施工周期短，只需在首次施工时进行移动模架拼装及加载试验，相比常规支架现浇法施工，无须多次拼装模板及预压。②可实现机械化作业，减少劳动力，一套移动模架可在不同的施工工区多次周转使用，机械化、自动化程度高，节省劳力，降低劳动强度。③移动模架集电力、液压、结构系统于一体，能自行完成过孔移位，经过安装上桥后，不需进行二次拆装，施工中无须其他机械设备，操作简单、安全可靠，过程中可实现标准化作业，利于工程质量和安全控制。④对于高墩桥梁，移动模架逐孔现浇法通过墩身预留孔设置临时托架支撑在墩身上，避免了庞大的支架搭拆工作。⑤移动模架荷载通过其自身的系统直接作用在桥墩或承台上，桥位就地制梁，工作场地紧凑，施工占地少，且不需要进行跨间地基处理，对环境的影响和污染少。适合桥隧相连区域和地质软弱、跨越江河区域桥梁施工。⑥对于梁体断面形式基本相同且桥长达到一定规模（一般大于 800m）的高墩桥梁施工，此方法一般比其他方法经济。

二、移动模架类型与构造

1. 移动模架类型

移动模架结构形式多种多样，按走行方式可分为自行式和非自行式；按导梁的形式可分为前一跨式导梁、前半跨式导梁、前后结合导梁等；按底模的安拆方式可分为平开合式、翻转式等；按与箱梁的位置和过孔方式可分为上行式（上承式）、下行式（下承式）和复合式三种。上行式和下行式移动模架应用最为广泛。

主梁在待制梁体上方，借助已成梁体和桥墩移位的称为上行式移动模架；主梁在待制梁体下方，完全借助桥墩移位的称为下行式移动模架；主梁在待制梁体下方，借助已成梁体和桥墩移位的称为复合式移动模架。

上行式移动模架对低矮桥墩具有很强的适应性，且施工末跨更方便（不需拆除主梁），适用于对施工桥梁净高有较高要求的地区修建的预应力混凝土连续梁桥，具有不需主梁横向开合的优点。但上行式移动模架在过孔纵移到位后，外模合龙的工作量较大。

下行式移动模架各支点设置大吨位千斤顶，脱模便捷。但是下行式移动模架对桥墩的高度要求较高，一般应大于 5m，对高桥墩更具适应性。

2. 移动模架构造

移动模架主要由主梁、导梁系统、吊架、支承系统、模板系统、移位调整系统、液压电气系统及附属设施等部分组成。

1）承重主梁

移动模架的主梁一般由承重主梁和导梁组成，主梁是移动模架的主要承重结构，是整个移动模架结构的核心，一般可采用钢箱梁、钢板梁和钢桁架梁等结构类型。主梁一般根据桥垮长度、场地运输条件和现场吊装能力分段制造，而后拼装组成，节与节之间以高强承剪螺栓及钢板相连，主梁前、后端设有导梁，起到模架向下一孔移动时的引导和承重作用。

移动模架最常见的主梁下面有两条轨道置于滚轮上,内侧与横梁由摩擦型高强度螺栓连接。箱梁下部设置纵移轨道等构件。上行式移动模架主梁顶部设有螺旋千斤顶支撑模板(便于调节模板的高程),主梁和导梁的下弦设有通道供人行走。下行式移动模架根据下部构造情况一般由 2 根主梁组成,并视桥宽每根主梁可采用单梁或双梁。

2)导梁

导梁又叫鼻梁,是为移动模架纵移过孔上墩而设置的,分前导梁和后导梁,分别位于主梁的前后两端。前导梁为模架系统过孔及转运托架提供支承,后导梁在过孔时起平衡作用。

导梁和承重主梁总长度由模架纵移过程中的平衡条件来决定,一般导梁和主梁拼接好后总长度能达到标准跨的两倍左右,在模架向下一孔移动时起引导和承重作用,以实现移动模架的纵向自行移动,让轨道由轻至重逐渐进入推进台车的滚轮。在主梁行走时,前导梁先行到达前一支点,后导梁在主梁离开后支点时落在后支点上,从而保证整个系统的平衡。

3)吊架

移动模架分为移动悬吊模架和支撑式活动模架。前者是将承重梁和导梁置于桥面上方,模板通过吊杆、横梁悬挂在承重梁上,其工作方式类似架桥机的典型作业工况。后者的承重梁和导梁支撑在桥面下方的墩身上,应用较为广泛。

图 6-2-1 所示为支撑式移动模架构造及施工流程示意图。它由承重梁、导梁、台车、桥墩托架和模架等构件组成。

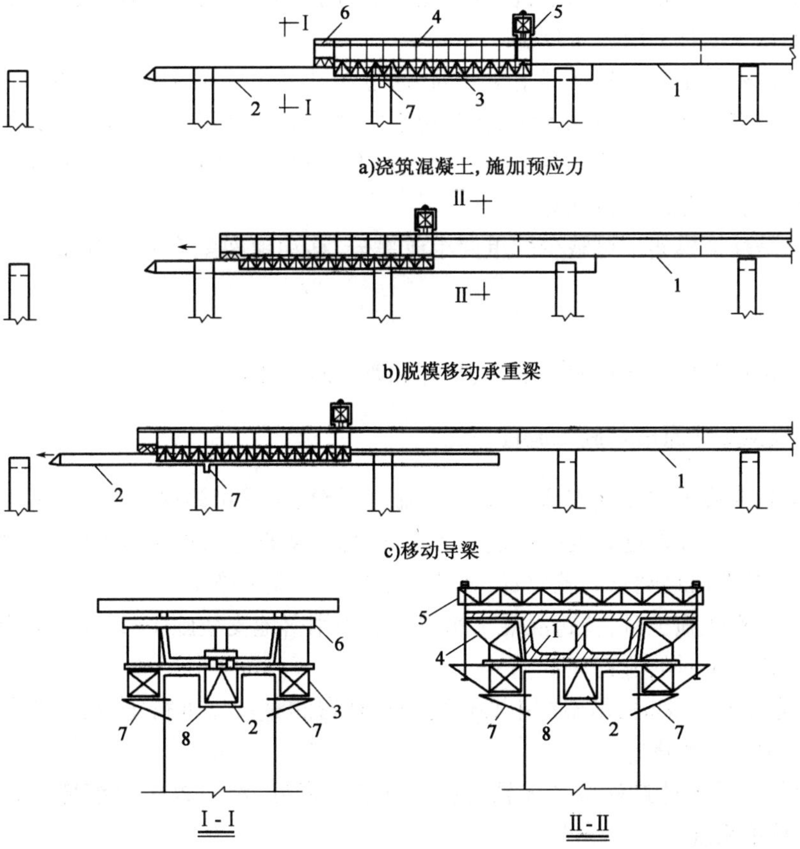

图 6-2-1　支撑式移动模架构造及施工流程示意图

1-已浇筑的梁;2-导梁;3-承重梁;4-模架;5-后端横梁和悬吊台车;6-前端横梁和支撑台车;7-桥墩支撑托架;8-墩台留槽

4）支腿托架

移动模架的支承系统一般有两种：上行式移动模架采用较多的是支腿或立柱结构，下行式移动模架采用较多的是墩旁托架。支腿托架的主要作用有：一是支承移动模架工作荷载，并将荷载传递到桥墩或梁体上；二是通过支腿托架的转换来完成整机过孔移位，在移动模架纵移过孔时，立柱上部与已浇梁体连接，增加过孔的纵向稳定性；三是调节移动模架的主梁高度。

5）底模支承梁及外模

上行式移动模架底模支承梁及外模系统由模板吊梁、模板底横梁、转梁、底横梁拉杆和吊杆、底模、腹模、翼模、可调支承系统组成。荷载通过外模板经可调支承系统传递给底横梁、底模横梁传递给吊挂立柱和吊杆，最后传递给主梁系统。

下行式移动模架模板横梁设置在两根主梁之间，两端采用高强螺栓与承重主梁连接。模板系统由模板、支承系统和栏杆组成，外模由底模、腹板模、肋板模和翼板模四大部分组成。

6）内模

移动模架的内模系统可采用自动化液压结构，也可采用机械式结构。内模系统包括模板和内模支承梁架。

7）液压走行系统

移动模架液压走行系统分为顶升子系统、横移子系统和纵移子系统。走行系统俗称推进台车，是移动模架滑移、调整的关键部分。上行式的推进台车设于支腿立柱顶部滑面上，下行式的推进台车设于托架顶部滑面上，各台车配有 1 台横向移动液压千斤顶，1 台竖向自锁式液压千斤顶和 1 台纵向移动液压千斤顶。

顶升千斤顶安装于支腿托架和主梁之间，通过开动主千斤顶实现主梁的上升和下降。横向千斤顶安装于支腿托架和滑动支座之间，用于实现推动主梁和外模的横向移动，达到分离和合龙外模的目的。纵移千斤顶安装于辅助墩托架上部和主梁之间，用于实现推动主梁和外模的纵向移动，达到前移过孔的目的。

电气系统是移动模架不可缺少的重要组成部分，移动模架配有的电气系统一般与液压系统配套。

8）附属设施

附属设施包括爬梯、走道、操作平台、栏杆和遮阳防雨棚等。

三、移动模架工作原理与施工流程

移动模架是混凝土的直接支承体系，既是施工平台，又是箱梁混凝土的模具。连续梁施工时在每孔 $0.2L \sim 0.25L$ 附近处设一道横向工作缝，即在接近连续梁恒载弯矩零点附近，浇完一孔以后，将移动模架前移到下一孔位置，如此重复推进和连续施工。

上行式移动模架施工时，首跨混凝土箱梁一般采用落地支架施工，以便拼装上行式移动模架。进行标准跨施工时的流程如下：

（1）安装前支撑吊架时，吊架的中心位置通过精密测量仪器进行定位，以控制上部结构的偏载对墩身受力的不利影响。

（2）主梁承重系统通过移位系统悬臂移动到前支点处，经过纵桥向细部位置和高程调整后，固定主梁承重系统。

（3）通过主梁承重系统顶部的移位系统将吊架整体移运到设计位置，当吊架系统通过墩身后，将箱梁底模合龙固定。

(4)进行加载试验,检验结构的安全可靠性,为施工中有效控制箱梁的线形、预拱度提供有力的依据。

(5)安装底、腹板钢筋及预应力束,安装内模板、端头模板及其支承架,绑扎顶板钢筋,并安装顶板预应力束。

(6)浇筑混凝土并养护。

(7)待混凝土达到设计强度要求后,张拉预应力钢束。

(8)箱梁施工完成后,向两侧打开模板,托架系统与主梁承重系统分离,过孔进入下一标准块施工。已浇筑梁体继续养护,并根据设计要求依次进行终张拉、灌浆及封锚等后续作业。

下行式移动模架施工时,浇筑第一跨梁时,其主梁支承于两支承托架上。施工后续梁段时,其前支点位于支承托架上,后支点由门架提吊主梁,并通过门吊的支腿将荷载传递至已浇筑梁段上。进行标准跨施工的工艺流程如下:

(1)安装移动模架。

(2)进行加载试验。

(3)调整模板,安装底、腹板钢筋,布底、腹板预应力束,安装内模板、端头模板及其支承架,绑扎顶板钢筋及安装顶板预应力束。

(4)浇筑混凝土并养护。

(5)拆除托架上对拉精轧螺纹钢筋,利用横移油缸将托架打开,并利用辊轮悬挂于主梁下方,利用主梁下方走行轨道和卷扬机牵引,将托架滑移至下一跨安装。

(6)达到设计强度后,按设计要求进行预应力张拉。

(7)打开横梁系统的连接螺栓,打开模板系统。

(8)横移分开主梁直到底模能顺利通过墩身,然后启动移位系统的千斤顶将支架移动到下一跨,横移主梁使横梁合龙,通过销棒连接,调节模架位置,顶升千斤顶,使主梁就位。

(9)进入下一孔梁体施工。

工程应用

移动模架施工的工程应用

某大桥南引桥全长3660m,曲线半径7000m。主要工程内容有:81~113号墩336根,桩径为150cm的钻孔灌注桩,66个矩形分离式承台,66座矩形空心墩身(墩高13.752~48.344m),66孔现浇预应力混凝土连续箱梁。单跨跨径为50m,箱梁为等截面连续结构,梁高2.8m,箱顶宽度15.4m,底宽6.2m,底板厚度为0.25~0.7m,单箱单室,仅在墩顶设置1.2m厚中横梁和在梁端设置1.4m厚端横梁。单幅33跨共分3联,每联11孔。箱梁采用双向预应力混凝土结构,主梁除布置纵向预应力束外,在桥面板内设有横向预应力束。

上部结构采用两套挪威全液压自行推动下行式移动模架设备MSS,左右幅相错两个月进行逐跨现浇施工。箱梁施工前的准备工作主要有墩身高程的复测、移动模架操作人员的培训、移动模架的设计与加工、移动模架施工支腿的安装、箱梁结构用钢的制作等。移动模架安装完毕后,进行加载预压,确定箱梁自重对移动模架产生的挠度,再加上箱梁自重对桥梁结构物产生的挠度和箱梁在预应力张拉后产生的反拱值,确定箱梁施工过程中需要设置的预拱度值。根据移动模架施工流程进行箱梁施工。

任务三 顶推法施工

学习目标

(1)掌握顶推法施工基本流程;

(2)掌握顶推法施工质量控制要点。

任务描述

位于上海的东海大桥引桥于2005年建成,桥梁结构为8×50m单箱单室预应力混凝土箱形梁桥,采用多点连续顶推施工。通过本任务的学习,查阅资料,编写该桥顶推法施工技术交底。

相关知识

一、顶推法施工特点及适用性

顶推法是在桥台背后(或引桥上)设置预制场浇筑梁段,达到要求强度后,施加预应力,向前顶推,空出底座继续浇筑,随后施加预应力与前一节梁段连接,继续顶推,如此循环,直至将整个桥梁浇筑完毕,顶推到设计位置。顶推法施工示意图如图6-3-1所示。

顶推法施工属于无支架施工技术,是桥梁工程中重要的施工方法之一,适用于中小跨径等高度的预应力混凝土(钢)连续梁,跨径不宜大于60m的桥型,40m左右为最佳,尤其是跨越峡谷、道路的高墩桥梁。顶推法的核心是顶推系统的设置。

二、顶推法施工设备

1. 导梁

为了减小顶推梁运行的内力,便于顶推运行,简化施工结构,通常于主梁前端设置导梁。导梁的长度一般为顶推跨径的0.6~0.8倍。导梁与主梁之间的连接宜采用焊接连接或螺栓连接。常用的导梁形式有两种:钢板导梁和钢桁架导梁。

导梁与主梁的连接,可分为导梁与混凝土梁连接及导梁与钢梁连接两种情况。顶推施工过程中应注意观测导梁前端的下挠,当导梁顶推接近前墩时,应做好导梁上墩的工作,必要时可在滑道前方设置千斤顶,用千斤顶抬高导梁前端,引上滑道。

钢导梁与混凝土梁连接是在主梁端的顶板、底板内预埋厚钢板或型钢并伸出梁端,再通过焊接或者螺栓与导梁连接。导梁与钢梁连接一般采用高强螺栓连接,便于安装和施工后拆除。导梁应与钢梁的顶板、底板、腹板连接,连接处应做加强处理,以免因顶推时弯矩过大而开裂。

2. 临时墩

为减小顶推时的跨径,避免梁受力过大产生危险,应根据设计要求考虑设置临时墩。水中临时墩一般采用钢管桩墩身,陆上临时墩可采用装配式空心钢筋混凝土柱或者钢管桩。临时墩的施工顺序为:施工放样,插打钢管,焊接钢管桩之间平联、剪刀撑等,临时墩墩顶施工,安装滑道、限位装置等。主梁顶推完成并落到永久支座后,应及时拆除临时墩。

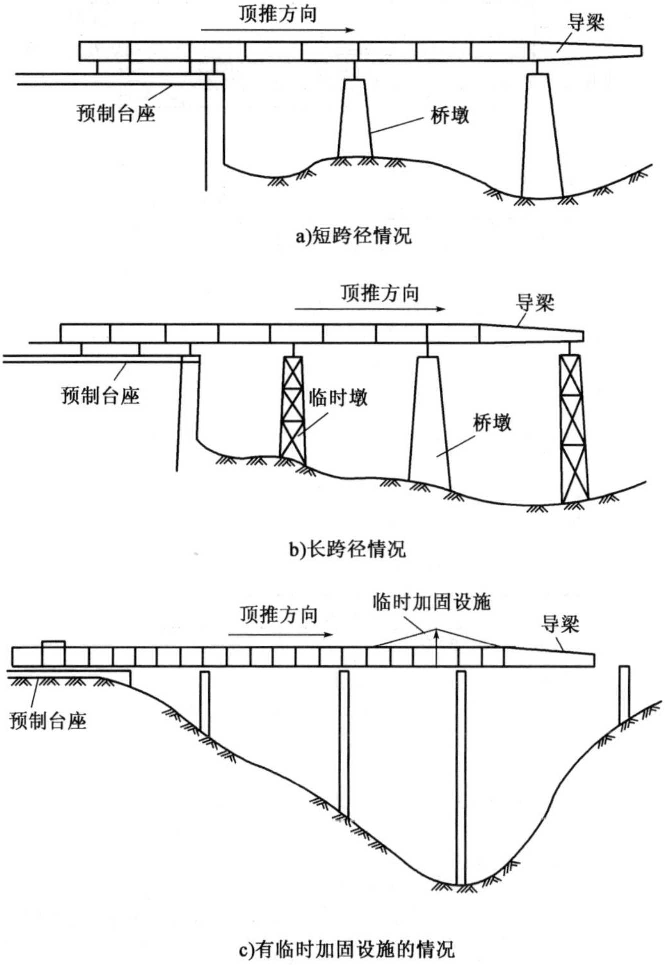

图 6-3-1　顶推法施工示意图

3. 滑动和导向装置

水平—竖向千斤顶顶推方式的滑动装置,一般由摩擦垫、滑块(支撑块)、滑道和滑板组成,如图 6-3-2 所示。

水平千斤顶顶推方式的滑动装置一般由支座垫石上的滑道垫块、滑道、滑板及支座垫石两侧的附加混凝土块组成,如图 6-3-3 所示。

预制台座前的第一个支撑滑道墩的两旁需固定一对导向装置,以控制每段梁尾端的横向装置,保证梁尾与预制模板正位接头;在梁的前进方向设置两对导向装置,每对可根据顶推需要交替前移。

三、顶推法施工要点

1. 施工流程

顶推法施工主要包括预制场准备、箱梁的预制和拼装、安装顶推装置和滑移装置、顶推梁体、落梁就位、施加预应力等。顶推法施工工序如图 6-3-4 所示。

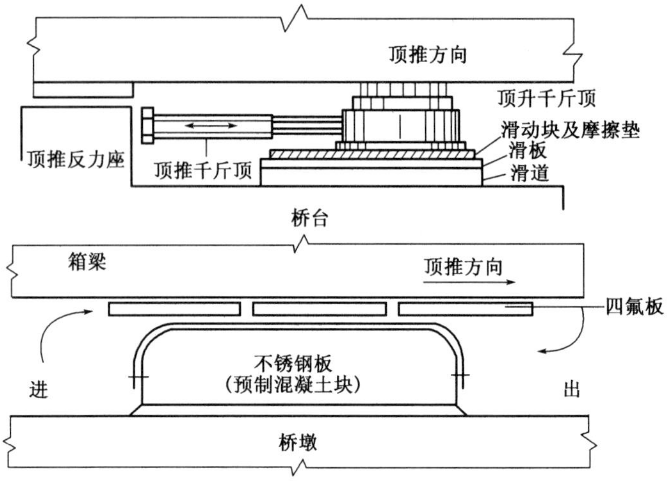

图 6-3-2　水平—竖向千斤顶顶推方式的滑动装置

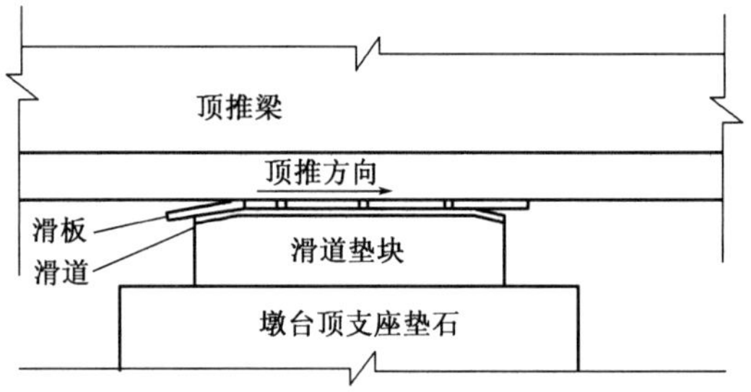

图 6-3-3　水平千斤顶顶推装置布置示意图

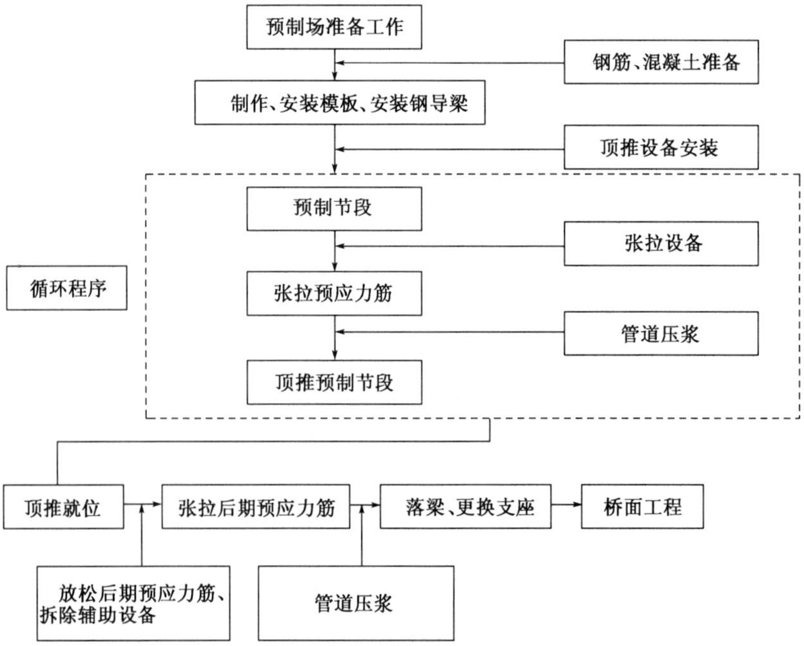

图 6-3-4　顶推法施工工序

2. 梁段预应力施工

顶推法施工的预应力连续梁有三类预应力束：永久束、临时束和补充束。即连续梁从顶推开始到就位都必须具有的永久钢束；顶推过程中必需的，但在连续梁顶推就位后须拆除的临时钢束；为了减小在顶推过程中产生过大负弯矩，适当地减少张拉束数，待全梁就位后再按需要添加的补充束。预应力钢束的布置、张拉顺序、临时束的拆除次序等，应满足设计规定。

各种因顶推施工需要所设置的临时束，在顶推施工过程中应予以妥善保护，在顶推施工过程中不压浆。

对梁段间需连接的永久预应力钢束，可在两梁段间留出适当空间，且宜采用连接器连接。

3. 落梁

落梁是指全梁顶推到位后，将主梁安置在永久支座上的施工。落梁前应按照设计规定的顺序对预应力钢束进行张拉、锚固和压浆，拆除全部临时预应力钢束。待主梁顶推到位后，将整个桥跨顶起，撤出滑道，安装永久支座，下放梁跨结构至永久支座并调整就位。

落梁前要做的工作具体有以下几方面：①按照设计顺序张拉永久预应力束、拆除临时预应力束。②解除梁体外一切约束，对永久支座进行放样，将永久支座清理并放置在便于支座安装的位置。③清理墩上工作面，找平千斤顶安放位置并垫砂浆。④复测墩面高程，确认桥墩有无沉降；复测支座垫石顶面梁底高程，并确定调整方案。⑤竖直千斤顶进油嘴均应安装单向安全阀，防止泄油，确保千斤顶的工作油压。⑥安装千斤顶。

落梁按照下列步骤进行：准备工作—千斤顶举梁—拆除滑道—安装支座—梁下降到支座上—分别焊接固定支座上部、下部。

1）千斤顶举梁

梁体的各支点应均匀顶起，其顶力应按设计支点反力的大小进行控制，顶起时相邻各墩高差不得大于5mm，同墩两侧高差不得大于1mm。

2）安装支座

按照设计要求及相关技术说明进行支座安装。

3）落梁

应按设计规定顺序和每次下落量分步进行，同一墩、台的千斤顶应同步运行，反力的允许偏差应为±10%设计反力。

任务四　先简支后连续法施工

学习目标

（1）掌握先简支后连续法施工基本流程；

（2）掌握先简支后连续施工质量控制要点。

任务描述

某高速公路新建项目第二合同段内有一座12×50m预应力混凝土箱形梁桥，3跨1联，共

4 联。该桥采用先简支后连续法施工。通过本任务的学习,查阅资料,分组编写该桥上部结构施工技术交底文件。

相关知识

先简支后连续法就是先将预应力混凝土梁在预制场地集中预制,然后用各种安装方法将预制构件安装至墩、台临时支座上,在桥上进行体系转换。即吊装时先采用临时支座按简支梁安装就位后,在连续墩上预置永久橡胶支座,现浇接头混凝土、张拉克服负弯矩的预应力束,将体系转换为连续梁,最后浇筑铰缝混凝土和桥面铺装层混凝土,完成桥梁施工。近年来,简支后连续法在中小跨径连续梁桥中得到了广泛应用。其施工过程如图 6-4-1 所示。

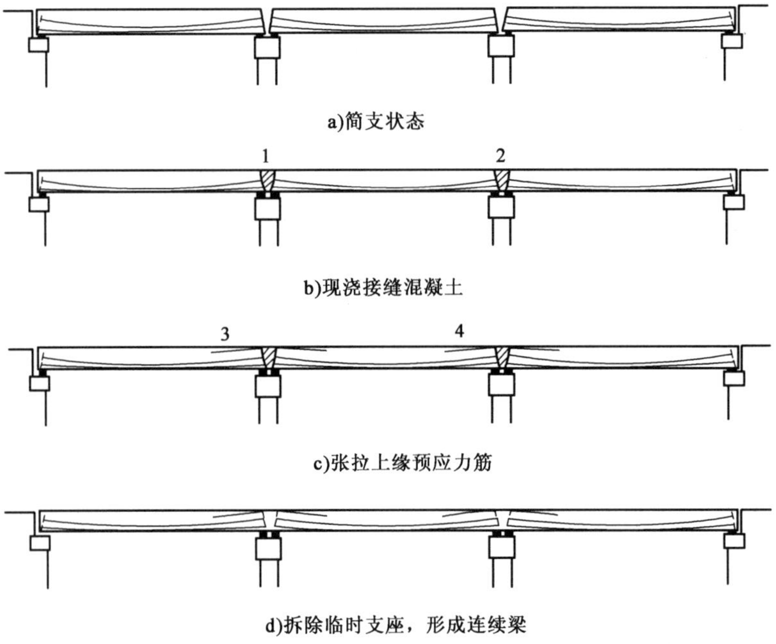

图 6-4-1　先简支后连续法施工过程

1、2-纵向湿接缝;3、4-顶板负弯矩钢束

(1)按简支梁预制梁体构件,并张拉正弯矩预应力筋,预制时应预留顶板负弯矩预应力孔道,并预设齿板,预留工作人孔。

(2)根据施工条件用合适的方法将梁体安装就位,支撑在墩顶两侧的临时支座上,临时支座有硫黄砂浆和砂筒临时支座。硫黄砂浆内部盘有电阻丝,电阻丝采用功率为 2 ~ 4kW,在硫黄砂浆中按 U 形布置。硫黄砂浆的配比应严格控制,既要保证强度,又要能在需要拆除时通电熔化。砂筒临时支座制作安装方便,砂筒采用圆柱状,分上下两部分,用钢管焊成封闭的容器,在容器的侧面设置一开口,容器里的砂在打开开口时流出,使细砂上的垫块高程降低。

(3)在墩顶设计位置安放永久支座,布置模板,按设计要求连接相邻梁端预留钢筋,在顶部布设与相邻梁体对应的负弯矩预应力筋孔道,浇筑接缝混凝土。

(4)接缝混凝土养护达到规定强度后,拆除模板,穿束张拉承受墩顶负弯矩的预应力筋并锚固,拆除临时支座,使结构转换成连续体系。接缝大样图如图 6-4-2 所示。

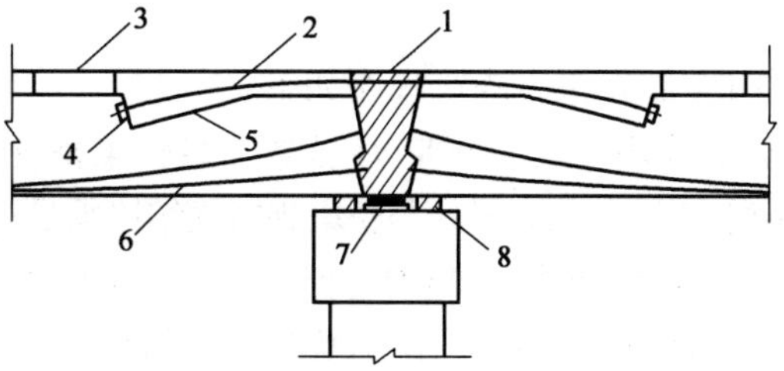

图 6-4-2 先简支后连续法接缝大样图

1-现浇钢筋混凝土(普通钢筋未示出);2-上缘预应力筋;3-人孔;4-锚具;5-齿板;6-下缘预应力筋;7-永久支座及垫石;8-临时支座

任务五 悬臂浇筑法施工

学习目标

(1)掌握悬臂浇筑法施工基本流程;
(2)掌握悬臂浇筑法施工质量控制要点;
(3)掌握0号块施工要点及临时锚固方法;
(4)掌握合龙段施工及体系转换质量控制要点。

任务描述

通过学习悬臂浇筑法施工相关配套知识,掌握悬臂浇筑法施工的流程和关键技术,能编写悬臂浇筑法施工作业指导书和技术交底文件。查阅资料,完成本项目能力训练。

相关知识

悬臂法施工是常用的无支架施工方法之一。悬臂浇筑(简称"悬浇")是采用移动式挂篮作为主要施工设备,以桥墩为中心,对称向两岸利用挂篮浇筑梁段混凝土,待混凝土达到要求强度后,张拉预应力束,再移动挂篮,进行下一节段的施工。悬臂浇筑法因受地形条件影响不大,对桥下交通影响小,广泛应用于公路桥梁建设中,特别是跨越山谷、既有道路、江河和海域的大桥,适用于大中跨径的预应力混凝土悬臂梁桥、连续梁桥、T形刚构桥、连续刚构桥、拱桥及斜拉桥等结构施工。

一、悬臂浇筑施工流程

1. 悬浇梁体分段

悬臂浇筑施工时,梁体一般分为墩顶梁段、对称悬浇梁段、边跨现浇梁段和合龙梁段四部分,如图6-5-1所示。墩顶梁段Ⅰ一般为0号块,如0号块顶空间不足拼装挂篮,还包括1号块;Ⅱ为0号块两侧对称悬浇梁段,单个块段长度为2~5m;Ⅲ为边跨现浇梁段,一般为2~3个悬臂浇筑分段长;Ⅳ为合龙段,长度一般为1~3m。

2. 悬浇施工程序

图 6-5-1 中，Ⅰ～Ⅳ这四大部分总体浇筑程序如下：

(1)搭设支架原位浇筑 0 号块。对于预应力混凝土悬臂梁桥、连续梁桥，由于墩顶设置支座，墩梁为铰接状态，不能承受弯矩，需将 0 号块与桥墩临时固结以承受对称悬浇施工中的不平衡弯矩；对于 T 形刚构、连续刚构，墩梁本身固结，结构自身已具有一定的抗弯能力，不必进行临时固结。

(2)在 0 号块上安装悬臂挂篮，向两侧依次对称地分段浇筑主梁至合龙段。

(3)在临时支架或梁端与边墩间临时托架上支模板浇筑现浇梁段。当现浇梁段较短时，可利用挂篮浇筑；当与现浇梁段相接的连接桥是采用顶推法施工时，可将现浇梁段锚固在顶推梁前端施工，并顶推到位。

(4)悬浇梁段与边跨现浇梁段施工完成后，进行合龙段施工与体系转换。合龙顺序一般为先边跨、后次边跨，最后中跨，也有从一端向另一端逐跨合龙、多跨同时合龙等其他顺序。

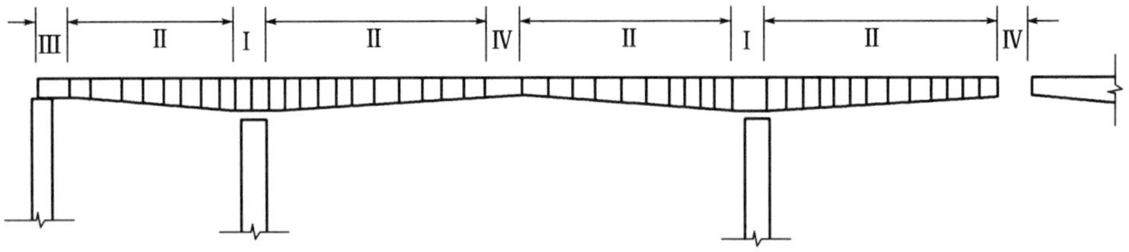

图 6-5-1　悬臂浇筑分段示意图

Ⅰ-墩顶梁段；Ⅱ-0 号块两侧对称悬浇梁段；Ⅲ-边跨现浇梁段；Ⅳ-合龙梁段

二、0 号块及边跨现浇梁段施工

0 号块及边跨现浇梁段通常采用支架现浇施工。支架分为墩旁托架和落地支架两类。墩旁托架支承在墩身上，有高墩托架、墩顶预埋牛腿托架等形式。落地支架直接支承在承台或地面上，有梁式支架、满布式支架和临时墩及型钢结构支撑架等形式。墩旁托架仅适用于 0 号块施工，落地支架适用于 0 号块与边跨现浇段施工。

1. 0 号块施工

0 号块结构复杂，预埋件、钢筋、各向预应力钢束及其孔道、锚具密集交错，梁顶面有纵横坡度，端面与待浇段密切相连，务必精心施工。视其结构形式及高度，一般分 2～3 层浇筑，顺序为先底板、再腹板、后顶板，0 号块施工流程如图 6-5-2 所示。

0 号块箱梁一般采用纵向、横向、竖向三向预应力体系，纵向与横向预应力筋一般采用钢绞线，竖向预应力筋采用螺纹钢筋。钢绞线既可在混凝土浇筑前穿束，也可在混凝土浇筑后穿束，精轧螺纹钢筋与管道同步安装。待 0 号块混凝土强度、弹性模量满足设计要求后，即可进行预应力张拉施工。张拉顺序一般为先纵向、后竖向、再横向，先长束后短束，先中间后两边；若设置有横隔梁横向预应力筋，应优先张拉横隔梁横向预应力筋。

预应力混凝土悬臂梁桥、连续梁桥由于墩顶设置支座，墩梁尾铰接状态，不能承受弯矩，需将 0 号块与桥墩临时固结以承受对称悬浇施工中的不平衡弯矩。临时固结方式有设置临时锚固和临时支撑两种形式。

临时锚固是指利用预埋在墩顶的普通钢筋或预应力筋将 0 号块梁体与墩身连接成整体，并在墩顶与梁底间设置临时支座。采用普通钢筋时，钢筋一般锚固在梁体内，如图 6-5-3 所示。采用预应力筋时，既可锚固在梁体内箱或顶板，也可锚固在梁体内，且需要进行张拉，如图 6-5-4 所示。

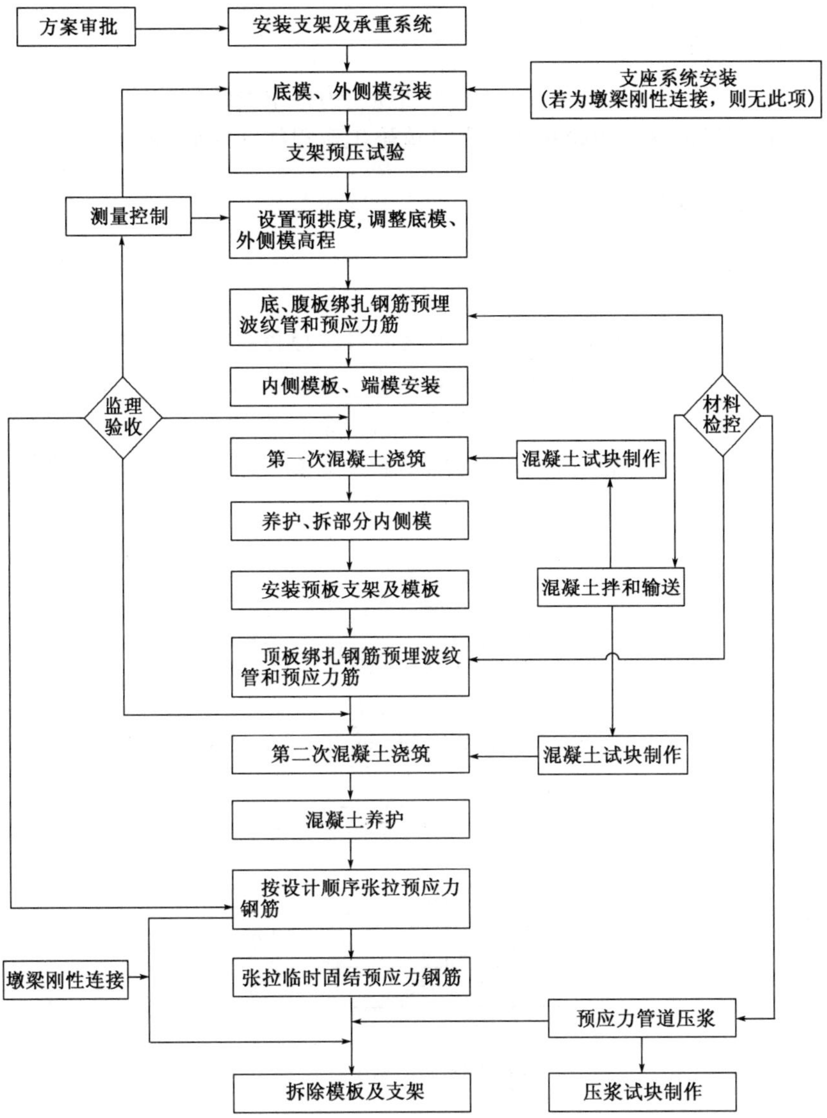

图 6-5-2　0 号块分两层浇筑施工图

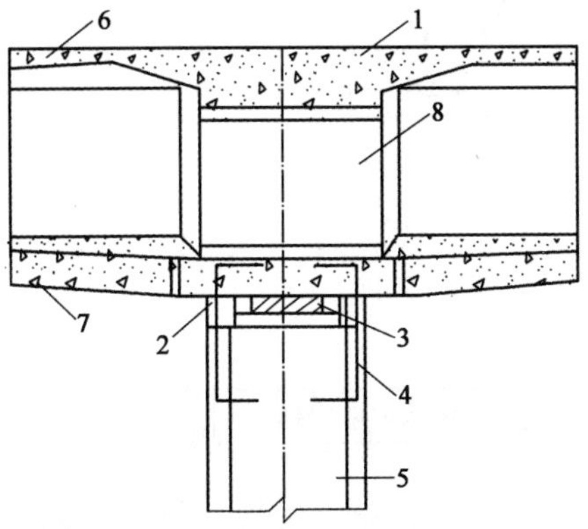

图 6-5-3　普通钢筋临时锚固示意图

1-0 号块箱梁;2-临时支座;3-永久支座;4-临时锚固钢筋;5-桥墩;6-箱梁顶板;7-箱梁底板;8-通道

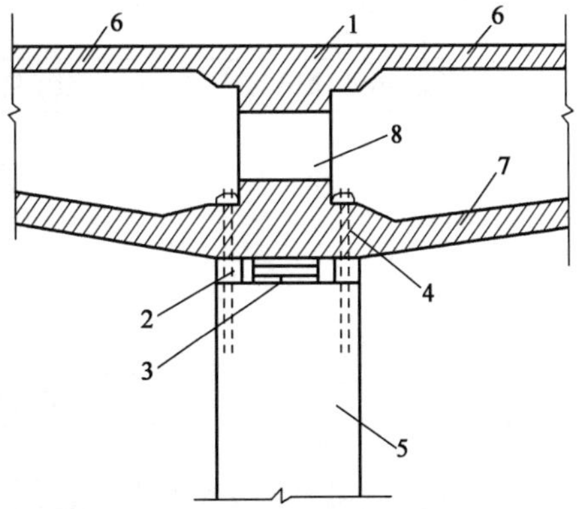

图 6-5-4　预应力筋梁体内临时锚固示意图

1-0 号块箱梁;2-临时支座;3-支座垫石及永久支座;4-临时锚固预应力筋;5-桥墩;6-箱梁顶板;7-箱梁底板;8-通道

2. 边跨现浇梁段施工

边跨现浇梁段支架与模板安装完成,钢筋和预应力体系安装到位后,进行混凝土浇筑。在边跨合龙后,进行支架拆除。边跨现浇梁段具体施工流程如图 6-5-5 所示。

三、对称悬浇梁段施工

1. 挂篮

挂篮是悬臂浇筑施工的主要机具,是一个能沿着轨道行走的活动脚手架。挂篮悬挂在已经张拉锚固的箱梁梁段上,悬臂浇筑时箱梁梁段的模板安装、钢筋绑扎、管道安装、混凝土浇筑、预应力张拉、压浆等工作均在挂篮上进行。当一个梁段的施工程序完成后,挂篮解除后锚,移向下一梁段施工。所以挂篮既是空间的施工设备,又是预应力筋束张拉前梁段的承重结构。

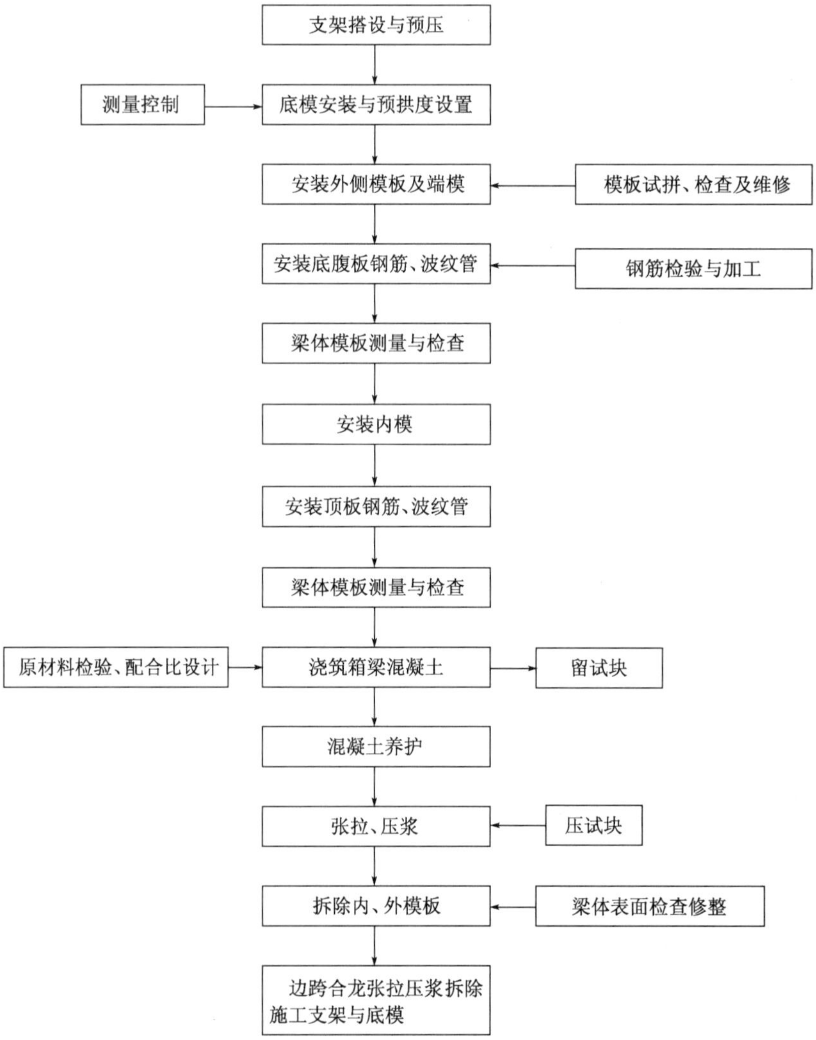

图 6-5-5　边跨现浇梁段具体施工流程

挂篮现场拼装完成后,要对其进行预压。通过预压可以检验挂篮的实际承载能力和安全可靠性,消除体系的非弹性变形,掌握分级荷载作用下挂篮系统变形的规律,获得相应荷载下的弹性变形数据,为箱梁悬浇施工线形控制提供可靠依据。挂篮现场拼装完成后,模拟最大重量梁段施工全部荷载的1.05~1.1倍,采用逐级加载和卸载方式进行试验。

预压试验常用的方法有堆载预压法、水箱预压法、反力架预压法三种。堆载预压法是通过砂袋、钢材、预制混凝土块等堆码加载。水箱预压法适用于水资源丰富的施工区域,利用水箱或水袋替代实体构件。反力架预压法是采用液压顶推千斤顶在箱梁底板范围内对挂篮进行预压加载。反力架预压法分为两种加载模式:0号块腹板反力架法和承台预埋锚固体系对拉法。

2. 悬臂浇筑施工工艺

挂篮安装就位且预压完成后,根据预压结果调整模板高程,然后进行钢筋绑扎、预应力筋安装、内模安装、混凝土浇筑与养护、预应力张拉和管道压浆的施工。悬臂浇筑施工有以下质量控制要点:

(1)模板安装应核准中心位置及高程,模板与前一段混凝土面应平整密贴。如上一节段施工后出现中线或高程误差需要调整,应在模板安装时予以调整。

(2)顶板底层横桥向钢筋宜采用通长筋。

(3)悬臂浇筑应两侧对称、平衡地进行,两端悬臂上荷载的实际不平衡偏差不得超过设计规定值;设计未规定时,不宜超过梁段重的1/4;控制挂篮轴线两侧的不平衡荷载,防止挂篮偏载过大和内模移位。

(4)浇筑顺序为从挂篮前端向后端浇筑,使挂篮的较大变形尽早发生,使箱梁交接面新旧混凝土结合得更好。

(5)悬臂浇筑一般应全断面一次浇筑成型。如箱梁断面较大,需分次浇时,除应按相关要求处理好施工缝外,还应采取措施消除后浇混凝土的重力引起挂篮的变形,避免现浇混凝土开裂。

(6)对纵向预应力长钢束的张拉,宜通过必要的试验确定其张拉程序和各项参数。

四、梁体合龙与体系转换

连续梁体施工过程是从各墩顶段开始至单个T构完成后,再将各T构拼接而形成整体,这种T构的拼接就是合龙。合龙是连续梁施工和体系转换的重要环节,其施工必须满足受力状态的设计要求和保持梁体线形,控制合龙段的施工误差。通常多跨连续梁、连续刚构合龙段施工的顺序为先各边跨,再各次边跨,最后为中跨。

1. 边跨合龙工艺

边跨合龙段在悬臂端与支架现浇梁段之间。合龙段位置和施工方案视设计与施工状况的要求和条件有多种选择。以合龙段采用支架现浇为例,施工流程如下。

1)施工准备

(1)悬臂梁段浇筑完毕,拆除悬臂挂篮。

(2)清除箱顶、箱内的施工材料、机具,用于合龙段施工的材料、设备有序放至墩顶。

(3)在T构两悬臂端预备配重水箱。

(4)监测记录近期气温变化规律。

2)边跨合龙段支架及模板安装

悬臂梁段浇筑完毕,拆除挂篮,接长边跨等高度现浇段支架,搭设合龙段支架,外模和底模尽量采用挂篮模板,内模采用组合钢模或木模。

3)设置平衡重

一般采用在悬臂端的水箱中加水的方法设置平衡重,近端和远端所加平衡重荷载由施工平衡设计确定。边跨合龙配重及施工步骤如图 6-5-6 所示。

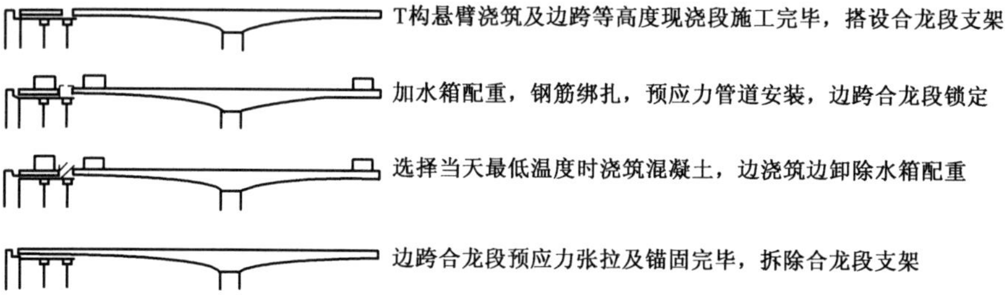

图 6-5-6　边跨合龙配重及施工步骤

4)普通钢筋及预应力管道安装

普通钢筋在地面集中加工成型,运至现场绑扎安装。绑扎时,预留劲性骨架安装位置,待劲性骨架锁定后补充绑扎。底板束管道安装前,应试穿所有底板束,发现问题及时处理。

5)合龙锁定

合龙前,将悬臂端与边跨现浇段临时连接,尽可能保持相对固定,以防止合龙段混凝土在浇筑及早期硬化中发生明显的体积改变。临时"锁定"是合龙的关键,包括焊接劲性骨架和张拉临时预应力束。合龙段临时锁定布置如图 6-5-7 所示。

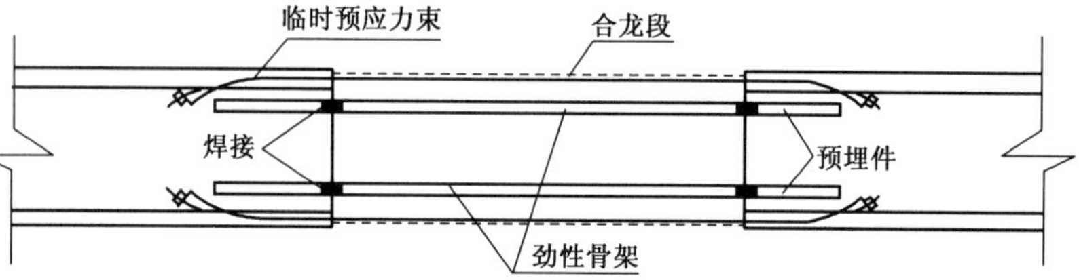

图 6-5-7　合龙段临时锁定布置

6)浇筑合龙段混凝土

合龙段混凝土浇筑过程中,按新浇筑混凝土的重量分级卸去平衡重,保证平衡施工。合龙段混凝土选择在一天中气温较低时进行浇筑,可保证合龙段新浇筑混凝土处于气温上升的环境中,在受压状态下达到终凝,以防混凝土开裂。

7)预应力施工

合龙段永久束张拉前,采取覆盖箱梁悬臂并洒水降温以减小箱梁悬臂的日照温差。待合龙段混凝土达到设计规定强度和相应龄期后,按照设计要求的张拉力及顺序双向对称进行张拉,合龙段施工完毕后,拆除临时预应力束并对其管道压浆。

2. 中跨合龙工艺

合龙段施工时,不宜引起该段施工的附加应力,因此,在浇筑过程中,需要调整两悬臂端合龙段施工荷载(设置配重),使其竖向变形相等,避免合龙段产生竖向相对位移。调整悬臂端合龙施工荷载,可采用设置水箱注水调整或采用砂袋配重。以合龙段采用吊架为例,施工流程如下。

(1)吊架及模板安装。中跨合龙梁段采用合龙吊架施工,合龙吊架和模板采用施工挂篮的底篮及模板系统。施工吊架安装步骤如下：

①将挂篮的底篮整体前移至合龙段另一悬臂端。

②在悬臂端预留孔内穿入钢丝绳,利用卷扬机和几组滑车吊起底篮前横梁和内外滑梁的前横梁。

③拆除挂篮前吊杆。

④用卷扬机调整所有钢丝绳,使底篮及内外滑架移到相应位置,安装锚杆、吊杆和连接器,将吊架及模板系统锚固稳定。

⑤将主桁系统退至墩顶梁段后拆除。

(2)设置平衡重。采用在悬臂端的水箱中加水的方法设置平衡重,近端和远端所加平衡重荷载由施工平衡设计确定。中跨合龙段施工过程示意图如图6-5-8所示。

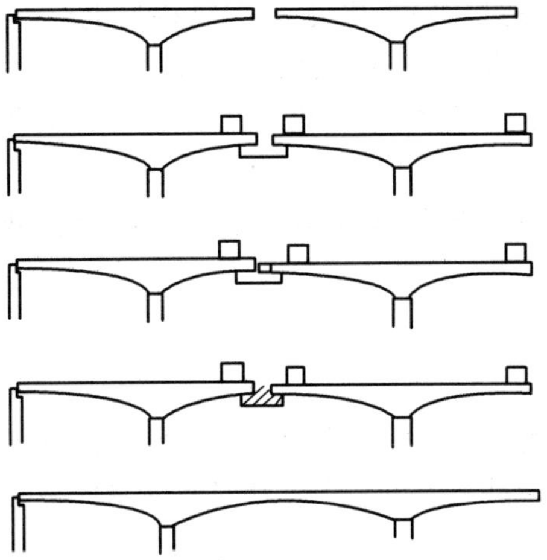

图6-5-8 中跨合龙段施工过程示意图

(3)普通钢筋及预应力管道安装与边跨合龙段相同。

(4)合龙锁定。合龙前使合龙段两侧悬臂端临时连接,合龙段支撑劲性钢骨架施工及临时预应力束张拉施工与边跨合龙段相同。

(5)解除连续梁墩顶的临时固结,完成体系转换。

(6)浇筑合龙段混凝土。

(7)预应力施工。

中跨合龙完成后,先张拉中跨合龙预应力束,再张拉边跨底板第二批预应力束,合龙段施工完毕后,拆除临时预应力束并对其管道压浆。

(8)拆除模板及吊架。

任务六　悬臂拼装法施工

学习目标

(1)掌握悬臂拼装法施工基本流程;

(2)掌握悬臂拼装法施工质量控制要点。

任务描述

通过学习悬臂拼装法相关配套知识,掌握悬臂拼装法施工流程、节段预制方法、接缝施工、合龙段施工等相关内容,完成悬臂拼装施工中关键技术设计,达到学习目标的要求。

相关知识

悬臂拼装法(简称"悬拼")是悬臂施工法的一种,它是国内外大跨径预应力混凝土悬臂梁、连续梁及刚构桥中常用的施工方法之一。其方法是在预制场分段预制梁体,利用移动式悬拼吊机将预制梁段起吊至桥位,然后采用环氧树脂胶和预应力钢丝束(钢绞线)连接成整体。悬拼采用逐段拼装,一个节段张拉锚固后,再拼装下一节段。悬拼的分段主要取决于悬拼吊机的起重能力,一般节段长2~5m。节段过长则自重大,需要悬拼吊机起重能力大,节段过短则拼装接缝多,工期也延长。一般在悬臂根部,因截面积较大,预制长度比较短,以后逐渐增长。悬拼施工适用于预制场地及运吊条件好,特别是工程量大和工期较短的梁桥工程。

悬拼施工工序主要包括梁段的预制、移位、堆放、运输,梁段起吊拼装,悬拼梁体体系转换,合龙段施工等。

一、梁段预制

悬拼梁段的预制质量直接关系着梁段悬拼的速度和质量。梁段预制方法可分为长线预制和短线预制两类。预制场地应平整、坚实,承载力应满足要求,并应有足够的平面及空间位置,以满足施工作业的要求。

1. 长线预制

长线预制是在预制场(图6-6-1)或施工现场按桥梁底缘曲线制成的固定底座上安装模板进行块件预制,各相邻预制节段的拼合面应相互贴合浇筑,缝面浇筑前应涂抹隔离剂,以利脱模。形成梁底缘的底座有多种方法,多采用混凝土或钢筋混凝土固定式台座;山区有石料的地区可用石砌圬工筑成所需的梁底缘形状;地质条件差的预制场地,需采用打短桩基础,再搭设排架形成梁底曲线。图6-6-2为长线预制台座的构造。为加快施工进度,保证节段之间密贴,常采用先浇筑奇数节段,然后利用奇数节段混凝土的端面弥合浇筑偶数节段。也可以采用分阶段的预制方法。当节段混凝土强度达到设计强度75%以上后,可吊出预制场地。

2. 短线预制

短线预制是在固定台位且能纵移的模板内浇筑,由可调整内、外部模板的台车与端梁来完成的。当第一节段混凝土浇筑完成后,在其相对位置上安装下一节段模板,并利用第一节段混凝土的端面作为第二节段的端模,完成第二节段混凝土的浇筑工作。这种方法适合节段的工厂化生产预制,设备可周转使用,台座仅需3个梁段长,但节段的尺寸和相对位置的调整要复杂一些。短线台座除基础部分外,多采用钢料加工制作。图6-6-3为短线预制台座的构造。此法亦称活动底座法。

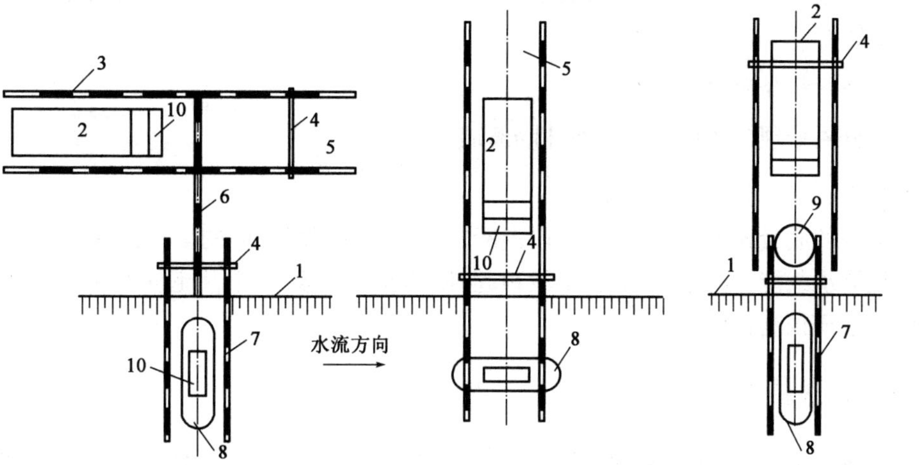

a)平行式　　b)垂直式　　c)垂直式附块件转向设施

图6-6-1　预制厂平面布置图

1-河岸线;2-预制台座;3-轻便轨道;4-龙门吊机;5-存梁场;6-运输轨道;7-栈桥;8-运梁驳船;9-块件转向转盘;10-预制块件

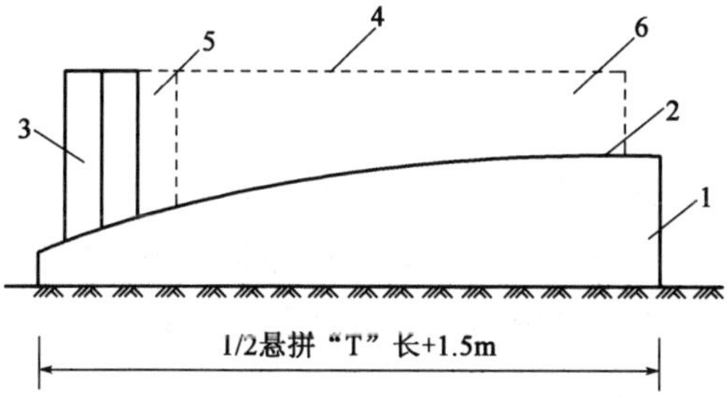

图6-6-2　长线预制台座的构造

1-长线台座;2-梁底线;3-制梁段;4-梁顶线;5-待浇梁段;6-待浇梁段位

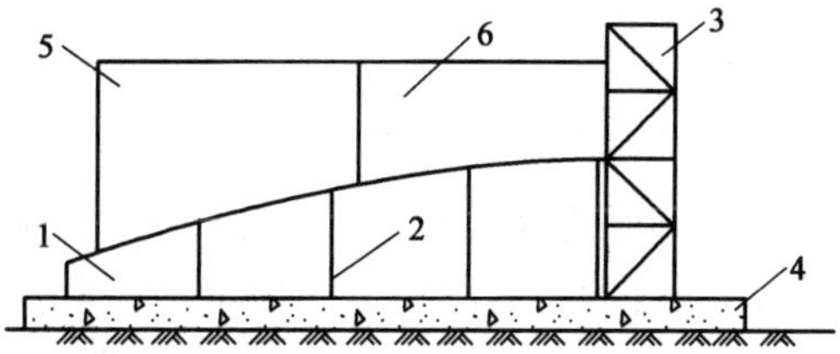

图6-6-3　短线预制台座的构造

1-短线台座;2-可调底模;3-封闭式端模;4-基础;5-配筑梁段;6-待浇梁段

以上两种方法均属于立式预制。

3. 卧式预制

当主梁为桁架梁时,具有较大的桁高和节段长度,且桁架的桁杆截面尺寸不大时,常采用卧式预制。卧式预制要有一个较大的地坪,地坪的高低要经过测量,并有足够的强度,不致产生不均匀沉陷。对相同尺寸的节段还可以在已预制完成的节段上安装模板,进行平卧叠层预制,两层构件间常用塑料布或涂机油等方法分隔。桁架梁预制节段的起吊、翻身工作要求操作细致,并注意选择吊点和吊装机具。

二、梁段脱模

1. 底模处理

预制底座面层宜铺一层厚3~5mm、与全底座连为整体的钢板,并与底座底板预埋件连接,或铺一层镀锌铁皮,再在其上涂刷隔离剂。常用的隔离剂可分为:①薄膜类,如塑料硬薄膜;②油脂类,较好的机油,可掺少量黄油,以增加黏度;③皂类,如烷基苯磺酸钠,虽成本较高,但使用效果较好。

2. 相邻梁段结合面的分隔处理

结合面分隔处理应按设计要求涂抹隔离剂。

3. 梁段脱模

由于梁段的质量较大,且须消除梁段混凝土与底模和梁段之间的黏结,起吊前须在底板四角处设置足够承载能力的千斤顶,将梁段顶起,使其脱离底模,然后用起重机或龙门吊将脱离底模的梁段吊离预制台座。

三、梁段的拼装施工

梁段拼接有全断面铰接、部分铰接与部分湿接及湿接三种形式。两梁段全横断面靠环氧树脂黏结构成全断面铰接计算时假定为剪力铰。部分铰接与部分湿接是腹板为铰接,顶板及底板通过伸出钢筋连接再现浇混凝土。湿接是相邻梁段间浇筑一段为接头的连接缝,用以调整随后梁段(基准梁段)的位置,以便准确地控制其后续梁段的安装精度。

全断面铰接、部分铰接的接缝,拼装前即在接触面涂抹多功能环氧树脂,以保证连接面的水密性和利用树脂的厚度找平。为了提高梁段拼接面的抗剪强度,应将拼接面做成齿合,即为剪力齿,如图 6-6-4 所示。

1. 临时固结或临时支撑

为了确保连续梁分段悬拼施工的平衡和稳定,悬臂拼装与悬臂浇筑的方法一样,需要将 T 构支座临时固结,如图 6-6-5 所示。悬拼完成,T 构合龙,即可恢复原状,拆除临时固结或临时支撑。当临时固结支座不能满足悬拼要求时,一般考虑在墩两侧或一侧加临时支撑。

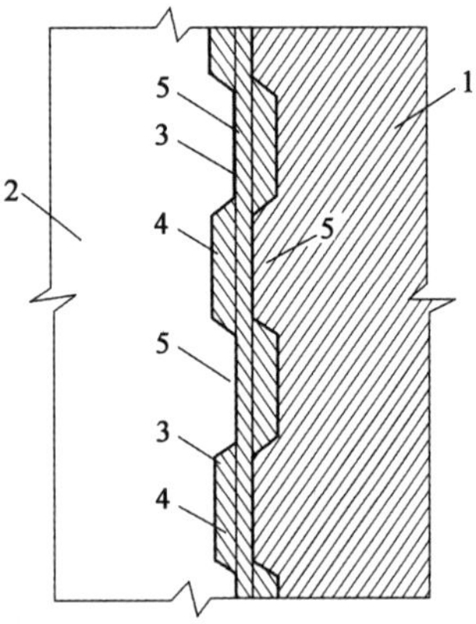

图 6-6-4　预制梁段拼接面剪力凹凸齿示意图

1-已浇箱梁;2-待浇箱梁;3-钢或木制板;4-凹齿;5-凸齿

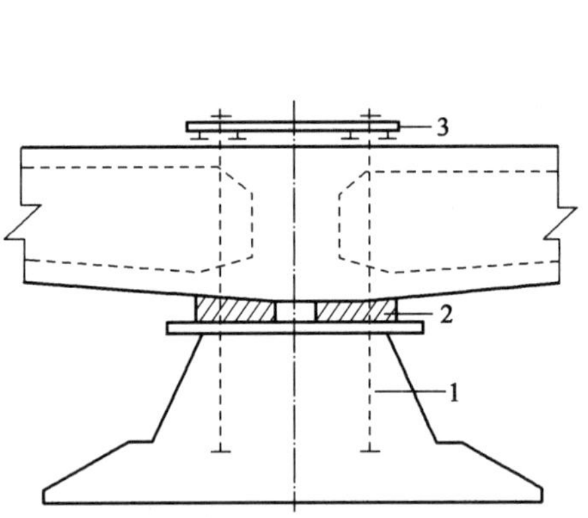

图 6-6-5　临时固结示意图

1-预埋临时锚固用预应力筋;2-支座;3-工字钢

2. 墩顶 0 号块施工

0 号块施工前,应设置好施工临时支架并按照规范要求对支架进行预压。清理墩顶杂物,按要求对墩顶接茬混凝土面进行凿毛处理并清洗干净。0 号块模板系统由外模、内模、底模、端模和支架组成。为保证曲线连续刚构或连续梁外形美观,现浇的 0 号块采用与预制段同样材质的模板及脱模剂，采用跨墩龙门进行安装。0 号块吊至墩顶后，采用三向调位千斤顶进行位置调整。0 号块调整到要求位置后，对临时支座和永久支座的调平层进行灌浆，现浇 0 号块横隔梁，完成墩顶块安装。

3.1 号块及湿接缝施工

1 号块是紧临 0 号块两侧的第一个箱梁节段，对于采用 0 号块现浇的工程来说，1 号块也是悬拼 T 构的基准梁段，是全跨安装质量的关键。一般 1 号块与 0 号块以湿接缝相接。其拼装流程如图 6-6-6 所示。

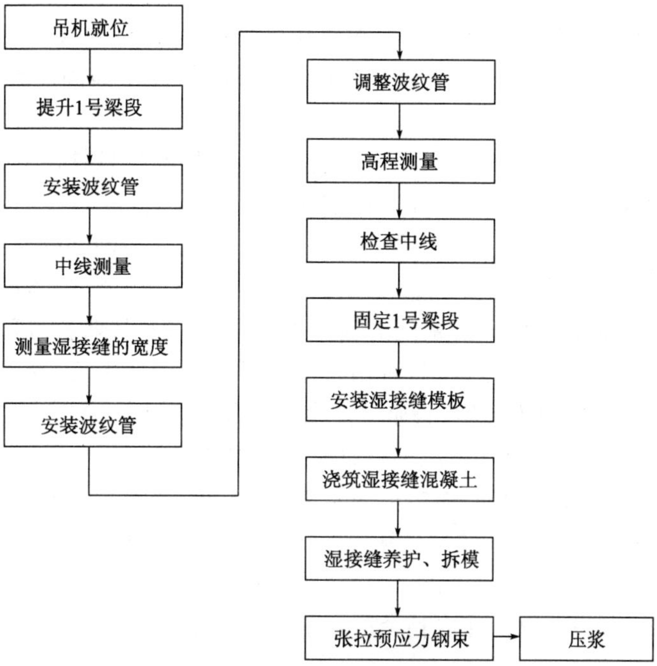

图 6-6-6　1 号梁段湿接拼装流程图

1 号块提升到设计高程进行初步定位后，应立即进行测量、调整 1 号块的纵轴线，使之与 0 号块的纵轴线延伸线重合，横轴线与 0 号块的横轴线平行且间距符合设计要求。

4. 悬拼安装

悬臂节段的拼装是悬臂施工重要的一环。首先将起吊设备移动就位，悬臂对称拼装 2 号节段，调整梁段各方向的位置，使梁段初对位，测量中线、高程符合设计要求后，移开梁段约 40cm，涂胶、穿束、正式定位、张拉临时束，等强度达到设计要求后，按设计要求张拉永久预应力筋，先张拉 2 号段的纵向预应力钢束，再张拉 2 号段的竖向预应力粗钢筋，待全部预应力束张拉完毕，进行压浆后，移开托架，再拼装下一节段。

重复以上步骤，对称拼装余下节段，并张拉锚固箱梁相应各节段的纵向预应力钢束及张拉横向预应力钢束，直至全部节段拼装完毕。

铰接缝施工通常是在梁段接触面上涂一层 2 ~ 3mm 厚的环氧树脂黏结剂。施工中使接缝密贴，在凝固后提高结构的抗剪能力、整体刚度和不透水性。涂胶前，应对拼装梁段试拼，其高程、平面位置经测量调整符合要求后，再将构件调开 40cm 左右，自上而下，快速均匀涂抹上胶,涂抹厚度宜薄,正式拼装前,应将挤入每个孔道内的胶液清除,防止孔道被堵塞。

5. 边跨梁段施工

1)支架现浇边跨梁段

边跨梁段在落地支架上一次连续浇筑完成。落地支架应进行预压以确保安全和消除非弹性变形,并按实测的弹性变形值和施工控制要求,确定底模高程和预拱度。

2)架桥机悬挂安装边跨梁段

架桥机悬挂安装边跨梁段具体施工步骤如下:

(1)移动架桥机起重天车至靠近边跨墩的第一榀梁段上方,将天车上的主吊具与悬挂吊具用销轴连接,提起梁段并放松悬挂吊杆。调整箱梁高程、平面位置及纵、横坡,使之符合线形控制精度要求。用型钢将其与边跨墩墩顶块临时连接固定后,锚固悬挂吊杆,释放主天车吊具。

(2)移动天车至邻近的第二榀梁段上方,连接天车主吊具与悬挂吊具,解除悬挂吊杆,少许移动天车,将梁段移至安装位置,并调整至精度要求范围。

(3)吊具保持纵、横坡角度不变,提升梁段一定高度,人工涂刷环氧黏结剂。完成后下放梁段,并与第一榀梁进行拼接。

(4)张拉第一、二榀梁段间顶、底板间的临时预应力,使两梁段收拢、压紧。

(5)安装第二榀梁段的悬挂吊杆,将其吊挂于架桥机主桁架上后,解除主天车吊具,移动天车至第三榀梁上方,重复以上步骤,直至完成余下梁段的拼装。

(6)将末梁段与相邻 T 悬臂梁段用型钢临时连接固定。

(7)穿入边跨合龙束预应力筋,连接第一榀梁与边跨墩、末梁段与悬臂 T 构端湿接缝处断开的预应力管道,解除边跨墩墩顶支座约束,施工该处两道湿接缝。

(8)施工边跨体内永久结构合龙预应力,完成边跨墩的合龙。

(9)依次解除悬挂吊具吊杆,完成整个边跨梁段安装施工。

6. 合龙段施工

在两相邻悬臂合龙前,检查、调整两悬臂端相对高差,在箱梁顶面和底板上用劲性骨架将两悬臂连接、固定。架桥机主天车将预制合龙梁段调至桥面高度,沿桥纵向安装两根组合承重梁,将预制合龙梁段平面位置及高程调整到位后,用型钢将其与两相邻悬臂梁段连接固定,架桥机脱钩后将其吊挂于承重梁上。

连接湿接缝处断开的永久结构预应力管道,安装湿接缝内、外模板,完成合龙桥跨后将后跨墩顶块临时锚固解除,破除临时支座,选择一天中最低温度时段浇筑湿接缝混凝土并养护。

湿接缝混凝土强度达到要求值后,张拉首批体内永久结构合龙预应力,防止湿接缝混凝土收缩开裂,湿接缝混凝土强度达到 100% 设计强度后,张拉其余永久结构合龙预应力,拆除劲性骨架和型钢连接装置,完成跨中合龙。

能力训练

编写悬臂浇筑施工法施工技术交底文件

南沙新桥跨越东海水道右汊(均安水道),沿原有老桥左侧扩建,桥梁全长 1680m(不含耳墙),跨径布置 6×30m+50m(跨中顺大围东堤)+45m+8×30m+45m 预应力混凝土 T 梁+

(80 +135 +135 +80)m 连续刚构 +2 ×45m(跨南沙大堤) +20 ×30m 预应力混凝土 T 梁。

主桥为(80 +135 +135 +80)m 四跨预应力混凝土变截面连续刚构。1 ~16 号块为挂篮现浇段,17 号块为箱梁合龙段,18 号块为边跨现浇段。17 号墩边跨现浇段长度 11.258m、21 号边跨现浇段长度 11.3m,边跨现浇段采用支架法施工。16 号块长度 4.5m,边跨合龙段及中跨合龙段长度均为 2m。如图 6-6-7 及图 6-6-8 所示。

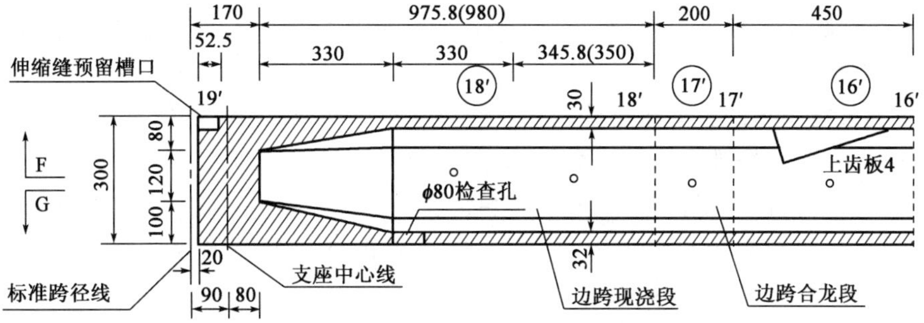

图 6-6-7　边跨合龙段纵断面图(尺寸单位:cm)

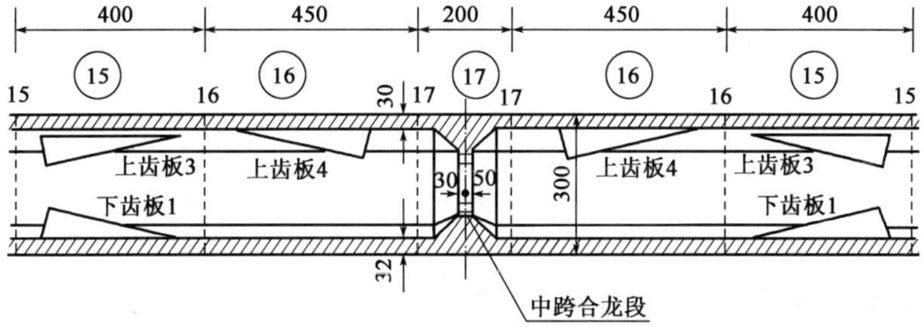

图 6-6-8　中跨合龙段纵断面图(尺寸单位:cm)

箱梁顶板横向宽 15.75m,箱底宽 8m,翼缘悬臂长 3.875m。箱梁合龙段梁高 3m,悬臂根部厚度 170cm、顶板厚 80cm,底板厚 32cm,腹板厚度 50cm,箱梁高度和底板厚度均按 1.8 次抛物线变化。箱梁底面水平,顶面横坡为 2%,由腹板高度调整。如图 6-6-9 所示。

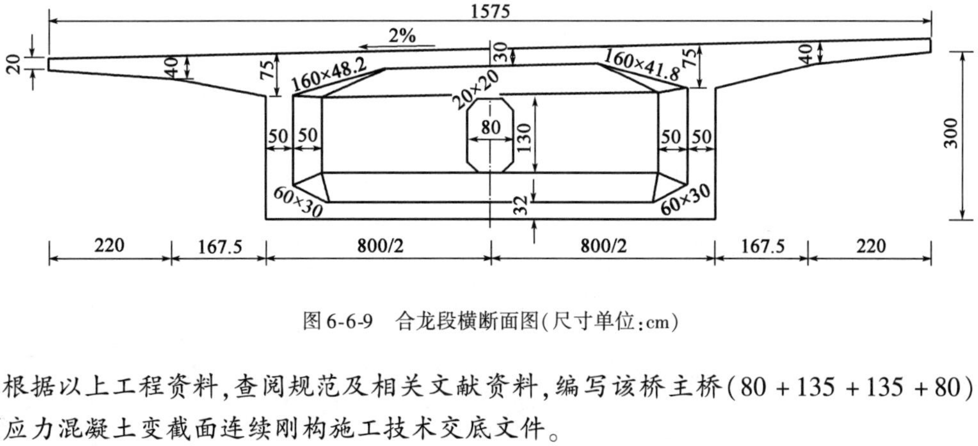

图 6-6-9　合龙段横断面图(尺寸单位:cm)

根据以上工程资料,查阅规范及相关文献资料,编写该桥主桥(80 +135 +135 +80)m 四跨预应力混凝土变截面连续刚构施工技术交底文件。

思考与练习

一、填空题

1. 连续梁桥主梁内力有三个，分别是________、________、________。

2. 预应力混凝土连续梁桥中纵向预应力筋布置在________、________和________中，用以抵抗________；横向预应力筋布置在________，用以抵抗________；竖向预应力筋布置在________，用以抵抗________。

3. 移动模架施工方法主要适用于跨径在________的桥梁，对铁路桥梁较小跨径不宜小于________m；对于公路桥梁跨径不宜小于________m。

4. 主梁在待制梁体上方，借助已成梁体和桥墩移位的称为________移动模架；主梁在待制梁体下方，完全借助桥墩移位的称为________移动模架；主梁在待制梁体下方，借助已成梁体和桥墩移位的称为________移动模架。

5. 顶推法适用于中小跨径等高度的预应力混凝土（钢）连续梁，跨径不宜大于________m 的桥型，以________m 左右最佳。

6. 顶推法施工的预应力连续梁有三类预应力束：________、________、________。

7. 悬臂浇筑施工时，梁体一般分为________、________、________和________四部分。

8. 悬臂拼装施工时，梁段拼接有________、________与________三种形式。

二、简答题

1. 大跨径预应力混凝土连续梁构造有何特点？采用悬臂施工时其三向预应力钢筋布置有哪些特点？

2. 简述移动模架施工法的基本流程。

3. 简述顶推法施工的基本流程。

4. 简述悬臂浇筑施工法分段方法及施工流程。

5. 简述预应力混凝土连续梁悬臂拼装接缝类型与施工方法。

6. 画图说明先简支后连续施工法施工流程。

项目七　拱 桥 施 工

任务一　有支架施工

学习目标

(1)掌握拱桥有支架施工中拱架的形式；

(2)掌握拱桥有支架施工中拱架的设计、制作、安装及卸落；

(3)掌握拱桥有支架施工中拱圈及拱上建筑的施工。

任务描述

有支架施工是拱桥常用的施工方法之一。本任务要求学生能掌握拱桥有支架施工中拱架的形式，掌握进行拱桥有支架施工中拱圈及拱上建筑的施工技术要点。

相关知识

有支架施工主要工序包括材料准备、拱圈放样、拱架制作与安装、拱圈与拱上建筑的砌筑等。

一、拱架

1. 拱架的形式和构造

拱架的种类很多，按使用材料可分为钢拱架、木拱架、竹拱架及“土牛拱胎”等形式。

钢拱架有多种类型，目前常采用常备式构件(又称万能杆件)，在现场拼装，适应性强，运输安装方便，我国已在跨径170m的钢筋混凝土箱形拱桥施工中成功地采用了钢桁拱架。木、竹拱架在材料产地、供应充足地区的中小跨径的拱桥施工中应用也很普遍，它一次性投资小，制作方便。在少雨地区以及施工期间可以改流的地方也可用就地取材、简单经济的“土牛拱胎”代替拱架，即先在桥下用土或砂、卵石填筑一个“土胎”(俗称“土牛”)，然后在上面砌筑拱圈，砌成之后再将填土撤除即可。

拱架按其构造类型可分为满布式拱架、拱式拱架、混合拱架等。

1)满布式拱架

满布式拱架的优点是施工可靠、技术简单，对木材和铁件规格要求较低。缺点是材料用量大，受洪水威胁大，在水深流急、漂流物较多及要求通航的河流上不能采用。

满布式拱架通常由拱盔(拱架上部)、卸架设备、支架(拱架下部)三部分组成。一般常用形式有：立柱式(图7-1-1)和撑架式(图7-1-2)。

2)拱式拱架

与满布式拱架相比，拱式拱架不需下部支架，因此不受洪水、漂流物的影响，在施工期间能维持通航，适用于墩高、水深流急或要求通航的河流。

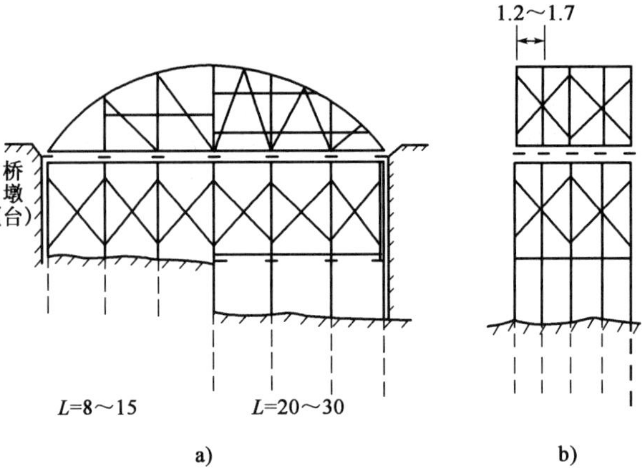

图 7-1-1　立柱式拱架的形式及其组成(尺寸单位:m)

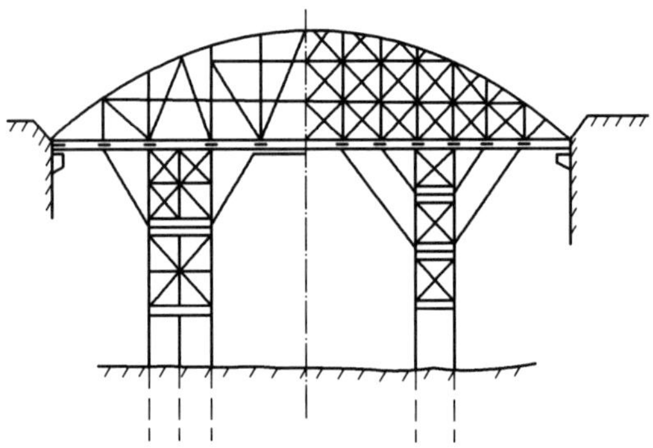

图 7-1-2　撑架式拱架的形式

图 7-1-3 是一种常用的三铰桁式拱架,它材料消耗率低,但要求有较高的制作水平和架设

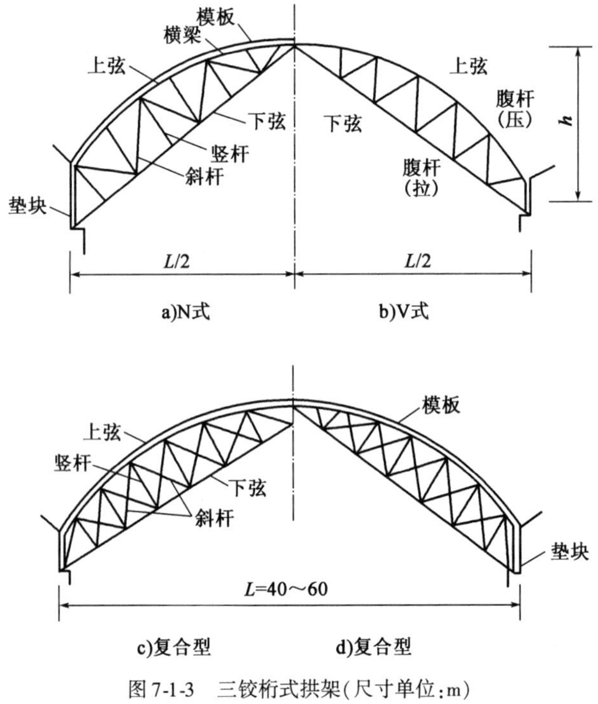

图 7-1-3　三铰桁式拱架(尺寸单位:m)

能力。其纵横向稳定,应特别注意,除在结构上须加强纵横向联系外,还需设抗风缆索,以加强拱架的整体稳定性。施工中还应注意对称均衡地砌筑,并加强施工观测。

2. 拱架的设计、制作与安装

为保证拱圈的形状符合设计要求,拱架要有足够的强度和刚度,制作前要进行必要的计算。

1)拱架的计算

设计计算时应考虑拱架自重荷载,拱圈圬工重量、施工人员及机具重量、横向风力等。

为避免烦琐的计算工作,一般采用图解法,并认为节点不承受拉力,拱架的斜梁除受轴向力外,还承受拱石正压力引起的弯矩,应按压弯构件计算。斜撑、立柱按压杆计算;模板按受弯构件计算;斜夹木和横夹木作为增强稳定之用,按构造设置。

除对拱架组成的构件完成以上强度验算之外,还应对拱架承受荷载后产生的弹性和非弹性变形,拱圈卸落拱架后由于自重、温度变化及墩台位移等影响因素产生的弹性下沉进行计算,确定拱架预留拱度,以便施工完成后,抵消这些可能发生的垂直变形。

2)拱架的制作与安装

为了使拱架具有准确的外形和各部尺寸,在制作拱架前一般在样台上按1∶1放出拱架大样,制作杆件样板,以便按样板进行杆件的加工。为保证拱架连接处紧密、牢固、变形小,木制拱架常采用如图7-1-4和图7-1-5所示的节点构造。钢拱架一般采用桁架式,其基本节段如图7-1-6所示。拱顶及拱脚的构件及下弦配件、铰、落架设备则可按桥跨形式配置,使其能适应不同跨度和矢跨比的拱桥。放样时应计入拱架预拱度。

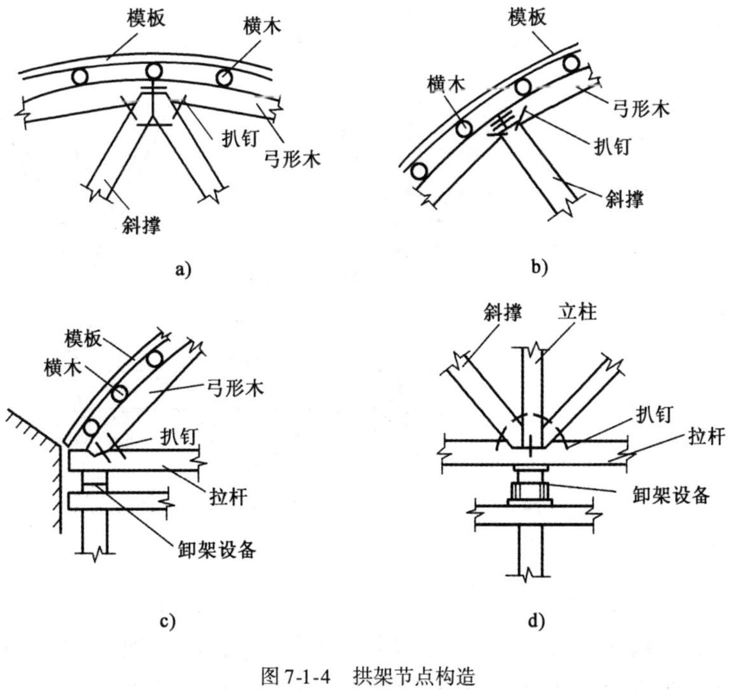

图7-1-4　拱架节点构造

杆件加工完毕,一般须进行1~2片试拼,对构件做局部修改后即可在桥孔中安装。满布式拱架一般是在桥孔内逐杆安装,三铰桁架拱架宜采用整片吊装的方法安装。安装时应及时测量,以保证设计尺寸的准确,同时采取加强横向整体性、设置风缆等措施,确保施工安全。

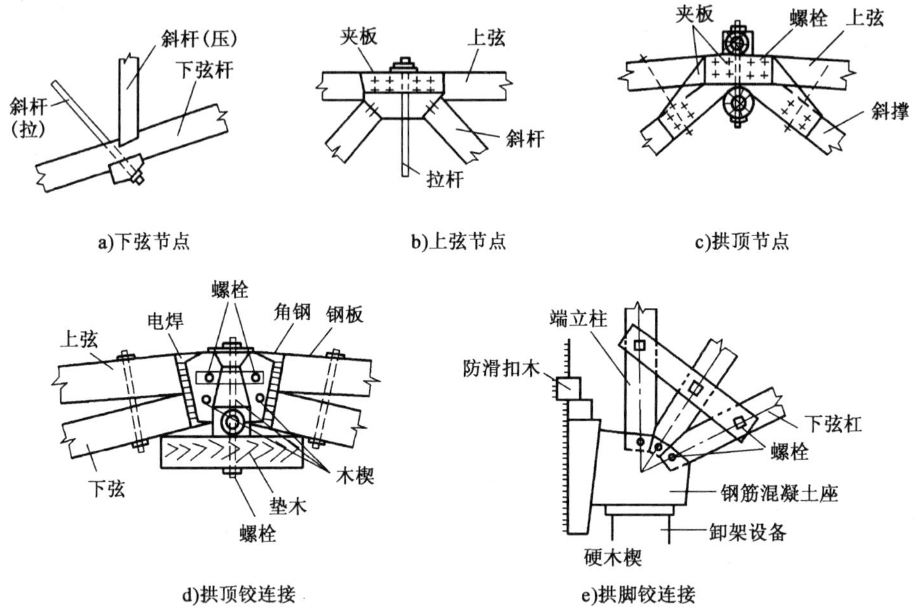

图 7-1-5　三铰桁式拱架节点构造

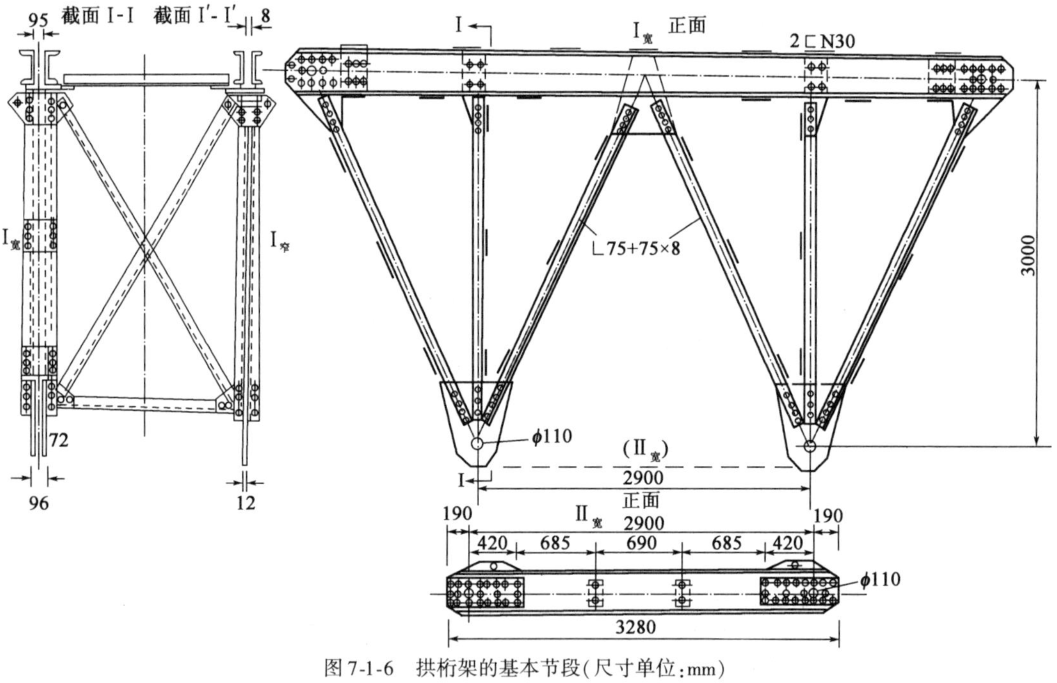

图 7-1-6　拱桁架的基本节段(尺寸单位:mm)

3. 拱架的卸落

拱圈砌筑(或现浇混凝土)完毕,待达到规范规定或设计要求强度后即可拆除拱架。为保证拱架能按设计要求均匀下落,一般可采用简单木楔、组合木楔、砂筒等做卸架设备,如图 7-1-7 所示。木楔宜用硬木制成,剖面应刨光成 1:10 ~ 1:6 的斜面。卸架时对简单木楔可用锤轻轻敲击木楔的小头,组合木楔只需扭动螺栓,木楔即可徐徐下降。砂筒可用铸铁或木料制成,筒内的砂子应干燥、均匀、洁净,砂筒与活塞间用沥青填塞,以免砂子受潮而不易流出,卸架时只需打开泄砂孔,使砂徐徐流出,并可通过控制流出砂的多少,控制下降量及速度。

卸架一般按以下程序分三个节段进行，每个节段降落量为 $\Delta h = h/3$。对于满布式拱架的中小跨拱桥，可从拱顶开始，逐次向拱脚对称卸落；对于大跨径的悬链线拱圈，为避免拱圈发生M形的变形，也可从两边 $l/4$ 处，逐次对称地向拱脚和拱顶均衡地卸落。多孔连续拱桥施工时，还应考虑相邻孔间的影响。

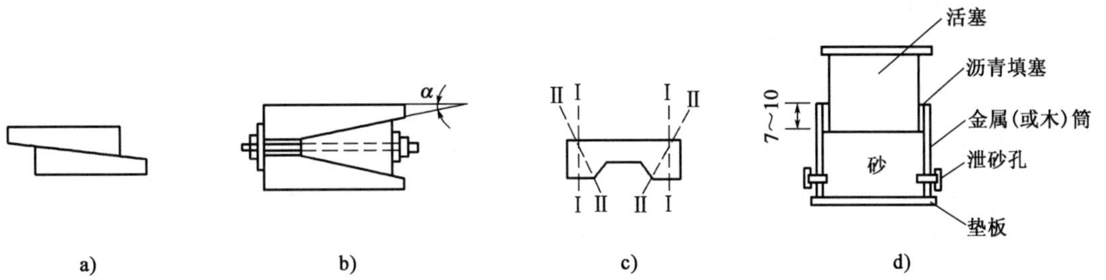

图 7-1-7　拱架卸架设备(尺寸单位:m)

二、拱圈及拱上建筑的施工

1. 拱圈的施工

修建拱圈时，为保证整个施工过程中拱架受力均匀，变形最小，使拱圈的质量达到设计要求，必须选择适当的方法和顺序。一般根据跨径大小、构造形式等分别采用不同繁简程度的施工方法。

通常，跨径在10m以下的拱圈，可按拱的全宽和全厚，由两侧拱脚同时对称地向拱顶砌筑，速度应尽可能快，使在拱顶合龙时，拱脚处的混凝土未初凝或石拱桥拱石砌缝中的砂浆尚未凝结。

跨径10～15m的拱圈，最好在拱脚预留空缝，由拱脚向拱顶按全宽、全厚进行砌筑(浇筑混凝土)。为了防止拱架的拱顶部分上翘，可在拱顶区段预先压重(一般自拱脚向上砌到1/3矢高左右，就在拱顶 $l/3$ 范围内预压点总数20%的拱石)。待拱圈砌缝的砂浆达到设计强度70%后(或混凝土达到设计强度)，再将拱脚预留空缝用砂浆(或混凝土)填塞。

大、中跨径的拱桥，一般采用分段施工或分环(分层)与分段相结合的施工方法。分段施工可使拱架变形比较均匀，并可避免拱圈的反复变形。分段的位置与拱架的受力和结构形式有关，一般应设置在拱架挠曲线有转折及拱圈弯矩比较大的地方，如拱顶、拱脚及拱架的节点处。对于石拱桥，分段间应预留0.03～0.04m的空缝或设置木撑架，混凝土拱圈则应在分段间设混凝土挡板(端模板)，待拱圈砌筑后再用砂浆(或埋入石块、浇筑混凝土)灌缝。分段时对称施工的顺序一般如图7-1-8所示。拱顶处封拱(如石拱桥拱顶石的砌筑)必须在所有空缝填塞并达到设计强度后才能进行。另外，还需注意封拱(合龙)时的大气温度是否符合设计要求，如设计无明确要求，宜在气温较低时(凌晨)进行。

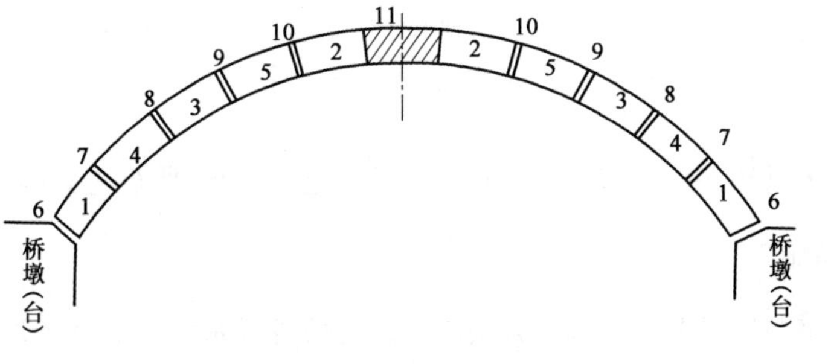

图 7-1-8　分段对称施工顺序

当跨径大、拱圈厚度较大,由多层拱石或预制混凝土块等组成时,可将拱圈全厚分层(分环)施工,按分段施工法修建好一环合龙成拱,待砂浆或混凝土强度达到设计要求后,再浇筑(或砌筑)上面的一环。这样,第一环拱圈就能与拱架共同承受第二环拱圈结构(如拱石)的重力,以后各环均照此进行。分环施工合龙快,能保证施工安全,节省拱架材料。

2. 拱上建筑的施工

拱上建筑的施工,应在拱圈合龙后,混凝土或砂浆达到设计强度 30% 后进行。对于石拱桥,一般不少于合龙后三昼夜。

拱上建筑的施工,应避免使主拱圈产生过大的不均匀变形。实腹式拱上建筑,应由拱脚向拱顶对称地砌筑。当侧墙砌筑好以后,再填筑拱腹填料及修建桥面结构等。

空腹式拱桥一般是在腹孔墩砌完后就卸落拱架,然后再对称均衡地砌筑腹拱圈,以免由于主拱圈的不均匀下沉使腹拱圈开裂。

在多孔连续拱桥中,当桥墩不是按施工单向受力墩设计时,仍应注意相邻孔间的对称均衡施工,避免桥墩承受过大的单向推力,尤其是在裸拱圈上修筑拱上结构的多孔连拱时更应注意,以免影响拱圈的质量和安全。

任务二　无支架施工

学习目标

(1)掌握拱桥缆索吊装施工过程及特点;
(2)掌握拱桥劲性骨架施工过程及特点;
(3)掌握拱桥无支架施工中的转体施工过程及特点。

任务描述

无支架施工是大跨径拱桥常用的施工方法。本任务要求学生能掌握拱桥无支架施工中的缆索吊装施工过程及特点、劲性骨架施工过程及特点以及转体施工过程及特点,能够运用相关知识指导大跨径拱桥的无支架施工。

相关知识

目前在大跨径拱桥中,较多采用箱形截面拱。梁桥上部的轻型化、装配化大大加快了梁桥的施工速度。要提高拱桥的竞争能力,拱桥也必须向轻型化和装配化的方向发展。从双曲拱桥及以后发展至桁架拱桥、刚架拱桥、箱形拱桥、桁式组合拱桥、钢管混凝土拱桥,均沿着这一方向发展。混凝土装配式拱桥主要包括肋拱、组合箱形拱、悬砌拱、桁架拱、钢管拱、刚构拱和扁壳拱等。

装配式混凝土拱桥常用的施工方法有缆索吊装施工、劲性骨架施工和转体施工。

一、缆索吊装施工

缆索吊装施工是拱桥无支架施工方法之一。在峡谷或水深流急的河段上,或在通航河流上满足船只的通行,或在洪水季节施工并受漂流物影响等条件下修建拱桥,以及采用有支架施工将会遇到很大的困难或是很不经济时,便可以考虑采用无支架的施工方法。

目前缆索吊装设备也逐渐配套、完善,并将现代电子遥控技术用于缆索吊装的拱箱吊装施工中。但缆索吊装施工要求施工设备较多,对施工的技术水平要求较高,且要多用一部分钢材,在选择此种方案时,应和其他无支架施工方法进行全面比较。

缆索吊装施工大致包括拱箱(肋)的预制、拱箱(肋)的移动和吊装、主拱圈的安砌、拱上建筑的灌砌、桥面结构的施工等主要工序。在此仅介绍最有代表性的缆索吊装设备及吊装方法和加载程序。

1.缆索吊装设备

缆索吊装设备,按其用途和作用可以分为主索、工作索、塔架和锚固装置四个基本组成部分。其主要包括主索、起重索、牵引索、结索、扣索、缆风索、塔架(包括索鞍)、地锚、滑车(轮)、电动卷扬机或手摇绞车等设备和机具。其布置方式可参考图 7-2-1。

1)主索

主索也称为承重索或运输天线。它跨越墩台,支承在两侧塔架的索鞍上,两端锚固于地锚。吊运拱箱(肋)或其他构件的行车支承于主索上。主索的断面根据吊运的构件重量、垂度、计算跨度等因素进行计算。一般根据桥面宽度(两外侧拱箱的距离)及设备供应情况可设 1 ~2 组主索。每组主缆可由若干根平行钢丝绳组成。如我国目前最大缆索吊装施工的箱形拱桥(四川宜宾金沙江大桥),净跨径 $l_0 = 150$m,采用五段吊装,2 组主索,每组主索由 8 根 ϕ47.5mm 的钢丝绳组成。一般中、小跨径可由 2 ~4 根平行钢丝绳组成。

2)起重索

起重索主要用于控制吊物的升降(垂直运输),一端与卷扬机滚筒相连,另一端固定于对岸的地锚上。这样,当行车在主索上沿桥跨往复运行时,可保持行车与吊钩间的起重索长度不随行车的移动而改变(图 7-2-2)。

3)牵引索

牵引索用于拉动行车沿桥跨方向在主索上移动(水平运输),故需一对。既可分别连接在两台卷扬机上,也可合拴在一台双滚筒卷扬机上,便于操作,如图 7-2-1 所示。

4)结索

结索用于悬挂分索器,使主索、起重索、牵引索不致相互干扰。它仅承受分索器重量及自重。

5)扣索

当拱箱(肋)分段吊装时,需用扣索悬挂端段箱(肋)及中段箱(肋),并可利用扣索调整端、中段箱(肋)接头处高程。扣索的一端系在拱箱(肋)接头附近的扣环上,另一端通过扣索排架或塔架固定于地锚上。为了便于调整扣索的长度,可设置手摇绞车及张紧索(图 7-2-3)。

6)缆风索

缆风索也称浪风索,用来保证塔架的纵横向稳定及拱肋安装就位后的横向稳定(图 7-2-1)。

7)塔架及索鞍

塔架是用来提高主索的临空高度及支承各种受力钢索的结构物。塔架的形式是多种多样的,可采用门架式、独脚扒杆或万能杆件拼装成的各种形式。图 7-2-4 为高度 40m 的万能杆件拼装成的钢塔架示意图。

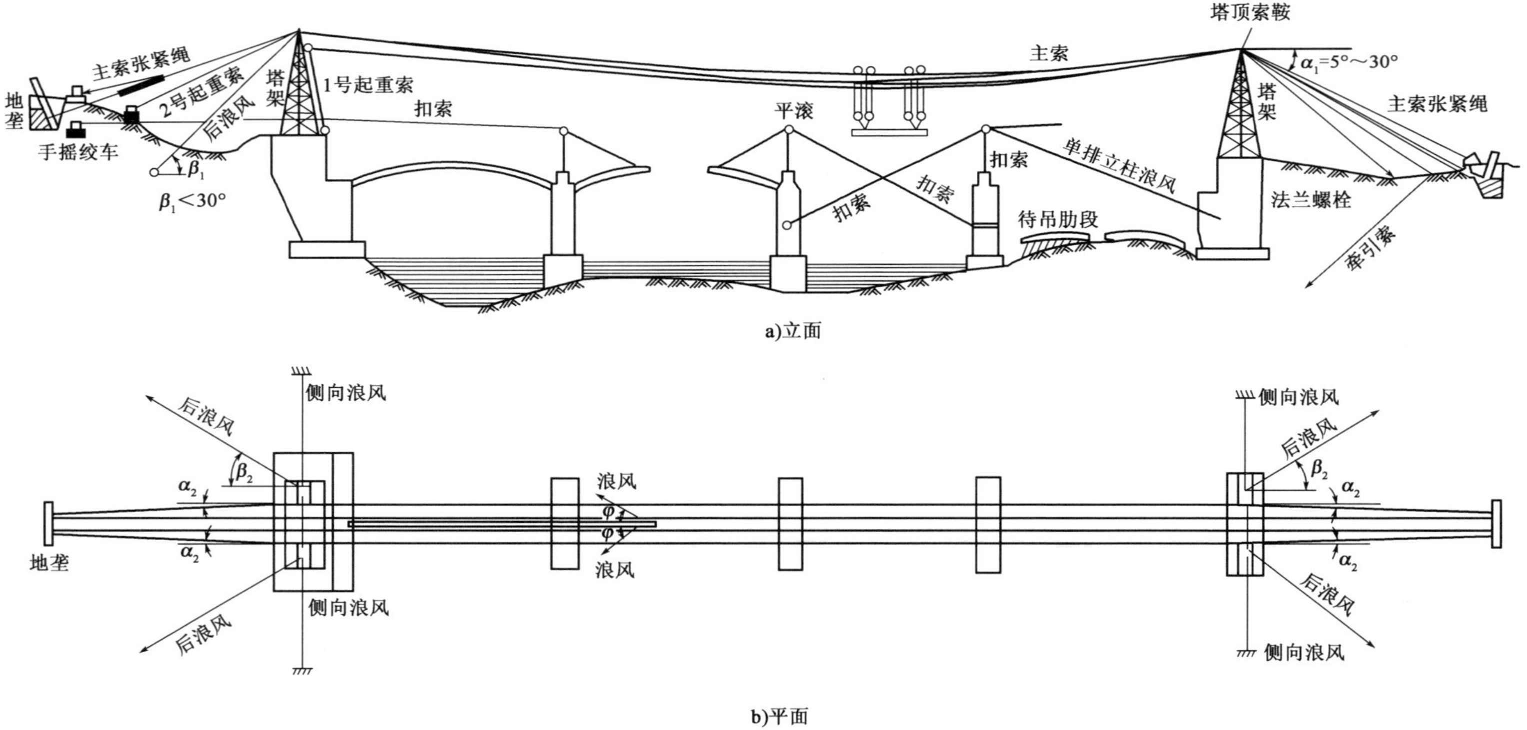

图7-2-1　缆索吊装布置方式示例

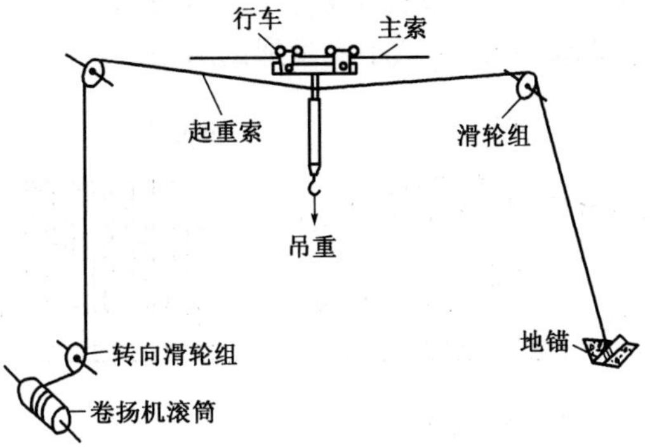

图 7-2-2　起重索

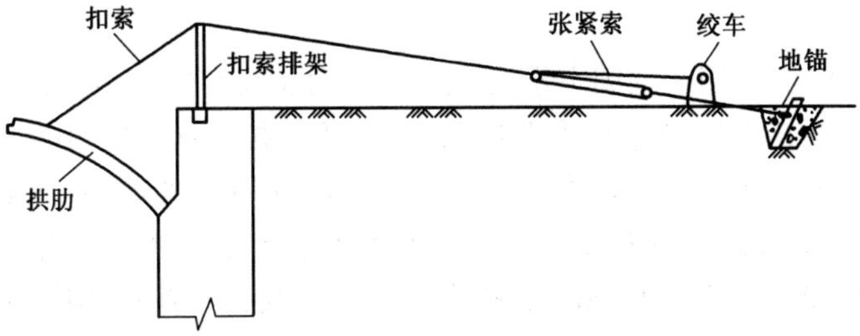

图 7-2-3　扣索

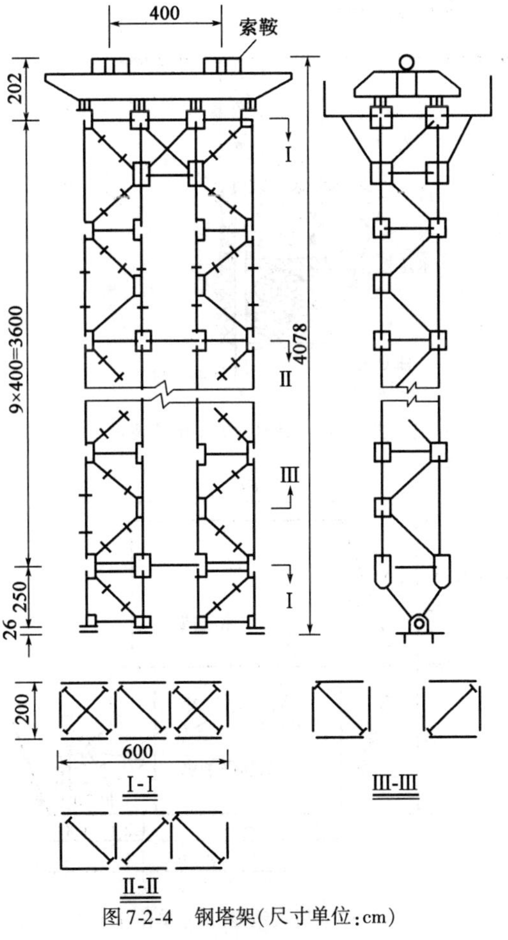

图 7-2-4　钢塔架(尺寸单位:cm)

塔架顶上设置索鞍(图 7-2-5),为放置主索、起重索、扣索等用。可以减小钢丝绳与塔架的摩阻力,使塔架承受较小的水平力,并减小钢丝绳的磨损。

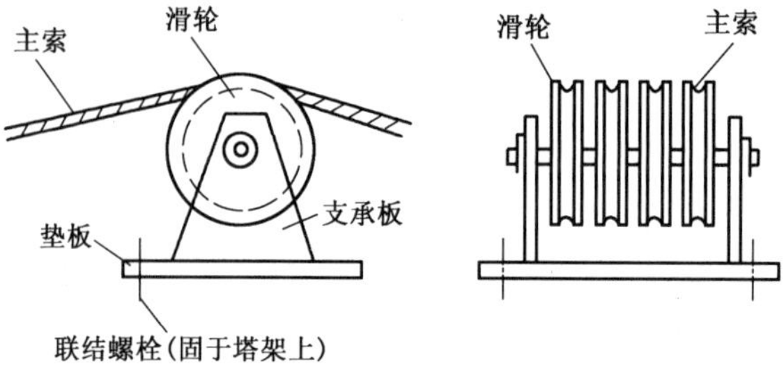

图 7-2-5　索鞍

8)地锚

地锚亦称地垄或锚碇,用于锚固主索、扣索、起重索及绞车等。地锚的可靠性对缆索吊装的安全有决定性影响,在设计与施工时都必须高度重视。按照承载能力的大小及地形、地质条件的不同,地锚的形式和构造可以是多种多样的。可以利用桥梁墩(台)做锚碇,这就能节约材料,否则需设置专门的地锚。图 7-2-6 是一个临时性的木地垄装置。由杂木或钢轨捆扎,埋入地下而构成。图 7-2-7 是由片石混凝土构成一个卧式地锚。在地锚中间预留索槽,其尾部锚碇板后锚梁用 43 号钢轨 19 根组成半圆形,轨面用 ϕ20 圆钢嵌实。锚碇板用钢筋网加强。地锚横向宽度 8m,可承受主索拉力 500kN。

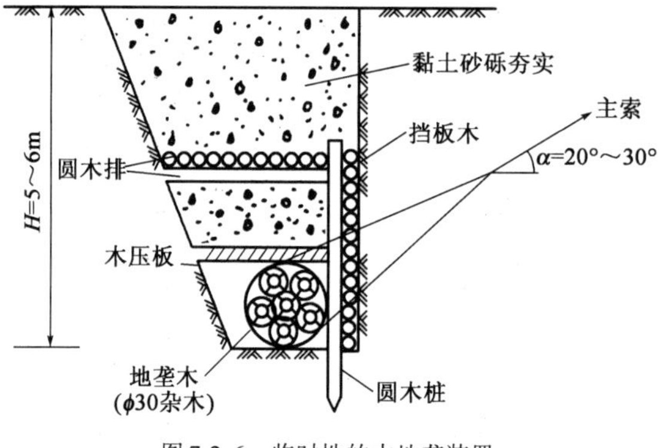

图 7-2-6　临时性的木地垄装置

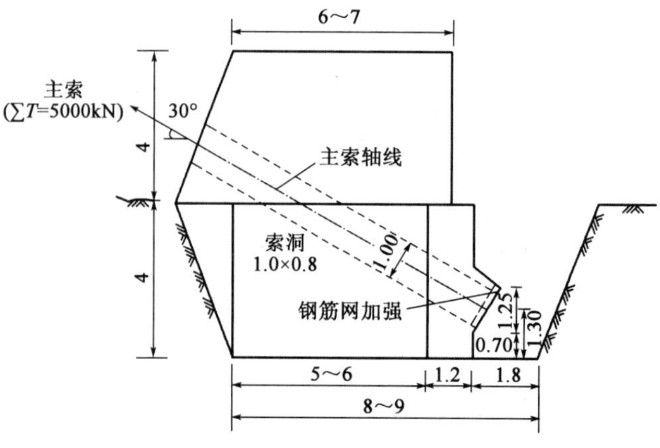

图 7-2-7　卧式地锚(尺寸单位:m)

9）电动卷扬机及手摇绞车

这些设备是主要用作牵引、起吊等的动力装置。电动卷扬机速度快，但不易控制，一般多用于起重索和牵引索。对于要求精细调整钢束的部位，多采用手摇绞车，以便于操纵。

10）其他附属设备

其他附属设备有在主索上行驶的行车（俗称跑马滑车）、起重滑车组、各种倒链葫芦、法兰螺栓、钢丝卡子（钢丝轧头）、千斤绳、横移索等。

缆索吊装设备的形式及规格都非常多，必须按照因地制宜的原则，结合各工程的具体情况合理地选用，才能取得良好的效果。

2. 吊装方法和加载程序

采用缆索吊装施工的拱桥，其吊装方法应根据桥的跨径大小，桥的总长及桥的宽度等具体情况而定。

拱桥的构件一般在河滩上或桥头岸边预制和预拼后，送至缆索下面，由起重行车起吊牵引至指定位置安装。为了使端段基肋在合龙前保持在一定位置，在其上用扣索临时系住，然后才能松开吊索。吊装应自一孔桥的两端向中间对称进行。在最后一节构件吊装就位，并将各接头位置调整到规定高程以后，才能放松吊索并将各接头接整合龙。最后才能将所有扣索撤去。

基肋（指拱箱、拱肋或桁架拱片）吊装合龙要拟定正确的施工程序和施工细则并坚决按照执行。

拱桥跨径较大时，最好采用双基肋或多基肋合龙。基肋和基肋之间必须紧随拱段的拼装及时焊接（或临时连接）。端段拱箱（肋）就位后，除上端用扣索拉住外，还应在左右两侧用一对称缆风索牵住，以免左右摇摆。中段拱箱（肋）就位时，宜缓慢地放松吊索，务必使各接头顶紧，应避免简支搁置和冲击作用。

二、劲性骨架施工

劲性骨架法是以钢骨架作为拱圈的劲性拱架，采用现浇混凝土包裹骨架，最后形成钢筋混凝土拱桥。施工中首先将拱圈的全部受力钢筋按设计形状和尺寸制成，并安装就位，合龙形成钢骨架，然后用系吊在钢骨架上的吊篮逐段浇筑混凝土，当骨架全部由混凝土包裹后，就形成钢筋混凝土拱圈（或拱肋）。用这种方法施工的钢骨架，不但需满足拱圈的要求，而且施工中还起临时拱架的作用，因此，需有一定的刚性。一般选用劲性钢材，如角钢、槽钢、钢管等作为拱圈的受力钢筋。劲性骨架法因能解决拱桥施工的“自架设问题”，目前主要用于大跨径拱桥之中。这种埋入式拱架的方法在国内外已有施工实例，国外称为“米兰拱”。

采用劲性骨架的拱桥上部施工，主要施工步骤为：劲性钢骨架制作—劲性钢骨架安装—拱肋浇筑—横梁和吊杆安装。

1. 劲性钢骨架的制作

劲性骨架设计，主要由施工阶段荷载控制。除验算使用阶段受力外，应分别验算骨架安装阶段及各环拱圈混凝土浇筑阶段的受力状态，同时考虑劲性骨架结构构件的受力历程，防止局部构件先期失稳。劲性骨架混凝土拱圈施工过程的各阶段都必须有足够的强度、刚度和稳定性。

劲性骨架可根据施工图设计选定的钢桁架拱圈、钢管混凝土拱圈或钢管混凝土组拼桁架拱圈，分别采用工厂制作、现场分段吊装，架设成拱。

我国中承式就地浇筑钢筋混凝土肋拱桥，多采用型钢劲性骨架施工。劲性钢骨架可由16Mn 型钢焊接制成，钢骨架顺桥向分段制作。钢骨架的制作是在放样台上进行的。在大样上确定一个符合大多数节段的曲率，按确定的曲率将弦杆型钢在冷弯台座上冷弯成型，然后在大样上拼焊加工。焊成的钢骨架应进行探伤检查。

钢骨架还可采用钢管，此法采用不同形状的钢管（如单管形、哑铃形、矩形、三角形或集束形），或者以无缝钢管做弦杆，以槽钢、角钢等作为腹杆组成空间桁架结构，先分段制作成钢骨架，具体制作工序同钢管混凝土拱。然后吊装合龙成拱，再利用钢骨架做支架，浇筑钢管内混凝土，待钢管内混凝土达到一定强度后，形成钢管混凝土劲性骨架，然后在其上悬挂模板，按一定的浇筑程序分环（层）分段浇筑拱圈混凝土直至形成设计拱圈截面。先浇的混凝土凝结成型后可作为承重结构的一部分，与劲性骨架共同承受后浇各部分混凝土的重力；同时，钢管中的混凝土与钢骨架共同承受钢骨架外包混凝土重力，从而降低了钢骨架的用钢量，减少了钢骨架的变形，故利用钢管混凝土作为劲性骨架浇筑拱圈的方法比型钢劲性骨架法更具优越性。图 7-2-8 为某钢管混凝土劲性骨架构造及浇筑顺序图。

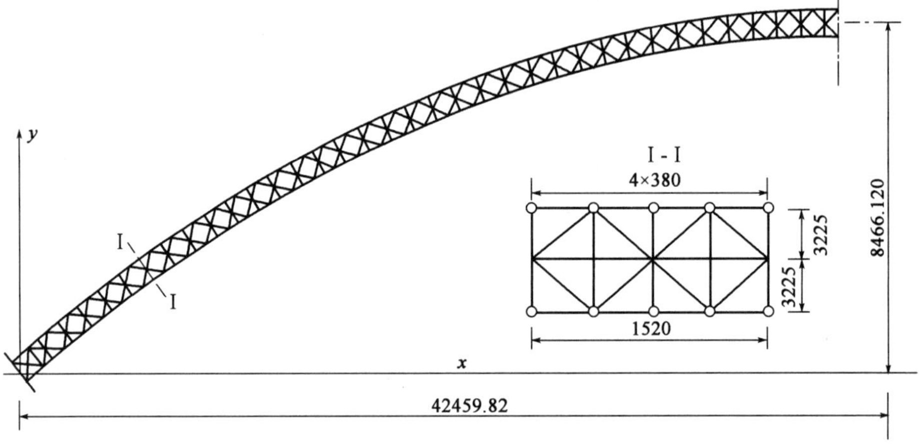

a)

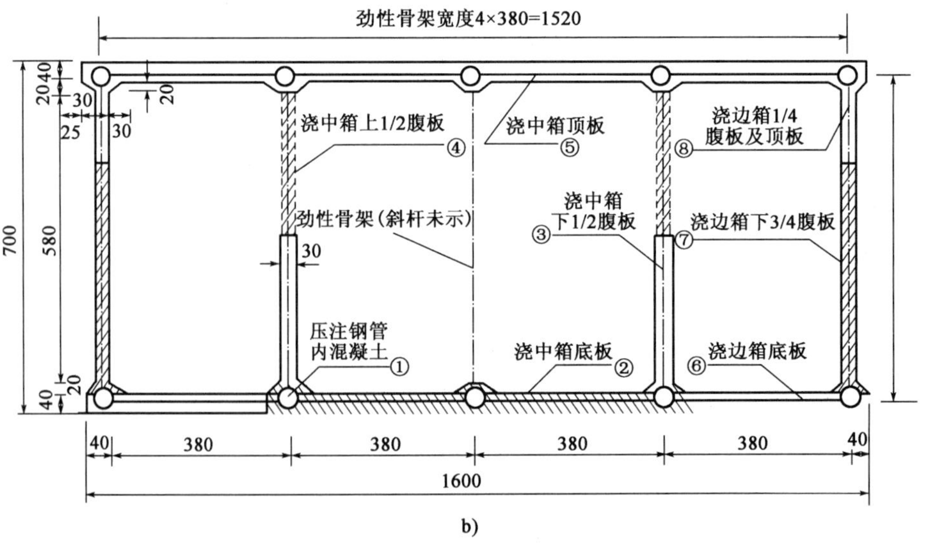

b)

图 7-2-8 某钢管混凝土劲性骨架构造及浇筑顺序图（尺寸单位：cm）

2. 劲性钢骨架安装

钢骨架可采用少支架或无支架进行分段吊装。少支架吊装通常采用两副龙门架吊机和临时施工支架,先将两边段吊装就位,用临时支架支承,再用两台吊机将中段提升就位。无支架吊装可采用缆索吊装。如图 7-2-9 所示,吊装设施包括:吊运天线,跑马滑车,起吊滑车组,索塔、扣索,锚碇等。索塔高度根据主索的工作垂度、钢骨架高度、起吊滑车组高度、千斤绳高度、操作安全高度等因素确定,塔由万能杆件组拼而成。

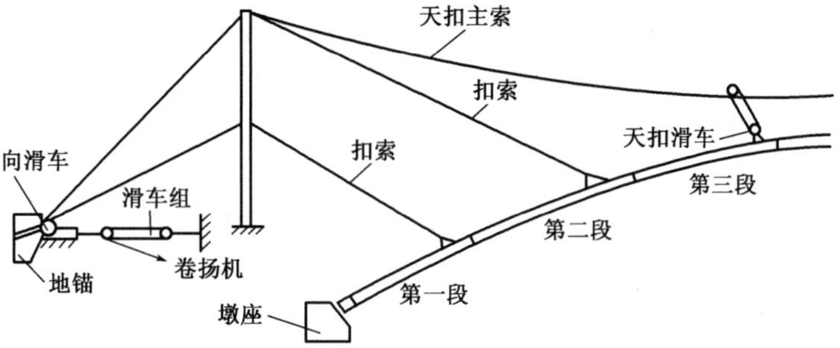

图 7-2-9 吊装设备布置图

钢骨架安装时,每段平卧钢骨架利用滚筒移至桥台,再将钢骨架竖转 90°成设计安装状态。用平车将钢骨架运至起吊位置,由吊机或吊运天线运至安装位置,先用螺栓将各段进行临时联结,待钢骨架合龙调整后再将各段接头焊接。对于大跨径劲性骨架的安装,关键是应确保钢骨架在整个施工过程中的竖向和横向稳定。钢骨架在安装中要根据设计要求,设置所需的横向联结系。为了保证钢骨架的稳定和对拱轴线进行调整,每段骨架均设有一组八字风缆。

3. 劲性骨架浇筑拱圈

劲性骨架浇筑混凝土拱圈,主要用于大跨径拱桥、无支架悬挂模板现浇。劲性骨架混凝土拱圈的浇筑方法,可依具体条件采用分环多工作面浇筑法、分环分段浇筑法、水箱压载平衡浇筑法或斜拉扣索连续浇筑法。

在进行拱肋混凝土浇筑工作时,最关键的问题是要确保钢骨架在浇筑混凝土过程中的稳定,为此应在钢骨架上按稳定计算所需布置足够的横向联结系和横向风缆。拱肋混凝土浇筑采用单肋分环,两岸从拱脚到拱顶对称浇筑。拱箱截面分底板、下肋板、上肋板、顶板四环浇筑完成,如图 7-2-10 所示。拱肋混凝土在浇筑过程中,钢骨架会随浇筑位置而发生轴线变形。拱肋竖向变形采用外力或均衡对称浇筑调整。为适应钢骨架变形,避免混凝土开裂,应适当设置变形缝。当混凝土浇筑至 $L/4$ 截面区段时,拱 $L/4$ 截面高程下降,拱顶上升,两者达到最大值。这是整个拱圈(拱肋)施工的关键阶段,应严格控制好拱圈的竖向及横向变形,防止钢骨

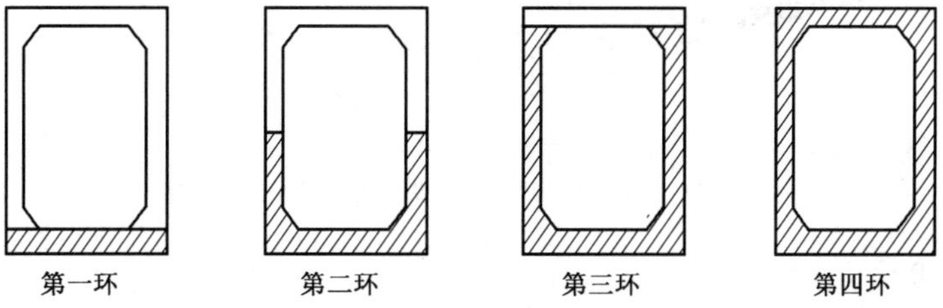

图 7-2-10 拱肋分环浇筑

架杆件应力超过极限强度而导致失稳。为使混凝土适应钢骨架变形，避免开裂，浇筑第一环(层)混凝土时，可在 $L/4$ 截面处设变形缝，变形缝宽200mm，待浇完第一环混凝土后用高一级混凝土填实。

浇筑劲性骨架混凝土拱圈(拱肋)时，应严格控制钢骨架及先期混凝土层的竖、横向变形，其变形值应符合设计要求，相对高差和横向位移应符合检测标准，否则应采取纠正措施。

分环多工作面均衡浇筑劲性骨架混凝土拱圈(拱肋)时，各工作面可根据模板长度分成若干工作段，各工作面要求对称均衡浇筑，两对应工作面浇筑进度差不得超过一个工作段。这是我国传统的双曲拱桥拱板混凝土的浇筑方法。在大跨径劲性骨架拱桥中，万州长江大桥首次采用这种方法。这种方法是采用横向分环、纵向分段的方法来浇筑主拱圈外包混凝土，在主拱拱箱混凝土，尤其是底板混凝土的浇筑过程中，多工作面作业，使劲性骨架受力相对均匀，从而使劲性骨架应力分配均匀，变形和顺。

对劲性骨架混凝土拱圈分环浇筑，应制定浇筑程序，计算分析分环浇筑、分环合龙和分环承载各阶段的骨架及骨架与分环混凝土拱圈联合结构的变形、应力及稳定性，并在施工过程中严格监控。

依据分环浇筑需要，可采用水箱法、锚索加载法或联合加载方法压载，减少劲性骨架变形。

水箱加载法是在浇筑拱箱混凝土时，在拱肋顶部布置水箱，随着混凝土浇筑的推进，根据拱箱特征、变形观测值，结合应力(应变)监测情况，通过对水箱加水加载和排水卸载，实现对拱轴线竖向变形的控制和应力的调整。

锚索加载法是利用钢索把加载点和地锚相连，中间设置拉力紧固器，按计算加载量加载的方法。这种利用地锚加载的办法优缺点并存，优点是加载量控制方便，缺点是仅适用于旱地和干涸的河床。以后这种方法得到改进，把由拉力紧固器提供外力改进为以悬挂重物实现预加载，这种改进使得锚索加载法不再受地形限制。

施工设计要对压载、卸载程序、方法妥善安排，并计算分环拱圈混凝土浇筑、压载、卸载过程的变形及骨架结构受力状态。实施过程严格监控，保持劲性骨架的竖向、横向变形在设计允许范围内。图7-2-11为用劲性骨架施工的中承式钢筋混凝土拱桥示意图。该桥主拱圈采用劲性钢筋骨架法浇筑，并用水箱调载的分环浇筑法施工。

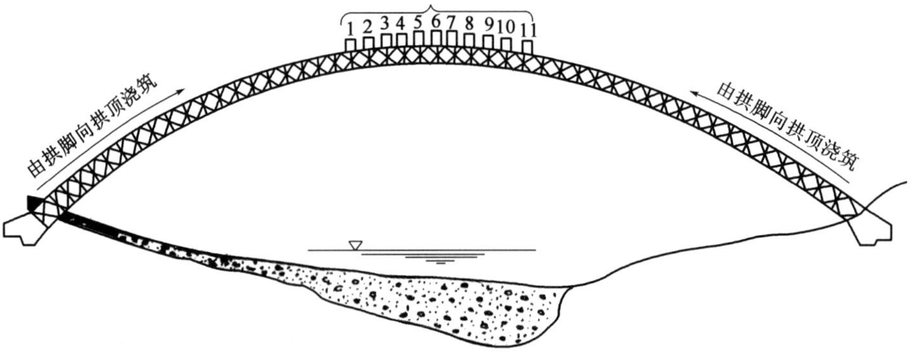

图7-2-11　用劲性骨架和水箱调整施工箱形拱示意图

施工步骤如下：

(1)借助缆索吊车和悬臂架设法安装拱肋的钢骨架。

(2)安装横向剪刀撑的劲性钢骨架。

(3)在中部布置水箱。

(4)在劲性骨架上安装箱肋底板、腹板、顶板的受力钢筋和分布钢筋网。

(5)采用混凝土泵由拱脚向拱顶分环对称平衡地浇筑混凝土,将钢骨架和分布钢筋包裹在混凝土中。

斜拉扣挂法就是在拱圈(拱肋)适当位置选取扣点,用钢绞线作为扣索(斜拉索),两岸设置临时塔架,在混凝土浇筑过程中,根据各断面的应力情况进行张拉或放松,实现从拱脚到拱顶连续浇筑混凝土。其思路是借助钢骨架阶段吊装的扣索来调整混凝土浇筑阶段内力。通过对扣索的张放,给拱肋施加一定量的拉力,以减少各浇筑阶段混凝土产生的弯矩,从而达到减小应力、控制变形的目的。此法与前面提到的两种外力平衡法反其道而行之,锚索加载法和水箱加载法都是通过外力给主拱施加方向向下的荷载,斜拉扣控法则通过扣索给主拱施加方向为斜上的荷载。

用斜拉扣挂分环连接浇筑劲性骨架混凝土拱圈(拱肋)时,应选择可靠和操作方便的扣挂及张拉系统,选好扣点和索力,设计好扣索的张拉与放松程序,以便有效地控制拱圈截面应力和变形,确保混凝土从拱脚向拱顶、对称连续浇筑的实施。扣点作为施加在拱肋上拉力的作用点,其位置很重要,可根据受力要求并考虑钢骨架吊装大段的接头位置合理选择。

扣索的索力可采用指定应力法来确定,即指定拱肋断面的应力在某一范围内,在浇筑某一环混凝土时,如应力在此范围内,可不张拉扣索,如超出指定范围,则用扣索来调整应力。扣索的张拉与放松过程,一般是从拱脚往上浇筑混凝土时,拱脚附近的截面上缘受拉,这时就需要靠张拉扣索来调整应力,浇至一定长度后,拱脚转而受压,趋于全拱均匀受荷,就要逐渐放松扣索。混凝土浇完扣索已松完,转变为纯拱受荷体系。

锚索加载法和水箱加载法都可以与斜拉扣挂控法联合使用,具体做法是从拱脚到 $L/4$ 采用斜拉扣控法,$L/4$ 到拱顶采用锚索加载法或水箱加载法,这样,无论是扣索、锚索的拉力还是水箱的重量都可以大幅减小,使得拱圈的应力和变形更易控制。

此外,多点均衡浇筑法也可与斜拉扣控法联合使用,这种方法可以在靠近拱脚段的拱肋上适当位置选取扣点,用钢缆作为扣索,通过塔架固定在地锚上,这样做的好处是可以使拱脚段的混凝土一次浇筑量大为增加,同时又可以减轻拱脚的负担,远离拱脚段仍采用多点均衡浇筑法。这种方法尤其适用于大跨径劲性骨架混凝土拱桥,它可充分利用缆索吊装塔架。

三、转体施工

转体施工法一般适用于单孔或三孔拱桥的施工。其基本原理是:将拱圈或整个上部结构分为两个半跨,分别在河流两岸利用地形或简单支架现浇或预制装配半拱,然后利用一些机具设备和动力装置将其两半跨拱体转动至桥轴线位置(或设计高程)合龙成拱。采用转体法施工拱桥的特点是:结构合理,受力明确,节省施工用材,减少安装架设工序,变复杂的、技术性强的水上高空作业为岸边陆上作业,施工速度快,不但施工安全、质量可靠,而且在通航河道或车辆频繁的跨线立交桥的施工中可不干扰交通、不间断通航、减少对环境的损害、减少施工费用和机具设备,是具有良好的技术经济效益和社会效益的桥梁施工方法之一。

转体可以采用平面转体、竖向转体或平竖结合转体等方法,目前已应用在拱桥、桁架拱、T形刚构、斜拉桥、斜腿刚构等不同桥型上部结构的施工中。

1.平面转体

本法适用于深谷、河岸较陡峭、预制场地狭窄或无法采用现浇或吊装的施工现场。在桥墩(台)的上、下游两侧利用山坡地形的拱脚向河岸方向与桥轴线成一定角度搭设拱架,在拱架上现浇拱(肋)箱或组拼箱段以完成二分之一跨拱,其拱顶高程与设计高程相同(应设置预留高度)。利用转动体系,将两岸拱箱相继旋转合龙就位。要使得拱箱平衡稳定旋转就位,拱箱的平衡是平转法的关键,使拱箱旋转平衡的方法有以下两种。

1)有平衡重转体(图 7-2-12)

拱箱(肋)在旋转中是利用扣索,悬扣于桥台上,在桥台后(或拱体的另一端)要加平衡重,用以平衡拱箱(肋)的质量,以达到平稳转体,平衡重一般是通过计算利用桥台圬工或在桥台配置一定质量(条块石或其他重物),待拱箱(肋)合龙,转动体系封体后再拆除配重。

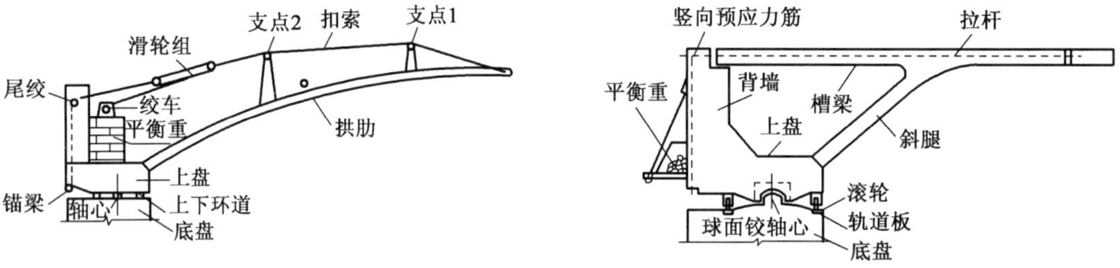

a)四氟滑板环道转体　　b)球面铰转体

图 7-2-12　有平衡重转体体系构造示意图

2)无平衡重转体

由锚旋、尾管、水平撑、锚梁、斜锚索组成的锚固体系来取代转体所需的平衡重,这种转体方法不需利用(或少利用)墩、台圬工或配重。拱桥无平衡重转体一般构造图如图 7-2-13 所示。

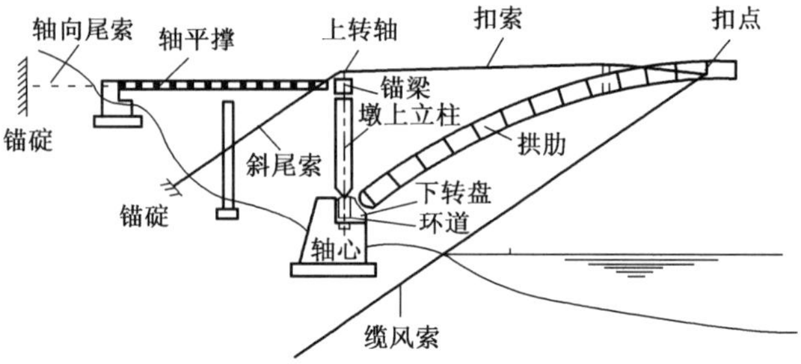

图 7-2-13　拱桥无平衡重转体一般构造图

2. 竖向转体

竖向转体适用于桥址地势平坦、桥孔下无水或水浅的情况。在一孔中的两端桥墩(台)从拱座开始顺桥向各搭设半孔拱架(或土拱胎),在其上现浇或组拼拱箱(肋或钢管肋),利用敷设在两岸桥台(墩)上的扣索[扣索一端系在拱顶端,另一端通过桥台(墩)顶进入卷扬机],先收紧一端扣索,拱箱(肋)即以拱座铰为中心,竖直旋转,使拱顶达设计高程,同法收紧另一端扣索,合龙。

竖向转体视拱箱(肋)预制(或现浇)的方式不同分为以下两种:

(1)俯卧预制后向上转体。

(2)竖直向上预制后再向下转体就位:在桥孔或墩、台上、下游侧均无搭设拱架进行拱箱(肋)现浇、组拼的施工现场,多采用此种方法,其主要原理是:从拱座(在拱座与拱箱用铰连接)向上现浇或组拼拱箱(肋),每现浇或组拼一定长度节段后用临时扣索和风缆将其稳定,照此办法直至拱箱(肋)完成1/2跨。在拱顶设置转体用扣索(其另一面设拉索)及在拱箱(肋)的两侧设顶缆,将1/2跨拱箱(肋)稳定,拆除临时扣索及临时风缆,收紧拉索,放松扣索及风缆,使拱箱(肋)徐徐向下转体。本法适用于钢管劲性骨架拱桁的预制安装。如图7-2-14所示。

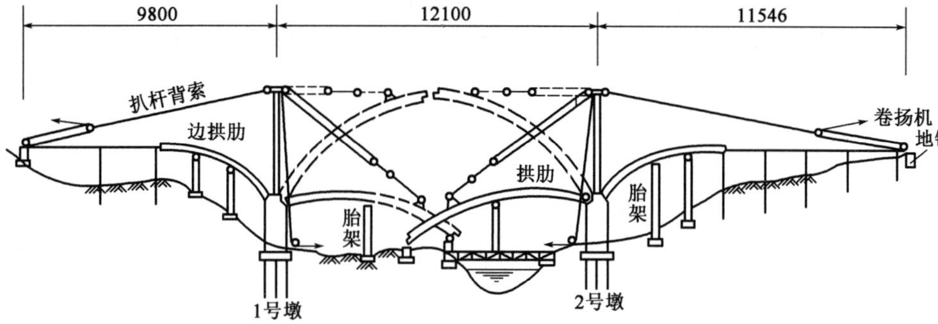

图7-2-14　竖向转体施工转动体系示意图(尺寸单位:cm)

3. 平竖结合转体

由于受到河岸地形条件的限制,拱桥采用转体施工时,可能遇到既不能在设计高程处预制半拱,也不可能在桥位竖平面内预制半拱的情况(如在平原区的中承式拱桥)。此时,拱体只能在适当位置预制后既需平转、又需竖转才能就位。这种平竖结合转体基本方法与前述相似,但其转轴构造较为复杂。当地形、施工条件适合时,混凝土肋拱、刚架拱、钢管混凝土可选用此法施工。

思考与练习

一、填空题

1. 满布式拱架通常由________、________、________三部分组成。在________之间放置卸架设备。这种拱架适用于________拱桥。

2. 为防止拱圈温度变化产生过大的________,合龙时应按规定的________和时间进行。

3. 装配式肋拱构件接头形式有对接、________、________三种。

4. 装配式肋拱圈吊装的程序是________、________、________、________。

5. 钢管混凝土拱桥拱肋混凝土浇筑时常采用的浇筑方法是________、________两种。

6. 钢管内混凝土填充的________是保证钢管混凝土拱桥承载力的关键问题。

7. 有平衡重平面转体施工的转动体系主要由底盘、上盘、________、桥体上部构造、________、________组成。

8. 伸缩缝缝宽________ cm,要求笔直,两侧对应________。缝内采用________填塞。

9. 卸架程序一般是从________开始,逐次向________对称卸落;卸架宜在________时进行,这样能够便于卸落拱架。

二、简答题

1. 拱桥有支架施工中拱架的形式有哪几种?构造上分别有什么特点?

2. 拱桥有支架施工中拱架的设计、制作、安装及卸落程序及注意事项有哪些?

3. 拱桥有支架施工中拱圈及拱上建筑的施工过程是什么?

4. 拱桥无支架施工常用的施工方法有哪几种?

5. 简述拱桥无支架施工的缆索吊装施工过程及特点。

6. 简述拱桥无支架施工的劲性骨架施工过程及特点。

7. 拱桥无支架施工的转体施工方法有几种? 分别是哪几种? 各自的施工过程及特点是什么?

项目八　悬索桥施工

悬索桥是一种很古老的桥型，又称吊桥（Suspension Bridge），是利用主缆和吊索作为加劲梁的悬吊体系，将荷载作用传递到索塔和锚碇的桥梁，其主要结构由主缆、索塔、锚碇、吊索、加劲梁组成。现代悬索桥的主缆采用高强度钢丝作为主要承拉结构，跨越能力大、受力合理，成为跨越千米以上障碍最理想的桥型。

任务一　悬索桥结构分类与组成

学习目标

（1）掌握悬索桥的结构分类；

（2）掌握悬索桥的结构组成及各组成部分的作用。

任务描述

通过学习本任务的相关知识，能够描述我国已建成的悬索桥的结构类型及组成，能够阐述各组成部分的作用。

相关知识

一、悬索桥结构分类

悬索桥的类型可按主缆锚固方式、主缆线形、悬吊跨数、悬吊方式、支撑结构等多种方式进行划分。

1. 按主缆锚固方式分类

1）地锚式悬索桥

地锚式悬索桥是指主缆通过锚碇将荷载产生的主缆拉力传递给地基，从而达到力的平衡，如图 8-1-1 所示。地锚式悬索桥是大跨径悬索桥最佳的受力模式，锚碇处一般要求地基具有较大的承载力。

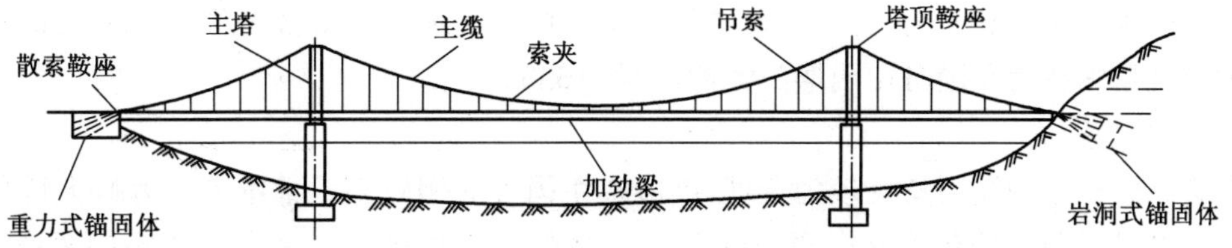

图 8-1-1　地锚式悬索桥一般结构

2) 自锚式悬索桥

自锚式悬索桥将主缆直接锚固在加劲梁的两端，使加劲梁直接承受主缆传来的水平分力，如图 8-1-2 所示。自锚式悬索桥适用于两岸地基承载力较差，特别是软土地区的桥位，或者市区跨河跨线桥梁为避免影响景观或无法布置庞大主缆锚碇时使用。

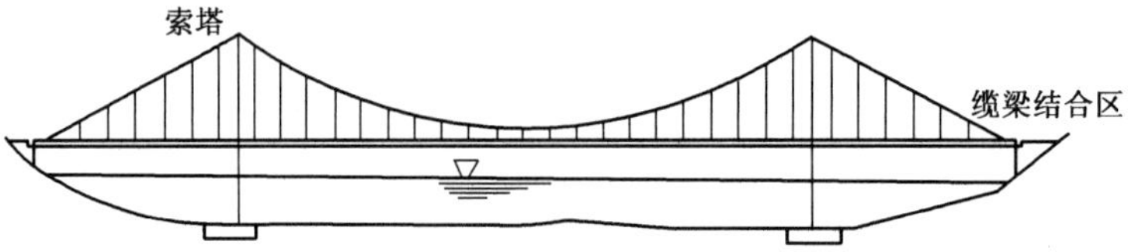

图 8-1-2　自锚式悬索桥一般结构

2. 按悬吊跨数分类

对于地锚式悬索桥，以悬吊的孔跨数分类，可分为单跨悬索桥、两跨悬索桥、三跨悬索桥、多塔多跨悬索桥等，如图 8-1-3 所示。

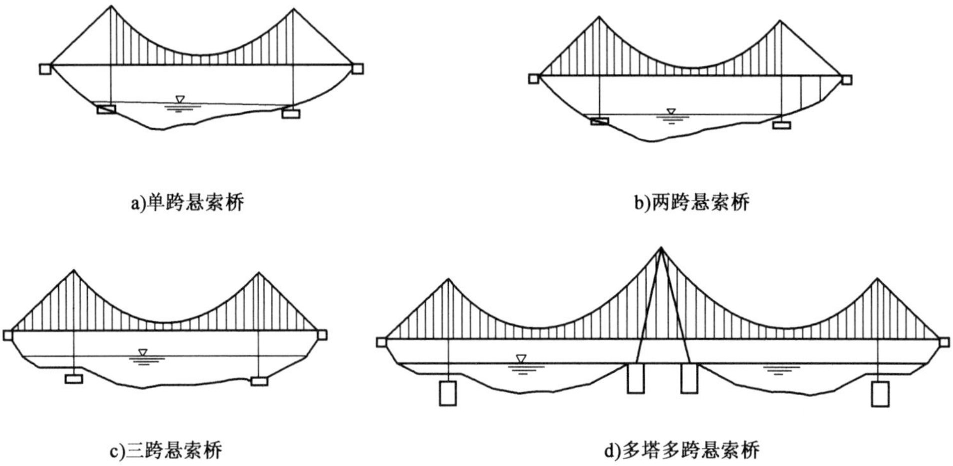

图 8-1-3　地锚式悬索桥孔跨布置分类

1) 单跨悬索桥

单跨悬索桥适合于边跨地面较高，采用桥墩来支承边跨的梁体结构或者道路的平面曲线已进入边跨时采用。我国大跨径悬索桥中采用单跨悬索桥形式较为普遍。主跨1490m的润扬长江公路大桥，为目前世界上最大跨度的单跨悬索桥。

2) 两跨悬索桥

当只有一岸的边跨地面较高或线路有平面曲线进入时，采用两跨悬索桥的形式，即一个边跨与主跨的加劲梁是悬吊的，另一边跨的梁体是由桥墩支承的常规梁桥形式。采用这种形式的最大跨度悬索桥为我国舟山西堠门大桥，主跨 1650m。

3) 三跨悬索桥

三跨悬索桥结构受力特性较为合理，该形式在国外应用较多。日本来岛海峡大桥分别采用以上三种悬吊跨数的布置形式，即来岛第一大桥的三跨悬索桥，来岛第二大桥的两跨悬索桥和来岛第三大桥的单跨悬索桥，如图 8-1-4 所示。

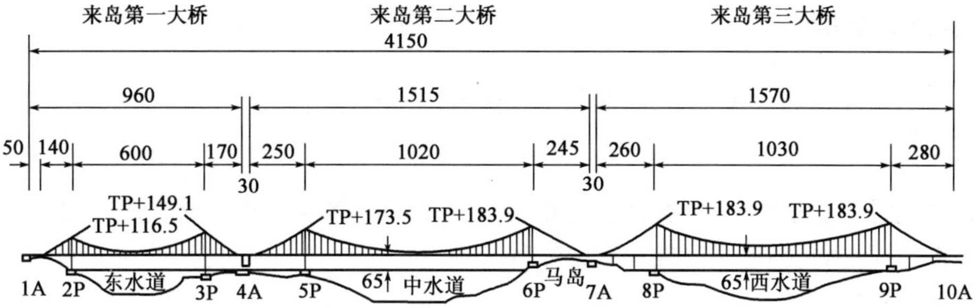

图 8-1-4　日本来岛海峡大桥 3 座悬索桥的孔跨布置(尺寸单位:m)

4)多塔多跨悬索桥

多塔多跨悬索桥是我国悬索桥桥梁结构方面的最新成果,需要设置 3 个或 3 个以上的索塔,又被称为多塔悬索桥,至少有两个连续的主跨。我国修建的泰州长江公路大桥和马鞍山长江公路大桥,均采用了三塔两跨结构布置,两座桥主跨均为 1080m,同为世界最大跨径三塔悬索桥。

3. 按悬吊方式分类

按悬吊方式,悬索桥可分为竖直吊索、三角斜吊索、竖直和斜吊索混合式、悬吊—斜拉组合体系悬索桥,如图 8-1-5 ~ 图 8-1-7 所示。

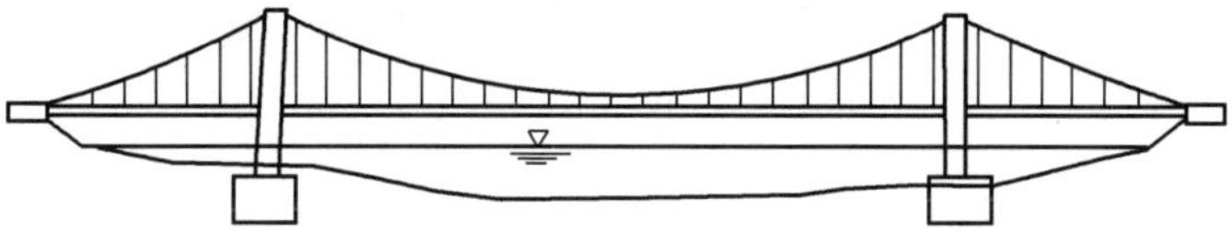

图 8-1-5　竖直吊索钢桁梁悬索桥

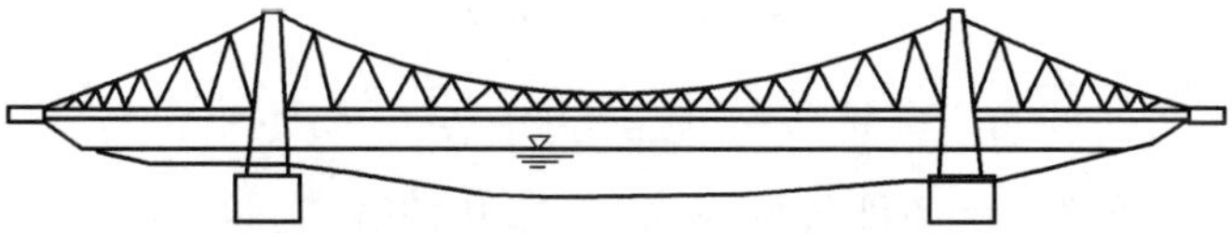

图 8-1-6　斜吊索钢箱梁悬索桥

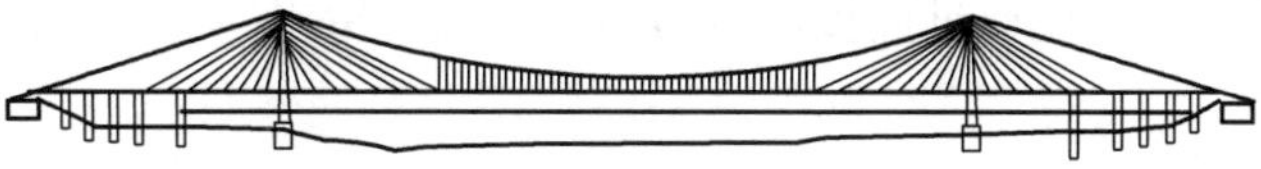

a)

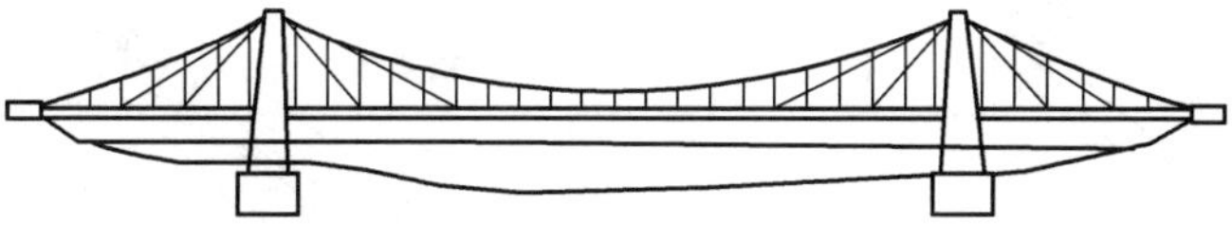

b)

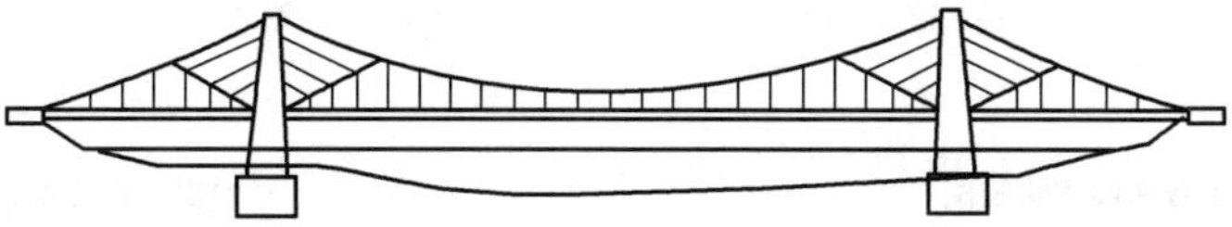

c)

图 8-1-7　悬吊—斜拉组合体系悬索桥

二、悬索桥结构组成

悬索桥由锚碇、索塔、缆索系统、加劲梁等组成。

1. 锚碇

锚碇是地锚式悬索桥主缆的锚固体，将主缆的拉力传递给地基基础。锚碇按承载类型通常可分为重力式锚碇、隧道式锚碇和岩锚三种。

1）重力式锚碇

重力式锚碇根据其基础嵌岩方式，可分为完全重力式锚碇和重力嵌岩式锚碇。其依靠巨大自重来抵抗主缆的垂直分力，水平分力由锚碇与地基间的摩擦力或嵌固力来抵抗，如图 8-1-8 所示。重力式锚碇的组成通常可分为基础、锚体及锚固系统三大部分，锚碇基础形式通常有明挖基础、沉井基础、地下连续墙基础、箱形基础、矩形排桩基础等。锚体结构一般由锚块、散索鞍支墩、后锚室、前锚室侧墙和顶板、后浇段等组成。

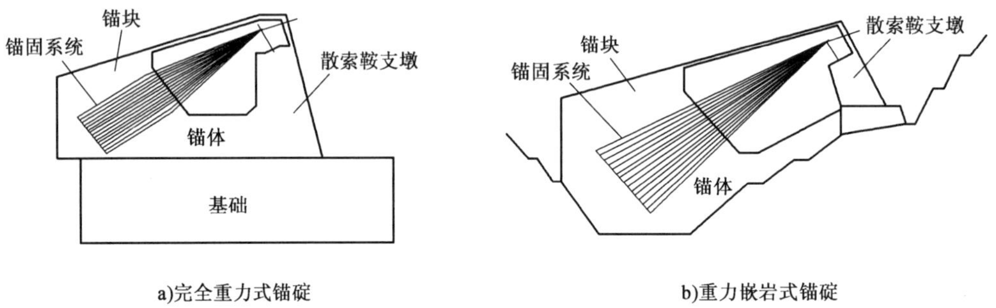

图 8-1-8 重力式锚碇结构示意图

2）隧道式锚碇

当锚碇处地形、地质等自然条件较好时，在山体开挖隧道，将混凝土锚板或锚块（称锚塞体）设置于隧道底部，主缆通过锚固系统将拉力传递给锚塞体或锚板，再通过锚塞体与隧道岩体的黏结力传递给周边围岩或通过锚板以压力形式直接传给岩体，从而实现主缆索股的锚固，如图 8-1-9 所示。

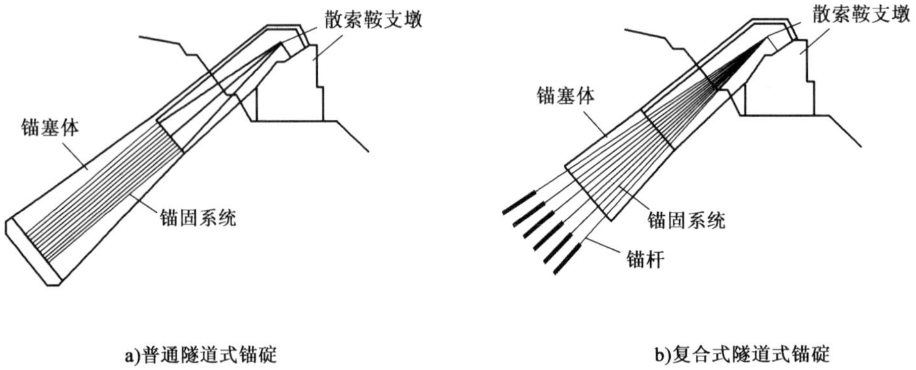

图 8-1-9 隧道式锚碇结构示意图

3）岩锚

岩锚是充分利用锚碇桥位处的岩层，通过锚固钢绞线或锚杆直接锚固于岩体，将荷载传递至岩层深处，如图 8-1-10 所示。

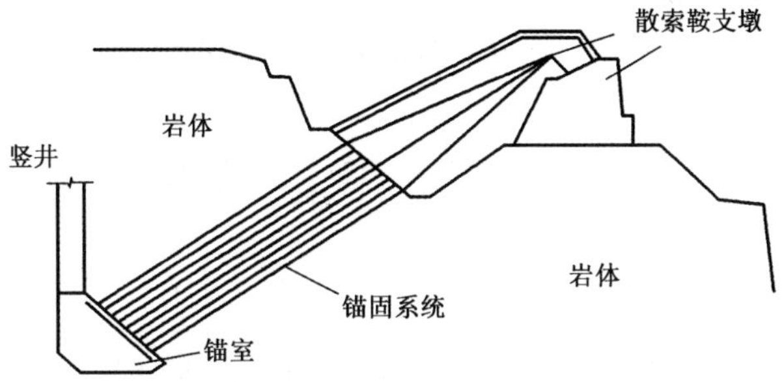

图 8-1-10　岩锚结构示意图

岩锚和隧道锚的主要区别在于：隧道锚是将主缆索股通过锚固系统集中在一个隧洞内锚固，隧洞内浇筑混凝土形成锚塞体；而岩锚则将锚固系统的预应力筋分散设置在单个岩孔中锚固，不需要浇筑混凝土锚塞体，高质量的岩体替代了锚塞体，节省了混凝土锚体材料。

2. 索塔

索塔主要是对主缆起支撑作用，分担主缆所受的竖向荷载，同时在风和地震荷载的作用下，对全桥的总体稳定提供安全保障。一般采用混凝土浇筑而成，也有部分桥梁采用钢结构的索塔；在索塔的顶部设置有索鞍，用于支撑主缆索。索塔结构，从纵向结构受力可分为刚性塔、柔性塔和摇柱塔三种结构形式。索塔在横桥方向采用门形框架式、桁架式或两者混合的结构形式来连接两侧立柱，用以抵抗横桥向的风力或地震作用。

3. 缆索系统

悬索桥的缆索系统包括索鞍、主缆、索夹和吊索以及主缆附属设施等结构。

1）索鞍

索鞍是为主缆提供支撑并使其线形平顺的、改变方向的永久性构件。索鞍按照所在的位置分为主索鞍、转索鞍、散索鞍和散索套。

2）主缆

主缆是悬索桥的主要承重结构，主缆以索塔、散索鞍支墩为支承，两端锚固于锚碇或梁端，除承受自身恒载外，加劲梁的恒载和活载通过索夹和吊索传递至主缆。主缆是全桥结构受力的生命线。

主缆的截面一般是由 ϕ5mm 左右的镀锌平行钢丝组成的，具有强度高、弹性模量大、耐腐蚀等特点。为便于施工安装和锚固，主缆被分成索股编织架设，并在两端锚碇处分别锚固，若干根钢丝索股构成一根主缆。现代悬索桥的主缆通常采用空中纺线法（AS 法）和预制平行钢丝索股法（PPWS 法）成缆。

3)索夹

索夹是紧箍主缆并连接主缆与吊索的构件,既对主缆和吊索之间起连接作用,又对主缆起紧固定型作用。

4)吊索

吊索是将活载和加劲梁的恒载传递到主缆的构件,可采用柔性绳索结构,也可采用刚性吊杆结构,吊索的布置形式有常规的竖直吊索和斜向吊索两种。吊索与索夹的连接方式有骑跨式和销接式两种,吊索与加劲梁的连接方式有锚头承压式和销接式两种。

4.加劲梁

悬索桥的加劲梁是提供桥面直接承受荷载的梁体结构,加劲梁常见的结构形式有钢箱加劲梁、钢桁加劲梁和混凝土加劲梁。

任务二　悬索桥施工流程

学习目标

(1)掌握悬索桥施工工艺流程图;

(2)查阅相关规范及工程资料,描述悬索桥施工质量控制要点。

任务描述

通过学习本任务的相关知识,能够描述我国已建成的悬索桥施工步骤及施工质量控制要点。

相关知识

悬索桥施工分为下部结构施工和上部结构施工两大部分,下部结构施工包括塔、锚、过渡墩及其基础等,按照结构形式、工程规模、地形条件等可划分为一个或多个标段;上部结构施工主要是指缆索系统、加劲梁系统及其附属构造等。上部结构安装总体施工工艺流程如图8-2-1所示。

悬索桥施工一般包括以下四大步骤。

第一步:索塔、锚碇等基础工程施工,同时加工制造上部施工所需构件。

第二步:索塔、锚碇施工及上部施工准备,包括塔身及锚体施工、上部施工技术准备、机具准备和物资准备、预埋件等上部施工准备工作。

第三步:上部结构安装。上部结构安装即缆索系统安装,包括主、散索鞍安装,先导索施工,猫道架设,紧缆,索夹安装,吊索安装,主缆缠丝防护等工序。

第四步:桥面系施工。桥面系施工即加劲梁和桥面系施工,包括加劲梁节段安装、工地连接;桥面铺装、桥面系及附属工程施工,机电工程等。

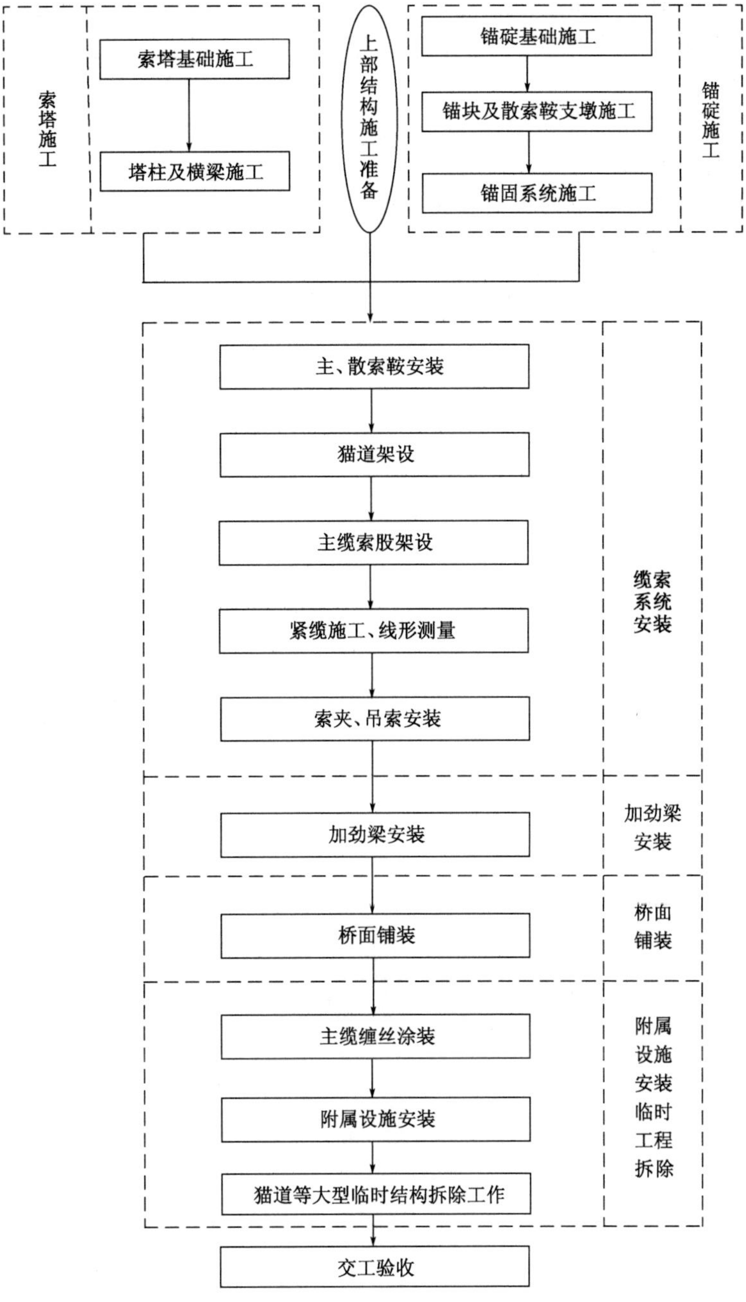

图 8-2-1　悬索桥上部结构安装总体施工工艺流程

思考与练习

一、填空题

1. 悬索桥按主缆锚固方式不同,可分为__________、__________。

2. 地锚式悬索桥以悬吊的孔跨数分类,可分为__________、__________、__________、__________。

3. 悬索桥的组成主要包括________、________、________、________、________。
4. 悬索桥的缆索系统包括________、________、________、________。

二、简答题

1. 描述悬索桥的分类。
2. 描述悬索桥的结构组成及各部分的作用。
3. 简述悬索桥的施工流程。

项目九　斜拉桥施工

任务一　斜拉桥的结构组成

学习目标

(1)掌握斜拉桥的结构特点;

(2)掌握斜拉桥的体系组成;

(3)掌握斜拉桥拉索、主梁及索塔的构造。

任务描述

斜拉桥是大跨径桥梁常用的桥型之一,是一种组合体系桥梁。本任务要求学生能掌握斜拉桥的结构特点及体系组成、斜拉桥拉索、主梁及索塔的构造要点。

相关知识

斜拉桥又名斜张桥,是一种用斜拉索直接将主梁悬吊在塔柱上的桥梁。斜拉桥是种组合受力体系桥梁,外荷载靠主梁受弯压、斜拉索受拉以及塔柱受压弯来承担。典型的斜拉桥由斜拉索、塔柱和主梁组成。斜拉桥至少具有一个塔柱,称为独塔斜拉桥;也可以设多个塔柱,称为多塔斜拉桥,但是最常见的是双塔斜拉桥,如图9-1-1所示。

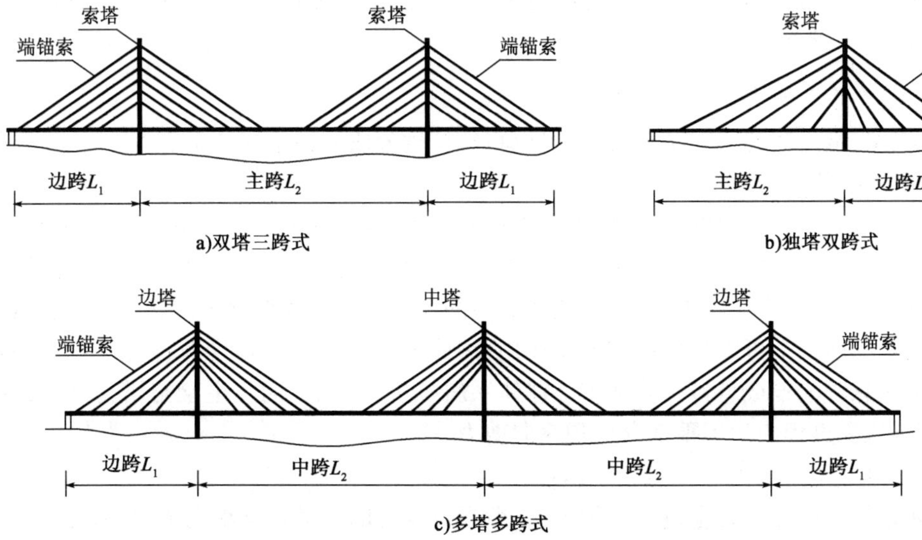

图9-1-1　斜拉桥跨径布置

一、斜拉桥的结构体系

斜拉桥由斜拉索、主梁和塔柱共同形成全桥的受力体系，根据它们之间的不同配合关系可以变化出具有不同受力特点的结构体系。

1. 斜拉索的不同锚固体系

根据斜拉索的锚固方式可以将斜拉桥分成三种不同的体系。

1）自锚式斜拉桥

自锚式斜拉桥的拉索全部锚固在主梁与塔柱之间，竖向荷载通过塔柱传递到桥墩及基础中去，拉索的水平分力由主梁的轴力来平衡。无论是双塔三跨式、独塔双跨式或多塔多跨式斜拉桥，绝大多数均采用自锚体系。

2）地锚式斜拉桥

地锚式斜拉桥的斜拉索一端锚固在主梁上，另一端锚固在山岩上或通过塔顶改变方向后锚固在河岸的地锚中，当桥位处两岸地基为坚硬的岩石时可以考虑地锚式斜拉桥的方案。

3）部分地锚式斜拉桥

在双塔三跨式或独塔双跨式斜拉桥中，由于某种原因边跨相对于主跨很小时，可以将边跨部分拉索锚固在主梁上，将部分拉索布置成地锚式。如我国主跨 414m 的湖北郧阳汉江大桥，由于边跨与主跨之比仅为 0.203，采用了部分地锚式体系，塔后侧的拉索只有 4 根锚于极短的边跨主梁上，另 21 道拉索全部锚在大体积混凝土桥台（重力式平衡桥台）上。部分地锚式斜拉桥索塔两侧拉索的不平衡水平分力直接由边跨主梁传递给桥台（地锚）。

2. 主梁的连续与非连续体系

斜拉桥的主梁可分为纵向连续体系和纵向非连续体系。

大部分斜拉桥主梁采用连续体系，主梁在整个斜拉桥部分纵向连续，全桥在体外形成连续梁或连续刚构，这种体系桥面整体性强，行车平稳舒适，但是常年温差作用下塔柱的弯矩较大。此外，对于典型的三跨式斜拉桥，主梁在中跨的跨中区域存在一段受拉区。

为适应主梁在常年温差下的纵向伸缩变形，三跨或多跨斜拉桥可以在跨中设置挂孔或剪力铰，全桥体外形成单悬臂梁或 T 形刚构。

3. 塔、梁、墩之间的不同结合关系

根据塔、梁、墩之间的不同结合关系，可以将斜拉桥分成四种不同体系。

1）塔墩固结、塔梁分离——漂浮体系

主梁除两端有支座支承外，其余位置均由拉索支承，成为在纵向可自由漂移的多点弹性支承连续梁，如图 9-1-2a）所示。漂浮体系的主要优点是满载时，塔柱处主梁不出现负弯矩峰值，温度及混凝土收缩、徐变次内力较小，主梁各截面的变形和内力的变化平缓，受力均匀。此外，地震时主梁的纵向摆动可以起到抗震消能作用，因此地震烈度较高地区应优先考虑选择这种体系。当采用悬臂浇筑或悬臂拼装施工漂浮体系斜拉桥时，施工期间主梁与塔柱间应设临时固结，以抵抗施工过程中的不平衡弯矩和纵向剪力。

2）塔墩固结、塔梁分离——半漂浮体系

漂浮体系斜拉桥在主梁穿过桥塔位置，一般通过垂直的 0 号索支承主梁，如果将 0 号索换成支承在塔柱横梁上的竖向支承，则成为半漂浮体系，如图 9-1-2b）所示。半漂浮体系除具有漂浮体系优点外，主梁刚度更大，对限制主梁纵向位移更为有利，同时省去了将施工临时支承

换成 0 号索的复杂工序。半漂浮体系的主梁内力在塔墩支承处出现负弯矩峰值,温度及混凝土收缩、徐变内力也较大,通常须加强支承区段的主梁截面。但是,如在墩顶设置可调节高度的支座或弹簧支座,并在成桥时调整支座反力,可以消除大部分收缩、徐变等不利影响。

3)塔梁固结、塔墩分离——塔梁固结体系

塔梁固结并支承在桥墩上,主梁相当于顶面用拉索加强的一根连续梁或悬臂梁,如图 9-1-2c)所示。塔梁固结体系的主要优点是取消了承受很大弯矩的梁下塔柱部分,代之以一般桥墩,使塔柱和主梁的温度次内力消除,并可显著减小主梁中央段承受的轴向拉力。该体系动力特性不理想,于抗风、抗震不利,不宜在大跨度桥梁上应用。

4)主梁、索塔、桥墩三者互为固结——刚构体系

梁、塔、墩固结,主梁成为在路内有多点弹性支承的刚构,如图 9-1-2d)所示。这种体系结构刚度大,主梁和塔柱的挠度均较小,不需要大吨位支座,最适合用悬臂法施工。在独塔双跨式斜拉桥中,边墩设置活动支座可以使主梁纵向自由伸缩,因此该体系得到广泛的应用。在双塔或多塔斜拉桥中,必须在跨中设置可纵向伸缩的铰缝或挂孔,或尽量降低桥墩的纵向抗推刚度,以消除或减小温度附加内力。

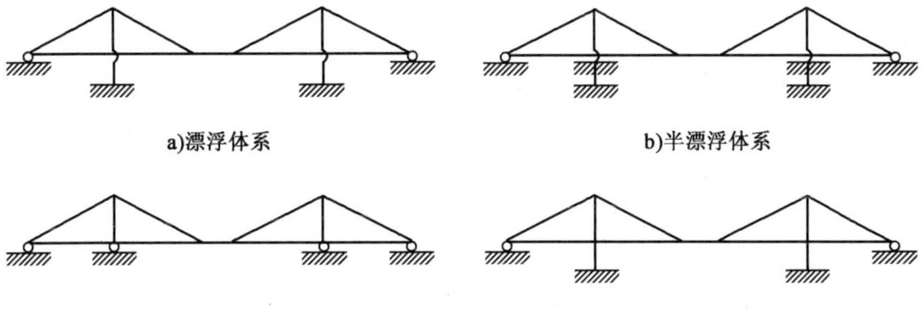

a)漂浮体系　b)半漂浮体系

c)塔梁固结体系　d)刚构体系

图 9-1-2　斜拉桥结构体系

刚构体系动力性能较差,因此,该体系用于地震区时,应认真进行动力分析研究。在塔梁墩固结处,主梁负弯矩很大,此区段内主梁截面必须加大。在跨中设置剪力铰或挂孔时,对行车有一定影响,且对养护不利。

二、斜拉桥的构造

1. 斜拉索构造与布置

斜拉索是斜拉桥的重要组成部分,斜拉桥桥跨结构的重量和桥上荷载绝大部分通过斜拉索传递到塔柱上。每一根斜拉索包括钢索和锚具两部分。钢索承受拉力,设置在钢索两端的锚具用来传递拉力。拉索的索力要根据设计要求进行调整,使结构体系处于最佳工作状态。斜拉索的技术经济指标有:强度、刚度、耐疲劳性能、耐腐蚀性能、施工难易和造价等。

1)拉索种类和构造

作为拉索的主体,钢索应由高强度钢筋、钢丝或钢绞线制作。钢索必须满足这样几个要求:组成钢索的钢丝、钢绞线要排列整齐、规则;组成的钢索断面应紧密并易于成型,使每索中的钢丝或钢绞线受力均匀;钢索的形式应便于穿过预埋管道,并易于锚固;钢索应易于防护和施工安装等。

(1)平行钢筋索

平行钢筋索由一定根数的高强度粗钢筋平行布置组成。每根钢筋在截面中的位置由带孔定位板来保持和隔离。全部钢筋穿在一根粗大的聚乙烯套管中，待索力调整完毕后，在套管内压注水泥砂浆，将钢筋之间的空隙填封密实，以对钢筋进行防护，如图9-1-3所示。

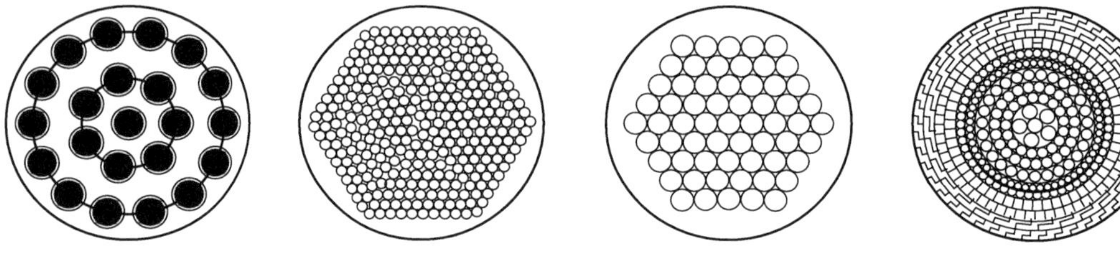

a)平行钢筋索　　b)平行钢丝索　　c)钢绞线索　　d)封闭式钢缆

图9-1-3　拉索种类和构造

平行钢筋索必须在现场架设过程中形成，操作过程繁杂，且由于钢筋出厂长度一般均小于拉索长度，使索中每根钢筋都有接头，即使各钢筋接头错开，但对拉索的疲劳强度仍有影响，因此，平行钢筋索已很少采用。

(2)钢丝索

平行钢丝股索(简称PWS)：将一定根数的镀锌钢丝平行地捆扎成股，每根钢丝都是顺直而无扭转的，股索的截面呈六角形，所以每股的钢丝根数是一定的，为19、37、61、91、127…。大型的平行钢丝股索可直接单独用作拉索，大多数情况是每根拉索由多股平行钢丝股索组成。平行钢丝股索由于钢丝未经旋扭，抗拉强度和弹性模量均无损减，与单根镀锌钢丝相同，抗疲劳性能也较好。缺点是钢索刚度较大，不易弯曲，架设困难。

平行钢丝索(简称PWC)：将若干根预应力钢丝平行并拢、扎紧，整体穿入聚乙烯套管内，并在张拉结束后压注水泥砂浆防护，就成为平行钢丝索。平行钢丝索截面不要求是六角形，因此截面内的钢丝根数可以自由地选定。平行钢丝索的各项物理特性与平行钢丝股索基本一致。

半平行钢丝索：将若干根预应力钢丝平行并拢，且同心同向做轻度扭绞，扭绞角为2°~4°，再用包带扎紧，最外层直接挤裹聚乙烯索套防护，就成为半平行钢丝索，也称为新型PWS、螺旋形PWC，或称为半平行钢丝股索。这种索挠曲性能好，可以自由地缠绕在卷筒上进行长途运输。半平行钢丝索宜在工厂内机械化制作并配装锚具，不仅制作质量有保证，而且大大地简化了施工现场工作，因此，正在逐步取代平行钢丝索。

(3)钢绞线索

平行钢绞线索：将7丝钢绞线按平行钢丝股索中的钢丝排列方法平行排列，布置成正六角形截面，就成为平行钢绞线索。平行钢绞线索可在工厂制造，也可在现场制作。在工地用若干根钢绞线制成拉索后，穿入预制的聚乙烯套管、钢管或玻璃纤维加筋的塑料管，然后压注水泥砂浆，或者将每一根钢绞线涂防锈油脂后挤裹聚乙烯护套，再将带有护套的钢绞线穿入大的聚乙烯套管中，并压注水泥砂浆。平行钢绞线常配用夹片式群锚，先逐根张拉建立初应力，然后整索张拉至设计规定应力。

半平行钢绞线索：半平行钢绞线构造和制作方法与平行钢绞线相同，只是在索中钢绞线集中排列后再轻度扭绞而成。钢索中钢绞线的扭绞方向应与单根钢绞线中的钢丝扭绞方向相反。半平行钢绞线索均在工厂制作好后运往工地,它可以配装冷铸锚。

(4)封闭式钢缆

封闭式钢缆的核心部分是由多层圆形钢丝组成的单股钢绞缆,在它的外面逐层绞裹梯形截面的钢丝,接近外层时绞裹Z形截面的钢丝,相邻各层钢丝的旋扭方向相反,最后形成一根粗大的钢缆。封闭式钢缆中的梯形和Z形钢丝彼此侧向紧扣,基本上是面接触,因此结构紧密,截面孔隙率很小,水分不易浸入,表面光滑,故称为封闭式钢缆。封闭式钢缆使用镀锌钢丝制作,还可在钢丝上涂防锈脂,最外层再涂防锈涂料防护。

(5)单股钢绞缆

单股钢绞缆以一根钢丝为缆心,逐层增加钢丝,同一层的钢丝直径相同,但逐层钢丝的扭绞方向相反,以抵抗张拉时的扭矩,最后形成一根单股钢绞缆。单股钢绞缆配用热铸锚。由于扭绞关系,其抗拉强度及弹性模量有所降低,截面孔隙率也较大。单股钢绞缆用作斜拉桥拉索时,可采用镀锌钢丝制作,最外层应加涂防锈涂料。单股钢绞缆只能在工厂中生产,其柔性好,可成盘运输至现场安装,但用作混凝土斜拉桥的拉索较少。

2)拉索端部锚具

锚具是斜拉桥极其重要的部件,钢索只有在其两端配装了合适的锚具后才成为可以承受拉力的拉索,把斜拉桥桥跨结构的重力和桥上活载的绝大部分(或全部)传递到索塔上,然后由索塔传至地基。它的质量和性能对整个斜拉桥结构的可靠性有着直接影响。常用的拉索锚具有热铸锚、镦头锚、冷铸锚及夹片群锚等。前面三种是拉锚式锚具,可以事先装固在钢索两端。配装夹片式群锚的拉索,张拉时千斤顶直接拉钢索,张拉结束后锚具才发挥作用,所以夹片式群锚又称为拉丝式锚具。

3)拉索的防护

拉索都是由钢材组成的,如不加防护,锈蚀将是十分惊人的。为了提高拉索的耐久性,增长拉索的使用寿命,减少养护工作,必须重视拉索的防护。拉索的防护方法因其构造不同而不同。拉索的防护可分为钢丝防护和拉索防护两个方面。防护主要是防止拉索锈蚀。拉索的锈蚀主要是电化学腐蚀,因此采用的防护材料必须严格检验分析,使它不含有腐蚀钢材的成分,并要求防护层有足够的强度而不致老化或开裂,有良好的耐候性,延长使用时间。

(1)钢丝的防护

钢丝的防护可以采用镀锌、镀防锈脂、涂防锈底漆等,防止钢丝在拉索施工过程中锈蚀。钢丝防护前应将表面油脂或锈迹去掉。

(2)拉索的防护

拉索防护措施得当,可以延长整个斜拉桥的使用寿命。因此常用的拉索防护方法可归为四类:涂料保护、卷带保护、套管保护及拉索外施加塑料缠绕保护层等。对于封闭式钢缆,由于截面紧密,封闭性较好,空隙率很小,可以只对各组成索的钢丝镀锌,并对钢缆表面施加涂料进行防护。但对于由钢丝索组成的拉索,由于拉索空隙率大,封闭性差,必须进行钢丝和拉索两部分防护。

国内已建成的斜拉桥,其拉索的防护方法有以下几种:在拉索外面用多层玻璃纤维缠绕并加涂沥青或环氧树脂形成玻璃钢外壳防护;拉索外套钢套管,管内压注水泥浆,套管内的拉索表面用多层玻璃纤维缠绕,加涂沥青膏及聚氨酯橡胶,钢套管外涂防锈漆防护;拉索套在高密度聚乙烯套管内(PE套),管内再压注水泥浆填满空隙;拉索套在PE套内,除在管内压注水泥浆外,管外再缠包环氧树脂玻璃纤维布,形成玻璃钢外壳防护;在拉索外面热挤压高密度聚乙烯套管;在热挤压高密度聚乙烯套管前,对拉索表面用铝粉或锌进行金属喷涂,或先用聚酯带缠包后进行热挤压 PE 套。

目前最常用也较有效的拉索防护方法是热挤压高密度聚乙烯套管,国内许多大跨径混凝土斜拉桥的拉索防护就采用这种方法,如武汉长江公路大桥拉索由 ϕ7mm 镀锌钢丝组成平行钢丝索,两端配冷铸锚,拉索防护采用 10mm 厚高密度聚乙烯热挤索套,在制索中完成。全部拉索施工完毕后,再用缠包机在黑色聚乙烯套管外表面缠包一层带色的粘胶保护层,以加强拉索的防护体系。

2. 主梁

主梁直接承受车辆荷载,是斜拉桥主要承重构建之一。与其他体系桥梁相比,由于拉索的支承,斜拉桥主梁具有跨越能力大、梁的建筑高度小和能够借助拉索的预应力对主梁内力进行调整等特点。斜拉桥常用的主梁形式有混凝土梁、钢梁、叠合梁、混合梁。

1)混凝土梁

混凝土主梁常用的截面形式如图 9-1-4 所示。

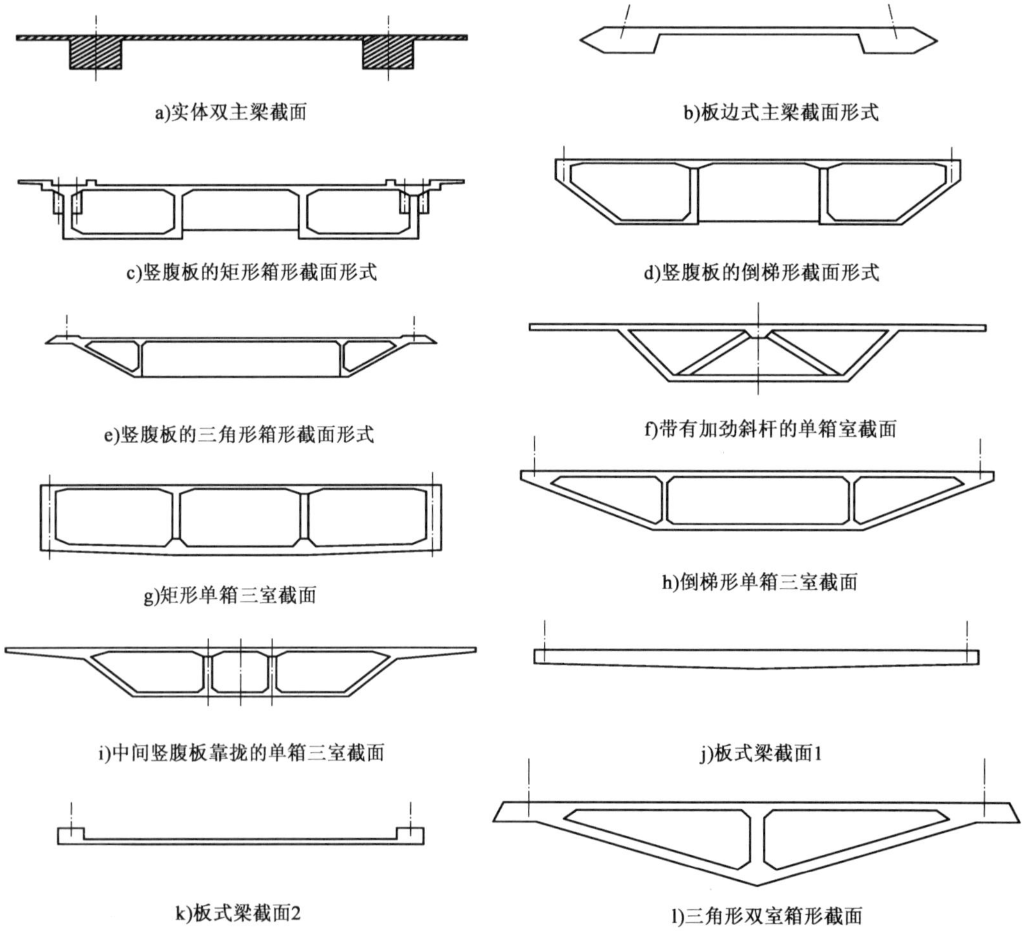

图 9-1-4　混凝土梁截面形式

图 9-1-4a)为实体双主梁截面,适用于双索面体系的混凝土主梁截面。两个分离的主梁之间由混凝土桥面板及横梁连接,拉索可直接锚固在主梁中心处,也可以锚固在伸臂横梁的端

部。这是一种较简单的混凝土主梁截面形式，也是近年来采用得较多的一种主梁截面形式。

图 9-1-4b）为板式边主梁截面形式，边主梁梁高相对于桥宽很小，两主梁之间的连接横梁底部与主梁齐平，形成底部挖有一个空槽的板式梁底。低高度边主梁的截面带有风嘴尖角，以适应大跨径斜拉桥的抗风要求。拉索直接锚固在边主梁的下面，以不致削弱原来较小的主梁截面。横梁间距一般取拉索索距的一半，为 5 ~6m。

图 9-1-4c）、图 9-1-4d）、图 9-1-4e）为分离的双箱截面形式。图 9-1-4c）为带有竖腹板的矩形箱形截面，箱梁用于承重及锚固拉索，箱梁之间设桥面系。这种截面形式的最大优点是采用悬臂施工较方便。近年来已较少采用，特别是在抗风要求高的大跨径斜拉桥中，由分离双箱截面逐步向实体双主梁截面发展或向外侧为斜腹板、内侧为竖腹板的倒梯形箱形截面[图 9-1-4d）]和三角形箱形截面[图 9-1-4e）]发展，两箱之间为整体桥面板，横截面外侧做成风嘴状以减少迎风阻力，端部加厚以锚固拉索。这种主梁截面形式有良好的抗风性能，特别适用于风荷载较大的双索面密索体系斜拉桥。

图 9-1-4f）、图 9-1-4g）、图 9-1-4h）、图 9-1-4i）为整体箱形截面，具有较大的抗弯及抗扭刚度，既适用于双索面斜拉桥，也适用于单索面斜拉桥。图 9-1-4g）、图 9-1-4h）所示截面适用于双索面桥。而单箱三室截面使用在单索面桥时，应将中间两个竖腹板尽量靠拢，这样才便于将拉索锚固在较窄的中室内，如图 9-1-4i）所示截面。

图 9-1-4f）这种单室箱截面，是一种单索面混凝土斜拉桥采用的典型主梁截面形式，箱室内部设置一组人字形加劲斜杆，以传递单索面的索力。主跨 320m 的法国伯劳东纳桥及主跨 365.8m 的美国日照高架桥均采用这种形式的混凝土主梁。它已成为单索面混凝土斜拉桥的标准主梁截面形式之一。

图 9-1-4h）是诺曼底大桥混凝土主梁部分采用的倒梯形单箱三室截面。

图 9-1-4j）、图 9-1-4k）是板式梁截面形式，其构造简单、梁高小、施工方便且抗风性能好，适用于双索面密索体系斜拉桥主梁。板式梁截面是混凝土斜拉桥中梁体最纤细的一种。用于跨径 200m 以内、桥宽 15 ~20m 的混凝土斜拉桥板式梁，梁高可用 50 ~60cm。

图 9-1-4l）是三角形双室箱形截面。目前世界上跨径最大的混凝土斜拉桥，主跨 530m 的挪威斯卡恩圣斯桥就采用这种主梁截面，桥宽仅 13m，主梁宽跨比为 40.8，已突破 40，是已有斜拉桥的最大值。这种三角形双室箱梁截面不仅抗弯、抗扭刚度大，并且对抗风特别有利，既适用于双索面体系，又适用于单索面体系。当用于单索面斜拉桥时，每道拉索的左右两股钢索在中间竖腹板的两旁通过箱室锚固在箱梁底下，在拉索锚固点处应设承重横隔梁，通过横梁将箱梁上的荷载以简支梁（双索面时）或双向伸臂梁（单索面时）的形式传递到拉索上去。三角形承重横梁分布与梁高变化是相匹配的，所以在力学上也是很合理的。

混凝土主梁的主要优点有：①造价低。当主跨跨径大于 500m 时，自重较大，难以抵消由于混凝土自重大而导致的拉索和基础费用的额外值。②刚度大，挠度小。在车辆荷载作用下挠度约为类似钢结构的 60%。③抗风稳定性好。混凝土结构振动衰减系数约为钢结构的两倍。④后期养护比钢桥简单便宜。缺点是跨越能力不如钢结构大，施工速度不如钢结构快。

2）钢梁

其主要优点是跨越能力大，施工速度快，质量可靠程度高。钢主梁自重小，将使拉索、索塔、基础的工程量得到可观节约。缺点是钢主梁价格较高，后期养护工作量大，抗风稳定性差。但由于钢主梁明显的优势，除美国和日本等国家采用较多外，我国也越来越多地采用钢主梁，如图 9-1-5、图 9-1-6 所示。

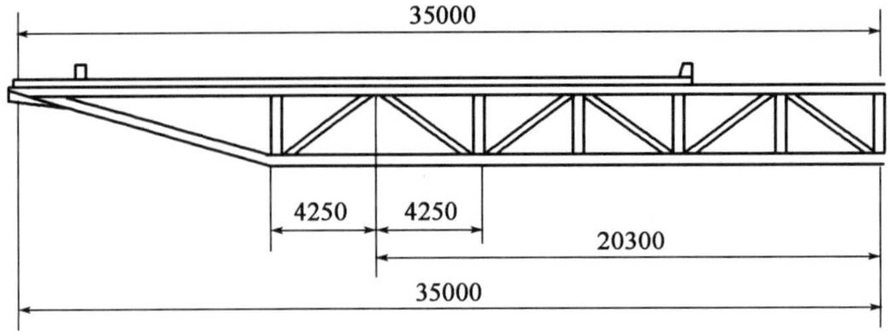

图 9-1-5　斜拉桥钢加劲梁截面(尺寸单位:mm)

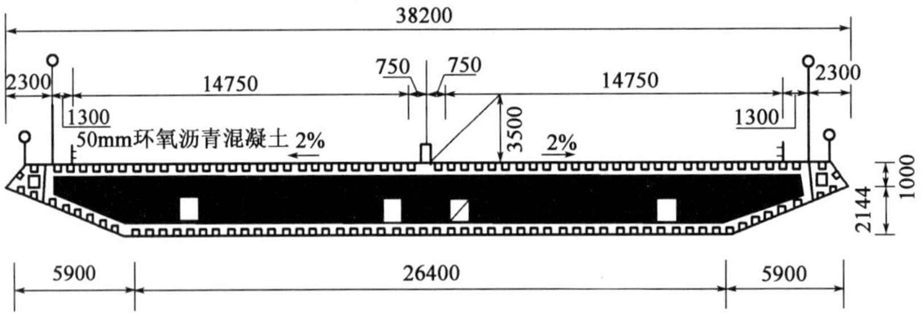

图 9-1-6　南京长江第二大桥钢加劲梁截面(尺寸单位:mm)

3)叠合梁

叠合梁又称结合梁,是由钢和混凝土两种材料组成的。钢主梁、钢横梁及钢纵梁等组成钢梁,与混凝土桥面板通过连接构件形成一个整体叠合梁,作为主梁共同受力。叠合梁一般采用钢双主梁,其断面形式常采用开口 I 字形、箱形、π 字形等。由于结合梁自重力小,相应也减少了钢索用量和基础工程量;钢主梁及钢横梁可在工厂加工制作,混凝土桥面板可以预制,精度较高,质量容易控制;现场拼装简便,施工迅速,工期短,且结合梁梁高小,外观轻巧,体现桥梁建设新技术等优点。随着跨径的增大、桥梁建设的发展和工业化程度的提高,在 21 世纪,我国会修建更多的结合梁斜拉桥。

4)混合梁

混合梁是在中跨全部或部分采用钢主梁,两侧采用预应力混凝土主梁。这种结构的优点有:①加大了边跨主梁的重量和刚度,减小了主跨变形和内力。②可减少边跨端支点出现负反力。③边跨 PC 梁容易架设,主跨钢主梁也可较容易地从主塔开始悬臂法连续架设。④减少全桥钢梁长度,节约造价。预应力混凝土梁与钢梁的连接宜选择在弯矩和剪力较小的位置,同时要考虑施工方便和造价经济。连接位置一般距主塔中心有一定距离,以预应力混凝土梁伸入主跨 20 ~ 40m 为宜。

3. 索塔

作用于斜拉桥主梁的恒载和活载通过拉索传递给索塔,因而索塔是通过拉索对主梁起弹性支承作用的重要构件。索塔上的作用力除索塔自身的重力外,还有拉索索力的垂直分起的轴向力、拉索的水平分力引起的弯矩和剪力。

索塔设计应满足强度、刚度和稳定性要求。索塔的结构形式及截面尺寸应根据索塔的强度、刚度及稳定性要求、拉索布置、桥面宽度、主梁的截面形式、下部结构及桥位处的地形等综合考虑确定,同时还要考虑施工简便、降低造价及造型美观等要求。

斜拉桥的塔柱形式从桥梁立面上看，有独柱形、A 形和倒 Y 形三种，在横桥向又可做成单柱式、双柱式、门式、斜腿门式、倒 V 式、宝石式和倒 Y 式等多种形式，如图 9-1-7 所示。

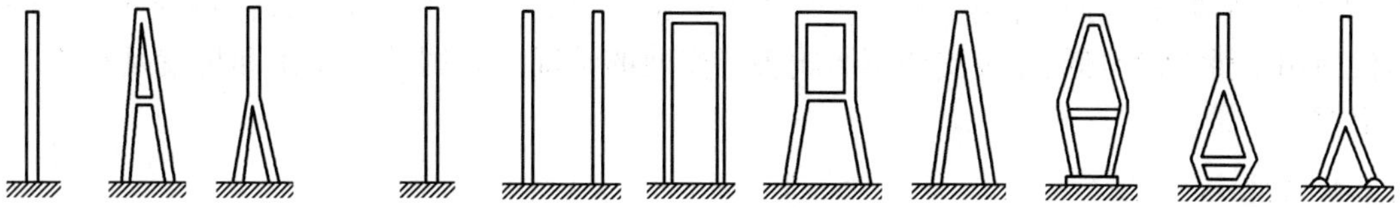

图 9-1-7　斜拉桥索塔形式

任务二　斜拉桥主梁、索塔、拉索施工

学习目标

(1) 掌握斜拉桥主梁的施工过程及注意事项；

(2) 掌握斜拉桥索塔的施工过程及注意事项；

(3) 掌握斜拉桥拉索的施工及防锈措施。

任务描述

斜拉桥是大跨径桥梁常用的桥型之一，是一种组合受力体系桥梁。本任务要求学生能掌握斜拉桥主梁的施工过程及注意事项，掌握斜拉桥索塔的施工过程及注意事项，掌握斜拉桥拉索的施工及防锈措施。

相关知识

一、斜拉桥主梁的施工

斜拉桥主梁施工方法与梁式桥基本相同，大体上可以分为以下四种：顶推法、平转法、支架法、悬臂法。四种施工方法的特点及适用性简述如下。

1. 顶推法

顶推法的特点是施工时需在跨间设置若干临时支墩，顶推过程中主梁要反复承受正、负弯矩。该法较适用于桥下净空较低、修建临时支墩造价不大、支墩不影响桥下交通、抗压与抗拉能力相同，能承受反复弯矩的钢斜拉桥主梁的施工。对混凝土斜拉桥主梁而言，由于拉索水平分力能对主梁提供免费预应力，如在拉索张拉前顶推主梁，临时支墩间距又超过主梁负担自重弯矩能力时，为满足施工需要，要设置临时预应力束，在经济上不合算。

2. 平转法

平转法是将上部构造分别在两岸或一岸顺河流方向的矮支架上现浇，并在岸上完成所有的安装工序（落架、张拉、调索等），然后以墩、塔为圆心，整体旋转到桥位合龙。平转法适用于桥址地形平坦、墩身较矮和结构体系适合整体转动的中小跨径斜拉桥。

3. 支架法

支架法有在支架上现浇、在临时支墩间设托架或劲性骨架现浇、在临时支墩上架设预制梁段、采用大节段吊装等几种施工方法。其优点是施工最简单方便，能确保结构满足设计线形，但仅适用于桥下净空低、搭设支架不影响桥下交通的情况。我国的天津永和桥就是在临时支墩上拼装主梁。

4. 悬臂法

悬臂法一般分为悬臂拼装法和悬臂浇筑法两种。

1）悬臂拼装法

悬臂拼装法一般按照以下四个施工阶段施工，如图9-2-1所示。

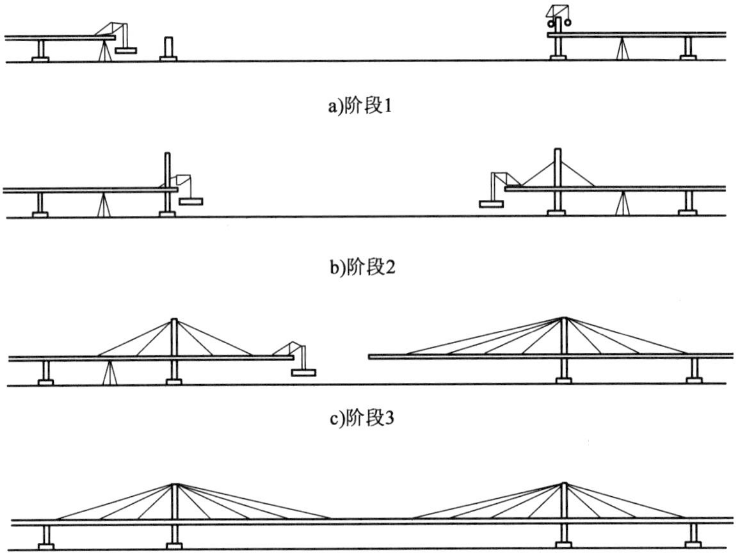

a)阶段1

b)阶段2

c)阶段3

d)阶段4

图9-2-1　边跨支架主跨悬臂的施工方法

阶段1：利用临时墩架设边跨加劲梁，当达到桥墩时安装塔柱。

阶段2：主跨加劲梁的单侧悬臂施工，当悬拼至主跨内相应锚固点时安装主跨拉索和相应的边跨拉索。

阶段3：完成桥的半跨之后进行另外半跨的悬臂施工。

阶段4：在主跨中央使桥合龙。采用这一架设方法时，临时墩的应用局限于净空要求和水深不至于会排除这些墩的边跨。同时这意味着主跨的悬臂施工可以从不但支承于主墩而且也支承于边墩的边跨梁构成的十分稳定的体系开始。因此就不需要与主墩的临时固结。如果边跨可不用临时墩来架设（或本身设计有辅助墩），在主跨内用单侧悬臂施工的方法会特别有利。只要边跨主梁具有足够强度，作为边墩和主墩间跨越的梁来承受其自重的话，这将是可能的。对于中小跨径斜拉桥，当构件重量不大时，也可采用缆索吊装，并利用已浇好的塔柱兼做安装索塔，利用缆索吊进行主梁拼装。浮吊和缆索吊的最大优点是施工荷载最轻，不会控制设计。

2）悬臂浇筑法

悬臂浇筑法是从塔柱两侧用挂篮对称逐段就地浇筑混凝土。我国大部分混凝土斜拉桥主梁都是采用悬臂浇筑法施工的。

支架法适用于城市立交或净高较低的岸跨主梁施工,悬臂法适用于净高很大的大跨径斜拉桥主梁的施工。

二、索塔施工

索塔是斜拉桥、悬索桥工程的重要组成部分,结构上须承受从拉索或吊索上传递来的桥面荷载产生的巨大轴向压力,斜拉桥索塔还要承受锚固斜拉索产生的弯矩和扭矩。混凝土桥塔一般采用现浇法。在现浇法中,除少数下节段采用支架法外,一般都是采用短段模板,由下向上逐步施工。根据模板移动的方式不同,又分为滑模法、翻模法和爬模法(又称提模法)。逐段吊装法和转体施工法也有采用。

1. 塔柱的施工

混凝土桥塔常采用翻转模板法、爬模法、滑模法和提升支架法等方法进行施工,对高度较小的桥塔,也可采用搭支架法施工。

1)翻转模板法

首先布置塔身施工机具,为满足混凝土塔身施工的需要,在两塔柱外侧的塔座上安装附着式塔吊和电梯,用于塔身材料及设备的垂直运输以及人员的自由上下。塔身混凝土采用泵送运输,泵管可分别布置在两塔柱内侧,随着浇筑高度增长而接长,混凝土直接泵送入模。泵送混凝土可一次泵送至200m的高度,混凝土标号可达C50。然后对于塔柱混凝土施工时,将爬架系统与模板系统相分离,爬架高可为20m左右,翻模每节段高5m左右,通过预留螺栓与塔柱相锚固。对于塔柱内竖向钢筋的绑扎,也可在塔内埋设劲性骨架,钢筋接头可采用焊接接长或冷挤压、钢套筒接长技术。塔柱内混凝土泵送浇注后,由插入式振捣器振捣密实。每节段混凝土浇筑完成后,应洒水保湿养护。

2)爬模法

爬模系统由模板、爬升架、工作架、附着架组成。爬模系统通过附着架附在已灌注完毕并具有足够强度的塔柱混凝土节段上,为下一节塔柱灌注提供空中作业面。根据桥塔的实际情况,可将爬模的每一爬升高度设定为4.5m左右,按底塔柱—下横梁—中塔柱—中横梁—上塔柱—上横梁的顺序进行施工。当爬模遇横梁时则暂停爬升,待施工完横梁后再继续爬升。其他工艺同翻模法要求。

3)滑模法

滑模法是利用混凝土随时间硬化的性质,将混凝土浇入模板内,经一定时间,待混凝土强度达到能自立时,利用油压千斤顶使模板上滑,进行连续混凝土施工。

4)提升支架法

提升支架是由钢筋柱、顶框、中框、底框、顶紧器、提升支架的滑车组并通过横、斜撑连接成整体。钢筋柱一般可用3根$\phi32$钢筋焊接成三角形组成,每节长约6m,用法兰盘接高。每一塔柱内外侧,一般可各设2根钢筋柱。若桥塔柱外侧是斜腿时,外侧钢筋柱可用钢轴铰接来接高,使钢筋柱能随塔柱高度的倾斜度自由变化。顶框、中框及底框均用型钢组成,采用滑车组来提升支架。

2. 横系梁的施工

混凝土桥塔的横系梁一般采用支架法现浇施工。根据桥塔的受力特点,横系梁一般均是预应力混凝土结构，因此应按相关规范进行施工。混凝土横系梁可根据设计要求、构造特点和施工机具设备能力一次或多次浇注完成，每次浇注混凝土的供应量须保证在混凝土初凝前完成浇筑，且须采取措施防止在早期养护期间及每次浇注过程中由于支架的变形而造成的混凝土开裂。

3. 桥塔施工的起重设备

桥塔施工属于高空作业，工作面狭小，其施工工期将直接影响到全桥的总工期。在制订桥塔施工方案时，起重设备的选择和布置是桥塔施工的关键。起重设备的选择和布置要视桥塔的结构形式、规模、桥位地形条件等因素确定。起重设备必须满足桥塔施工的垂直运输、起吊荷载、吊装高度、起吊范围的要求，且操作安装简单、安全可靠，并须综合考虑经济效益等因素。目前大多数桥塔施工中均是采用塔吊辅以人货两用电梯的起重设备。

1）塔吊

一般采用附着式自升塔吊，可根据桥塔结构构造特点、工期要求、塔柱施工方法等因素来确定应选用的塔吊型号和布置方式，塔吊选择应考虑如下几点：塔吊的性能参数满足施工要求；起吊能力和生产效率满足施工的进度要求，匹配合理，功能大小合适；适应施工现场的环境，便于进场、安装架设和拆除退场。常见的塔吊布置方式如图 9-2-2 所示。在有些 H 形塔柱施工中，也有采用先在桥塔基础上设置一塔吊进行施工，待施工好上横系梁后，再在横系梁上设置另一塔吊的。塔吊的基础一般设置在承台上，也可设置在主梁 0 号块上或上横梁上，有时还可设置在墩旁的钢管桩平台上。无论采用哪种方案，都应充分考虑塔吊基础构件预埋的准确性和稳固性。塔吊升至一定高度后，为了增加塔架刚度和稳定性，需安装附着设施。

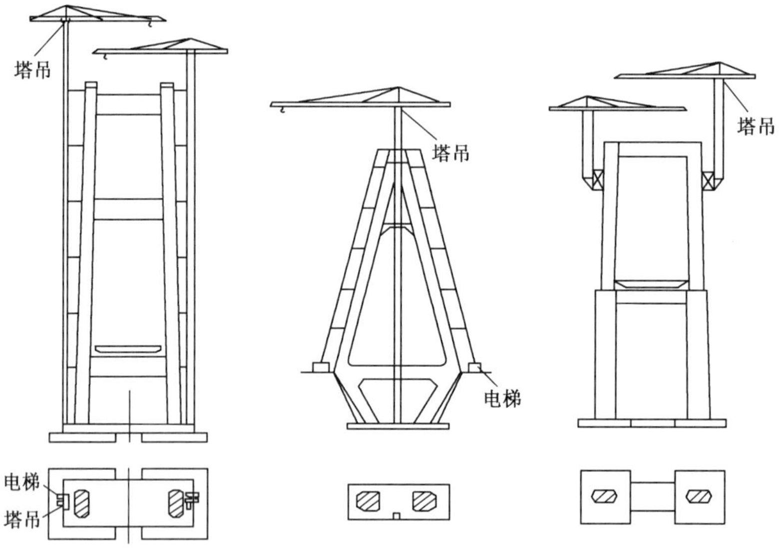

图 9-2-2　常见的塔吊布置方式

2）人货两用电梯

用于桥塔施工的人货两用电梯一般有直爬式和斜爬式两种，主要有轨道架、轿箱、驱动机构、安全装置、电控系统、提升接高系统等几大部分组成，具有构造简单、适用性强、安装可靠等特点，能极大地方便施工人员的上下及小型机具与材料的运输。电梯一般布置在横桥向塔柱的一侧，并附着在塔柱上。多数桥塔的施工中，多采用在塔柱一侧附着塔吊，另一侧附着人货两用电梯的布置方案。

4. 桥塔测量施工方法

桥塔测量施工要根据大桥施工规范和设计的精度要求，以及现场的地形、地质条件建立平面控制网。对施工中常用的点位采取加固及防晒、防风措施。

1）桥塔施工放样测量内容

（1）塔底高程测定、塔底轴线与塔根模板轮廓点放样、上下塔柱及横梁横板各接高轮廓点的放样与高程测定。

（2）塔柱基础沉降观测。

（3）塔柱日照扭曲规律观测。

（4）劲性骨架、锚索管与模板安置的调整测量、施工测量。

（5）考虑到由于张拉引起的收缩偏位以及浇筑时产生下沉等原因，放样时还应在设计基础上加入预偏、沉降等。

2）施工放样测量方法

（1）上、下塔柱及横梁的模板轮廓点位置以及锚索管的中心点位放样采用极坐标法或三维坐标法进行控制。

（2）塔柱施工各接高模板轮廓点的高程控制，一般采用吊钢尺与水准仪相结合法。在高程控制时采用三角高程测量法。

（3）劲性骨架在安置前，测定其设计位置，加工后测定其安置误差，并进行技术交底，以便指导接高劲性骨架安置。

（4）锚索管因安置精度要求高，采用放样轴线法与索管两端高程相结合进行定位。具体做法：用前述放样方法放样出东西、南北轴线，用三角高程再测出索管高程。

三、拉索施工

斜拉索的架设包括设置锚固部件、架设斜拉索、斜拉索张拉和调整以及斜拉索防护等施工工序。斜拉索的架设方法要考虑桥梁规模（斜拉索长度）、桥塔形状、斜拉索的布置形状和斜拉索的材料及防锈方法等几点因素后进行综合研究确定。

1. 设置锚固部件

斜拉索两端安装在钢结构上或埋置于混凝土中的锚固件位置应精确定位。一般将桥塔一侧的锚固部件先在钢塔柱上安装就位，如为混凝土塔柱时则先在地面用钢构架做临时固定后再整体或分批起吊就位。这样只要将钢构架固定好就能确保各根斜拉索锚固部件位置的精确度。

位于主梁一侧的锚固部件，如主梁为钢结构，则在工厂内事先安装就位；如果主梁为混凝土结构，则可利用移动式吊篮的构架，或利用模板做支点来予以固定。斜拉索锚固点位置的精确安装是非常重要的。因此，要重点放在检查方法和微调方法上。

2. 斜拉索的引架

斜拉索的引架作业是将斜拉索引架到桥塔锚固点与主梁锚固点之间的位置上。斜拉桥中使用的斜拉索可以分为两大类：一类是在工厂内制造后运到现场的“预制索”，另一类是与主梁及桥塔的施工同时进行的在现场直接制造的“现制索”。预制索常常是直接用吊机将斜拉索起吊就位，或用导向缆绳及绞车等引拉就位的方法来架设。现制索则常用导索缆绳等将保护管先架设好，然后再将斜索本身插入保护管。

3. 斜拉索的张拉

斜拉索的张拉作业是在斜拉索引架完毕后导入一定的拉力，使斜拉索开始受力而参与工作。图 9-2-3 所示为五种张拉作业的方法。

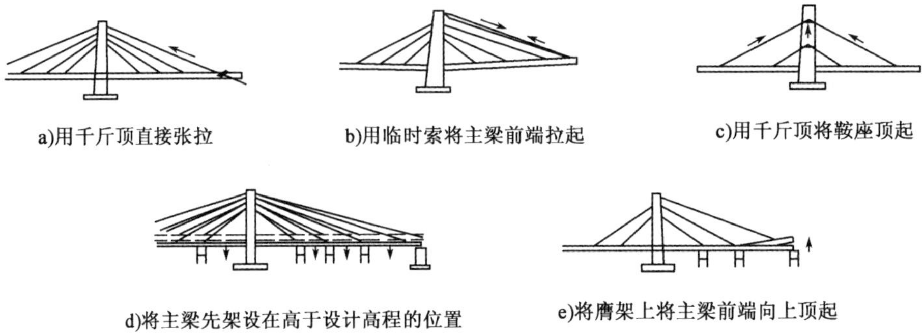

图 9-2-3　斜拉索的张拉

1)用千斤顶直接张拉的方法

此法在斜拉索的梁端或塔端的锚固点处装设千斤顶来直接张拉斜拉索。采用此法时设计中要考虑千斤顶所需的最小工作净空。

2)用临时钢索将主梁前端拉起的方法

此法依靠主梁伸出前端的临时钢索，先将主梁向上吊起，待斜拉索在此状态下锚固完毕后再放松临时钢索而使斜拉索中产生拉力。实际上是将临时钢索中的拉力以大于 1 倍的数值转移到需要张拉的斜拉索中去。

3)用千斤顶将塔顶鞍座顶起的方法

安装塔顶鞍座时先将鞍座放置在低于设计高度的位置上，待斜拉索引架到鞍座上之后再用千斤顶将鞍座顶高到设计高程，并由此来使斜拉索得到所需的拉力。当斜拉索长度很大时，采用此法来张拉有时鞍座的顶高量达 2m 之多。

4)将主梁先架设在高于设计高程位置上的方法

主梁的架设高程先高于设计位置，待全部斜拉索安装锚固好之后再用放松千斤顶来落梁，并由此使斜拉索得到所需的拉力。

5)在膺架上将主梁前端向上顶起的方法

此法实际上与 2)法相似，仅仅是向上拉与向上顶的区别而已。但此法只适用于主梁可用膺架来架设的斜拉桥。如果主梁前端在水面上也可采用浮吊来将主梁前端吊起或借助于驳船的浮力来完成此项使命。

4. 斜拉索索力的调整与控制

斜拉索的张拉一般可分为拉丝式(钢绞线夹片群锚)锚具张拉和拉锚式锚具张拉两种。其中拉锚式锚具张拉因施工操作方便及现插工作量较少等优点被更多地采用。根据设计要求及现场实际情况，有采用塔部一端张拉的，有采用梁部一端张拉的，也有采用塔、梁部两端张拉的，其中以塔部一端张拉使用最为广泛。

对于配装拉丝式夹片群锚锚具的钢绞线斜拉索，挂索时先要在拉索上方设置一根粗大钢缆作为辅助索，拉索的聚乙烯套管先悬挂在辅助索上，然后逐根穿入钢绞线，用单根张拉的小型千斤顶调好每根钢绞线的初应力，最后用群锚千斤顶整体张拉。新型的夹片群锚拉索锚具，第一阶段张拉使用拉丝方式，调索阶段使用拉锚方式。

拉锚式斜拉索张拉均为整体张拉。根据目前的技术水平，国内外拉索锚具、千斤顶、拉索的设计吨位已达到“千吨”级水平，大吨位拉索整体张拉工艺已十分成熟。无论是一端张拉还是两端张拉，一般情况下都需在斜拉索端头接上张拉连接杆，之后使用大吨位穿心式千斤顶实施斜拉索的张拉调索，为方便施工，张拉杆大都采用分节接长，而非整根通长。

5. 斜拉索索力量测

斜拉索的索力是斜拉桥设计的一个重要参数，必须确保准确可靠。目前比较常用且成熟的索力量测方法有压力表测定法、压力传感器测定法和频率法三种。

1）压力表测定法

压力表测定法是利用张拉千斤顶的液压与张拉力之间的直接关系，通过测定张拉过程中的油压，而后换算成索力的一种索力测定方法。采用此法测定索力时，需使用0.3～0.5级精密压力表，使得压力表测定的索力精度达到1%～2%。此法测量索力简单易行，是斜拉桥施工过程中最为常用的一种索力测量方法。

2）压力传感器测定法

压力传感器测定法是在张拉连接杆套一个穿心式压力传感器，张拉时处在千斤顶和张拉螺母之间的传感器受压发出电讯号，在配套的二次仪表上读出千斤顶张拉力，从而得到索力值。采用此法精度较高，可达到1%以下，但价格比较昂贵，只能在特定条件下使用。

3）频率法

频率法是利用斜拉索振动频率和索力之间的关系，通过测定频率间接换算索力的办法量测索力。采用此法量测索力时，首先要根据不同工况及拉索相应的约束条件准确设定拉索的计算长度，其次要准确测定拉索频率，特别是低阶频率。当前随着科技发展，测定拉索频率的电子仪器日趋成熟化，整套仪器携带、安装都十分方便，测量结果也比较可信。故采用此法量测索力比较普遍。

6. 斜拉索的防腐

斜拉索是斜拉桥的主要受力构件，全部布置在梁体外部，且处于高应力状态，对锈蚀比较敏感，它的防护质量决定整个桥梁的安全和使用寿命。因而，拉索防护有着十分重要的意义。斜拉索防护可分为临时防护和永久防护两种。

1）临时防护

钢丝或钢绞线从出厂到开始做永久防护的一段时间内，所需要的防护称为临时防护。国内目前采用的临时防护法一般是钢丝镀锌，即将钢丝纳入聚乙烯套管内，安装锚头密封后喷防护油，并充氨气，以及涂漆、涂油、涂沥青膏处理等。具体实施可根据防锈蚀效能、技术经济比较、设备条件及材料种类决定。

2）永久防护

从拉索钢材下料到桥梁建成的长期使用期间，应做永久防护。永久防护应满足防锈蚀、耐日光暴晒、耐老化、耐高温、涂层坚韧、材料易得、价格低廉、生产工艺成熟、制作运输安装简便、更换容易等要求。永久防护包括内防护与外防护，内防护是直接防止拉索锈蚀，外防护是保护内防护材料不致流出、老化等。

思考与练习

一、填空题

1. 斜拉桥由________、________和________共同形成全桥的受力体系，根据它们之间的不同配合关系可以变化出具有不同受力特点的结构体系。

2. 斜拉桥根据塔、梁、墩之间的不同结合关系，可以将斜拉桥分成________、________、________、________四种不同体系。

3. 斜拉桥斜拉索的技术经济指标有：________、________、________、________、________和________等。

4. 斜拉桥主梁施工方法与梁式桥基本相同，大体上可以分为以下四种：________、________、________、________。

5. 斜拉桥斜拉索的架设包括________、________、________和________以及斜拉索防护等施工工序。

二、简答题

1. 简述斜拉桥的结构特点及体系组成。
2. 简述斜拉桥拉索、主梁及索塔的构造。
3. 简述斜拉桥拉索、主梁及索塔的施工过程及其施工过程中的注意事项。

项目十　桥面系及附属工程施工

任务一　梁间接缝施工

学习目标

(1)掌握简支板桥板间铰缝的构造及施工;

(2)掌握简支梁桥梁间干接缝和湿接缝的构造及施工;

(3)掌握先简支后连续梁桥的梁端接缝的构造及施工。

任务描述

梁间铰接缝施工是板梁桥及简支梁桥施工中非常重要的一个施工环节。本任务要求学生能掌握简支板桥板间铰缝的构造及施工、简支梁桥梁间干接缝和湿接缝的构造及施工以及先简支后连续梁桥的梁端接缝构造及施工。

相关知识

一、简支板桥铰接缝施工

装配式板桥板块之间必须采用横向连接构造,以保证板块共同承受汽车荷载。常用的横向连接方式有企口混凝土连接和钢板焊接连接。

简支板桥纵向铰接缝构造图如图 10-1-1 所示,企口铰接形状由空心板预制时形成。在空心板预制拆除侧模后立刻组织人员对铰缝处进行凿毛。板架设就位后相邻两块板底部紧密接触,形成铰缝混凝土底模,铰缝钢筋 N10 和 N11 在梁板预制时紧贴着模板向上竖起,浇筑混凝土前将其扳平,焊接或绑扎牢固。用水将缝内冲洗干净并使其充分湿润。铰的上口宽度应保证插入式振捣器能够伸入,铰的深度不应小于板厚的 2/3。板块安装就位后,在铰缝内用 C25 到 C40 细集料混凝土填实。拌制混凝土时应严格控制集料粒径和拌和物的和易性,浇筑中用人工插捣器捣实。此项混凝土施工一般与桥面混凝土铺装层同时进行。

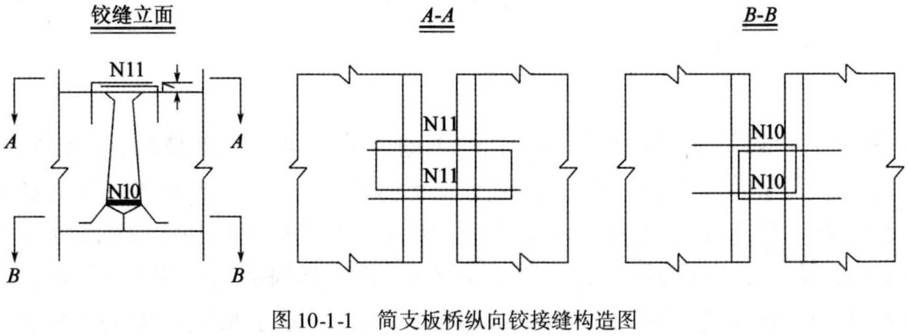

图 10-1-1　简支板桥纵向铰接缝构造图

由于企口缝内的混凝土需要养护一段时间才能通车，当为了提前通车而需要加快工程进度时也可采用钢板连接。具体做法是预制时将一钢板预埋于装配板的顶部，板块安放就位后，焊接一块钢盖板在相邻两板块的预埋钢板上。连接构造的纵向中距通常为 0.80 ~ 1.50m，跨中部分布置较密，向两端支点处逐渐减疏。此方式连接较松散，较少采用。

二、简支梁桥梁间接缝施工

常用简支梁桥有 T 形梁和箱形梁，T 形梁的梁间接缝按梁体设计不同有干接缝和湿接缝两种，箱形梁梁间接缝通常采用混凝土现浇湿接缝。

1. 干接缝

干接缝是指用钢板或螺栓连接将相邻两片梁翼板和横隔板焊接起来形成横向联系的方法。该方法的优点是施工方便、连接速度快、焊接后能立即承受荷载。但耗费钢材较多、需要有现场焊接设备，且有时需在桥下进行仰焊，有一定困难，整体性效果稍差一些。T 形梁的连接构造示意图如图 10-1-2 所示。在 T 梁翼缘板及横隔梁相应位置预埋钢板，梁架设安置好后，把相对应位置的钢板焊接相连，使其形成整体。

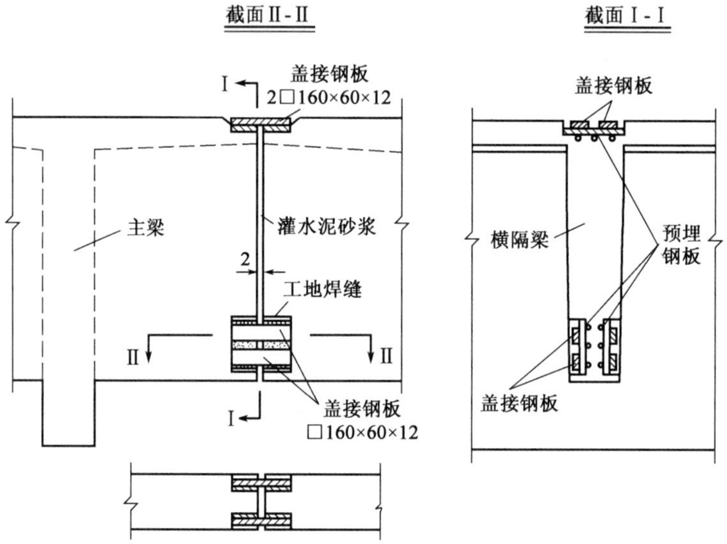

图 10-1-2　T 形梁的连接构造示意图(尺寸单位：mm)

为了简化接头的现场施工，也可采用螺栓接头，如图 10-1-3a）所示。这种接头方法基本上与焊接钢板接头相同，不同之处是盖接钢板不用电焊，而是用螺栓与预埋钢板连接，为此钢板上要预留螺栓孔。这种接头由于不用特殊机具而有拼装迅速的优点，但在运营过程中螺栓易于松动，需要定期进行检查维修。

2. 湿接缝

在主梁预制时，将翼板端部预留出一部分，钢筋外伸。梁架设就位后，将相邻两翼板的钢筋焊接相连，然后支撑模板现浇接缝混凝土，使各片梁横向连接形成整体。该方法的优点是，节省钢板用量、整体性好；缺点是施工较复杂、接缝混凝土养护达到初期强度后方能承受荷载。

接缝构造如图 10-1-3b）所示。无论是 T 梁还是箱梁，其构造基本相同，都是把翼梁板和横隔板用现浇混凝土相连（图中阴影部分即为现浇混凝土）。除了梁翼缘钢筋外伸相互对接外，还要加设扣环钢筋。横隔梁在预制时在接缝处伸出钢筋和扣环 A,安装时在相邻构件的扣环两侧再安上腰圆形接头扣环 B,在形成的圆环内插入分布筋后现浇混凝土封闭接缝,接缝宽度为 0.20 ~ 0.50m。

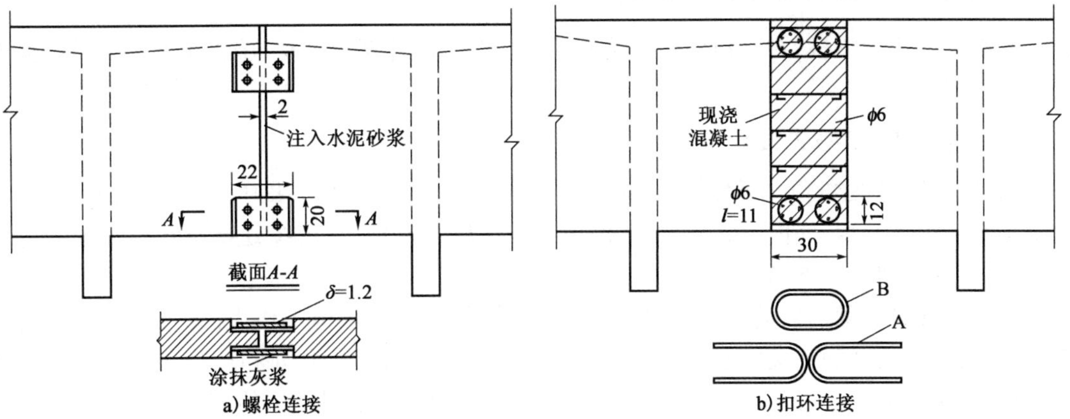

图 10-1-3 横隔板连接构造图(尺寸单位:mm)

翼板接缝混凝土施工采用吊模法施工,如图 10-1-4 所示,施工前对要浇筑混凝土表面进行凿毛,将连接钢筋表面的油渍、鳞锈等清除干净,连接钢筋进行现场焊接时,单面焊焊缝长不小于 $10d$,双面焊焊缝长不小于 $5d$,焊缝宽不小于 $0.7d$。焊缝厚不小于 $0.3d$,d 为钢筋直径。对结合面洒水湿润,以保证新老混凝土能良好的结合。为保证混凝土施工质量,模板采用定型钢模或厚度不小于 1.5cm 的竹胶板,分段(间距不大于 1m)用螺杆(圆钢在端头车上丝口)吊装模板,顶部固定在方木上,螺杆分别穿过 PVC 管。由于底梁支撑着模板,其重力靠连接螺杆传递给支承横木,而横木支承在两边的翼缘板上。

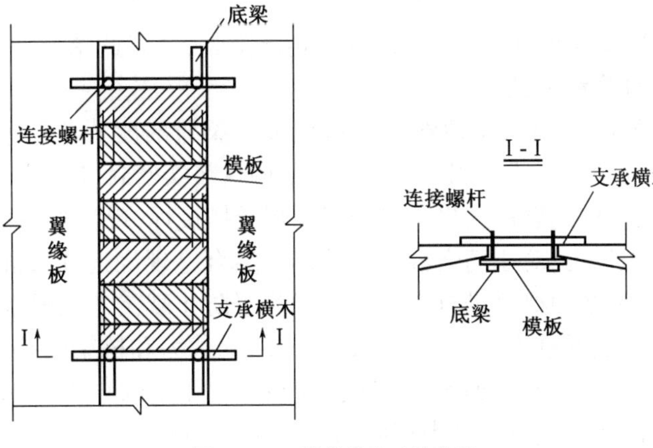

图 10-1-4 湿接缝施工示意图

施工时先用螺杆把底梁与支承横木相连,再在底梁上钉设模板,钉好后上紧连接螺杆上的螺栓,使模板固定牢靠,然后现浇混凝土。拆模时松开连接螺杆上的螺栓,用绳子将底梁和模板徐徐放至桥下,以便回收利用。若为高空作业,桥下水流湍急,也可使用一次性模板,不再重复使用。

横隔板湿接缝施工难度较大,应在翼板接缝之前施工。端横隔板的施工较简单,工人可以站在墩台帽上立模浇筑接缝混凝土。中横隔板接缝施工则较为困难,若条件允许可在桥下设临时支架或用高空作业车将工人送至预定高度立模浇筑。若桥下有水,则应设法从桥面向下悬吊施工,不仅模板要有悬吊设施,人员也要系安全带从桥面悬吊下去施工,要特别注意施工安全。

三、先简支后连续梁桥的梁端接缝施工

先简支后连续梁桥,在墩顶处的连续有单支座和双支座两种方法,施工工艺和体系转换方法有所不同。

1. 单排支座先简支后连续梁桥

这种连续梁桥建成后在墩顶连续处只有一排支座,内力分布效果好,负弯矩峰值较高,能大幅削减跨中正弯矩,使内力分布均衡,但施工方法较为麻烦,且连续处要设置顶部预应力钢筋,施工过程如图10-1-5所示。

预制顶梁时在梁端顶板上预留预应力孔道,并预设齿板,预留工作人洞,凡连续一端均不做封锚端,将顶板、底板、腹板普通钢筋伸出梁端,架梁时先设置两排临时支座,使梁呈简支状态。临时支座的设计必须满足承重梁板和施工拆卸方便的要求。常用的有硫黄砂浆支座和砂筒。硫黄砂浆支座是用硫黄、水泥、砂按一定的比例制作而成,在制作时内盘电热丝,既要保证强度要求,又能在通电加热后熔化;当采用砂筒支座时,要充分考虑砂箱承受梁自重和架桥机重量后的沉降量,梁底与永久支座间应留有空隙。在施工中会出现每个砂箱沉落量不完全一样的情况,而导致部分梁吊空,产生质量隐患,解决办法有两个:

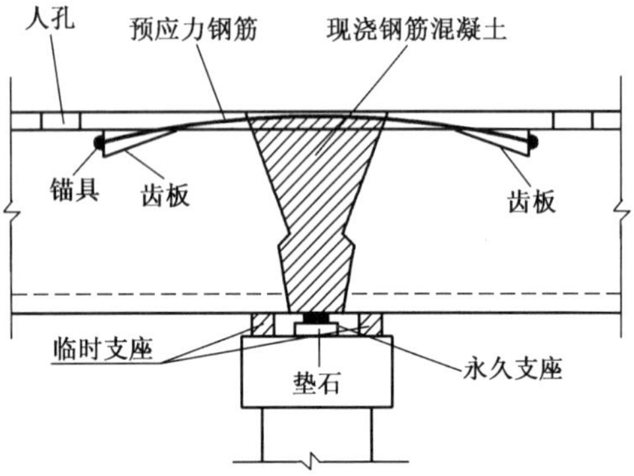

图10-1-5　单支座先简支后连续施工示意图

(1)通过预压试验取得砂箱在受力以后的平均沉降量,并以此指导现场安装临时支座,控制梁的安装高程与设计高程一致。

(2)适当降低支座垫石高程,预留约3cm的混凝土梁靴高度。永久橡胶支座与底模之间的缝隙用经过防锈处理的钢板或采用竹胶板制作的砂盒垫实密封,严防漏浆。

在现浇连续段时,预埋钢筋的连接可采用绑条焊或搭接焊,现浇段混凝土采用与梁板同强度等级的混凝土。施工发现,对于新老混凝土的连接结合是现浇连续段混凝土存在的主要问题,为此预制梁板的端头必须严格进行凿毛处理。为了防止现浇连续段混凝土在养护硬化过程中发生收缩性裂缝影响混凝土在二次张拉过程中的承载力和桥梁的整体受力性能,现浇连续段接头混凝土添加微膨胀剂,掺加剂量一般控制在水泥用量的0.5%~1%。先简支后连续每联各现浇连续接头的浇筑气温应基本相同,温差控制在5℃以内,并尽量安排在一天气温最低时施工。

现浇连接混凝土养护至强度达到90%后拆除模板,自顶板人孔进行穿束并张拉预应力钢束。钢束张拉采用两面同时张拉,张拉顺序从外侧向内侧,每次张拉一根钢绞线,直到张拉结束。压浆工作在张拉结束后及时进行。

待压浆强度大于35MPa时方可拆除临时支座。拆除临时支座应做到逐孔对称、均匀、同步、平稳。临时支座拆除后,永久支座与墩顶和梁底严密贴合。

2. 双排支座先简支后连续梁桥

该类连续梁受力接近于简支梁,但由于施工简单,体系转化方便,被广泛采用。施工方法

如图 10-1-6 所示。

预制大梁时,连续一端的梁端不进行封端处理,将顶板、腹板、底板普通钢筋外伸,梁架设前一次性将两排永久性支座安放牢固,梁架设就位后在梁端底部和两边梁外侧安放模板,中间以端横梁为模,将两梁端外留钢筋焊接相连,注意使搭接长度和位置满足规范要求,然后现浇与梁体相同强度等级的混凝土,养护达到要求后即实现体系转化,完成连续化施工。

这种方法不用更换支座,也不在梁顶施加预应力,故简单实用。注意由于连接处墩顶有负弯矩,而又没有施加预应力,必然会产生正常裂缝,为防止桥面水从缝中渗入,锈蚀钢筋,需在梁顶前后各 4m 范围内设置防水层。

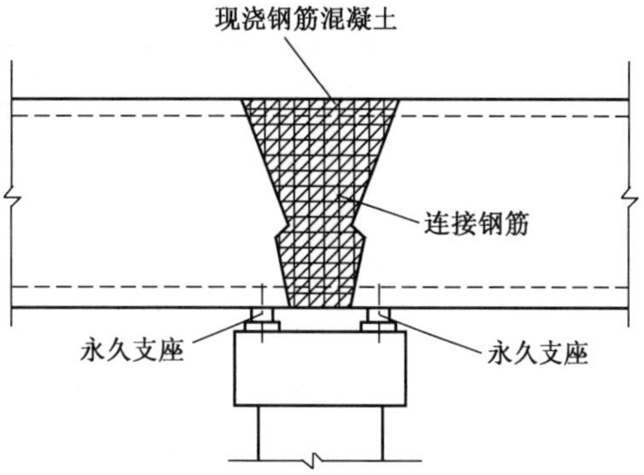

图 10-1-6　双支座先简支后连续施工示意图

任务二　伸缩装置施工

学习目标

(1)掌握桥梁伸缩装置施工的常规方法;

(2)掌握板式橡胶伸缩装置、模数式伸缩装置、无缝式伸缩装置的施工;

(3)掌握伸缩装置施工的质量检验评定标准。

任务描述

桥梁伸缩装置的施工是桥梁施工中非常重要的一个施工环节。本任务要求学生能掌握桥梁伸缩装置施工的常规方法;掌握板式橡胶伸缩装置、模数式伸缩装置、无缝式伸缩装置的施工以及伸缩装置施工的质量检验评定标准。

相关知识

一、桥梁伸缩装置施工的常规方法

伸缩装置施工时一般采用后装法,即先进行桥面铺装层施工,然后开槽安装伸缩装置。安装伸缩装置的预留槽,由施工单位用砂袋或碎石填平,最好采用低强度等级混凝土浇筑,最后进行伸缩装置位置的桥面铺装施工,其平整度应与整体混凝土铺装层一致,并在相应位置做伸缩装置安装范围标记。施工程序如图 10-2-1 所示。

(1)切缝开槽。根据伸缩装置施工图的要求进行放样,用切缝机开槽,为防止锯缝时产生的石粉污染路面,锯缝线以外的路面应用塑料布覆盖。

(2)清理槽口。切缝后槽内松动的沥青混凝土、水泥混凝土应清理凿除干净,然后用强力风机或高压水枪清除槽内的杂尘。最后清理施工基面,理顺和修复槽内预埋筋。

(3)调节伸缩装置定位尺寸。根据安装时的气温,调节出安装工程师确定的伸缩装置定位尺寸"J"值。调整好后,安装固定专用夹具。

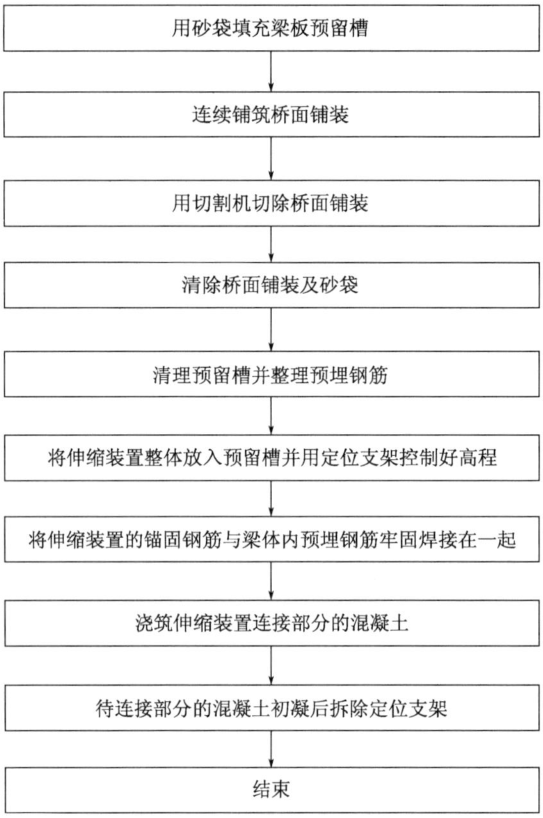

图 10-2-1　伸缩装置施工框图

(4)伸缩装置就位。将伸缩装置安放在槽内,使其纵向中心线与桥缝中心线相重合,先做临时的固定,即每隔 2 ~ 3 个锚固装置与槽内预埋钢筋焊接,注意应两侧对称焊接,然后将预埋钢筋和伸缩装置锚固件焊接牢固,再横穿 ϕ12mm 以上水平钢筋,用铁丝扎紧或焊实,使之成为一体。就位结束后应立即拆除伸缩装置定位压板,去除定位螺钉,并用角向砂轮磨去焊疤,补上油漆。

(5)设置梁端模板。用泡沫塑料板或薄铁皮嵌入梁端间隙内,其上部与伸缩装置钢梁内侧密合,并尽量达到密封,以防止浇筑混凝土时出现漏浆、空洞等现象。

(6)浇筑混凝土采用 C40 环氧树脂混凝土、C50 钢纤维混凝土或 C50 级以上混凝土进行浇筑,伸缩装置四周混凝土要充分振捣密实,在安装模数式伸缩装置时更应注意支承箱下混凝土的振捣密实。待混凝土凝固后即可进行路面铺装,铺装面应与伸缩装置顶面平齐。

二、板式橡胶伸缩装置施工

板式橡胶伸缩装置施工的方法多种多样,大致步骤如下。

1)安装准备

检查梁端缝隙及预埋件情况,清理梁端、顶面,梁端不平齐处应予以修整,以便设置两端模板,梁体顶面用水冲洗干净。

2)立两端模板、样板

两端模板中间用硬质泡沫塑料板挤紧,其顶部与安置橡胶板的设计底面高程平行,严格检查有无漏浆的缝隙,并及时进行处理垫补,以保证伸缩缝隙内无混凝土灌入,防止影响梁体的水平位移。样板按算定的安装定位值制作,并在两侧螺栓中心处钻孔,将锚固螺栓放入样板孔内固定,根据设计要求样板孔与预埋钢筋点焊定位。螺栓之间的位置偏差应小于1mm,并不得有累积偏差出现,样板面高程应与桥面设计高程一致,同时焊接好加强角钢等结构件,全部校准后,方可焊实。

3)浇筑混凝土

浇筑伸缩装置底部的混凝土,同时浇筑两侧500mm范围内的混凝土过渡段,混凝土强度等级不应低于C40,浇筑时需振捣密实,以防结构中有空洞和夹灰现象,影响伸缩装置的使用寿命。

4)拆除样板及两端模板

混凝土初凝后,将样板取出,再将两端模板中间的硬质泡沫塑料板凿除,用强度等级较高的砂浆找平,安装橡胶板部位。

5)安装橡胶板

混凝土达到设计强度的50%以后,再安装平面涂布防水密封胶,并按定位值将橡胶板进行预压缩,螺孔对准预埋螺栓就位。逐个拧紧螺母,注意在螺栓上垫放腰圆垫圈与弹簧垫圈,然后在螺栓孔内注入适量防水胶,最后加螺母盖与橡胶板平齐。

相邻各块橡胶板之间企口处用密封胶涂布,并在逐块安装时咬合紧密,可以增强伸缩装置的防水性能。

三、模数式伸缩装置施工

目前模数式伸缩装置种类很多,但施工方法类似,下面将以较常用的GQF-C型伸缩装置的施工方法为例介绍其安装过程。

1.施工步骤

GQF-C型伸缩装置在工厂制造并组装,若整条伸缩缝超长,不能运输或工程需分段施工,应在现场焊接一体后,再组装橡胶密封条。

(1)伸缩缝预留槽口。在浇筑拟安装伸缩缝的梁体、桥台时,应在端部预留符合安装尺寸的槽口。

(2)预埋钢筋设置。在浇筑梁体或桥台时,应设置预埋钢筋。预埋深度不应小于500mm,并与梁体、桥台内的结构钢筋连成一体,间距尺寸为200mm,其位置应和伸缩缝锚固件保持一致。

(3)梁端间隙应不小于梁体伸长量,在预制、现浇或吊装时由设计工程师根据当地气温确定。

(4)伸缩缝定位尺寸"J"值,应根据安装时的气温计算正确,调节后,锁紧定位压板。

(5)用泡沫塑料板嵌入梁端间隙内,其上部与伸缩缝钢梁内侧密合,尽量达到密封,以防止浇筑混凝土时出现漏浆、空洞现象。

(6)伸缩装置吊装就位后,应检查其中心线与梁缝中心是否重合,其顶面与路面高程是否一致,并及时进行调整。

(7)将预埋钢筋和伸缩缝锚固件焊接牢固,再横穿ф12 或ф16 水平钢筋,用铁丝扎紧或焊实,使之成为一体。

(8)立即拆除伸缩缝定位压板,去除定位螺钉,并用角向砂轮磨去焊疤,补上油漆。

(9)用胶粘纸带或木板封闭伸缩缝顶面缝口,在槽口部位现浇 C50 混凝土,并用插入式振动棒充分振捣密实。

(10)抹平混凝土过渡段,使应尽量与路面平顺,并应在做好混凝土养护后方可通车。

2. 注意事项

(1)工程技术人员在选择 MZL 型、C 型或其他模数式伸缩装置后,为便于工厂加工制造,应向工厂提供下列文件:

①桥梁的横断面图,包括横坡、人行道、安全带、栏杆的位置尺寸等详细设计资料。

②伸缩装置的施工实施时间、安装时的温度及变化幅度。

③用户有特殊要求时要明确注明。

(2)施工单位一定要按照设计图样提供的尺寸,在梁端之间、梁端与桥台处预留安装伸缩装置的预留槽,并按图样要求预埋好锚固钢筋。

(3)工厂组装好的模数式伸缩装置一般由工厂用专车运往工地。伸缩装置在运输过程中,因受运输长度限制,或因其他原因需要在工地拼接时,应在生产厂家指导下施工。当伸缩装置需在工地存放时,应垫离地面至少 300mm,并且不得露天存放。

(4)型钢边梁定位是安装的关键,定位要求为“一平、二直、三强度保证”。“一平”指型钢组装面要平,定位后与路面纵横向的平整度小于 3mm;“二直”指型钢边梁定位后,横向直线偏差小于 5mm;“三强度保证”指型钢边梁定位焊接强度符合设计要求,严禁虚焊。

四、无缝式伸缩装置施工

无缝式伸缩装置施工程序如下。

1. 开槽

(1)标出要开挖沟槽的边线,用切割机沿边线整体切割。

(2)凿除边线范围内铺装层。若开挖的是旧伸缩缝且基础表面混凝土已严重损坏,应将其清除,重新浇筑高强度等级的混凝土,并养护至规定强度。

(3)清除沟槽四周及接缝处的砂石、淤泥等杂物,并用压缩空气喷吹,清除松动部分及接缝内的细小杂物;用喷火器烘干沟槽的水汽,使之充分干燥。

2. 黏结料加热

铺设伸缩缝前约 2h,应将黏结料投入加热容器中进行加热,温度控制在 180 ~ 200℃。待其熔化后,按一定比例加入石英砂。

3. 安装跨缝钢板

(1)将背面刷好防锈油漆的 T 形钢板平稳置于接缝上,并将各片钢板首尾焊接、形成整体,以增强其稳定性。连成整体后的钢板端头应留有 5mm 左右的伸缩空间,避免灌入高温黏结料时钢板受热上拱。

(2)安置好钢板后,应将钢板两侧缝隙塞住,防止黏结料外漏。

4. 涂底层油

在安装好钢板的沟槽表面均匀地涂一层熔化的黏结料。在涂材料时,操作要娴熟、迅速,并应在其凝固前涂刷完毕。

5. 铺装混合料

(1)将粗集料烘干,加热到 180 ~ 200℃。将熔化的黏结料倒入搅拌机与粗集料一起拌和约 5min,黏结料与粗集料拌和体积比例为 1:(2 ~ 3)。

(2)用拌好的粗混合料摊铺底层,直至其表面距沟槽顶 10mm 左右为止。

(3)用熔化的黏结料及时(底层混合料温度不低于 100℃)灌注底层,使底层的粗混合料空隙充满黏结料。

(4)细集料烘干加热至 180 ~ 200℃。将熔化的黏结料倒入搅拌机与细集料一起拌和约 5min,黏结料与细集料拌和体积比例为 1:(3.5 ~ 4.5)。

(5)用拌好的细混合料摊铺上层,上层的表面应与桥面平齐。

(6)在热混合料上面铺一层碎石作为磨耗层,压实、冷却后可开放交通。

五、伸缩装置施工的质量检验评定标准

1. 基本要求

(1)伸缩缝必须满足设计和有关技术规范的要求,伸缩装置必须有合格证,并经验收合格后方可安装。

(2)伸缩装置必须锚固牢靠,伸缩性能必须有效。

(3)伸缩缝两侧混凝土的类型和强度,必须符合设计要求。

(4)大型伸缩缝与钢梁连接处的焊缝应做超声检测,检测结果必须合格。

(5)伸缩缝处不得积水。

2. 实测项目

伸缩装置施工的实测项目见表 10-2-1。

伸缩装置施工的实测项目 表 10-2-1

项次	检查项目	规定值或允许偏差		检查方法和频率	权值
1	长度(mm)	符合设计要求		尺量:每道	2
2△	缝宽(mm)	符合设计要求		尺量:每道 2 处	3
3△	与桥面高差(mm)	2		尺量:每侧 3 ~ 7 处	3
4	纵坡(%)	一般	±0.5	水准仪:测量纵向锚固混凝土端部 3 处	2
		大型	±0.2	水准仪:纵向测伸缩缝两侧 3 处	
5	横向平整度(mm)	3		3m 直尺:每道	1

注:1.“△”标识为关键项目(涉及结构安全和使用功能的重要实测项目)。

2. 项次 2 应按安装时气温折算。

3. 外观鉴定

伸缩缝无阻塞、渗漏、变形、开裂现象;不符合要求时必须进行修整,并减 1 ~ 3 分。

任务三　支 座 安 装

学习目标

(1)掌握板式橡胶支座的安装要求及安装程序;

(2)掌握盆式橡胶支座的安装方法及注意事项;

(3)掌握支座安装的质量检验评定标准。

任务描述

支座安装施工是梁桥施工中非常重要的一个施工环节。本任务要求学生能掌握板式橡胶支座的安装要求及安装程序、盆式橡胶支座的安装方法及注意事项,能进行板式橡胶支座及盆式橡胶支座的安装;掌握支座安装的质量检验评定标准。

相关知识

一、板式橡胶支座的安装

1. 支座安装的一般要求

(1)支座安装前应针对产品合格证书和产品规格对支座进行检查、验收。

(2)梁底支座安装部位、支承垫石、墩台顶面支座安装部位的混凝土要平整、干净。支承垫石顶面的高程要准确,垫石的高度应考虑支座养护、检查的方便,并应考虑更换支座时顶升梁体的可能性。

(3)支座安装时,应尽量选择气温为年平均气温时进行,同时必须按照设计图样标明的支座中心位置正确就位,并保证支座与上、下部结构之间紧密接触,不得出现脱空。

(4)在同一根梁上,横向设置支座个数不得多于 2 个,也不允许把不同规格的支座并排安装,且施工时要确保每个支座均匀受力。

(5)上、下部结构支座安装部位预埋钢板的位置、尺寸及平整度必须符合要求。

2. 普通板式橡胶支座的安装

先在支承垫石上按设计标出支座位置中心线,同时在橡胶支座上也标上中心线,将支座安放在垫石上,使两中心线重合。注意矩形支座短边应平行于顺桥向,圆形支座无须考虑方向性。

普通板式橡胶支座安装有封闭型与简易型两种。封闭型安装方法即在支座外围采用橡胶围裙把支座密封起来,可有效防止外界环境对支座的影响,如图 10-3-1 所示。

1)现浇梁橡胶支座的安装

在浇筑混凝土梁体前,在橡胶支座位置上加设一块比支座平面稍大的支承钢板,钢板上焊锚固钢筋与梁体相连接。将支承钢板作为现浇梁底模的一部分,为防止漏浆,可在支承钢板与模板之间四周空隙处用棉纱、油灰或软木板填塞。按以上方法施工,可使支座上、下表面同梁底钢板、支承垫石密贴。

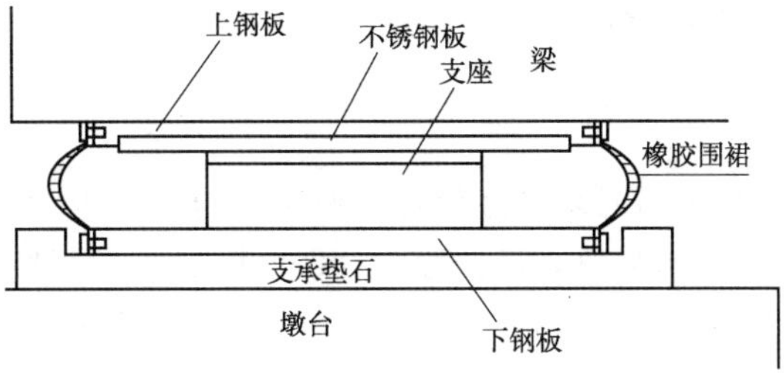

图 10-3-1　封闭型四氟板式橡胶支座安装示意图

2) 预制梁橡胶支座的安装

为使落梁准确,可把支座中心线分别延伸到桥梁墩台和梁端立面上,落梁时使两者相吻合,就能较好地控制落梁的准确性。梁板安装必须细致稳妥,使梁板就位准确,与支座密贴,并防止支座产生剪切变形。支座就位不准时,应用千斤顶顶起梁板调整,不得用撬杠移动梁板。

3) 四氟板式橡胶支座的安装

四氟板式橡胶支座的安装方法和普通板式橡胶支座类似。

二、盆式橡胶支座的安装

公路桥梁盆式橡胶支座安装时与上、下部结构的连接,可采用地脚螺栓连接或焊接连接两种方法。

1. 地脚螺栓连接

(1) 盆式橡胶支座下面建议设置支承垫石,同时按支座底板地脚螺栓间距及规格预留地脚螺栓孔,预留孔的直径应大于等于地脚螺栓直径的 3 倍,深度为地脚螺栓长度 +50mm。

(2) 在预留螺栓孔内注入环氧树脂砂浆,在初凝前,按中心线安放盆式橡胶支座并保支座四角高差不大于 2mm,同时从支座的地脚螺栓孔中插入拧上螺母的地脚螺栓,待完全固后拧紧螺母。

2. 焊接连接

GPZ 系列盆式橡胶支座采用焊接连接时,可在支座顶板和底板相应位处预埋钢板,支座就位后用对称间断方式焊接,以避免焊接时局部温度过高而使支座或预型钢板变形。焊接时注意防止温度过高对橡胶及聚四氟乙烯板的影响。焊接后要在焊接部位做防锈处理。

3. 注意事项

(1) 现浇梁的支座安装时,一般将支座整体吊装,固定在设计位置上。

(2) 预制梁的支座安装时,支座的上、下座板分先后进行连接,通常是先将支座上座板连接在大梁上,而后根据其位置确定底盆(下座板)在墩台上的位置,最后予以固定。

(3) 顶推法连续梁,应先将下座板固定在墩台上,墩台上还应设置临时支座,当主梁顶推完毕,且校正位置后,拆除临时支座,让梁落在支座上。

(4) 支座顺桥向的中心线必须与主梁的中心线重合或平行。对于活动支座的安装,一是要注意支座安装时的滑移方向与设计方向一致。对于只允许在一个方向活动的支座,其上 T 支座板的导向挡块必须保持平行,其交叉角不得大于 5°,否则将影响其位移性能。

三、支座安装质量检验评定标准

1. 基本要求

(1)支座的材料、质量和规格必须满足设计和有关规范的要求,经验收合格后方可安装。

(2)支座底板调平砂浆性能需符合设计要求,并灌注密实,不得留有空洞。

(3)支座上下各部件纵轴线必须对正。当安装时温度与设计要求不同时,应通过计算确定支座顺桥向应设置的预偏量。

(4)支座不得发生偏歪、不均匀受力和脱空现象。滑动面上的四氟滑板和不锈钢板不得有划痕、碰伤等。支座安装位置应正确,安装前必须涂上硅脂油。

2. 实测项目

支座安装实测项目见表10-3-1。

支座安装实测项目 表10-3-1

<table>
<tr><th>项 次</th><th colspan="2">检 查 项 目</th><th>规定值或允许偏差</th><th>检查方法和频率</th><th>权 值</th></tr>
<tr><td>1△</td><td colspan="2">支座中心与主梁中心线偏位(mm)</td><td>2</td><td>经纬仪、钢尺:每个支座</td><td>3</td></tr>
<tr><td>2</td><td colspan="2">支座顺桥向偏位(mm)</td><td>10</td><td>经纬仪或拉线检查:每个支座</td><td>2</td></tr>
<tr><td>3△</td><td colspan="2">支座高程(mm)</td><td>符合设计规定;
设计未规定时,±5</td><td>水准仪:每个支座</td><td>3</td></tr>
<tr><td rowspan="2">4</td><td rowspan="2">支座四角高差
(mm)</td><td>承压力≤500kN</td><td>1</td><td rowspan="2">水准仪:每个支座</td><td rowspan="2">2</td></tr>
<tr><td>承压力>500kN</td><td>2</td></tr>
</table>

注:"△"标识为关键项目(涉及结构安全和使用功能的重要实测项目)。

3. 外观鉴定

支座表面应保持清洁,支座附近的杂物及灰尘应清除。不符合要求时必须进行处理,减1~3分。

任务四 桥面铺装层施工

学习目标

(1)掌握桥面铺装层的施工过程与要求;

(2)掌握桥面防水层的种类、施工过程及注意事项;

(3)掌握桥面连续的构造及施工。

任务描述

桥面铺装层是桥梁重要的附属工程。本任务要求学生能进行桥面铺装层的施工,掌握桥面铺装层的施工要求;能掌握桥面防水层的分类、进行桥面防水层的施工,掌握桥面防水层施工的注意事项;能掌握桥面连续的构造并能进行桥面连续的施工。

相关知识

一、混凝土桥面铺装层施工

桥面铺装层的作用是实现桥梁的整体化，使各片主梁共同受力，同时为行车提供平整舒适的行车道面。钢筋混凝土铺装层可以增加桥梁的整体性，沥青混凝土可提高行车的舒适性，同时能减轻车辆对桥梁的冲击和震动。

1. 钢筋混凝土桥面铺装层施工

1）梁顶高程的测定和调整

预应力混凝土空心板或大梁在预制后存梁期间由于预应力的作用，往往会产生反拱，如果反拱过大就会影响到桥面铺装层的施工，因此设计中对存梁时间、存梁方法都做了一定要求。

如果架梁前已发现反拱过大，则应采取降低墩顶高程、减少垫石厚度等方法，保证铺装层厚度。架梁后对梁顶高程进行测量，测定各跨中线、边线的跨中和墩顶处的高程，分析评价其是否满足规范要求，若偏差过大，则应采取调整桥面高程、改变引线纵坡等方法，以保证铺装层厚度，使桥梁上部结构形成整体。

2）梁顶处理

为了使现浇混凝土铺装层与梁、板结合成整体，预制梁板时对其顶面进行拉毛处理，有些设计中要求梁顶每隔 50cm 设一条 1 ~ 1.5cm 深的齿槽。浇筑前要用清水冲洗梁顶，不能留有灰尘、油渍、污渍等，并使板顶充分湿润。

3）绑扎布设桥面钢筋网

按设计文件要求，下料制作钢筋网。钢筋网片用垫块（混凝土或塑料）或预制梁板时在顶板上预埋的钢筋钩将钢筋网垫起，呈梅花状布置，满足钢筋设计位置及混凝土净保护层的要求。混凝土垫块强度不低于桥面铺装混凝土强度。

4）混凝土浇筑

对板顶处理情况、钢筋网布设进行检查，满足设计和规范要求后，即可浇筑混凝土，若设计为防水混凝土，其配合比及施工工艺应满足规范要求。浇筑时由桥一端向另一端推进，连续施工，防止产生施工缝，用平板式振捣器振捣，确保振捣密实。施工结束后注意养护，高温季节应采用草帘覆盖，并定时洒水养护，在桥两端设置隔离设施，防止施工或地方车辆通行，影响混凝土强度。待混凝土强度形成后，方能开放交通或铺筑上层沥青混凝土。

2. 沥青混凝土面层施工

桥面沥青混凝土与同等级公路沥青混凝土路面的材料、工艺、施工方法相同，一般与路面同时施工。采用拌和厂集中拌和，现场机械摊铺，沥青材料及混合料的各项指标应符合设计和施工规范要求。沥青混合料每日应做抽提试验（包括马歇尔稳定度试验），严格控制各种矿料和沥青用量及各种材料和沥青混合料的加热温度，用胶轮压路机进行碾压成型，碾压温度要符合要求。

目前工程中常用的沥青混凝土铺装由黏层、防水层、保护层及沥青面层组成。高速公路和一级公路上特大桥、大桥的桥面铺装宜采用这种铺装类型。水泥混凝土桥面铺装面层（不含整平层和垫层）的厚度不宜小于 80mm，混凝土强度等级不宜低于 C40，水泥混凝土桥面铺装内应布设钢筋网，并根据受力需要合理设置胀缩缝。桥面板上宜设置锚固钢筋和抗剪钢筋，保证铺装层与桥面板的良好结合,也方便铺装层内钢筋的定位。

3. 桥面防水层施工

桥面防水层是防止桥面雨水向主梁渗透的隔水设施。一般设在桥面铺装层和桥面板之间,将透过铺装层的渗入水汇集到排水设施排出。桥面防水层的种类,有刚性和柔性两大类。刚性防水层应用在刚性桥面铺装层上,通过加强水泥混凝土的密实性以及减少或封闭水泥混凝土层表面裂缝来实现截断桥面雨水渗透的目的。柔性防水层是将高分子涂料、沥青防水卷材等隔水性能好的柔性材料薄层涂刷或粘贴于桥面混凝土基层上,从而形成能够有效阻止雨水下渗的隔水层。柔性防水层一般设在沥青混凝土铺装层之下。

钢筋混凝土桥面板与铺装层之间是否要设防水层,应视当地的气温、雨量、桥梁结构和桥面铺装的形式等具体情况而定。桥面伸缩缝处应连续铺设,不可切断;桥面纵向应铺过桥台背;桥面横向两侧则应伸过缘石底面从人行道与缘石砌缝里向上叠起100mm。如无须设置防水层,但考虑桥面铺装长期磨损,如桥面排水不良等,仍可能漏水,故桥面在主梁受负弯矩作用处应设置柔性防水层。

铺设桥面防水层时应注意下列事项:防水层材料应通过检查,在符合规定标准后方可使用。防水层通过伸缩装置或沉降缝时,应按设计规定铺设。防水层应横桥向闭合铺设,底层表面应平顺、干燥、干净。沥青防水层不适合在雨天或低温条件下铺设。

1)卷材防水层施工

热铺卷材防水层,应采用石油沥青油毡、沥青玻璃布油毡、再生胶油毡等。铺贴石油沥青卷材,必须使用石油沥青胶结材料;铺贴焦油沥青卷材,必须使用焦油沥青胶结材料。

底板卷材防水层可以垫层混凝土或水泥砂浆找平层作为基层,侧墙卷材防水层可以水泥砂浆找平层或直接以钢筋混凝土侧墙作为基层。基层必须牢固、平整、洁净;铺贴卷材前应尽量干燥;基层表面的阴阳角处,均应做成圆弧形或钝角。卷材防水层铺贴时的气温不应低于+5℃,否则应在暖棚中进行。沥青胶工作温度不低于150℃。

2)涂料防水层施工

涂料防水层是在混凝土结构表面上涂刷防水涂料以形成防水层或附加防水层。涂料可使用沥青胶结材料或合成树脂、合成橡胶的乳液或溶液。在较潮湿的基面上涂刷防水涂料时,应采用湿固型涂料或乳化沥青、阳离子氯丁橡胶乳化沥青等亲水性涂料。各层防水涂料之间可放置玻璃纤维布、合成纤维布、麻布或无纺增强布,以形成一种增强涂料防水层。涂料防水层施工前的基层表面必须平整、密实、洁净。为提高防水层和沥青混凝土铺装层同混凝土桥面板之间的抗剪强度,混凝土桥面板进行拉毛处理是必要的。

二、钢桥面铺装层结构类型与特点

钢桥面铺装是铺筑在钢桥面板上的一层沥青混凝土结构层,由防水黏结层、保护层和磨耗层等组成,起到保护桥梁结构和提供舒适行车界面的作用。目前,大跨径钢桥基本采用正交异性钢桥面板结构。国内应用最为广泛的钢桥面铺装体系主要有三种:改性沥青SMA铺装体系、浇注式沥青混合料铺装体系和环氧沥青混凝土铺装体系。除此之外,还包括超高性能混凝土(UHPC)等其他新型铺装体系。由不同铺装体系形成的铺装结构可分为三大类型:同质单层、同质双层和异质双层结构。

1. 改性沥青SMA铺装体系

改性沥青SMA铺装体系的典型铺装结构为双层SMA结构,结构示意图如图10-4-1所示。

铺装上层	改性沥青SMA，厚度：30~40mm
黏结层	改性乳化沥青，用量：0.2~0.4kg/m³
铺装下层	改性沥青SMA，厚度：30~40mm
缓冲层	改性沥青砂胶，厚度：3~5mm
	涂布溶剂型黏结剂，用量：200~400kg/m³
防水黏结层	涂布500~600g/m³环氧树脂，撒布：1.18~2.36mm的碎石
	涂布200~300g/m³环氧树脂，撒布：0.3~0.6mm的碎石
防腐层	环氧富锌漆，厚度：50~150μm
钢板	喷砂除锈，清洁度Sa2.5级，粗糙度：50~100μm

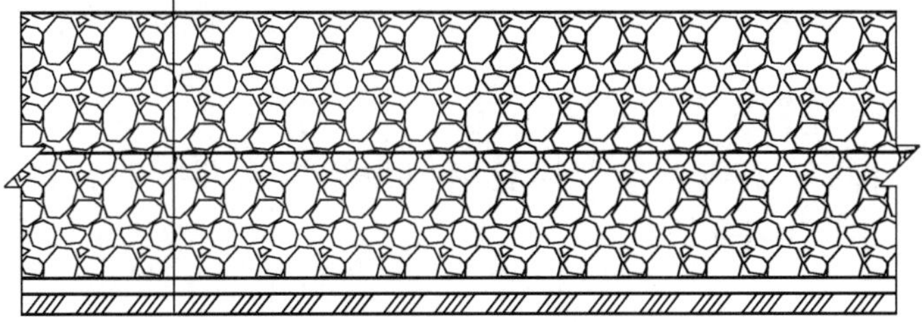

图 10-4-1　改性沥青 SMA 铺装体系典型结构

双层改性沥青 SMA 铺装结构具有以下特点：

(1)防水黏结层采用经过增韧处理后的环氧树脂材料，分为两层涂布。为提高抗剪强度，每层涂布后撒布一定规格的碎石。

(2)环氧树脂防水黏结层和改性沥青 SMA 之间设置缓冲层，可显著降低桥面铺装层的弯拉应力，改善防水黏结层与沥青混合料铺装层间的抗剪切能力，同时也具有一定的防水作用。

(3)双层改性沥青 SMA 方案施工简单，无须特殊设备，施工质量易于控制，且工程造价相对较低。

2. 环氧沥青混凝土铺装体系(EA10)

环氧沥青混凝土铺装体系的典型铺装结构为双层环氧沥青混凝土 EA10 铺装结构，结构示意图如图 10-4-2 所示。

磨耗层	环氧沥青混合料EA10，厚度：25~35mm
黏结层	环氧沥青黏结剂，用量：0.4~0.5kg/m³
保护层	环氧沥青混合料EA10，厚度：25~35mm
防水黏结层	环氧沥青黏结剂，用量：0.65~0.75kg/m³
防腐层	环氧富锌漆，厚度：50~100μm
钢板	喷砂除锈，清洁度Sa2.5级，粗糙度：50~100μm

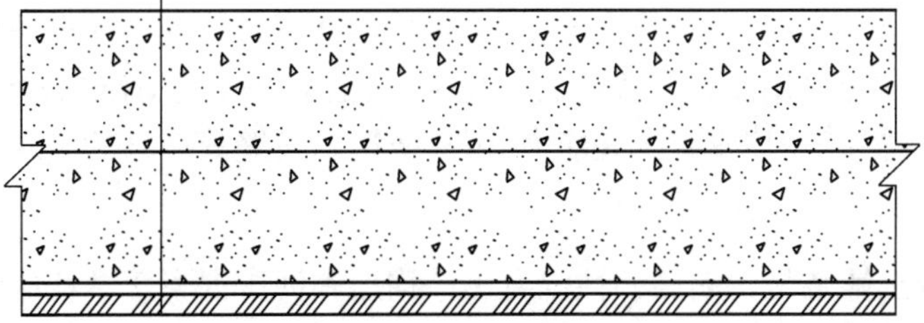

图 10-4-2　环氧沥青混合料铺装体系典型结构

双层环氧沥青混合料铺装结构具有以下特点：

(1)具有很高的强度，其马歇尔稳定度是一般沥青混合料的3～5倍。

(2)环氧沥青混合料通过化学反应形成强度，热稳定性好，铺装层在高温时不易发生推移和车辙等永久变形。

(3)环氧沥青混合料属于热固性材料，断裂时为脆性断裂，因此开裂后对铺装的整体影响较大，防水性能减弱。

(4)环氧是热反应型材料，对施工控制和原材料要求极为苛刻，对施工单位的施工控制水平要求极高。

3. 浇注式沥青混合料铺装体系(GA10)

浇注式沥青混合料铺装体系典型铺装结构为浇注式沥青混合料GA10＋改性沥青SMA10，结构示意图如图10-4-3所示。

磨耗层	高弹改性沥青SMA10，厚度：30~40mm
黏结层	改性乳化沥青，用量：0.3~0.5kg/m³
保护层	撒布粒径为5~10mm的预拌碎石，用量：7~12kg/m³
	浇注式沥青混合料GA10，厚度：30~40mm
防水黏结层	丙烯酸树脂黏结剂，用量：0.15~0.20kg/m³
	两层甲基丙烯酸甲酯树脂，用量：2.5~3.5kg/m³
防腐层	丙烯酸防腐漆，用量：0.1~0.2kg/m³
钢板	喷砂除锈，清洁度Sa2.5级，粗糙度：50~100μm

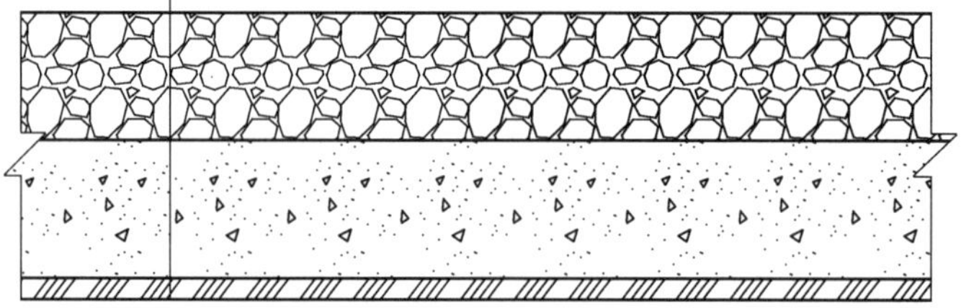

图10-4-3　浇注式沥青混合料铺装体系典型结构图

浇注式沥青混合料＋改性沥青SMA10结构具有以下特点：

(1)防水黏结层采用甲基丙烯酸树脂体系，由防腐底涂料、甲基丙烯酸树脂防水涂料、反应性黏结剂构成，主要功能是防护钢材结构，并承接桥面的沥青混合料结构层。该材料除了具有良好的防腐性、密水性和黏结效果外，最大的特点是具有优异的柔韧性，在正交异型钢桥面板上，能很好地适应其结构特性。

(2)浇注式沥青混合料作为铺装下层，其良好的密水性、耐久性、疲劳抗裂性能和随从变形能力，很好地适应了钢桥面铺装的本质要求，对桥梁结构具有良好的保护作用。

(3)铺装上层SMA采用高弹体改性沥青技术，从根本上改变了传统SMA铺装结构疲劳性能不足的缺点，大幅提高了其疲劳抗裂能力，可有效遏制裂缝等病害的出现。

4. 超高性能混凝土铺装体系(UHPC)

超高性能混凝土铺装是由超高韧性混凝土结构层和沥青混凝土磨耗层组成的一种钢桥面铺装体系，结构示意图如图10-4-4所示。

铺装面层	改性沥青混凝土SMA10，厚度：35mm
黏结层	改性乳化沥青，用量：200~400g/m³
主结构层	超高性能混凝土(UHPC)，厚度：35~50mm
钢板	表面防锈处理

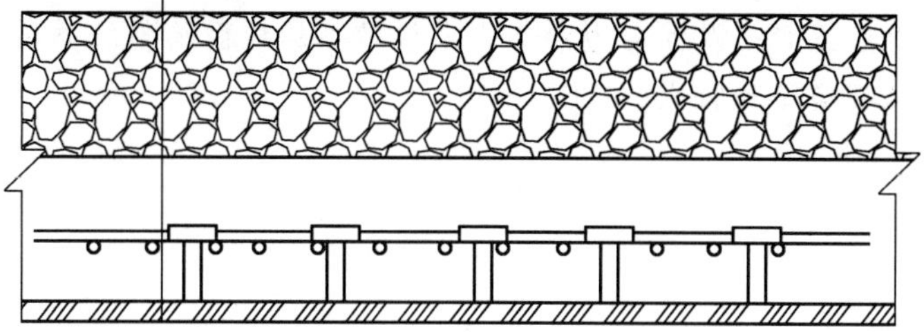

图 10-4-4　超高性能混凝土铺装结构示意图

超高性能混凝土铺装结构(UHPC)具有以下特点：

(1)超高性能混凝土是由水泥、矿物掺合料、细集料、钢纤维和减水剂等材料与水拌和后，经蒸养、凝结硬化后形成的一种具有高抗弯强度、高韧性、高耐久性的水泥基复合材料。

(2)超高性能混凝土在铺筑过程中，事先通过在正交异性钢桥面板表面按照一定间距焊接剪力钉，并在其上绑扎钢筋网，保证水泥混凝土与钢桥面板表面形成整体。

(3)面层采用改性沥青 SMA/AC 或超薄磨耗层等，主要是起到增加行车舒适性和提高铺装表面的抗滑性能。

(4)该铺装方案在整体上对支撑结构的刚度有加强作用，高温稳定性和抗开裂性能都能得到提升。

思考与练习

一、填空题

1. 装配式空心板安装就位后，企口铰缝施工前先将________凿毛，然后焊接或绑扎________；再在铰缝内填实________。

2. 箱梁翼板横向接缝混凝土一般施工采用________施工。

3. 先简支后连续的连续梁桥，在墩顶处的连续有________和________两种方法。

4. 先简支后连续的连续桥梁常采用的临时支座有________和________。

5. 先简支后连续每联各现浇连续接头的浇筑气温应基本相同，温差控制在________以内，并尽量安排在一天气温________时施工。

6. 目前工程中常用的沥青混凝土铺装由________、________、________及________组成。

7. 钢桥面铺装常用的类型有________、________、________及________。

二、简答题

1. 简述简支板桥板间铰缝、梁间干接缝、梁间湿接缝的构造，施工方法及注意事项。

2. 简述先简支后连续梁桥的梁端接缝构造，其施工过程及注意事项。

3. 伸缩装置应满足哪些构造要求？如何选择伸缩装置？

4.“一平、二直、三强度保证”的含义是什么？

5. 简述板式橡胶支座、盆式橡胶支座的安装要求，安装程序。

6. 桥面铺装的功能是什么？有哪些类型？桥面铺装层中敷设钢筋网的作用是什么？

7. 什么是刚性防水层？什么是柔性防水层？

8. 简述装配式钢筋混凝土及预应力混凝土梁桥常用的桥面铺装的类型。

9. 简述钢桥面铺装类型及特点。

项目十一　涵 洞 施 工

任务一　涵 洞 测 设

学习目标

(1)掌握涵洞测设的方法与步骤;

(2)掌握涵洞测设要点。

任务描述

要求学生经过本任务的学习能够完成以下任务:涵洞的野外勘测任务,绘制涵洞布置图,计算涵洞工程数量,进行涵洞的施工放样,进行涵洞施工质量控制。

相关知识

涵洞测设的目的是确定涵洞流量、斜度,拟定涵洞结构形式和跨径,确定合理可行的进、出口方案,使天然沟、渠、路基排水畅通。保证路基安全,是桥涵组的一项重要任务。测设方法、步骤概括为"定涵位、测夹角、勾草图、量断面、探地质、拟结构、定跨径"等几个步骤,分别介绍如下。

1.确定涵洞位置,测定涵洞中心桩号、高程

桥涵调查组一般由3~5人组成。一人在前,沿中线组所打中桩前进,察看地形,分析判断应设涵洞的位置。一般凡遇沟、灌溉渠必须设涵,无沟的山坡或平原地带,每千米要不少于3道,弯道路段,在弯道中间处设涵将内侧边沟水排到外侧,以免急流对路基产生危害。在陡路段的底端,由于坡度变缓,易于产生冲刷,也应设涵将边沟水流排至路基以外。在凹形竖曲线的底部,在有输水管、电信光缆、石油、天然气管道通过的地方均应设置涵洞。简单总结为:见沟就设涵,无沟不少三,弯头陡坡尾,凹形集水点,水渠不能忘,管线须细勘。

确定涵洞位置后,根据前后中桩的位置桩号,通过皮尺丈量,推算出涵位桩号,用水准仪与前后水准点联测确定涵位中心桩处的地面高程。当采用全站仪放线时,桥涵组可派一人跟随,确定涵位,直接测出涵位桩号和高程。

2.测量涵洞轴线与路线前进方向夹角

天然沟渠、灌溉渠,各种管线的走向都十分明确,在涵洞中心桩位架设经纬仪,后视路线前进方向,前视沟心方向或管线方向的花杆,即可测定夹角。低等级公路也可采用圆盘或量角板、罗盘仪做简易测量。沟渠与路线斜交时,一般采用斜交涵洞,在条件允许时也可考虑改沟或改渠,采用正交涵洞,以减少工程数量。在沟渠与路线基本正交时,也可目测确定。测设方法可灵活掌握,但要保证测量误差在5°以内,否则会所导致排洪不畅,影响路基安全。

3. 勾绘涵址平面示意图

为了便于内业设计时了解涵址附近的地形、地貌现状,有必要勾绘出涵址平面示意图。勾绘时一般先按比例绘好路线和涵洞水流方向的关系图,标注相交角度。再用目测的方法将地形、地貌、地物等勾绘在示意图上。必要时用皮尺丈量或目估绘出涵位附近的地形、地物,特别要标明可能对涵洞布设或进出口有影响的地物,如民房、池塘、河道等,以方便设计人员在进行涵洞设计时确定方案。当涵洞靠近房屋等建筑物时,要详细测量涵址与这些建筑物的水平距离,以便选择合适的进出口方式。当涵洞的出口不畅,需要开挖排水沟时,要现场丈量并标注排水沟的长度,以便精确计算工程数量。对于改渠、改沟的涵洞,需要详细画出原沟渠位置、拟改位置、长度和距离,保证将来施工图设计与真实地形相符。

4. 测量河沟纵断面

测量河沟纵断面主要是为了解涵址附近河沟的纵坡情况,以便于计算流量、水位,以及考虑构造物的纵向布置。河沟纵断面一般沿沟底施测,施测长度为上、下游洞口外20m,洞身长度可按路基高度和宽度、边坡坡率先估算,尽量考虑大一些。测量方法是从中心桩号处开始,采用皮尺、花杆分左右两侧测量河沟方向线上各地形变化点之间的水平距离和高差,测量与记录方法均与横断面测量一致。需要精确测量时,可以架经纬仪于中心桩位,瞄准河心方向,保证施测方向不发生偏离。当确定流量用形态法时,还需要测河段比降。由于一般洪水位不易测到,所以可用常水位、低水位或沟底平均坡度代替。

对于初次参加涵洞测量的人来说,尤其要注意测量的方向,河沟的纵断面是指河沟的实际流向,当河沟与路线正交时,河沟方向即为路基横断面方向,当河沟与路线斜交时,河沟方向必然偏离路基横断面方向。如果拟采用改河或改沟方案,则应施测拟改方向的地面线。

5. 观察、挖探记录涵址地质条件

涵洞地质勘测,以调查为主、挖(钻)探为辅,一般现场观察,收集利用附近原有构造物,水井井壁土质等情况分析确定。当地质情况不易确定时,才有针对性地进行挖探。地形和地质条件简单的涵洞,原则上一个涵洞设一个探点,用以探明基底一定深度内的地层及其岩石特性,主要分析探明土石分类及基底承载力情况,在地层结构基本一致地区的多座涵洞,可以仅做代表性勘探。

对于地质条件复杂,跨径较大或较长的涵洞,勘探点不应少于2个,深度视地层松软程度而定。对于地质条件复杂的改建涵洞,需查明原构造物基层的稳定情况,如建在软弱地基上的涵洞,应探明涵洞基底不均匀下降的程度。位于陡坡上的涵洞,则应探明变形的趋势等,并提出工程上的处理措施。

特别要注意对常年有水河沟地基的地质调查,不能仅以表面现象作出评价,探明是否有淤泥及软弱层,查清其厚度,才能为工程设计提供可靠依据。

一般调查、分析得到的地质情况,直接填写在涵洞记录本上的地质条件一栏。记录应翔实、准确、肯定、简明扼要,使设计人员看后一目了然,快速确定方案。

6. 拟定涵洞结构

根据地形、地质、水文等条件,桥涵组调查人员一般应在现场拟定涵洞结构方案。拟订方案应根据公路的使用任务、性质和将来的发展需要,符合因地制宜,就地取材,便于施工和养护的原则。新建涵洞以无压力式为主。为了提高宣泄设计流量,在不造成淹没上游农田、村庄的前提下,允许涵前有较大壅水高度时,可采用压力式或半压力式涵洞。

当设计流量在 $10m^3/s$ 左右或路线跨越小型灌渠时,一般宜采用圆管涵。但当路堤高度过低,圆管涵顶填土高度不足时,宜采用盖板涵,先考虑采用暗涵,当盖板涵顶填土高度不足时,再考虑采用明涵。

设计流量在 $20m^3/s$ 以上时,应采用盖板涵或拱涵。当路线位于山区,石料丰富,地质条件较好,路基填土高度比较大时,尽量采用石拱涵,以就地取材,降低造价。当路基高度较小,只能用明涵通过时,尽量选用盖板涵,以减少建筑高度。

涵洞位置应尽量避免在路基松软、坚硬不均匀或地质条件不良地段设置,当地基过分松软无法避让时,应提出对地基的加固和加强处理措施,也可采用钢筋混凝土箱涵。

当有水渠跨过路基,且渠底高于路面又没有设置渡槽的净空时,须设倒虹吸涵洞。

根据河沟陡峻程度和进出口的情况,拟定急流槽、跌水井、消力坎等各种设施,也应按地形情况提出采用八字墙、一字墙或走廊式洞口方案。

在石料丰富地区,应充分利用石料修建石涵。在考虑就地取材的同时,应综合考虑运输条件。

涵洞设计要方便施工,一段路线上不宜采用过多的涵洞类型,应尽可能定型化,便于集中预制,以节省模板和保证质量。

7. 拟定涵洞跨径

按规范规定,不同构造形式涵洞的常用跨径如下(注意涵洞跨径均为净跨径)。

(1)圆管涵:0.5m、0.75m、1.0m、1.25m、1.5m。其中0.5m仅为农用灌溉涵,0.75m、1.0m两种管涵较为常用,通常选用单孔管涵。

(2)盖板涵:0.75m、1.0m、1.25m、1.50m、2.0m、2.5m、3.0m、4.0m。在低等级公路上选用石盖板时,跨径最大为1.25m,其他均为钢筋混凝土盖板,3.0m、4.0m盖板涵也可于高等级公路与乡村道路相交的通道。

(3)拱涵:1.0m、1.5m、2.0m、2.5m、3.0m、4.0m。在满足泄洪的条件下,尽可能采用单孔拱涵,减少涵墩数量,降低造价。

(4)箱涵:2.0m、2.5m、3.0m、4.0m、5.0m。

有水文资料和汇水面积及暴雨资料时,应计算确定孔径。无资料时也可在现场参考旧路涵洞尺寸拟定。当新建公路的等级较高时,选择孔径应稍大于原有涵洞,当原有涵洞有冲刷或淤积时,也应增大跨径。一般二级以上公路,除了细小灌溉渠可采用0.5m、0.75m的管涵以外,涵洞跨径不宜小于1.0m,拟定跨径都要留有一定的安全储备,以防堵塞或暴雨冲毁。

拟定跨径原则上都要选用标准跨径,以便套用标准图,方便设计,也方便施工。

任务二　钢筋混凝土圆管涵施工

学习目标

(1)能识读钢筋混凝土圆管涵的施工图纸;

(2)能进行涵洞的施工放样;

(3)描述圆管涵施工工艺流程及注意事项。

任务描述

某项目第一合同段的标段内有一座单孔 0.75m 正交钢筋混凝土圆管涵，中心桩号为 K4 +918，涵长为 10.6m，构造如图 11-2-1 所示。要求通过学习本任务，能按照图纸及《公路桥涵施工技术规范》(JTG/F 50—2011)分工合作，完成该涵洞施工方案的编写。

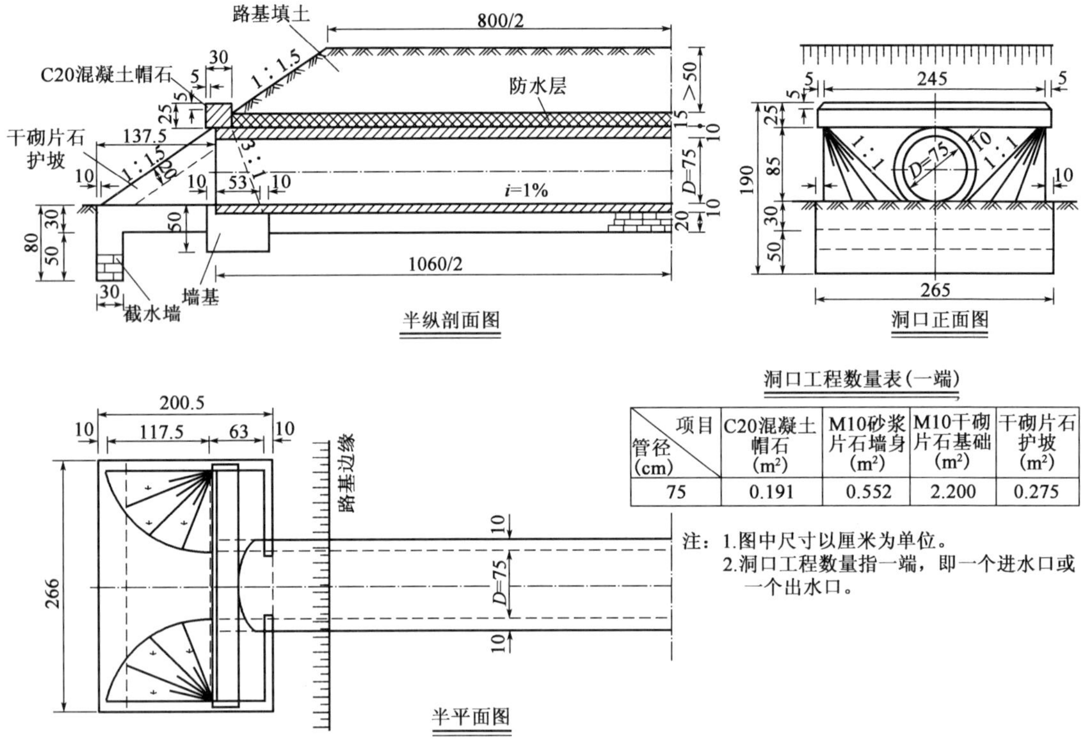

洞口工程数量表(一端)

项目 管径(cm)	C20混凝土帽石(m^2)	M10砂浆片石墙身(m^2)	M10干砌片石基础(m^2)	干砌片石护坡(m^2)
75	0.191	0.552	2.200	0.275

注：1.图中尺寸以厘米为单位。
2.洞口工程数量指一端，即一个进水口或一个出水口。

图 11-2-1　某圆管涵总体布置图

相关知识

一、施工放样

涵洞施工设计图是施工放样的依据，根据设计中心里程，在地面上标定位置并设置涵洞纵向轴线。当涵洞位于路线的直线部分时，其中心应根据线路控制桩的方向和附近百米桩里程来测定，位于曲线部分时，应按曲线测设方法测定。正交涵洞的轴线垂直于路线中线，斜交涵洞的轴线与路线中线前进方向的右侧成斜交角 θ，θ 角与 90°之差称为斜度。如图 11-2-2 所示。

涵洞轴线确定后量出上下游涵长，考虑进出口是否顺畅，当无须改善时，用小木桩标定涵端，用大木桩控制涵洞轴线，并以轴线为基准测定基坑在平面上的所有尺寸，用木桩标出。如图 11-2-3 所示。

测量放样时，应注意涵洞长度、涵底高程的正确性。对位于曲线和陡坡上的涵洞应考虑加宽、超高和纵坡的影响。涵洞各个细部的高程，均用水准仪测定。对基础面的纵坡，当涵洞填土高度在2m以上时,应预留拱度,以便路堤下沉后仍能保持涵洞应有的坡度,此种拱度最好做成弧形,但应使进水口高程高于涵洞中心高程,以防积水。基础建成后,安装管节或砌筑涵洞身时均以涵洞轴线为基准详细放样。

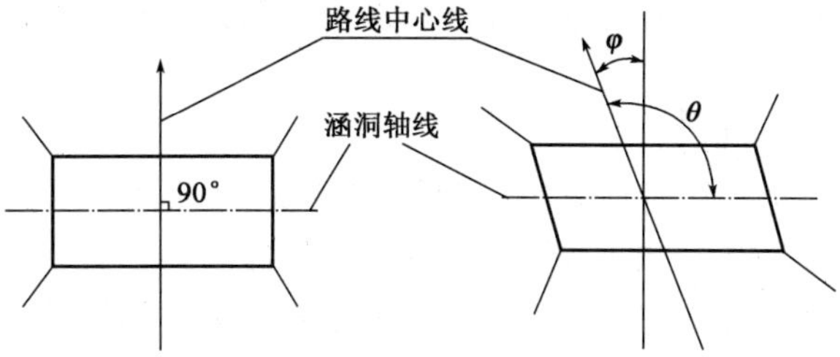

图11-2-2　正交斜交涵洞

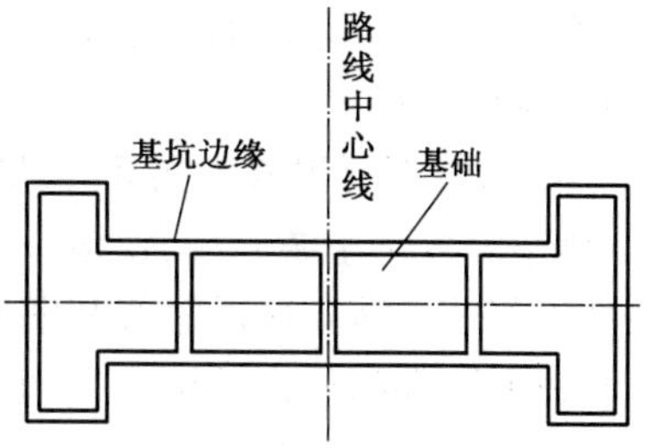

图11-2-3　涵洞基础放样

二、管涵施工

1. 涵管预制

管涵的施工一般先预制成管节,每节长度多为2m,然后运往现场安装。为了保证涵管节的质量,涵管宜在工厂中定制,否则应在适当地点设置混凝土圆管预制厂。

预制混凝土圆管可采用振动制管法、离心法、悬辊法和立式挤压法。后三种方法制管工效高、速度快、质量好,但制管设备复杂、投资大。如涵管预制数量不多时,可采用振动制管法。本节主要介绍振动制管法。振动制管法可分下列两种模式:外模固定、提升内模法,内模固定、提升外模法。

2. 管节运输与装卸

(1)待运的管节各项质量应符合规范规定的质量标准,应特别注意检查待运管节的管顶填土高度是否符合设计要求,防止错装、错运。

(2)运输管节的工具,可根据道路情况和设备条件采用汽车运输。

(3)管节的装卸可根据工地条件,使用各种起重设备,如龙门吊机、汽车吊和小型起重工具滑车、链滑车等。

(4)在装卸和运输过程中,应小心谨慎。运输途中每个管节底面宜铺以稻草,用圆木块楔紧,并用绳索捆绑固定,防止管节滚动、相互碰撞破坏。

(5)从车上卸下管节时,应采用起重设备。严禁由汽车上将管节滚下,造成管节破裂。

3. 管涵施工程序

1)管涵有圬工基础施工程序

(1)挖基坑并准备修筑管涵基础的材料。

(2)砌筑圬工基础或浇筑混凝土基础。

(3)安装涵洞管节,修筑涵管出入口端墙、翼墙及涵底(端墙外涵底铺装)。

(4)铺设涵管防水层及修整。

(5)铺设涵管顶部防水黏土(设计需要时),填筑涵洞缺口填土及修建加固工程。

2)无圬工基础管涵

(1)在捣固夯实的天然土表层或矿砂垫层上,修筑截面为圆弧状的管座,其深度等于管壁的厚度。

(2)在圆弧管座上铺设垫层的防水层,然后安装管节,管节间接缝宜留1cm宽。接缝填防水材料。

(3)在管节的下侧再用天然土或砂砾垫层材料做培填料,捣实至设计高程,并保证培填料与管节密贴。再将防水层向上包裹管节,防水层外再铺设黏质土,水平径线以下的部分,应立即填筑,以免管节下面的砂垫层松散,并保证其与管节密贴。在严寒地区这部分特别填土必须填筑不冻胀土料。

(4)修筑管涵出入口端墙、翼墙及两端涵底和进行整修工作。

管节安装从下游开始,使接头面向上游;每节涵管应紧贴于垫层或基座上,使涵管受力均匀;所有管节应按正确的轴线和图纸所示坡度敷设。如管壁厚度不同,应保证内壁齐平。在敷设过程中,要保持管内清洁无杂物。管节安装的方法有滚动安装法、滚木安装法、压绳下管法、吊车安装法、龙门架安装法等,根据现场施工条件选用。

任务三　拱涵、盖板涵及箱涵施工

学习目标

(1)能识读钢筋混凝土盖板涵的施工图纸;

(2)能进行涵洞的施工放样;

(3)描述盖板涵施工工艺流程及注意事项;

(4)描述拱涵及箱涵施工工艺流程及注意事项。

任务描述

某项目第三标段内有包含一孔 200cm×220cm 的正交盖板涵,中心桩号为 K125+140.0,涵长为 11.2m,总体布置如图 11-3-1 所示。通过学习本任务,能按照图纸及《公路桥涵施工技术规范》(JTG/F 50—2011)分工合作,完成该涵洞施工方案的编写。

相关知识

一、就地浇筑的拱涵、箱涵及盖板涵施工

混凝土和钢筋混凝土拱涵、盖板涵、箱涵的施工分为现场浇筑和预制安装两大类。

1. 基础

两座涵台下面和孔径中间使用整块的混凝土浇筑的基础称为整体式基础,其地基土的承载力应满足设计文件规定。两座涵台下面为独立的现浇混凝土或浆砌片石基础,两者之间不相连的称为分离式基础。两座涵台下面混凝土基础之间用较薄的混凝土或钢筋混凝土板在顶部连接,一起浇筑成似板凳一样的基础,称为板凳基础。

2. 支架和拱架

1)钢拱架和木拱架

钢拱架是用角钢、钢板和钢轨等材料在工厂(场)制成装配式构件,在工地拼装使用。图 11-3-2 是用钢轨制成的跨径 1.5~3.0m 拱涵的钢拱架。

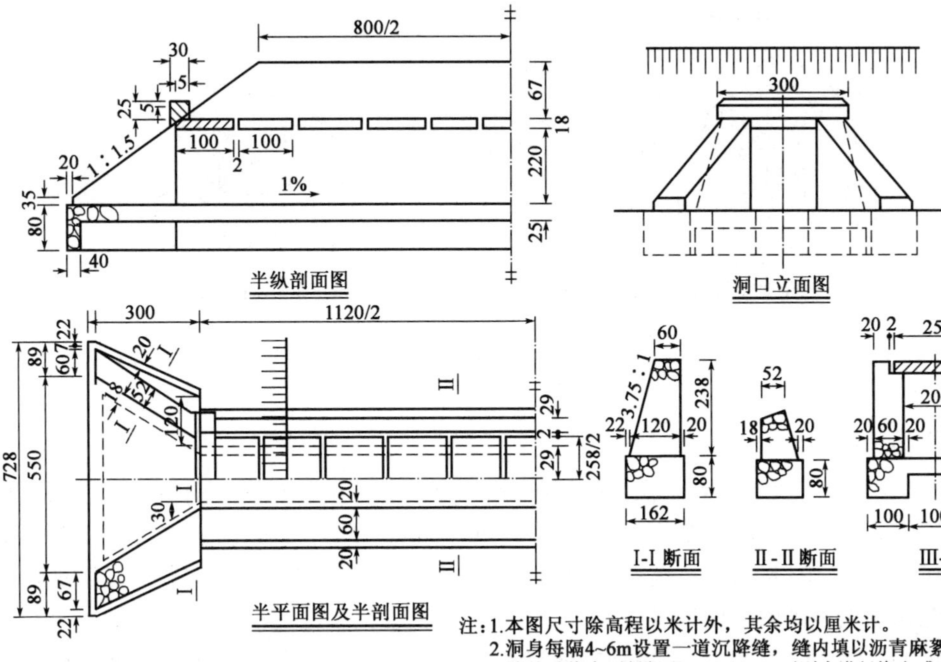

注：1.本图尺寸除高程以米计外，其余均以厘米计。
2.洞身每隔4~6m设置一道沉降缝，缝内填以沥青麻絮或不透水材料。
3.地基承载力不得低于0.25MPa，否则应进行换土或其他加固措施。
4.进出水口可适当开挖。

图 11-3-1　某盖板涵总体布置图

2）土牛拱胎（土模）

在水流不大的情况下，小桥涵施工可以用土牛拱胎代替拱架，这种方法既能节省木料，又有经济、安全的特点。

根据河流水流情况，土牛拱胎有全填土拱胎（图 11-3-3）、设有透水盲沟的土拱胎［图 11-3-4a）］、三角形木拱架土拱胎［图 11-3-4b）］、木排架土拱胎等形式。

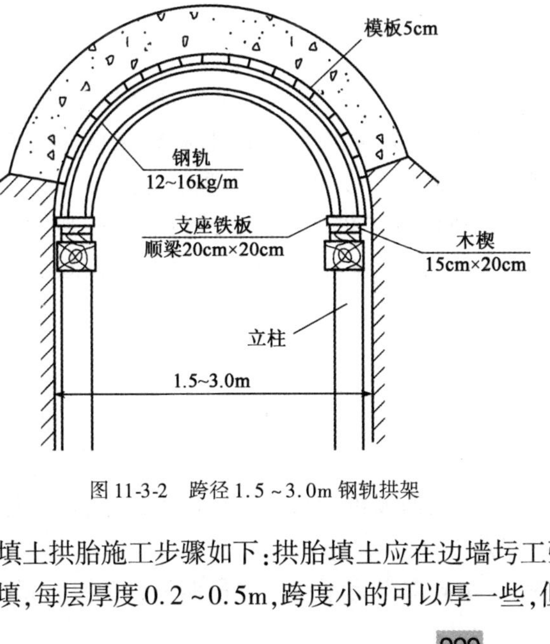

图 11-3-2　跨径 1.5 ~ 3.0m 钢轨拱架

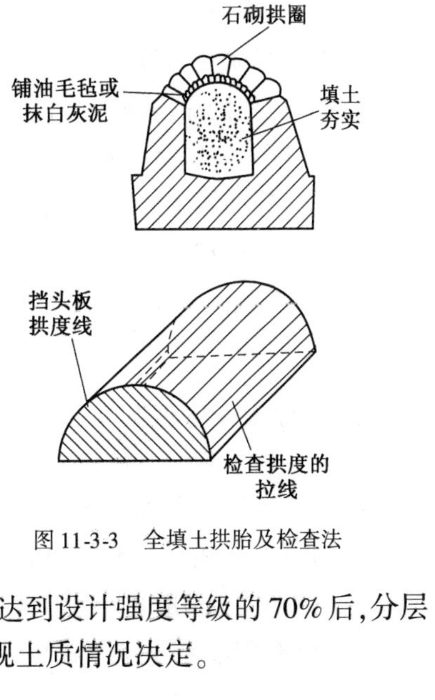

图 11-3-3　全填土拱胎及检查法

全填土拱胎施工步骤如下：拱胎填土应在边墙圬工强度达到设计强度等级的 70% 后，分层浇水夯填，每层厚度 0.2 ~ 0.5m，跨度小的可以厚一些，但应视土质情况决定。

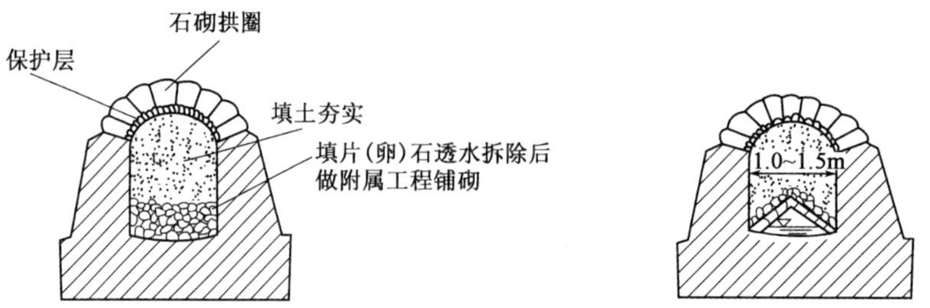

a)设有透水盲沟的土拱台　　b)三角形木拱架土拱台

图 11-3-4　土牛拱胎

3. 就地浇筑施工要点

对于砌石拱圈,土牛拱胎上若不设保护层时,可用下述方法砌筑拱圈:在涵台砌筑好后,利用暂时不使用的石料,把涵孔两端堵住,干砌一道 40 ~ 50cm 的拱形墙(上抹青草泥)作为拱模,以便砌拱时挂线之用,然后在桥孔中间用土分层填筑密实。在施工过程中预计有洪水到来的河沟中不能采用土牛拱胎法砌筑拱圈。

就地浇筑的拱涵和盖板涵,宜采用钢模板或胶合板模板。采用土胎就地现浇时应有保证浇筑质量的可靠措施。拱涵、盖板涵混凝土的现场浇筑施工在涵长方向宜连续进行;当涵身较长,不能一次连续完成时,可沿长度方向分段进行浇筑,施工缝应设在涵身的沉降缝处。现浇混凝土拱圈时,应对称浇筑,最后浇筑拱顶或在拱顶预留合龙段,最后浇筑并合龙。

就地浇筑的箱涵可视具体情况分阶段施工,箱涵为整体闭合式框架结构,具有良好的整体性及抗震性能,但其施工复杂、造价高,所以一般在软土地基上采用。箱涵施工一般采用现浇,在开挖好的沟槽内设置底层,浇筑一层混凝土垫层,再进行钢筋现场绑扎,支内模和外模,较大的箱涵一般先浇筑底板和侧壁的下半部分,再绑扎侧壁上部和顶板钢筋,支好内外模,浇筑侧壁上半部分和顶板混凝土。待混凝土强度达到设计强度要求后拆除支架,达到设计强度的 100% 后进行涵顶回填土。

4. 拱架拆除和拱顶填土

施工中,先拆除拱架再进行拱顶填土时,拱圈和护拱的砌筑砂浆或混凝土的强度应符合设计规定,设计未规定时,应达到设计强度的 85% 后,方可拆除拱架,且在拱架拆除时应先完成拱脚以下部分回填土的填筑;达到设计强度的 100% 后,方可进行拱顶填土。

在拱架未拆除的情况下进行拱顶填土时,拱圈和护拱砌筑砂浆或混凝土的强度应符合设计规定,设计未规定时,达到设计强度的 85% 后,方可进行拱顶填土;拱架在拱圈强度达到设计强度的 100% 后,方可拆除。

二、预制装配法施工

1. 预制构件结构的要求

(1)拱圈、盖板、箱涵节等构件预制长度,应根据起重设备和运输能力决定,但应保证结构的稳定性和刚性,一般不小于 1m,但亦不宜太长。

(2)拱圈构件上应设吊装孔,以便起吊。吊孔应考虑平吊及立吊两种,安装后可用砂浆将吊孔填塞。箱涵节、盖板和半环节等构件，可设吊孔，也可于顶面设立吊环。吊环位置、孔径大小和制环用钢筋应符合设计要求，并要求吊钩伸入吊环内和吊装时吊环筋不断裂。安装完毕，吊环筋应锯掉或气割掉。

(3)若采用钢丝绳捆绑起吊可不设吊孔或吊环。

2. 预制构件的模板

预制构件的模板有木模、土模、钢丝网水泥模板、拼装式模板等。无论采用何种模板都应保证满足规范要求。尤其是有预埋件时，应采取措施，确保预埋件位置的准确。

3. 构件运输

构件必须在达到设计强度后，经过检查质量和大小符合要求，才能进行搬运。搬运时应注意吊点或支承点的设置，务必使构件在搬运过程中保持平衡、受力合理，确保搬运过程中的安全。

4. 施工和安装

1)基础

与就地浇筑的涵洞基础施工方法相同。

2)拱涵和盖板涵的涵台身

涵台身大都采用砌筑结构，可按照就地浇筑的涵台身施工方法施工。如采用装配式结构时，可按照装配式墩台相关的要求施工。

3)上部构件的安装

拱圈、盖板、箱涵节的安装技术要求如下：

(1)预制构件的混凝土强度达到设计强度的85%后，方可搬运安装，设计有规定时应从其规定。

(2)安装前，应检查构件及拱座、涵台的尺寸；安装后，拱圈和盖板上的吊装孔，应以砂浆填塞密实。

(3)拱座接触面及拱圈两边均应凿毛(沉降缝处除外)，并浇水湿润，用灰浆砌筑；灰浆坍落度宜小一些，以免流失。

(4)拱座与拱圈、拱圈与拱圈的拼装接触面，应先拉毛或凿毛(沉降缝处除外)，安装前应浇水湿润，再以M10水泥砂浆砌筑。

(5)构件可用扒杆、链滑车或汽车吊进行吊装。

思考与练习

一、填空题

1. 涵洞测设方法、步骤可概括为“________、________、________、________、________、________、________”等。

2. 预制混凝土圆管可采用________、________、________和________四种。

3. 两座涵台下面和孔径中间使用整块的混凝土浇筑的基础称为________，两座涵台下面为独立的现浇混凝土或浆砌片石基础，两者之间不相连的称为________。

4. 圆管涵管节安装的方法有________、________、________、________、________。

二、简答题

1. 阐述涵洞测设步骤。
2. 圆管涵施工方法有哪些?
3. 阐述就地浇筑的拱涵、盖板涵及箱涵施工流程。
4. 阐述预制装配的盖板涵、箱涵施工流程。

参考文献

[1] 中华人民共和国行业标准.公路桥涵施工技术规范:JTG/T F50—2011[S].北京:人民交通出版社,2011.

[2] 中华人民共和国行业标准.公路桥涵设计通用规范:JTG D60—2015[S].北京:人民交通出版社股份有限公司,2015.

[3] 中华人民共和国行业标准.公路钢筋混凝土及预应力混凝土桥涵设计规范:JTG 3362—2018[S].北京:人民交通出版社股份有限公司,2018.

[4] 中交第二公路工程局有限公司.公路桥梁施工系列手册 梁桥[M].北京:人民交通出版社,2013.

[5] 中交第二公路工程局有限公司.公路桥梁施工系列手册 悬索桥[M].北京:人民交通出版社股份有限公司,2014.

[6] 中交第二公路工程局有限公司.公路桥梁施工系列手册 斜拉桥[M].北京:人民交通出版社股份有限公司,2014.

[7] 中交第二公路工程局有限公司.公路桥梁施工系列手册 墩台与基础(上篇)[M].北京:人民交通出版社股份有限公司,2014.

[8] 中交第二公路工程局有限公司.公路桥梁施工系列手册 墩台与基础(下篇)[M].北京:人民交通出版社股份有限公司,2014.

[9] 刘金凤.桥涵施工技术[M].北京:人民交通出版社股份有限公司,2017.

[10] 郝增恒,王民.首届钢桥面铺装技术研讨会论文集[M].北京:人民交通出版社股份有限公司,2018.

[11] 张省侠,张鹏.桥涵工程技术[M].北京:人民交通出版社股份有限公司,2014.